图书在版编目（CIP）数据

触摸历史的感悟：四知堂愚陋斋考古学、民族学文
稿选 / 杨群著. -- 上海：文汇出版社，2021.8
　　ISBN 978-7-5496-3632-7

　　Ⅰ．①触… Ⅱ．①杨… Ⅲ．①考古学－文集②民族学
－文集 Ⅳ．①K87-53②C95-53

　　中国版本图书馆 CIP 数据核字(2021)第 152590 号

触摸历史的感悟
——四知堂愚陋斋考古学、民族学文稿选

作　　者 / 杨　群
责任编辑 / 乐渭琦
特约编辑 / 毛志明
装帧设计 / 沁　怡

出 版 人 / 周伯军

出版发行 / 文匯出版社
　　　　　　上海市威海路 755 号
　　　　　　（邮政编码 200041）
经　　销 / 全国新华书店
印刷装订 / 上海光扬印务有限公司
版　　次 / 2021 年 8 月第 1 版
印　　次 / 2021 年 8 月第 1 次印刷
开　　本 / 787×1092　1/16
字　　数 / 360 千
印　　张 / 17.5

书　　号 / ISBN 978-7-5496-3632-7
定　　价 / 98.00 元

触摸历史的感悟

——四知堂愚陋斋考古学、民族学文稿选

杨群 著

文汇出版社

目　录

一、考古文物学研究论稿

二、民族学研究论稿

三、考古随笔、考察散记和历史人物散论

一、考古文物学研究论稿

试论史前中国母系制向父系制过渡的历史进程

"氏族，直到野蛮人进入文明时代为止，甚至再往后一点（就现有资料而言），是一切野蛮人所共有的制度"。[①]据现代考古学研究，氏族约发生于旧石器时代中期[②]，而且一产生即是母系。这是因为氏族起源的基本原则是外婚制和女性世系，外婚制决定夫妻必然属于两个婚姻集团，而在族外群婚体制下，父亲个体不能确认，所生子女只能由母亲抚养，世系也就必须只承认和只通过母亲来计算和追溯。瑞典学者巴霍芬在他的《母权论》一书中，以此认为妇女成为唯一可确知的亲长，享有高度尊敬和崇高威望，以致达到完全由妇女统治的地步，因而他提出了"母权制"的概念。的确，"氏族的全部力量、全部生活能力决定于它的成员的数目"[③]。即妇女的存在和她们的生育能力，事实上决定了氏族的存亡前途和发展希望。故早期氏族也称为母系氏族。母系氏族发展到旧石器时代晚期，进入成熟期。至新石器时代中、晚期，则发展到繁荣鼎盛期。正因为母系氏族有着长达几十万年的历程，所以紧接着发生的从母系氏族过渡到父系氏族，就被称为是"人类所经历过的最激进的革命之一"[④]。并为人类社会的发展和文明的走向带来了极为深刻而又广泛的影响，而它本身的历史进程，必然也是非常漫长曲折的。本文拟对此做初步探讨。

一、男性自觉意识的觉醒和自觉能动性的被激活，既是男性的首次思想解放，也是母系向父系过渡的首要思想前提

中国远古的母系制向父系制过渡的起步，最早可推到大约距今 12,000 年前的洪荒时代，相当于考古学上旧石器时代向新石器时代过渡时期，即地球历史开始迈向全新世的时候。那时至今日为止发生在地球上的最后一次冰期——中国称大理冰期、欧洲叫玉木冰期结束了，全球气候进入间冰期或冰后期。随着地球表面温度升高，原来覆盖在地表的大冰川大规模地消融和后退，气候变得温暖湿润和多雨。多雨的天气和冰川融水的流回大洋，使全球海平面普遍升高，更令早在 14,000 年前

---

①　恩格斯：《家庭、私有制和国家的起源》，《马克思恩格斯选集》第 4 卷，人民出版社 1972 年版。

②　林耀华主编：《原始社会史》，中华书局 1984 年版。

③　普列汉诺夫：《论艺术（没有地址的信）》，曹葆华译，三联书店 1973 年版。

④　恩格斯：《家庭、私有制和国家的起源》，《马克思恩格斯选集》第 4 卷，人民出版社 1972 年版。

就开始发生的世界性海侵现象变本加厉。急速上升的海平面不仅使大片沿海陆地被海水淹没成为浅海区，而且使内陆江河湖水不能流入大海，只能向四周低洼地区漫侵。我国江苏洪泽湖、高邮湖等一系列湖泊，可能就是这次海侵留下的遗迹。在渤海湾西岸，海侵范围达到黄骅、静海和天津一带，被称为黄骅海侵。在我国东部沿海，海侵从苏北往南经洪泽湖和界首湖西侧，直到仪征、常熟、太仓、嘉定、青浦、松江及浙江萧山一带[1]。在广西桂中地区，当时虽没有受到海水倒灌直接影响，但因内陆河水无法入海，而使高山下的水流漫流四方，形成一个个环山淡水湖泊，并最终破坏了古柳江河道[2]。

不仅特大洪水铺天盖地，而且从晚白垩世开始一直延续到全新世的喜马拉雅造山运动，在形成喜马拉雅山脉的同时，还极大地影响我国广大地区地壳升降运动，引发地震和火山喷发等特大灾害。特别是第四纪中晚期，喜马拉雅运动还有一次极为普遍的强烈活动，主要表现为断裂运动，这很可能与华北地区地震密切相关。而以大同火山群为代表的火山活动自早更新世起，一直延续到全新世。东北长白山脉的白头山、黑龙江德都县的五大连池、云南腾冲火山群等，在更新世末全新世初都有喷发。而这些归根结底都是喜马拉雅造山运动的产物[3]。

洪水泛滥、海侵深入、地震发生、火山喷发，使全球原始人类遭遇到一次空前的几乎是灭顶的大灾难。为此，在中外远古传说中，都留存着对这次灾难久远而深刻的烙印。西方基督教《圣经》中"旧约·创世纪·洪水"，有"诺亚方舟"的记载，说诺亚600岁时的2月17日那天，大渊的泉源都裂开了，天上的窗户也放开了，大雨连降40昼夜，洪水泛滥，水势浩大，天下高山不仅都被淹没，水势还比山高过15英寸。空中飞鸟和地面上包括人在内的所有生物都死灭了，只留下方舟内诺亚全家和其他生物。在埃及、印度、巴比伦、希伯来、希腊等世界其他民族中，也都有相关的洪水神话。中国远古传说中，南方大多数少数民族都盛传有洪水神话，特别是广西融县罗城瑶民和广西壮族中关于伏羲兄妹（葫芦兄妹）躲进葫芦逃避水灾的故事[4]，与"诺亚方舟"传说有着异曲同工之美，但当以汉族的女娲补天故事最为著名。《淮南子·览冥篇》载："往古之时，四极废，九州裂，天不兼复，地不周载。火爁焱而不灭，水浩洋而不息；猛兽食颛民，鸷鸟攫老弱。于是女娲炼五色石以补苍天，断鳌足以立四极，杀黑龙以济冀州，积芦灰以止淫水。"十分形象地描写出当时因洪水、雷电、地震、火山等灾害齐发，弄得天崩地裂、民不聊生的惨淡景象，以及以女娲为首的母系氏族部落战天斗地、想方设法、费尽心机地平息、堙塞洪水、奋勇救民于水火的生

---

① 北京大学地质地理系地貌教研室：《第四纪地质》讲义，1977年。

② 杨群：《柳州市白莲洞遗址的初步研究》，载《史前研究》1990—1991年辑刊。

③ 北京大学地质地理系地貌教研室：《第四纪地质》讲义，1977年。

④ 袁珂：《中国古代神话》，中华书局1960年版；广西壮族自治区科委壮族文学史编辑室：《壮族民间故事资料》第2集，《洪水淹天的传说》。

动情景。其实在神话般的古史传说中所隐藏的历史真相及其所蕴含的精神实质,通过科学分析是能够得到发现和解释、阐发的。所以关于这一奇伟瑰丽的女娲故事虽以"补天"为名,实质却是以"治水"为主要内容的。女娲不愧是我国古代神话传说中第一位治水女英雄。而她抟土造人的传说,实际上揭示了女娲的另一重大创造——陶器的发明。

女娲无疑是我国母系氏族制度成熟时期的一位杰出女首领,女娲神话最早也应该是母权制时代的产物。母系氏族社会虽以男女两性平等权利为特征,但"正如马克思所指出的,神话中的女神的地位表明,在更早的时期妇女还享有比较自由和比较受尊敬的地位"[①]。氏族首领一般也由辈分高、年事长、会办事的妇女担任。事实上女性地位比男性崇高得多,经济上女性更是起主导作用。故恩格斯特别强调:"在一切蒙昧人中,在一切处于野蛮时代低级阶段、中级阶段、部分地也处于高级阶段的野蛮人中,妇女不仅居于自由的地位,而且居于受到高度尊敬的地位。"[②]而"据巴霍芬的意见,这种尊敬和威望竟达到了完全的妇女统治的程度"[③]。古罗马史学家塔西佗曾生动地记录、描写了古代德意志人在母权刚刚灭亡时,仍对于女性的尊敬状况,当时德意志男子甚至会感到女性身上有一种神圣、神秘的东西和预知未来的先知力量[④]。就这样,思想被压抑的男子在对女性的诚惶诚恐中,走过母系氏族二三十万年的历程,到距今一万多年时,遇到这场威胁人类生存的特大自然灾难。女娲补天传说就生动地描写并彰显了一位以龙为图腾的母系氏族女首领与自然灾难不懈斗争奋勇治水的伟大壮举。不过,与女娲并肩战斗的还有一位男士——伏羲,这是怎么一回事呢?

那是因为,面对空前严酷的社会现实,在与女性共同艰苦卓绝的奋斗中,男性,尤其是少数精英男子被震动了,他们在苦难的实践中,思想逐渐发生变化,并最终冲破原来狭隘的崇女思维定势和认知定式,认识到自己应该担当的社会责任,从而不断在行动中迸发出男性本该有的智力和体力上的巨大潜能及优势。这是历史上男性第一次思想解放运动,是男性自觉意识觉醒运动,男性自觉的能动作用史无前例被激活了。并第一次在女性面前将这种男性本色淋漓尽致地释放和尽情表现出来,男性社会角色有史以来首次确立起来了。从此,男性并不比女性差的思想意识逐渐得到社会认同。男性有了更多机会主动参与到各种社会活动中去,历史舞台上开始有了男性为主角表现的各种场景和一展身手之地。女性一统天下的局面被打破了,几十万年来母系氏族坚固的女性统治基础第一次被动摇了,男性社会地位从此被不断提高。正是在这种经过实践检验被证明是正确思想的前提下,开始了母系向父系

---

① 恩格斯:《家庭、私有制和国家的起源》,《马克思恩格斯选集》第 4 卷,人民出版社 1972 年版。
② 恩格斯:《家庭、私有制和国家的起源》,《马克思恩格斯选集》第 4 卷,人民出版社 1972 年版。
③ 恩格斯:《家庭、私有制和国家的起源》,《马克思恩格斯选集》第 4 卷,人民出版社 1972 年版。
④ 恩格斯:《家庭、私有制和国家的起源》,《马克思恩格斯选集》第 4 卷,人民出版社 1972 年版。

过渡的漫长而曲折的历史进程。而我国远古传说中三皇之一的伏羲,就是当时男性精英中的杰出代表。

据闻一多《神话与诗·伏羲考》中考证和《风俗通》等古文献记载:"女娲,伏希(羲)之妹。"①我国瑶族也有伏羲兄妹传说,还有伏羲兄妹攀登天梯到天庭玩耍的故事②。而据《文选·鲁灵光殿赋》称:"伏羲鳞身,女娲蛇躯。"可见伏羲、女娲是以龙为图腾的同一氏族的两兄妹。故当女娲为治水呕心沥血、辛勤劳作时,作为兄长和男性中先知先觉之杰出人物的伏羲,也主动而又尽情地贡献出他的全部聪明才智,并以创新的理念、发展的思维,进行了许多重大的发明创造,彰显男性不输于女性的无限人格魅力。

"师蜘蛛而结网"③为其一。特大洪水的暴发,迫使人们迁往高地、高山居住,天上倾盆大雨和地上白茫茫大水,极大地阻碍了原始人类的狩猎和采集活动,食物的严重缺乏威胁到人类生存。于是伏羲效法蜘蛛结网捕捉昆虫的方法,制作了供打鱼、捕兽、捉鸟的网罟,成功地化解了当时人们面临的断粮危机,把食物资料来源从陆地进一步扩大到水中和空中。尤其是用这种方法捕捉到的幼小而食用价值不高的活禽活兽,又为动物驯化、养殖乃至畜牧业的起源埋下了伏笔,其所具有的重大历史意义是不言而喻的。而我国的一些考古发现似乎能印证伏羲这一重大发明。获得我国水稻起源重要物证的湖南道县玉蟾岩遗址,绝对年代远超一万年,出土的"动物残骸中引人注目的是鸟禽类骨骼,其个体数可达30%以上,种类可达10种以上。这在我国早期史前遗址中是少见的""动物残骸中还有鲤、草、青等多种鱼类和丰富的龟鳖、螺、蚌等水生动物,反映出冰后期新出现的洞穴螺蚌堆积特征"。④另外,蜘蛛这种原本自然界里的小昆虫,很可能因被伏羲效法有功而成了伏羲—女娲部落氏族集团内某一氏族的图腾,且这一氏族很可能一直繁衍下去,几千年后,在濮阳西水坡M45蚌塑龙虎墓中仍有蜘蛛图腾,应不是偶然巧合。

其二是伏羲"仰则观象于天,俯则观法于地,观鸟兽之文,与地之宜,近取诸身,远取诸物,于是始作八卦,以通神明之德,以类万物之情"⑤。为了深入探究造成当时自然灾难,特别是特大洪水的根源,伏羲观天察地,研究鸟兽文采和包括自身在内的种种物象,终于总结出八种符号,用以解释贯通神明的德,概括天地万物的情状。从此,人们就用这八种符号来记载日常发生的事情。这就涉及天文、地理、包括人类在内的一切生物等自然知识和文字的发明等问题。可见,一万多年前那次特大洪水虽给人类带来了极大苦难,但人们,特别是男性被激发出来的思维能力(尤其是逻辑思

---

① [宋]罗泌:《路史·后记》注引[汉]应劭《风俗通义》。
② 常任侠:《沙坪坝出土之石棺画像研究》,载《说文月刊》(第1卷),第10～11期合刊。
③ [晋]葛洪:《抱朴子·对俗篇》。
④ 袁家荣:《玉蟾岩获水稻起源重要新物证》,载《中国文物报》,1996年3月3日。
⑤ 《易·系辞下传》。

维能力),对自然界中某些因果相连的简单规律有了初步认识和掌握,从而用来为有利于人类自己的目的服务,科学的萌芽破土了,人类和人类社会又向前迈进了大大的一步。

伏羲的第三个重要贡献是"制嫁娶,以俪皮为礼"①。也有说女娲为人类建立了婚姻制度:"女娲祷祠神,祈而为女媒,因置婚姻。"② "以其(女娲)载媒,是以后世有国,是祀为皋媒之神"③。其实指的是伏羲与女娲共同为重建人类的母系婚姻制度而努力。因为洪水、地震、火山喷发迫使当时人们为避灾难而迁移各地,原来建立在族外婚基础上的旧的氏族部落制度被破坏殆尽,而重新建立新的氏族部落的前提,就是确定彼此没有血缘亲属关系的氏族,排除掉彼此不能通婚的氏族,找到能够互相通婚的两个半边,即两个氏族,才能联合成更高一级的部落。伏羲和女娲就是在外婚制是氏族根本原则基础上,重新创建了洪荒后新的氏族部落制度。这是一项非常复杂又相当繁重的重要非凡的工作。为此,伏羲在远古中国的东西南北各地到处奔波,为重建新的婚姻制度尽心竭力,同时还将龙与龙文化传播到各地,故至今我们不少地方,包括少数民族地区都有关于伏羲的传说及龙和龙文化的故事。苏联学者曾提出,混血能产生优异的民族共同体,是新石器时代之所以得以产生的动力之观点。因此,如果说洪荒后重建的新的氏族部落制度,血缘关系因洪荒迁徙重组而变得更加疏远复杂,那么他们后代在体质和智力等方面的优势也会更加凸显,这就为中华民族子孙后代的健康做出了重大贡献。正如恩格斯所指出的那样:"在这种越来越排除血缘亲属结婚的事情上,自然选择的效果也继续表现出来。用摩尔根的话来说就是:'没有血缘亲属关系的氏族之间的婚姻,创造出在体质上和智力上都更强健的人种;两个正在进步的部落混合在一起了,新生一代的颅骨和脑髓便自然地扩大到综合了两个部落的才能的程度。'这样,实行氏族制度的部落便必然会对落后的部落取得上风,或者带动它们来仿效自己。"④伏羲、女娲制嫁娶、建立婚姻的真正深远意义大概也就是在这里,尽管他们自己也许并没有意识到这一点。

罗欣指出,《物原》中有"伏羲始乘桴"的记载。即是说,伏羲是发明并使用竹筏和木筏作为水上交通运输工具的第一人⑤,是航运行舟最早创始人、开拓者和实践者。

伏羲还"作瑟,造《驾辩》之曲"⑥。即发明了瑟这种乐器,制作了《驾辩》这样的

① [清]马骕:《绎史》卷3引[三国·蜀]谯周《古史考》。

② [清]马骕:《绎史》卷3引[汉]应劭《风俗通义》。

③ [宋]罗泌:《路史·后记二》。

④ 恩格斯:《家庭、私有制和国家的起源》,《马克思恩格斯选集》第4卷,人民出版社1972年版。

⑤ 潘利、张小华:《太平洋文明初创时期的中国因素》,载《史前研究》1985年第3期;张小华:《中国与大洋洲、美洲古代交往的探讨》,载《中央民族学院学报》1984年第1期。

⑥ [汉]王逸注《楚辞·大招》。另《世本》:"瑟,庖牺作。"

乐曲,并与"女娲作笙簧"一起①,为以后的礼乐制度奠定了最早的基础。

伏羲以身作则和创造发明,既突显了他作为男性精英无穷的聪明才智,又表现出他在各氏族部落中极具传播宣传能力,因而对广大的其他氏族部落而言,他有着极强的吸引力和感染力。正是在伏羲不懈努力下,被洪水冲毁了的原来十分封闭、狭隘的早期氏族部落社会,在洪荒过后获得新生,一个以和谐、融合、开放为特征和彼此间互有交往的氏族部落社会重新建立起来了。同时还意味着一万多年前,在林林总总、不计其数的氏族部落中,伏羲—女娲氏族部落已经成为我国历史上第一个为绝大多数氏族部落所公认的、非常有威望的核心氏族部落或中心氏族部落。远古中国历史有了质的飞跃,迈向文明的最初脚步声开始响起来了。

总之,被后世赞称"为百王先"的伏羲,在洪荒时期的艰苦而顽强的斗争中,取得了与女娲同样崇高的社会地位。以他为代表的少数男性精英,既响亮地突显了对自身社会责任自觉意识的觉醒和自觉能动性的激活并释放,也成功地实现了对自身社会价值的重新定位。几十万年来,女性一统天下的局面开始被打破了,男性终于开始登上历史舞台,并且"为人类文明昭示了灿烂的曙光"②。就是在这样的思想前提下和实践活动中,陪同"上万年的文明起步"③一起进行的,是母系向父系过渡的最早序幕,也终于被拉开了。

二、男性自觉意识觉醒的群众性启蒙运动,是男性第二次思想解放运动,它使男性在生产领域中逐渐地占据了主要地位,奠定了母系制向父系制过渡的社会基础

在与特大自然灾害全力抗争、拼死搏斗中,原始人类不仅终于取得最后胜利,妇女们还发明了农业、制陶业等全新产业。洪荒过后,人类阔步向前进入母系氏族最繁荣昌盛的时代,即考古学上的新石器时代。而继伏羲之后,又横空出世了一位男性精英——神农。《帝王世纪》记载:"神农氏姜姓也,母曰任姒,有娇氏女登,为少典妃,游华阳,有神龙首,感生炎帝,人身牛首,长于姜水。"可见神农氏族与以龙为图腾的伏羲—女娲氏族应有婚姻关系。故神农成为伏羲事业继承者和发扬光大者,也就不奇怪了。其实,神农只是神农氏族的一个成员,也可能是由年长妇女提名、经氏族选举产生的酋长。将神农与炎帝合二为一,则始于秦汉之际的《世本》。但《史记·封禅书》却不赞同这一说法,而称:"神农封泰山,禅云云;炎帝封泰山,禅云云。"明显将神农与炎帝分为两人述说。故充其量,炎帝最多是神农氏族最后一位首

---

① [晋]皇甫谧:《帝王世纪》。另《世本·作篇》。

② 袁珂:《古神话选译》,人民文学出版社 1979 年版。

③ 苏秉琦先生 1992 年为中国历史博物馆成立 80 周年的题词中的第二句话。题词全文共四句:"超百万年的文化根系,上万年的文明起步,五千年的古国,两千年的中华一统实体。"见苏秉琦:《中国文明起源新探》,生活·读书·新知三联书店 1999 年版。

领。《五帝本纪》说"轩辕之时,神农氏世衰",炎帝被打败后,"代神农氏,是为黄帝"。可见神农氏除是氏族名称外,还是一个时代的标志,大致与新石器时代中期和晚期相当,距今约 9,000—5,500 年。

从古史传说中,可以确认,神农氏最大贡献是以创新的理念和改革的态度,发动了一场声势浩大的农业革命,在发展农业的同时,最终不仅将农业生产主导权,而且还把饲养、渔猎和手工业等主要社会生产领域的领导权,成功地从妇女手中转移到男性之手。所谓"庖牺氏没,神农氏作,斫木为耜,揉木为耒,耒耨之利,以教天下"①。"古之人民皆食禽兽肉,至于神农,人民众多,禽兽不足,于是神农因天之时,分地之利,制耒耜,教民耕作,神而化之,使民宜之,故谓之神农也"。②可见神农确是继伏羲后又一男性精英、时代楷模。其实,神农氏时代就是我国母系氏族社会最成熟、最繁荣、最稳定的时代,也是种植农业不断进步和持续发展的时代。神农"因天之时,分地之利",是指他根据妇女发明农业,并运用刀耕火种原始技术的现实,与时俱进地用"斫木为耜,揉木为耒"的创新发明,转变农业生产方式,将中国最原始的刀耕火种农业,推进到更先进的锄耕农业阶段。而考古学上则发现老官台文化李家村遗址有扁平舌状双弧刃磨光石铲、梯形扁平磨光石铲和梯形扁平穿孔磨光石铲;仰韶文化半坡类型、庙底沟类型和后冈类型中均有石锄、石铲出土;磁山—裴李岗文化有舌形和"凸"字形石锄形器,北辛文化除有石铲外,还有蚌铲;大汶口文化刘林期也有石铲出土;东北兴隆洼文化有"凸"字形石锄形器,赵宝沟文化出土鞋底状正尖刃石耜;长江中游的彭头山文化澧县八十垱遗址有木耒、木铲和骨铲等出土,大溪文化早期遗存有石铲、石锄出土;长江下游的河姆渡文化有骨耜和木耜,桐乡罗家角遗址也有骨耜出土,但制法与河姆渡文化不同;马家浜文化有骨耜、石锄和木铲等出土。从而证明中国的古史传说是有一定真实性的。

不过,值得注意的是,神农的努力并不仅仅简单地停留在农业生产技术层面上的创新发明,更重要的是要在精神和文化层面上进行更深层次的思想意识和文化上的革新。他深知,光靠少数男性精英的努力是不行的,必须将男性在新时代中应该担当什么样的社会角色、社会责任的思想观念,努力传播到更为广大的男性氏族群体之中,因为农业技术的革新、农业生产的不断复杂化,需要人类付出更多的体力和智力。而在"男子是森林中的主人,妇女是家里的主人"这样的自然分工条件下,女性占据着优越的社会地位,加上农业又是妇女发明的,这使体质状态、生理条件,甚至潜在的脑力智慧都不输于女性,有的方面还有优势的广大男性的无限潜能无法发挥出来。针对这一严酷的社会现实,神农主持并发动了一场以推广锄耕农业为载体的旷日持久的男性自觉意识觉醒的群众性启蒙运动。这是继伏羲后涉及几乎所有成年男性的第二次男性思想大解放。所谓"至于神农,以为行虫走兽,难以养民,乃

---

① 《易·系辞下》。"庖牺氏"即"伏羲氏"。
② [汉]班固:《白虎通义·号》。

求可食之物,尝百草之实,察酸苦之味,教民食五谷"①。即神农从人类最不可缺少的食物入手,先以身作则,试食各种植物果实,再用亲身体会来宣传、教育人民改变饮食习惯和饮食文化,并接着"教民耕作,神而化之,使民宜之,故谓神农"。即用他出神入化的教育方法,使广大男性大众当然无怪地相信并跟着他一起开拓锄耕农业光辉灿烂的生产、生活前景。正因如此,神农不是一般意义上的氏族农人或氏族首领,而是被广大氏族部落人民大众尊称为神农,他所在氏族也被尊称为神农氏族。故神农和神农氏不是自称,而应属他称。神农氏以地为名的自称应为厉山氏,古籍上也有称烈山氏、列山氏、连山氏和魁隗氏的。烈、列、连与厉,当为同音之转。魁隗大概是方言之故,实为同一名称。《礼记·祭法》称:"是故厉山氏之有天下也,其子曰农,能殖百谷。"郑注:"厉山氏炎帝也,起于厉山,或曰有烈山氏。"《汉书·地理志》"南阳郡随县"条班固自注:"故国。厉乡,故厉国也。"《后汉书·郡国志》注引《荆州记》:"随县地有厉乡村,重山一穴。相传云是神农所生穴也。"《括地志》也称厉山在随县。今湖北随州西北还有厉山镇。在厉山镇西北枣阳县发现有雕龙碑新石器时代遗址,其最早的年代距今约 6,000 年②,这是很耐人寻味的。

从考古发现看,神农氏发动的这场以发展农业为载体的思想文化革命,最早在距今 8,000 年左右就在一些地方取得显著成果。请看河南裴李岗文化墓葬的随葬品中,男女两性的差别非常明显:凡有石磨盘、石磨棒之类的粮食加工工具的墓葬,一般都随葬有较多陶器,却不见石斧和石铲、石镰等农业工具;凡随葬石斧和石铲、石镰等生产工具的墓,则不见石磨盘、石磨棒等粮食加工工具。经对骨架鉴定证明,前者均为女性墓,后者则都是男性墓,十分确切地反映了当时社会生产、生活中已有男女明确分工的事实③。在裴李岗遗址中,出土的渔猎工具很少,而以农业生产工具为主,也说明了当时以粮食种植为主的农业生产,已占据了人类全部经济活动的首要地位。年代稍晚于裴李岗文化的河北磁山文化磁山遗址里,发掘出大量贮存粮食的窖穴,其中残存的粮朽灰经灰象鉴定是粟,折合成新鲜粟的重量竟达 10 万斤以上④。这从另一方面证明了当时农业发展已具有一定的规模和水平,及其农业在人们社会生活中的重要地位。"人民众多,禽兽不足"的生存危机,已被粮食生产的规模效应化解了。而男性已经接替妇女成了农业生产的主要力量,妇女已退而成为后勤家务劳动者的事实,也被裴李岗文化墓葬所呈现的考古现象所证实。当然,女性墓中一般都随葬有较多的陶器,特别是陶罐、陶三足钵和陶勺等炊事用具,以及随葬品数量最多的墓,均属于石磨盘、石磨棒与陶器为组合的墓等情况,说明氏族部落经济

---

①　《新语·道基》。

②　中国社会科学院考古研究所:《湖北枣阳市雕龙碑新石器时代遗址试掘简报》,载《考古》1992 年第 7 期;王杰:《雕龙碑新石器时代遗址发掘收获》,载《江汉考古》1995 年第 3 期。

③　赵世纲:《裴李岗文化的几个问题》,载《史前研究》1985 年第 2 期;李友谋:《裴李岗文化墓葬初步考察》,载《中原文物》1987 年第 2 期;朱延平:《关于裴李岗文化墓葬的几个问题》,载《考古》1989 年第 11 期。

④　佟伟华:《磁山遗址的原始农业遗存及其相关的问题》,载《农业考古》1984 年第 1 期。

和生活上的大权仍掌控在妇女手中,妇女的权力和地位仍高于男子。"但生产力的更进一步的发展则引起重大的经济改革,提高了男子在社会生产中的作用。由此产生了由母权制向父权制的过渡。"[①]尽管处于发达母系氏族的裴李岗文化时期的妇女们根本没有意识到这一点,但这样的过渡已确确实实地、悄然无声地在进行着。

如果说,在伏羲—女娲时代,只出现了以伏羲为代表的少数男性精英,那么,神农氏们的终极目的是要唤醒所有男人的男性意识。到距今 6,000 年左右,神农氏的努力终于取得了辉煌的胜利,社会文化"已步入质变阶段"[②]。考古发现,在大汶口文化刘林期,男性不仅已牢牢地占据了农业这个在"整个古代世界的决定性的生产部门"[③],而且还控制着家畜饲养、渔猎和除纺织外的手工业等重要经济部门,而女性则进一步因家务劳动范围的扩大,成了基本上司家务的劳动力[④]。刘林遗址第二次发掘中,经性别确定的有 117 座成年单人葬墓,其中 52 座随葬了生产工具:女性墓 17 座,仅占女性墓总数的 33%;男性墓有 35 座,占男性墓总数的 53%。男性随葬的生产工具,约占随葬生产工具总数的 70%,而女性只占 30%。在种类上,妇女用锛随葬的仅 1 例 1 件,而男性则为 7 例 16 件。且凡随葬有纺轮者,必为女性,男性没有用纺轮随葬的,却多见斧、锛、凿这样成套的石质手工工具和弹丸、网坠这样的渔猎工具。如果獐牙勾形器也属农业用具的话,则男性随葬獐牙勾形器的有 11 人共 16 件之多,女性只 2 人仅 5 件[⑤]。同属刘林期的大墩子墓地和野店墓地,也同样存在类似现象。大墩子墓地 70% 被确定为成年女性的墓葬,都出土了纺轮。大墩子第二次发掘的墓葬中,有 10 座随葬了石铲,其中男性 8 座,女性仅 2 座;出獐牙勾形的 15 座墓墓主均为男性;而且凡使用斧、锛、凿这样成套石质手工工具随葬的,都是男性。其中 M4 和 M32 两座男性墓,还同时出土碎石片、牙料及较多的骨、牙制品,形象地显示死者生前是具有特殊技能的善攻石、骨、牙料的手工业匠人[⑥]。野店被确定性别年龄的墓葬有 8 座,其中单人墓男、女各 3 座,单人女性墓中,随葬纺轮的有 2 座,另 1 座未随葬工具;3 座单人男性墓中,则分别随葬了石锛、石斧和砺石以及石锛、砺石、骨凿和骨镞[⑦]。以上考古现象和统计数据,都说明至少在早期大汶口文化分布区域内,男性无论在农业还是手工业或渔猎生产中的重要性都已全面超越了女性。分布于长江中上游地区的大溪文化,在大溪遗址第三次发掘并被确定为早期而查明性别的 48 座墓葬中,用石质工具随葬的成年男性要多于女性,表明男性在使用这类工具时地

① ［苏］柯斯文著:《原始文化史纲》,张锡彤译,人民出版社 1955 年版。

② 白寿彝总主编、苏秉琦主编:《中国通史》第 2 卷,上海人民出版社 1994 年版。

③ 恩格斯:《家庭、私有制和国家的起源》,《马克思恩格斯选集》第 4 卷,人民出版社 1972 年版。

④ 白寿彝总主编、苏秉琦主编:《中国通史》第 2 卷,上海人民出版社 1994 年版。

⑤ 南京博物院:《江苏邳县刘林新石器时代遗址第二次发掘》,载《考古学报》1965 年第 2 期。

⑥ 南京博物院:《江苏邳县四户镇大墩子遗址探掘报告》,载《考古学报》1964 年第 2 期;南京博物院:《江苏邳县大墩子遗址第二次发掘》,载《考古学集刊·1》,中国社会科学出版社 1981 年版。

⑦ 山东省博物馆、山东省文物考古研究所:《邹县野店》,文物出版社 1985 年版。

位高于女性,说明在生产劳动中,男性较女性居于更重要地位[①]。

　　然而,尽管生产的领导权已经掌握在男性手中,但妇女却依旧有着社会权威,特别是对部落氏族的财物支配权和经济掌控权,仍然很牢固、强大。因为从刘林和大墩子墓地男女随葬陶器的数量上分析,除个别数据外,大多数情况下女性高于男性。统计上述两个墓地中,富裕墓葬的随葬陶器,平均男性为 7.7 件和 7.5 件,女性为10.8 件和 7.3 件;中等墓葬,平均男性为刚接近 3 件和 3.2 件,女性为 3.7 件和 3.6件[②]。显然,妇女对财产的支配权及其在社会上的身份地位,并没有因生产领导权的失去而有所改变。这是因为,在当时无论男女,对权力的认识处于朦胧状态,他们遵循的仍是最古老、最朴素的“活着在一起,死了也要在一起”的骨肉相连的氏族血缘观念。而“传统是一种巨大的阻力,是历史的惰性力”[③]。所以,男性意识虽已觉醒,但权力意识和财富意识却还没有萌发的男子们,在甘愿付出自己一切时,却没有额外索取,更不会对女性搞抢班夺权。而女性们虽退居到家务后勤活动中,但因男人们已在农业等主要生产劳动中担当主要职能,这客观上极大地减轻了原来持家时家内家外两头劳作体力和精神上的双重负担和巨大压力,因此在乐享其成、还不威胁到自己优越社会地位的情况下,女性对男性的这些所作所为当然不仅不会反对,反而会全力支持。殊不知,意识虽然往往会落后于存在,但存在最终会决定意识。取得生产领导权后的男性,权力意识、财富意识觉醒是迟早的事。故“母权制的被推翻,乃是女性的具有世界历史意义的失败”[④]。其悲剧应起始于女性拱手让出生产领导权的时候。而只想让男人们更多地分担女性艰辛,并使男人们更有尊严地生活,真正达到男女平等而努力奋斗的神农氏们,既估计不到,也是不愿意看到这样的悲剧后果的。然而父权制取代母权制的最广大、最深厚、最坚实的社会民意基础、思想文化基础和经济基础,却确确实实是神农氏们所奠定并夯实的。

　　在发动和进行这场史无前例的农业和思想文化革命的同时,神农还“尝百草之滋味、水泉之甘苦,令民知所避就,当此之时,一日而遇七十毒”[⑤]。这就是广为流传的神农尝百草的故事。实际情况可能是,神农为了不断增加农业种植品种,使农业持续发展,便不辞辛劳、不怕危险,满山遍野去寻找、开辟新的作物和水源,并在实践中逐渐认识了可以作为医疗治病用的各种植物。所以传说中的神农是兼有农业神和医药神的双重身份的。也就是说,当农业生产为人类提供比较有保证的生活资料后,神农一方面仍在努力寻求农业新的突破点,以求得农业持续不断更大发展,另一方面又在实践中发现不少植物虽不能直接为人类提供食品,但可以为人类健康养生

---

① 　四川省博物馆:《巫山大溪遗址第三次发掘》,载《考古学报》1981 年第 4 期。

② 　白寿彝总主编、苏秉琦主编:《中国通史》第 2 卷,上海人民出版社 1994 年版。

③ 　恩格斯:《社会主义从空想到科学的发展》,《马克思恩格斯选集》第 3 卷,人民出版社 1972 年版,第 402 页。

④ 　恩格斯:《家庭、私有制和国家的起源》,《马克思恩格斯选集》第 4 卷,人民出版社 1972 年版,第 52 页。

⑤ 　[汉]刘安:《淮南子·修务训》。

和疾病防治做出贡献,从而为独具特色的中国中医药事业的开创发展,拉开了绚丽多彩的序幕,打下了最初的又极具潜力的基础。

现代基因研究的成果,反证了"神农尝百草"确有其事。复旦大学现代人类学教育部重点实验室李辉博士领衔的课题组研究指出,一个名为"TAS2R16"的苦味基因表达于人体舌头细胞内,这个基因在所有味觉基因中对毒性识别力最强,而中国人群的"TAS2R16"基因显现出超强的能力,使中国人普遍具有充分敏感的苦味感觉,能通过味觉判断食物是否含有毒性。而且根据研究,中国人苦味味蕾的迅速进化稳定是在5,000—6,000年前,说明当时我国发生过一次大规模的自然筛选,很多不能尝出有毒植物中普遍存在苦味的人就被"淘汰"了。而这个时间与传说中的"神农尝百草"处于同一时代,因此可以证实,所谓"神农尝百草"确有真实的历史环境。这就是一批带有TAS2R16基因增强类型的先民勇敢地尝试了各种植物,为后人留下了宝贵的经验。而那些因尝试而中毒牺牲的先民,同样称得上人类发展过程中的"英雄"。这一研究还认为,也许神农不是一个人,而是一个群体。中国人"苦味"基因的优势,使古代中国人的食物种类远远超过欧洲,而且因为对苦味敏感者生存机会大,故古代中国人口增长也超过欧洲,这也许是中国创造灿烂文明的另一个重要原因。这一研究成果已发表于生物学著名杂志《人类生物学》①。现代自然科学的这一研究,不仅证实远古时代确实存在着神农和神农氏族,还证实了上述这些伟大贡献是由以神农氏为代表的我国远古男性祖先做出的。在母系氏族最繁荣时代这一男性的光辉而伟大的作为,对母系制向父系制的转变,在思想文化上影响应该非常大。

在人民丰衣足食、健康生活后,为了解决人们生活中的某些不便,"神农是以日中为市,致天下之民,聚天下之货,交易而退,各得其所"②,开创了最早的实物交易市场,让人们互通有无,收到皆大欢喜的效果,这是神农氏的又一创新和伟大贡献。但交换的发生,连同上述男女在生产上的分工,直接后果就是导致贫富分化和私有制的萌发,成了母系制向父系制过渡的直接经济动因。这也不是神农氏们所愿意看到的。但历史规律的发展是不以个人或小集团的意志为转移的,该发生的终究会发生。

不过,后人还是赞叹说:"神农之世,男耕而食,妇织而衣,刑政不用而治,甲兵不起而王。"③"神农之世……耕而食,织而衣,无有相害之心,此至德之隆也。"④即是说神农氏时代,男耕女织,衣食充裕,人民和谐相处,社会安定团结,治安良好,秩序井

---

① 姜澎、张炯强:《"神农尝百草"确有其事 对苦味敏感者生存机会大》,载湖南《大众卫生报》,2011年6月30日第15版。

② 《潜夫论·五德志》。

③ 〔战国·秦〕商鞅:《商子(商君书)·画策》。

④ 《庄子·盗跖》。

然,不需要用刑法兵甲治理。其实,这是洪荒以后母系氏族社会迈入新石器时代,实现了稳定的长期村落定居生活,实行了集约化的农业生产,进行了一场史无前例的社会生产生活的大革命后的结果。是继伏羲后以神农为代表的精英男子发动并带领广大氏族男性发挥男性的巨大能量和创新创造精神,并在实践中取得极大成功的辉煌写照。为此,神农获得了当时社会的广泛承认和给予的崇高荣誉。神农所在氏族部落也成为继女娲—伏羲氏族部落后,又一为远古中国大地上千千万万氏族部落所公认的、且在生产力和思想文化方面更为先进的核心氏族部落或中心氏族部落。这一切都实际上把母系氏族向父系氏族的过渡又大大地向前推进了一大步。

当然,由于神农氏们权力意识尚未萌发,故他们的所有所作所为,没有一点点权力色彩,也没有丝毫个人功利因素。甚至没有伏羲与洪水拼搏时显露的"初造王业"的锐气和"为百王先"的霸气。坚持氏族"血缘关系是相互扶持的强有力的因素"[1]传统思想的神农形象,既像一位诲人不倦的教师,又似一个努力奋进的劳动模范,还像一位不畏艰险的探险家和刻苦钻研的创造发明家。在他身上似乎没有一丁点儿领导者的影子。但结果他却享有了当时神话传说中任何女性都没有的崇高荣誉和至高无上的社会地位,还被后人尊为三皇之一。故神农似乎是一位在母系氏族社会里韬光养晦的男性英雄。他所揭示的是,在母系氏族繁荣昌盛的时代里,男子所追求的不是权力、权威和功利,而是劳动的创新理念和发明能力,是生产技能的不断开拓和持续进步,并凭借这些在实践中取得成功,用以获得社会承认和所给予的荣誉。然而,有了创新理念、发明能力和掌握了先进劳动技能的精英男子,是当时社会生产力中最活跃的因素,对于在主要社会活动中处于中心地位的女性其实是一种极大的冲击。因此,事实上神农氏们已奠定了父系取代母系的社会基础,积聚了进一步变革的更广泛、更深厚的男性人力资源和思想文化资源,为下一阶段更激烈的变革创造了充足条件。

古文献称神农氏"人身牛首"[2]。指认神农出自以牛为图腾的氏族。但《帝王世纪》中又称神农氏为神龙氏,似乎神农又是龙氏族传人。这当然可能如前文所述是神农氏族与以龙为图腾的伏羲—女娲氏族有婚姻关系有关。但考古发现,在距传说中神农出生地厉山不远的湖北黄梅县白湖乡张陈村焦墩遗址,出土了距今6,000年左右的牛首形石堆龙及蛇、龟、鱼和星座等河卵石摆塑图案[3]。这一被崇拜的"牛首龙身"石堆龙,是否就是神农"人身牛首""神而化之"的神化形象的生动写照呢?确实,神农氏时代的先民,对龙是十分崇敬的,当时是原始的龙和龙文化十分活跃的时

---

① 马克思:《摩尔根〈古代社会〉一书摘要》,人民出版社1978年版。

② [清]马骕:《绎史》卷4引《帝王世纪》。

③ 陈树祥:《黄梅发现新石器时代卵石摆塑巨龙》,载《中国文物报》,1993年8月22日;倪婉:《黄梅县焦墩新石器时代及周代遗址》,载《中国考古学年鉴》(1994),文物出版社1997年版。

期。除牛首石堆龙外,还有 8,000 年前的辽宁阜新查海遗址出土的石堆塑巨龙[①],距今 6,800—6,700 年赵宝沟文化小山遗址 F2 [②]:30 尊形器上的猪首龙、鹿首龙和鸟首龙图案[②],属仰韶文化早期的内蒙古清水河岔河口发现的两条夯土鱼龙[③],还有仰韶文化后冈类型河南濮阳西水坡 M45 蚌塑龙[④],等等。总之,龙在当时中国各地的先民心目中是非常神圣、需要顶礼膜拜的,不能有丝毫不敬、亵渎和懈怠。

需要指出的是,神农氏之所以要高举原本属于伏羲—女娲氏族的龙图腾和龙文化大旗,与他发动和领导的农业革命密切相关,因为要获取农业丰收,除革新生产工具外,还需关注自然界四季的变化和雷、电、雨、水等千变万化的自然现象。在当时低下的生产力水平下,除了有限的人力,要风调雨顺,原始先民只能虔诚地乞求和敬拜自然神的赐予。而龙正是与河湖江海、雨、雷等都有关的神灵,甚至被古人直接视为水神、雨神和雷神。于是,崇拜龙、祭祀龙,就成了古人祈祷的重要礼仪形式。所以,神农氏不仅继承了这一龙与龙文化的传统,还将其内涵予以巧妙的改造、深化与革新。并贯彻运用在他以发展农业为载体的革新过程始终。所以,这时的龙虽然还是某些氏族的图腾,但事实上已被从事农业生产的其他不同氏族部落的人们共同崇拜。即是说,龙已超越狭隘的氏族图腾范畴,腾飞到更大的地域空间,为更多人共同崇拜,龙图腾崇拜发展成了龙神灵崇拜。龙还被人们用各种材质塑造成各种不同形象,这就进一步发展成了龙的神灵偶像崇拜。从图腾崇拜到神灵崇拜,再到神灵偶像崇拜,是龙的形象不断深入人心、龙文化不断传播扩大的结果;也是母系氏族狭隘的血缘壁垒被龙和龙文化一再突破,意味着基于血缘关系的母系图腾崇拜开始被削弱、松弛,甚至被破坏了,这是因为作为神灵的龙存在于更为广大的地域,龙文化也与更重要的经济关系——农业生产紧密相连。而母系氏族的固有文化被突破、削弱,实际上表明它在向父系制度过渡。龙和龙文化的最终发展,促成中华民族各地先民共同的宗教信仰,形成了中华民族先民集体意识觉醒的共同标记,这是中国远古时代特有的宗教和文化现象,也与中国是世界上农业发达最早的国家有关。而神农氏时代正是我国远古农业发展中最为关键的夯实基础的阶段,所以龙与龙文化的繁荣发达,也就成了历史的必然。可见这是神农氏们在意识形态文化领域方面又一伟大创举,是母系制向父系制转化的历史进程中,在

---

① 辛岩:《查海遗址发掘再获重大成果》,载《中国文物报》,1995 年 3 月 19 日;朱乃诚:《新石器时代考古》,载《中国考古学年鉴》(1996),文物出版社 1998 年版。

② 中国社会科学院考古研究所内蒙古工作队:《内蒙古敖汉旗小山遗址》,载《考古》1987 年第 6 期;杨群:《龙和龙文化起源的史前考古学研究》,载《龙文化与民族精神》,上海人民出版社 2000 年版。

③ 王大方、吉平:《清水河出土新石器时代巨型鱼龙夯土雕像及大批文物》,载《中国文物报》,1998 年 8 月 19 日。

④ 濮阳西水坡遗址考古队:《1988 年河南濮阳西水坡遗址发掘简报》,载《考古》1989 年第 12 期;濮阳市文物管理委员会、濮阳市博物馆、濮阳市文物工作队:《河南濮阳西水坡遗址发掘简报》,载《文物》1988 年第 3 期。

宗教文化上浓墨重彩的一笔。

三、剩余产品的出现,母系制的分化,所有制的复杂化,促使了私有财产的发生,是母系制向父系制转化的经济动因

神农氏农业革命的成功,使人类完全摆脱依靠获得自然产品为生的历史,而是通过自身创造性劳动来增加天然产物的生产。这种生产经济的不断发展,不仅使粮食生产得到长远增长,而且带动蔬菜园圃、家畜饲养、渔猎采集和纺织、编织、竹木器、陶器、石器及骨、角、牙器等手工业的发展,全社会呈现出经济部门繁多,生产和生活资料丰富的繁荣景象。请看始建于距今 6,000 年前的湖南澧县城头山古城址中,出土有船桨、船艄以及大量舟船木构件,还有竹、苇编织物和麻织物,明确地显示出古城内存在着多种手工业部门和对外航运交通的状况[1]。"一切部门——畜牧业、农业、家庭手工业——中生产的增加,使人的劳动力能够生产出超过维持劳动力所必需的产品。"[2] 于是剩余产品出现了。前述磁山窖穴中贮存的大量粟米;河姆渡遗址第四层稻作遗存经换算,稻谷总量竟高达 120 吨以上[3];仰韶文化半坡类型窖穴中也发现有成坑已腐朽的粟壳;属于彭头山文化的湖南澧县八十垱遗址中,有集中分布的干栏建筑仓房区[4],而仅在对其垃圾区的局部发掘中就收集到近 20,000 粒稻谷和大米[5],这些都很形象地说明当时粮食剩余状况。另外,猪、狗、鸡、羊、牛等家畜遗骨的出土,从另一侧面反映出粮食除供人类食用外,还有剩余的事实。随葬陶器数量越来越多,也证明制陶业产品除供人们日常使用外,也有剩余。总之,在神农氏时代,随着生产经济的持续发展,社会财富也跟着增长,促使了剩余产品的出现和交换的频繁发生,同时也产生了对这些剩余产品的掌控、管理、分配和使用等诸多问题,从而对氏族的经济活动和氏族人员的思想意识产生巨大影响,成为母系制向父系制转化的强大经济动因。

同时,相对于旧石器时代的早期母系氏族,步入新石器时代,特别是至新石器时代中、晚期的晚期母系氏族,其社会组织结构要复杂得多。晚期母系氏族虽然依然是原始社会的基本社会经济单位,但是原作为统一体的氏族结构发生了深刻变化。在稳定的长期村落定居环境中,随着氏族聚落的发展和扩大,人口的增多和婚姻形态的进化,必然会促使其内部发生分化,即包含若干个在"望门居"或"从妻居"婚姻状况下数代不同辈的对偶家庭,以及老年人和未婚子女的母系大家族,便应运而生,并成为氏族社会内的基本细胞。故一个晚期母系氏族内至少有氏族—母系大家

① 湖南省文物考古研究所:《澧县城头山古城址 1997—1998 年度发掘简报》,载《文物》1999 年第 6 期;何介钧:《洞庭湖区的早期农业文化》,载《华夏考古》1997 年第 1 期。

② 恩格斯:《家庭、私有制和国家的起源》,《马克思恩格斯选集》第 4 卷,人民出版社 1972 年版。

③ 白寿彝总主编、苏秉琦主编:《中国通史》第 2 卷,上海人民出版社 1994 年版。

④ 裴安平:《澧县八十蛸遗址出土大量珍贵文物》,载《中国文物报》,1998 年 2 月 8 日。

⑤ 张文绪、裴安平:《澧县梦溪八十垱出土稻谷的研究》,载《文物》1997 年第 1 期。

族—对偶家庭这样三个层次的组织结构。即是说，母系氏族制度发展到晚期，其内部分化出与氏族既统一又相矛盾的家族和家庭这样的新的社会组织。其中的母系大家族是一个相当大的、可包括几代的母系近亲集团，成员有母亲们及其子女以及女系的后代，人数可达一二百人，甚至三四百人。他们共同过着原始的共产主义生活，适婚女性则在对偶婚的形式下，组成对偶家庭。这在考古学和民族学中都有丰富的材料可作为证明。

考古学上，距今约 8,000 年的兴隆洼文化兴隆洼遗址[①]、白音长汗遗址[②]和查海遗址[③]，虽都属凝聚式统一体的环壕聚落形态，但经分析研究，兴隆洼文化聚落内，至少可分为三级社会组织：单间小房址是对偶家庭居所；以一排房址为单位，代表的是母系大家族居地；整个聚落即为一个氏族[④]。在河南新郑唐户裴李岗文化遗址中[⑤]，揭露出 63 座房址，大致可分为四五个有明显间隔的房屋组，每组有十几个略呈向心布局的房址，房址周围有包括窖穴在内的很多灰坑，房址最大不过十余平方米。每一房址代表的则是一个对偶家庭。"每组房屋大约可以居住 30～50 人，大概代表着一个家族这样的继嗣群体，整个聚落就可能存在由数个家族组成的更高一级的社会组织（如氏族或家族联盟）。"[⑥]而综观已发掘的裴李岗文化墓地，一般也都可以分为不同的墓群或墓区，各群或各组的墓也大多成排或成组排列，"据研究应普遍存在着家族和氏族等层级的社群组织，这和唐户等居址所见的情形相似"[⑦]。距今 7,000 年的南方河姆渡文化房屋，属干栏式长屋建筑，根据桩木的分布及走向，在 300 平方米范围内，至少有 3 栋大体平行的桩上长屋建筑，这种长屋长 23 米以上，宽 5.7 米，再隔成中间有走廊的两排宽六七米的小房间。每栋长屋应为一个母系大家族住所，长屋中的小房间当为对偶家族住所。整个河姆渡遗址有许多长屋，则是一个母系氏族公社[⑧]。而同属河姆渡文化距河姆渡遗址东北约 7 公里的田螺山遗址，应为同时代

---

①　中国社会科学院考古研究所内蒙古工作队：《内蒙古敖汉旗兴隆洼遗址发掘简报》，载《考古》1985 年第 10 期；中国社会科学院考古研究所：《兴隆洼聚落遗址发掘获硕果》，载《中国文物报》，1992 年 12 月 13 日。

②　内蒙古自治区文物考古研究所：《内蒙古林西县白音长汗新石器时代遗址发掘简报》，载《考古》1993 年第 7 期。

③　辽宁省文物考古研究所：《辽宁阜新县查海遗址 1987—1990 年三次发掘》，载《文物》1994 年第 11 期。

④　白寿彝总主编、苏秉琦主编：《中国通史》第 2 卷，上海人民出版社 1994 年版。

⑤　郑州市文物考古研究院等：《河南新郑市唐户遗址裴李岗文化遗存 2007 年发掘简报》，载《考古》2010 年第 5 期。

⑥　戴向明：《中原地区早期复杂社会的形成与初期发展》，载《考古学研究》（九），文物出版社 2012 年版。

⑦　朱延平：《裴李岗文化墓地初探》，载《华夏考古》1987 年第 2 期；朱延平：《裴李岗文化墓地再探》，载《考古》1988 年第 11 期；戴向明：《裴李岗墓地新探》，载《华夏考古》1996 年第 3 期；戴向明：《中原地区早期复杂社会的形成与初步发展》，载《考古学研究》（九），文物出版社 2012 年版；赵春青：《郑洛地区新石器时代聚落的演变》，北京大学出版社 2001 年版。

⑧　浙江省文物管理委员会、浙江省博物馆：《河姆渡遗址第一期发掘报告》，载《考古学报》1978 年第 1 期；河姆渡遗址考古队：《浙江河姆渡遗址第二次发掘的主要收获》，载《文物》1980 年第 5 期。

的另一个母系氏族公社①。稍晚的仰韶文化半坡类型无论是聚落遗址,还是墓地,体现母系氏族三级社会组织的实例都更加丰富了。前者有姜寨、半坡、北首岭等向心式聚落遗址,以姜寨一期遗存为最典型:其房址共分五组或六组,每组有一座大房子,几座中等房子,近20座围在中等房子周围的小房子。这样就构成了以大房子为代表的房群,以中等房子为代表的房组和以小房子为代表的相对独立的生活单位。而据研究,整个姜寨一期遗存当属胞族组织,那么房群应为氏族组织,房组为母系大家族,小房子是对偶家庭住所②。对仰韶文化半坡类型墓地的研究也清楚地证明上述社会制度是确实存在的。如对元君庙墓地的研究,证实"在氏族内部,已区分为若干与氏族相矛盾的,并是社会基本'细胞'的家族"③。而"横阵墓地对探索当时社会组织的特殊贡献,则是它明确地表示了氏族之下还有家族","横阵一个氏族开始包含五个家族,后来发展到了七个。如果再增殖下去,到一定限度也要分裂。这种情况,在摩尔根所描述的美洲印第安人中可以找到许多生动的例子,当是氏族制度的一种通例"④。到仰韶文化庙底沟类型,这一社会分层的情况更加清晰。内蒙古凉城县王墓山坡下遗址北区聚落共发现21座房址,分大、中、小三种,小房址约15座,10～25平方米大小;中型房址至少有5座,面积在30～40平方米;大房子1座,面积达90平方米。房内出土陶器呈现出高度相似性。这些布局清晰的房子构成了一个完整聚落。"若此,那么该聚落当有100多人同时共存,三种房屋可能分别代表着小家庭、家族、氏族三级组织……一个有趣的现象是,几座中型房子中都出有2～3套完整的体量较大的石磨盘和磨棒,而小房子或者不出此物,或者只有一个很小的磨盘(棒),或者有1～2件残断的磨盘(棒),大有'将就用'之意。由此可以判断,只有中型房子才拥有'正式'加工、可能还包括分配食物的权力,并代表一个较完整的生产和生活单位,而小房子则是这几个中型房子的附庸"⑤。而在民族学中,上述考古现象可以还原出许多活生生的情景。除18世纪北美易洛魁人外,我国云南永宁纳西族和台湾高山族阿美人等保留有母系制残余形态的少数民族,也都普遍存在着部落—氏族—母系大家族—对偶家庭这样的社会组织结构,其中的母系大家族是社会基本生产和消费的单位⑥。

剩余产品的发生,母系制度的分化,使原始所有制关系变得更加复杂化、多元

①　孙国平、黄渭金:《浙江余姚田螺山遗址初现端倪》,载《中国文物报》,2004年8月6日。

②　巩启明、严文明:《从姜寨早期村落布局探讨其居民的社会组织结构》,载《考古与文物》1981年第1期;李新伟、贾笑冰:《探讨姜寨一期聚落的重新分组》,载《考古》1995年第9期。

③　张忠培:《元君庙墓地反映的社会组织初探》,载《中国考古学会第一次年会论文集》,文物出版社1980年版。

④　严文明:《横阵墓地试析》,载《文物与考古论集》,文物出版社1986年版。

⑤　内蒙古文物考古研究所、北京大学中国考古学研究中心:《岱海考古(三)——仰韶文化遗址发掘报告集》,科学出版社2003年版;戴向明:《中原地区早期复杂社会的形成与初步发展》,载《考古学研究》(九),文物出版社2012年版。

⑥　林耀华主编:《原始社会史》,中华书局1984年版。

化。原先的生产资料和生产产品部落公有制,在农业和畜牧业发生后的新石器时代实际上成了氏族所有制,或者名义上是部落所有,实际上已交给氏族使用,如土地、牧场等。至新石器时代中、晚期,氏族分化为母系大家族和对偶家庭后,所有制关系就更加复杂,所有制单位也越来越多,越分越小。尤其是母系大家族,虽然是从氏族中领取土地等生产资料,但领导和组织生产的已不是氏族,而是母系大家族。母系大家族的成员共同生产,所得也全归母系大家族所有,并分配给对偶家庭享用。所以,虽然部落氏族(有时还有胞族)还在强有力地起着凝聚作用,但实质上母系大家族已成为社会基本生产单位和消费单位。而对偶家庭虽在经济上有一定的相对独立性,却仅仅只是个消费或半消费的最小所有制单位,它不能离开母系大家族独立生存。

上述变化带来的直接后果,就是引起家族、家庭,甚至个人之间的贫富分化。甘肃秦安王家阴洼遗址半坡类型墓地,是由两个母系大家族墓葬组成的氏族公共墓地,位于西区的母系大家族墓葬共 32 座,占地面积小,排列密集,地势偏低,且较近悬崖,随葬品较少,仅 M6 有 7 件。位于东区的母系大家族墓葬共 31 座,占地面积大,排列宽疏,地势偏高,随葬品丰富,有 7 件以上随葬品的墓达 14 座,其中最多的 M54 有 10 件,出 9 件、8 件和 7 件的墓分别有 3 座、2 座和 8 座。显然东区家族较富有,而西区家族较贫穷。可见同一氏族不同家族间的贫富分化已十分鲜明。"各墓的随葬器物的多寡虽不大悬殊,但有的一墓中的随葬品达 8~10 件,而少部分的墓中竟没有随葬品",说明对偶家庭之间或个人之间,虽贫富分化还没有到很严重的程度,但财富不均情况不仅已经出现,而且呈现出较为明显的现象。看来,氏族平等原则在仰韶文化半坡类型时就已经被破坏了。王家阴洼墓葬随葬品放置方式也值得注意,即多数墓葬在墓坑左侧特地挖置一个椭圆形竖穴土坑,用来专门置放随葬品,故更似库房并有显示财富的意义[①]。

年代与仰韶文化庙底沟类型前期相当的大汶口文化刘林期,贫富分化更加严重。"刘林 T413 的 24 座墓葬,随葬陶器在 6 件以上的 13 座,3~5 件的 5 座,且墓地中随葬陶器最多的 M148(19 件)、M182(25 件)及 M145(27 件),和墓地中仅有的随葬陶器达 8 件的两座儿童墓及一座也有 8 件陶器的 10~15 岁的少年墓,都在这个探方内。同时,T406、T407 及 T408 三探方的 24 座墓葬中,6 件陶器的两座,3~5 件的 7 座,1~2 件的也是 7 座,无陶器随葬的多达 8 座,占了 1/3。显然,儿童和少年随葬器的多寡,当不出于自身的原因,而取决于其所属家族的经济状况。可见,T413 家族比较富裕,T406~T408 家族则较为贫困。这种家族间贫富分化的现象,自然是私有制存在的必然产物。"大墩子第一次发掘的 27 座墓葬中,最富裕的墓 7 座,只占总墓数的 25.9%,却拥有 54.7% 的陶器和 81.8% 的石制工具;贫穷和"赤贫"的墓葬 8 座,占总墓数的 29.6%,即将近 1/3,但随葬陶器只占陶器总数

---

① 　甘肃省博物馆大地湾发掘小组:《甘肃秦安王家阴洼仰韶文化遗址的发掘》,载《考古与文物》1984 年第 2 期。

的 5.3%。刘林第二次发掘的 145 座墓葬中,无随葬品的"赤贫"墓有 19 座,占总墓数的 13.1%;如果加上只有 1～2 件陶器,或无陶器但有其他随葬品的下等贫穷墓50 座,则"赤贫"和"贫穷"的墓 69 座,占总墓数竟达 43.59%,快接近 1/2 了。故不仅母系大家族间财富不均现象有进一步的发展,对偶家庭和个人之间贫富分化也更加严重①。

存在决定意识。贫富分化现象的出现,会激发人们财富意识的觉醒,会诱惑少数人贪欲的恶性膨胀。从考古现象看,首先是那些握有经济实权的女性权贵,因为"到了对偶婚时期",她们会利用母系家族和对偶家庭"这种共产制家庭经济"的"物质基础",进行"妇女统治"②。譬如"氏族墓区定穴安葬的顺序,早先,在氏族成员无亲疏区别的时候,是依人们死亡先后安排墓葬的。在家族墓葬出现以后,形式上虽然遵循了早先定穴安葬的顺序,但由于它把同一家族先后死亡成员集合埋在一个墓葬内,这在实质上,就破坏了按死亡时间顺序安排墓葬的原则"③。在仰韶文化半坡类型中,合葬墓是最小的亲属单位,所以合葬墓属于不分直系、旁系的母系大家族的墓葬,其中的随葬品也是母系大家族财产所有制的体现。但引人注意的是,仰韶文化半坡类型中,还有少数成年女性和小孩的合葬墓,如元君庙有 3 座,其中最大的为M420④;商县紫荆 M19⑤,秦安王家阴洼有 2 座⑥;姜寨一座瓮棺中也埋有一成年女性和小孩⑦。这种合葬墓当为母亲与子女的合葬,显示的是母系直系血亲关系。因此类墓葬极少,故其中的成年女性当为权贵妇女,墓中随葬品应属于她的私产。说明在当时这些权贵妇女已不满足于仅仅确认亲子的状况,而有着对亲子比旁系子女"更爱"的自觉亲情意识,从而不惜破坏氏族固有的埋葬制度,实行这种母女合葬。可见这是权贵妇女滥用权力的结果。更有甚者,如恩格斯引用马克思的话那样:"借更改名称以改变事物,乃是人类天赋的诡辩法! 当直接利益十分冲动时,就寻找一个缝隙以便在传统的范围以内打破传统!"恩格斯还接着说:"因此,就发生了一个不可救药的混乱。"⑧ 元君庙 M420 就是这一"混乱"的生动写照。在元君庙 M420 中,作为母亲的是 30～40 岁女性,为一次葬,两个小孩 9～10 岁,均为二次葬。这就是说母亲在死前就已安排好,将早已去世的两个女孩遗骸在她死后迁来与她合葬。而且此墓中随葬品量多质好:陶器 21 件,其中有精美彩陶罐;装饰品有骨笄、骨珠、穿孔蚌饰等;还有石球 1 件,共 26 件。不仅为全墓地中最多者,也在全部仰韶文化

① 白寿彝总主编、苏秉琦主编:《中国通史》第 2 卷,上海人民出版社 1994 年版。
② 恩格斯:《家庭、私有制和国家的起源》,《马克思恩格斯选集》第 4 卷,人民出版社 1972 年版。
③ 张忠培:《元君庙墓地反映的社会组织初探》,载《中国考古学会第一次年会论文集》,文物出版社 1980 年版。
④ 北京大学历史系考古教研室:《元君庙仰韶墓地》,文物出版社 1983 年版。
⑤ 西安半坡博物馆、商县图书馆:《陕西商县紫荆遗址发掘简报》,载《考古与文物》1981 年第 3 期。
⑥ 甘肃省博物馆大地湾发掘小组:《甘肃秦安王家阴洼仰韶文化遗址的发掘》,载《考古与文物》1984 年第 2 期。
⑦ 西安半坡博物馆、临潼县文化馆:《临潼姜寨遗址第四至十一次发掘纪要》,载《考古与文物》1980 年第 3 期。
⑧ 恩格斯:《家庭、私有制和国家的起源》,《马克思恩格斯选集》第 4 卷,人民出版社 1972 年版,第 51—52 页。

半坡类型墓葬中数第一。显而易见,这么多的随葬品已超出正常生活所必需而应属财产,且是私有财产。令人惊讶的还有这座墓中那个约 10 岁的小孩,竟与她母亲一样在头上用骨笄装饰,其颈间又有原为项链的骨珠 1147 颗,而这应是半坡类型成年女性的装束。因此,这个女孩"在未及成丁的时候,潜入了成人行列且窃取了成人才能得到的待遇,当和她母亲的地位及对她的爱宠有着直接的关系"[①]。还有元君庙 M405 虽是合葬墓,但墓中唯一的一次葬者却是个 10 岁左右的女孩,其余 11 人都是她的父辈,甚至是祖辈,而且她也使用成年人装束,有骨珠、骨笄和蚌刀随葬,"将先于她死亡的长辈迁葬以和她同穴"[②] 的厚葬,比起 M420 来是更显得有过之而无不及的"混乱"。而元君庙 M429 为两个女孩合葬墓,不仅厚葬于成年人墓地中,还享用以红烧土块铺砌墓底这样结构特殊的墓穴。类似情况也见于半坡 M125[③]、北首岭 M409 和 78M7[④]、姜寨 M22、M26、M27 ~ M29[⑤]。可见,当时权贵妇女不仅在理财,而且在名誉等其他利益面前,也采取了与氏族公平原则相违背的不公平、不公正立场和行为。虽然从数量上看这些情况仍属极少数,但从面上分布看,则较为普遍,各较大型墓地都能发现一些,从而也就更证明这是少数女性权贵所为。所以尽管不能说此种情况已形成为制度,但母系直系血亲私有财产并由此而决定的母女继承情况确已发生。因此"唤起的利欲,还驱使富裕而有权位的母亲,不惜凭借自己的财势,破坏固有的习俗,采用提前为女儿通过'成丁礼'这样一个缝隙,在传统的范围内打破传统,以使亲女提前继承其私有财产乃至她已获取的权势"[⑥]。恩格斯指出:"这种混乱只有通过向父权制的过渡才能消除,而且确实这样部分地被消除了。"[⑦]换言之,这种"混乱"在母系制向父系制转化的历史进程中,是不可避免的"正常"现象。这是因为对偶婚制虽然形式上是一对配偶共同生活,但从考古发现看,对偶家庭中有生产和生活用具,甚至有少量食物储备,所以确实存在着对偶家庭所有制。但对偶家庭所有制核心是母系直系血亲所有制,因为不管是部落女权贵,还是氏族女权贵,或是母系大家族的女族长,在适婚年龄都要在对偶家庭中生活,也只有在对偶家庭中才能确认自己的亲生子女,才有可能将窃取的财势惠及并传承给自己的女儿,而丈夫甚至儿子是排除在外的。然而正是母系直系血亲所有制的存在及不断普及和发展,使男性的尊严不断受到打击,而财产和权势的诱惑也在不断地催醒着男性的权力意识、财产及其继承意识,一旦时机成熟,抢班夺权的男性就会向女性学习,将母系直系血亲所有制转变为父系直系血亲所有制,将对偶家庭转变为一夫一妻制个体

① 张忠培:《元君庙墓地反映的社会组织初探》,载《中国考古学会第一次年会论文集》,文物出版社 1980 年版。
② 白寿彝总主编、苏秉琦主编:《中国通史》第 2 卷,上海人民出版社 1994 年版。
③ 中国科学院考古研究所:《西安半坡》,文物出版社 1982 年版。
④ 中国社会科学院考古研究所:《宝鸡北首岭》,文物出版社 1983 年版。
⑤ 西安半坡博物馆、临潼县文化馆:《1972 年春临潼姜寨遗址发掘简报》,载《考古》1973 年第 3 期。
⑥ 白寿彝总主编、苏秉琦主编:《中国通史》第 2 卷,上海人民出版社 1994 年版。
⑦ 恩格斯:《家庭、私有制和国家的起源》,《马克思恩格斯选集》第 4 卷,人民出版社 1972 年版,第 52 页。

家庭,母系制也就成功地转化为父系制了。故在理财和使用权势方面,女性,特别是权贵女性,不愧是男性的"老师",更是女性"具有世界历史意义的失败"之悲剧根源所在。

其次,由于神农氏开创的交易市场不断发展,使氏族在内部结构分化的同时,在社会层面上也出现了经济文化的分化,所有制关系也就更加错综复杂。随着区域生产资源的不同,社会分工的日益扩大,专门化程度的不断提高,各地区手工业发展更加繁荣,形成了许多各具特色的区域经济,社会经济的互补性持续增长,进一步促进了区域间贸易交换的频繁发生。于是手工业生产具有了以交换为目的的商品生产特征。除纺织业外,手工业匠人这一特殊人群,"从最初只在男子中出现,就规定了手工业的发展与分工只是男性展现才能的专门领域"[①]。渔猎则从来都是男子的事。动物从捕捉到驯养更是极危险和艰难的工作,需要强壮体力、充沛精力和非凡智慧,因此畜牧的起源和家畜的驯养,也是由男子来完成并实现的。手工业品、家畜和渔猎所得,是交易市场中最主要的交换品。考古学揭示舞阳"贾湖及其附近应是当时骨器制作业的一个中心地,其产品有可能被交换到周围其他地区"。而贾湖遗址墓葬中出土的绿松石和萤石制作的珠、坠、环等饰物,因这类矿料在舞阳当地不产,"有潜在可能的产地在百公里外的山区,明确的产地中最近者在鄂西一带",可见这些饰物应由交换而来。在黄河中下游地区新石器时代中期的一些遗址中,"可见到不同的陶业系统的陶器共出,说明这一时期制陶业和陶器产品贸易具有区域复杂性"[②]。江苏邳县大墩子遗址北辛文化晚期(即报告中的青莲岗期)遗存中,发现有 3 处石器堆放地点,出土成品和半成品大型石铲共 93 件,还有石锛、石斧、石杵和石料,以及加工石器的砺石、碎石与残破石器,故应与专业制造石器、特别是制造大型石铲有关[③]。在长江中游地区,宜昌杨家湾大溪文化遗址发现一个至少有 1,000 平方米的石器制作场[④]。在枝城红花套遗址,也发现有两座专门制作石器的工场,内有石料、石砧、石锤、各种石制品、半成品和废料等,仅 H11 一座中型工场中就出土各种石制品达 1,500 件[⑤]。长江下游地区的河姆渡文化有制骨业、木器加工业、髹漆业、纺织业、苇和藤的编织业、象牙雕刻等手工业。而"对田螺山等遗址的石器产地的研究也表明,河姆渡文化的先民可能通过航海来进行石器的交换或获取石器原料"[⑥]。马家浜文化有玉器制作业。总之,当时市场发展繁荣,交易品丰富多彩,这使以男人为主的手工业匠人及其利益集团,有可能从交换中得到并积聚起大量私有财富。故社会分

①　白寿彝总主编、苏秉琦主编:《中国通史》第 2 卷,上海人民出版社 1994 年版。

②　张弛:《中国史前农业、经济的发展与文明的起源》,载《古代文明》(第 1 卷),文物出版社 2002 年版。

③　南京博物院:《江苏邳县四户镇大墩子遗址探掘报告》,载《考古学报》1964 年第 2 期;南京博物院:《江苏邳县大墩子遗址第二次发掘》,载《考古学集刊·1》,中国社会科学出版社 1981 年版。

④　林邦存:《宜昌杨家湾遗址的重要考古发现和研究成果》,载《中国文物报》,1994 年 10 月 23 日。

⑤　红花套考古发掘队:《红花套遗址发掘简报》,载《史前研究》1990—1991 年辑刊。

⑥　焦天龙:《河姆渡与中国东南史前的低水平食物生产经济》,载《考古学研究》(九),文物出版社 2012 年版。

工和市场交易的纵深发展,必然会不可避免地侵蚀氏族公有制度,最早唤醒这些以男人为主的手工业匠人脑海深处的财富意识。

大墩子 M102 是一座 50 多岁男性的单人墓,随葬品丰富,除铲、斧、锛和牙束发器、龟甲各 1 件外,还有陶罐形鼎 7 件,钵形鼎 3 件,骨针 6 件,彩陶用颜料石 5 件,猪下颌骨 2 件,共 28 件。用颜料石随葬,说明墓主生前是位专事彩陶图案的画工,而用 10 件陶鼎随葬显然已超出日常使用范围,连同猪下颌骨一起,应有财产意义。因为“无论在古代或现代民族中,真正的私有制只是随着动产的出现才出现的”[①],家畜和陶器等手工业品无疑属动产。在大墩子遗址第一次发掘的 27 座墓中最富裕的墓葬内,“那些手工业匠人和渔猎能手的随葬品,是颇引人注目的。他们除有较多的陶器和石工具外,还有不用的其他生活用品和生产工具随葬。M44 就有骨锥 13 件及骨针 8 件,还有一条狗;M32 用骨锥 19 件、骨针 4 件等 40 件物品随葬。”[②]所以那些手工业匠人、渔猎和家畜饲养能手,是男性中财产意识最早觉醒并付诸现实、实现财富人生的最早先行者,也是向母权制发起挑战的最早斗士,因为掌握更多社会财富并能确认亲生子女的男子,在对偶家庭中的地位必然随之提高,于是“产生了利用这个增强了的地位来改变传统的继承制度使之有利于子女的意图”[③],当这种“希望把财富传给子女的想法导致把世系由女系过渡到男系时,这时便第一次奠定了父权的坚固基础”[④]。母系制向父系制的转化也就最终完成了。

为此,我们还必须探讨父权发生和发展的历史过程。父权与男权密切相关,父权是男权在家庭中的体现,所以没有男权就谈不上父权。男权与女权或“妇女统治”相对立,所以前述男子在社会生产领域中占据了主要地位,担任了主要职能,其实就是男权强有力的显露,尽管当时大多数男子还没有意识到这一点。有学者认为元君庙 M458 男性老年墓主的墓室用石块砌成,可能与当时的父权增长有关[⑤]。其实与其说是父权,倒不如将它视为男权更恰当,因为没有证据表明该墓与婚姻家庭有关,但确是当时社会埋葬制度中十分罕见的现象,只能说明男权在“女权至上”的母系社会里,在葬俗方面也开始微弱地表现出来。像前述神农那样对社会做出巨大贡献的男性,死后用此方式厚葬绝不会过,但与父权无关。不过因为父权是包含在男权之中的,故这一男权的微弱表现,放在母系制向父系制转化的历史进程中去考察,无疑也是对母系传统的一种突破。男权的发生,还与宗教礼仪有关。在舞阳贾湖遗址的墓葬中,有少数随葬品丰富的大墓,如 M344,墓主为一头骨缺失的壮年男性,随葬品达 33 件;M282 为两壮年男性合葬墓,有 60 件随葬品;M277 为四人合葬墓,其中

① 马克思、恩格斯:《德意志意识形态》,《马克思恩格斯选集》第 1 卷,人民出版社 1972 年版。
② 白寿彝总主编、苏秉琦主编:《中国通史》第 2 卷,上海人民出版社 1994 年版。
③ 恩格斯:《家庭、私有制和国家的起源》,《马克思恩格斯选集》第 4 卷,人民出版社 1972 年版,第 51 页。
④ 马克思:《摩尔根〈古代社会〉一书摘要》,人民出版社 1978 年版。
⑤ 夏之乾:《对仰韶文化多人合葬墓的一点看法》,载《考古》1976 年第 6 期。

一次葬者为成年女性,其余三人均为成年男性的二次葬者,故此墓以成年女性为主体,共有 66 件随葬品,这三座大墓的随葬品中,均有骨笛、龟甲、石子(或龟甲内装石子),M344 还有骨叉形器,研究认为这些物品可能与宗教或占卜仪式有关,墓主当为巫师一类人物[①]。若此,M344 和 M282 的墓主当属男觋,M277 中的成年女性应是女巫,则男觋女巫均拥有较高的社会地位,在巫师阶层已初显端倪的超自然的宗教领域,男女巫师的权力和地位已处于相等状态,这是男权在生产领域中取得统治地位的同时,在宗教社会中的又一胜利。所以,在新石器时代中晚期,真正属于"妇女统治"权力范围的,是在家族、家庭及其对经济的掌控这些方面。而父权的发生却与对偶婚制有着直接的关联,因为"对偶婚给家庭添加了一个新的因素。除了生身的母亲以外,它又确立了确实的生身的父亲"[②]。所以与母权相对的父权是在"对偶家族中开始微弱地表现出来,在一夫一妻制下才完全确立","父权的萌芽是与对偶家族一同产生的,父权随着新家族越来越有一夫一妻制特性而发展起来"[③]。考古学上与"父权"有关的证据是,河南郏县水泉遗址裴李岗文化三期遗存中,出土有我国年代最早的两件陶祖,木炭测定年代为距今 7,270 年 ±120 年和 7,160 年 ±110 年[④]。还有河南汝洲洪山庙仰韶文化瓮棺丛葬墓中,一号墓女性瓮棺上绘有男性生殖器图案[⑤]。这种用艺术形式来彰显男性生殖崇拜的现象,与确认亲子相比,更是父权的鲜明体现,是在向社会公开宣告:至少与女性一样,男性也是繁衍和发展氏族部落不可缺少的另外一半!可见父系祖先崇拜的萌芽,最早在 7,000 年前后的中华大地上也已破土而出了。

男权和父权共同出现和发展的结果是,形式上的一夫一妻婚姻家庭终于零星地产生。年代上相当于仰韶文化庙底沟类型前期的大汶口文化刘林期,在刘林、大墩子、野店和王因四处墓地发现有 8 座男女合葬墓。墓内随葬品除王因 3 座外,其他 5 座最少为 8 件(刘林 M144,迁葬),最多达 22 件(大墩子 M67 和 M86),按"凡随葬陶器 6 件以上,或虽不足 6 件陶器,而有两件以上石工具者,属富裕墓葬"[⑥]的标准,这 5 座男女合葬墓均属富裕墓。可见母系制末期的对偶家庭对偶关系能发展到死后合葬的牢固程度,坚实的经济基础是必不可少的。

上述 5 座男女合葬墓中,刘林 M21 颇值得注意,因为一是男女墓主年龄仅 13 岁和 15 岁;二是随葬器中有弹丸 7 件和陶纺轮 1 件,从拔牙风俗看,两人已通过成丁礼进入成年行列。而且看来女善于纺织,男是狩猎能手,为少年有为能积聚财富的

①　河南省文物考古研究所:《舞阳贾湖》,科学出版社 1999 年版。

②　恩格斯:《家庭、私有制和国家的起源》,《马克思恩格斯选集》第 4 卷,人民出版社 1972 年版,第 50 页。

③　马克思:《摩尔根(古代社会)一书摘要》,人民出版社 1978 年版。

④　中国社会科学院考古研究所河南一队:《河南郏县水泉裴李岗文化遗址》,载《考古学报》1995 年第 1 期。

⑤　河南省文物考古研究所:《汝州洪山庙》,中州古籍出版社 1995 年版;袁广阔:《洪山庙一号墓男性生殖器图像试析》,载《文物》1995 年第 4 期。

⑥　白寿彝总主编、苏秉琦主编:《中国通史》第 2 卷,上海人民出版社 1994 年版。

非常般配的一对金童玉女,却不幸双双不寿早亡,成为最年轻的一夫一妻合葬葬俗的先驱。野店 M88 男女合葬墓也值得关注,因为该墓女性青年墓主随葬器仅陶鼎 2 件和骨针 1 件;而壮年男性墓主右腕上套 6 件陶镯,左腕上套 3 件陶镯,共 9 件陶镯之多,其下颌骨下方还有 1 件小石环。故该男性墓主生前很可能是以制作陶镯见长的专业制作装饰品工匠。在大墩子墓地,159 座刘林期墓葬中,仅出土 13 件陶镯,且镯等装饰器只出于少数随葬品较多的墓,镯出土时,"一般一墓一件,个别多至 4～5 件,如 M104",但 M104 已属花厅期墓葬;还发现镯"断裂后两端钻孔系绳再使用"的现象[①]。可见陶镯在当时为有一定技术含量、不易制作、且易损坏的较珍贵之物。而野店 M88 那位男墓主却有 9 件陶镯随葬,正说明他不仅有可能就是善于制作陶镯为主的能工巧匠,而且还是以陶镯为财富、颠覆母系制实现一夫一妻婚姻和家庭的最早实践者之一。

世系和财产传承制度的改变,也在个别男性那里成功实现了。大墩子 M78 和 M79 是一个中年男性和一个 8～10 岁小孩的合葬墓,小孩的右胫骨旁随葬了 1 件陶杯[②]。这是世系及财产关系父系继承的证据。

尽管如此,这一墓葬与上述形式上的夫妻合葬墓,跟众多的单人一次葬墓、少数一次葬或二次葬的合葬墓相比,数量毕竟太少了,故这些墓主以及埋葬他们的亲人,充其量是走在时代发展最前面的先行者。而这应是"婚姻的形式是逐渐接近一夫一妻制的对偶婚制"[③]下,母系制开始动摇、父系制已经萌发,社会变革正在酝酿、积聚之时所呈现的特有现象,其婚姻本质仍属于对偶婚制。因为虽然正如上述所论,导致母系制向父系制转化的经济基础和直接动因都已具备,但如果没有普遍的男性意识中权力和财富意识的觉醒,那么这样的转化将是非常非常缓慢的。然而,滚滚向前的历史车轮终于将战争带给了广大男子,于是,战争便成了母系制最终被推翻、父系制得以迅速取代的强大加速器和最后催化剂。

四、战争促使男性第三次思想解放,激发了男性权力意识和财富意识的觉醒,是母系制向父系制转化成功的加速器和最后催化剂

苏秉琦教授曾指出,仰韶文化跨越了距今 7,000—5,000 年的 2,000 年,以距今 6,000 年为界,可划分为前后两期。并强调:"我们之所以特别看重距今 6,000 年这个界标,因为它是该区从氏族到国家发展的转折点。"也是因为母系"氏族社会发展到鼎盛,由此转而走向下坡路,进入解体时期,文明因素出现,开始了文明、国家起源

---

① 南京博物院:《江苏邳县四户镇大墩子遗址探掘报告》,载《考古学报》1964 年第 2 期;南京博物院:《江苏邳县大墩子遗址第二次发掘》,载《考古学集刊·1》,中国社会科学出版社 1981 年版。

② 南京博物院:《江苏邳县四户镇大墩子遗址探掘报告》,载《考古学报》1964 年第 2 期;南京博物院:《江苏邳县大墩子遗址第二次发掘》,载《考古学集刊·1》,中国社会科学出版社 1981 年版。

③ 恩格斯:《家庭、私有制和国家的起源》,《马克思恩格斯选集》第 4 卷,人民出版社 1972 年版,第 136 页。

的新历程"①。所以,注意6,000年前后的考古资料,对于研究中国远古母系制转化为父系制这一课题十分重要。

河南濮阳西水坡 M45 蚌塑龙虎墓自 1987 年被发掘后②,引起国内外学术界极大关注。该墓的年代经 14C 测定并经树轮校正后的三个数据分别为:4236BC—3995BC,4231BC—3987BC,4665BC—4360BC③。应该在距今 6,000 年前,属仰韶文化后冈类型(后冈一期文化)早期中段,大致与半坡类型晚期相当,是母系氏族社会最繁荣兴盛时期。该墓规模宏大,庄严肃穆,气势非凡,设计奇特,构思巧妙,布局严谨,应是当时人们殚思极虑,花费了无数心血和精力,为他们非常崇敬的特权显贵人物所建造的礼仪性建筑。但是所葬却是一位男性老人,而且与后世大墓相比,除了三组蚌塑图像,三个"人殉",两根人胫骨,一件石钺(斧)外,该墓竟无任何表示财富的随葬品。虽然这跟后冈类型墓葬一般无随葬器的习俗有关,但同一墓地中却有少数墓仍有随葬品,如 M140 就随葬有小口双耳鼓腹平底罐(M140:3)。所以该墓是一座显贵无比但贫穷非常的特大型墓葬。为什么这时会出现如此"贵而贫穷"或曰"贵而不富"的大墓呢?除习俗因素外,应与当时仍属母系氏族社会有关,这可从后冈类型一般墓葬中有多人合葬墓得到证明。所以当时财产所有权和控制权仍牢固地属于妇女,并依母系传承,男性则依然处于少财甚至无财境地。故尽管西水坡 M45 男性墓主生前权重位贵功高,极受人敬重,但死后仍没有什么财富可随葬。这说明后冈类型母系氏族的传统文化力量相当顽强,特别在财富方面,正直、正派的男性不能染指其一,哪怕你是社会上的显贵伟人也是不行的。据鉴定,西水坡 M45 墓主是一位骨架长 1.79 米的老年男性,胸椎骨以下缺少 4 节椎骨,肋骨缺损严重④。有学者据此认为,墓主死亡原因是"开胸腰斩",应属于战死的非正常死亡⑤。这一观点是很有见地的。可见墓主生前不仅年高德勋,而且老当益壮,年老时仍"老骥伏枥,志在千里",领兵打仗,上阵杀敌,最后成为英勇捐躯的战斗英雄。这才是他能获得如此高的葬仪的真正原因。那么,那是一场什么样的战争呢? 6,000 年前后,由于新石器时代以农业为主要代表的生产力"爆炸性"发展,生产技术,特别是以制陶业为代表的手工业持续进步,稳定的生产生活方式和居住的集中化,都导致了人口的大幅度激增,人口压力最终造成了氏族部落的分化和迁徙,文化的变迁、扩张和碰撞也随即跟着发生,于是战争就不可避免地发生了。这是人类最早的真正的战争,是为了扩大已经不够的领土,或者为了对侵犯进行抵御和报复。既区别于早先的血族

① 苏秉琦:《中国文明起源新探》,生活·读书·新知三联书店 1999 年版。

② 濮阳西水坡遗址考古队:《1988 年河南濮阳西水坡遗址发掘简报》,载《考古》1989 年第 12 期;濮阳市文物管理委员会、濮阳市博物馆、濮阳市文物工作队:《河南濮阳西水坡遗址发掘简报》,载《文物》1988 年第 3 期。

③ 中国社会科学院考古研究所:《中国考古学中碳十四年代数据集(1965～1991 年)》,文物出版社 1991 年版。

④ 孙德萱、史国强:《濮阳蚌塑龙对研究远古传说记载的探微》,载《龙乡纵横》2009 年第 1 期。

⑤ 王大有:《濮阳西水坡"中华第一龙"暨蚩尤真身帝王陵在中国文明史上的划时代地位与意义》,载《2000濮阳龙文化与现代文明学术讨论会论文集(一)》,中国经济文化出版社 2003 年版。

复仇、部落间纠纷,也和后来军事民主制时期以掠夺财富为目的的战争性质不同。濮阳地处中原地区东北边缘,东与以山东为中心的东方地区相接,北和河北相邻,正是豫、鲁、冀交会地带,是东、西、北三方文化交流、碰撞、激荡的地区。特别是在距今6,500—6,000年,即北辛文化晚期到大汶口文化初期,东方原始文化发生了巨大变异,北辛文化从原来的苏北、鲁中南地区向鲁西、鲁北和胶东地区大肆扩展,并在这个过程中完成了向大汶口文化的过渡,最终形成了一个地域非常庞大、文化非常发达的海岱文化区。所以北辛文化晚期和大汶口文化初期,东夷族应该是一个社会生产力和经济文化发展都处于领先地位的民族共同体,在母系向父系的过渡中也占有领导地位。就在这种文化扩张的情况下,东夷族与生活在濮阳地区的中原民族共同体发生了冲突,一场激烈、残酷的族群间的战争就不可避免地发生了。稍后,在距濮阳不远的山东阳谷,还修筑起一座大汶口文化早期的王家庄城[①],证明这一地带确属战略要地。战争的主要承担者自然是男子,部落联盟或族群的军事首领不仅自己要勇敢善战,而且还要足智多谋,有丰富的作战经验和高超的指挥才能。因为是战争,军事首领必须拥有很大权力,能指挥由各氏族部落派出而组成的联合部队。于是军权与主要由妇女掌握的民政管理权分离了。为了取得战争胜利,军事首长的社会地位、职责范畴和权力作用,还会不断地被加强、增长;同样,为了祈祷神灵帮助争取战争胜利,军事首长还往往兼领祭司之职。这样,军权和神权都集中在军事首领手中。濮阳西水坡 M45 墓主可能就是这样一位德才兼备、德高望重的老年军事首领和宗教领袖。可见男子是因战争而懂得了什么是权力以及权力的重要性,在战争中形成和突显的权力也成了当时精英男子追求的重要人生目标。因此,主要由男子承担的战争成了母系制向父系制转化的强大加速器和最重要的催化剂。

濮阳西水坡 M45 中的蚌塑龙虎图像特别引人注目。但从该墓整体看,仍是以墓主为中心,即该墓布局突出的是墓主,而不是图像。尤其是位于高岗最高端的第一组,墓主骨架居中,龙虎蚌塑分列左右做护卫,再外近墓边东、西、北各有一青少年被杀殉葬,墓主显贵的主人身份是明显不过的。北边两组图像也显然是为祭奠第一组墓主而专设。其中第三组蚌塑中还有人骑龙图像。这更令人深思。因为原来被人类顶礼膜拜、神圣无比的龙,竟成了墓主升天的工具,这固然说明墓主高贵非常,但也显示了龙、虎等神灵在战争中已沦为贵族男子手中被任意驱使的工具。这不仅严重违背了母系图腾信仰所谓图腾是始祖母形象代表,是氏族祖先和保护神,故不仅要信仰、崇拜、尊重,而且还要亲近它、讨好它,是神圣不可侵犯的理念和原则,而且简直是大谬不然、大逆不道了。也就是说,图腾至高无上的地位被战争破坏了,图腾已成为人类争取战争胜利而使用的工具。因为这种战争是部落联盟或部落集团之间的战争,军队人员即战士也来自各相关的氏族部落,那么相关氏族

---

① 张学海:《东土古国探索》,载《华夏考古》1997 年第 1 期;张学海:《论东夷文明的诞生和发展》,载《古代文明》(第 1 卷),文物出版社 2002 年版。

的图腾也必须被整合在一起,由军事首领兼宗教领袖统一祭祀祈祷。在残酷激烈的战争中,图腾也只能向为战争服务的新的理念转化。这才是濮阳西水坡 M45 蚌塑龙虎墓所蕴含的真正学术意义。对龙、虎等图腾的无限崇拜,变成了驾驭龙、虎等为战争服务,意味着原始宗教的又一次重大变革,即原始人类从"宗教造神"运动向"宗教自觉意识"的转变,人类,特别是男性显贵开始利用宗教为自己服务,作为权力的另一形式——神权出现了,并一开始就被男性显贵所掌控。所以濮阳西水坡 M45 墓主,既作为部落联盟军事首领,又兼领掌握了神权的部落联盟大巫师,死后"乘龙上天"那就是顺理成章的事。母系图腾信仰性质的重大转变,既与战争相关联,实际上也是母系向父系过渡转折点上宗教方面的反映,从此母系制赖以生存的宗教基础被战争彻底掏空了。从那时起,在主要由男性承担的战争中,包括龙、虎在内所有原来的母系图腾,都可以转化为杀气腾腾的"战神"。所以,直到父系氏族确立,图腾崇拜的外壳虽然依旧存在,甚至有时还得到加强,但它的内涵已与母系氏族时完全不同。

当然,在作为"战神"图腾的鼓舞下,战争中全体男性战士的男子汉大丈夫气概会淋漓尽致地发挥到登峰造极的地步,包括权力意识在内的男性自我意识和自信意识也发挥到了极致。在战争中获得成功的男子,当然在社会上很是风光,但在氏族内部,他们依然是母系氏族的一名普通成员,财产仍掌握在他们的母亲或姐妹手中。濮阳西水坡 M45 蚌塑龙虎墓"贵而不富""贵而贫穷"的直接原因也就在这里,它揭示了少数走在时代前面的精英男子,在当时不以掠夺财富为目的的战争中,也只能是求贵不求财或追权不谋富,从而生动地展演了母系制向父系制转变过程中一个短暂阶段的特殊现象。然而,对于这些显贵、精英男子来说,随着所握权力不断扩大,对这样"贵而不富"、甚至"贵而贫穷"的状况是不能长期忍受的,而且"由于农业的继续发展和人口增殖的加速,到了公元前第四千纪,在一些地区形成了移民垦荒的浪潮,从而引起了考古学文化的大传播以及不同文化间的接触、影响与融合"[①]。这也意味着战争的进一步扩大和更频繁的发生,战争性质也开始向以掠夺财富为目的这一方向转变。于是很快便在男性中爆发了第三次思想大解放,即男性自我意识中的权力意识和财富意识急剧大释放。而付诸行动的首先是那些有着强大军事背景的各级军事首领,他们对外利用战争掠夺敌方土地和财富,对内驱动对母系氏族制度的创新革命,用种种方法掌握了财产所有权、支配权和男性世系继承权。这里除了财富本身的强大诱惑力外,战争是另一重要因素,因为战争与财富有着密不可分的关系,很难想象,一支参战军队被财力严重牵制还能取得胜利。所以男性军事首领以战争名义,将氏族、家族内的财权和民政管理权掌控在自己手中,既具有非常急切的紧迫感,更应是理直气壮的了。为长久计,这些男性权贵还用抢婚、产翁习俗、姑舅表婚等形式,强行建立了以从夫居为主只"需要妻子方面的一夫一妻制,而不是丈

---

① 　白寿彝总主编、苏秉琦主编:《中国通史》第 2 卷,上海人民出版社 1994 年版。

夫方面的一夫一妻制"[1] 这一新的个体婚姻家庭制度,从此家务料理"变成了一种私人的事务;妻子成为主要的家庭女仆,被排斥在社会生产之外"[2],使母系制被彻底颠覆,父系制最终得以确立。将战争看成是母系制向父系制转化成功的最后加速器和最主要催化剂的道理也在这里。

就在离濮阳东边不远的大汶口遗址,发掘出年代约距今 6100—5700 年的 44 座大汶口文化早期墓[3],并呈现出贵族墓、明显的家族贫富和社会地位悬殊的现象,以及母系制向父系制急剧转化的状况和战争在其中所起的作用。这 44 座墓分为三组三段。一段时各组墓葬规模、葬制差别不甚明显,仅 A 组中有 2 座女性墓随葬陶器稍多,为 8～10 件,显示出女性酋长有较高地位。至二段时,墓组间差别扩大,家族经济显出不平衡状况。A 组家族经济加速发展,墓室宽度超过 1 米的占 60%,部分墓还有四面熟土二层台;随葬品普遍增多,一般有 30～40 件,且其中 70% 的墓随葬有石质工具;男性墓以锛、斧、铲为主,女性墓则多纺轮和石璜形坠等,说明男性不仅已成为社会生产中坚力量,而且其中的精英也已占有了较多财富,以 M2019 为例,这是一座迁出墓,随葬有成组的细柄三足觚形杯、高柄钵形或盆形豆及鼎类等 45 件陶器,还有锛、斧、铲等石工具和骨质矛、镞、两端刃器等近百件器物,已超过个人或家庭实用所需数量,更非家族成员平均分配的数额,应有财富意义,说明墓主生前已成功地掌控了经济大权。而斧、铲、锛、矛、镞和两端刃器不仅是生产工具,也是战争中的武器。A 组二段迁出墓近 1/2,很可能就是战争所造成,而 M2019 墓主很可能就是 A 组家族酋长、军事首领或对本家族有过特殊贡献者。比较而言,B、C 两组墓葬规模较小。B 组墓室宽度超过 1 米的仅占 10%,其最大的 M1018 墓是一单人女性石棺墓,随葬有 20 余件陶器,还有石工具和骨角器,总计 44 件。C 组同性合葬墓 2 座,单人葬墓 2 座,随葬品一般为 3～5 件陶器,合葬墓也不过十数件而已。可见 B、C 两组不仅经济发展较为缓慢,而且 C 组在葬式上仍保留母系制中同性合葬习俗。因此,"在社会发展的历史长河中。A 组较他组领先而进步",而且在战争作用下,率先将母系制成功地转化为父系制,"可以说,A 组已经跨入父权家族的行列"[4]。而到三段时,A 组有 4 座墓,但未按原来家族埋葬规律排列,尤其是其中的 M2005 墓,特别引人注目,这是一座规模特大的迁出墓,有木椁,墓长 3.6 米、宽 2.45 米,四周筑熟土二层台,墓主男性,缺头和左臂骨,显然是一位在战争中曾建有赫赫战功并最终战死沙场的牺牲者,随葬了陶器、石斧、石锛、骨、角、牙器等器物 104 件,其中陶器 50 件,仅豆类便达 19 件。放在熟土二层台上的三足红陶大盆、三

① 恩格斯:《家庭、私有制和国家的起源》,《马克思恩格斯选集》第 4 卷,人民出版社 1972 年版,第 71 页。

② 恩格斯:《家庭、私有制和国家的起源》,《马克思恩格斯选集》第 4 卷,人民出版社 1972 年版,第 70 页。

③ 山东省文物考古研究所:《大汶口续集——大汶口遗址第二、三次发掘报告》,科学出版社 1997 年版。

④ 郑笑梅:《东方文明的历史进程》,载《纪念城子崖遗址发掘 60 周年国际学术讨论会文集》,齐鲁书社 1993 年版。

足钵和钵形豆等陶器内,分别盛有牛头骨、猪头骨、下颌骨、肢骨和蹄骨等,显然是入葬时摆放的祭品。这是大汶口文化中最早出现的非常富有和十分气派的大墓。濮阳西水坡 M45 蚌塑龙虎墓在规模上可能比大汶口 M2005 墓大,但在财富上,前者是无法相比的。更值得注意的是,距 2005 墓东北不到 3 米,有座 6 岁儿童墓,却也随葬了鼎、豆、彩陶壶、三足觚形杯、彩陶器座等 30 余件陶器和绿松石饰等物,当是 M2005 墓主的爱子墓葬,证明世系和财产的父系继承已经实现。而在大墓北侧有一座无头男性墓,墓室狭窄无随葬品;在大墓东侧为一由 5 个人头骨和一男性迁入葬组成的 6 人二次合葬墓,也无随葬品,那么前者很可能是战争中的俘虏而被杀殉葬者,后者可能是用作祭奠的战争中的战利品。这时,B、C 两组却依然保持着母系制的习俗,在意识形态上进一步与 A 组拉开了差距。大汶口 A 组墓地也与刘林、野店、王因、大墩子等大汶口文化刘林期墓地有所不同。因此,"像大汶口早期墓地中 A 组墓地那样明显地发生激烈变化现象,说明在社会发展的进程中,大汶口墓地 A 组家族经济发展",不仅"处在领先地位",而且在思想领域、意识形态方面也走在社会发展最前列[1]。而从二段起,战争的"血化"功能无疑在其中起到了加速器和催化剂的作用。大汶口早期墓地以 M2005 为代表的 A 组三段,表明当时社会确已发生了重大变化,而此墓年代约距今 5,800 年或稍后[2],故中国远古时代母系制成功向父系制转化并使社会发生激烈变化的最早考古学年代,应在大汶口文化早期的后段之初。如以大汶口早期墓地三段为标准,则这一父系家族起始年代可推到以 M2019 为代表的距今 6,000 年后的大汶口文化早期中段。虽然综观大汶口遗址早期墓地与刘林等其他大汶口文化早期墓地相比,显示出在同一文化发展阶段,但不同遗址、不同氏族或同一氏族内部的不同家族,存在着经济和社会文化发展的不平衡现象,但因大汶口遗址处于大汶口文化中规模最大最突出的政治经济和文化中心,而 M2019 和 M2005 又都属随葬器特别丰富的特大型墓,墓主身份应为显贵无疑,所以他们及其家族的这种所作所为,必然会在社会上产生很大影响,A 组家族所拥有的先进思想也必然会以各种方式向四周辐射。同时,"战争"这部加速器和散发的催化剂的作用仍在不断加大,至大汶口文化早期之末、中期之初,即距今 5,500 年前后,在东夷族活动地区,作为一种社会制度的父系制或父权制应已毫无悬念地确立了。这在远古中国应处在领先的先进地位。

在东方地区完成了父系制从形成到确立的激烈变化的同时,以关中、豫西、晋南为中心的仰韶文化庙底沟类型,以强劲势头向外扩展[3],也必然会引发一系列战

---

① 郑笑梅:《东方文明的历史进程》,载《纪念城子崖遗址发掘 60 周年国际学术讨论会文集》,齐鲁书社 1993 年版。

② 张学海:《论东夷文明的诞生与发展》,载《古代文明》(第 1 卷),文物出版社 2002 年版。

③ 戴向明:《试论庙底沟文化的起源》,载《青果集——吉林大学考古系建系十周年纪念文集》,知识出版社 1998 年版;戴向明:《庙底沟文化的时空结构》,载《文物研究》第 14 辑,黄山书社 2005 年版。

争,至庙底沟类型晚期,以军事首领为代表的权贵也已实现了母系制向父系制转化的历史任务。陕西华县泉护村 M701 大型墓葬①,出土的随葬品数量多,种类也多,其中有一件精美而罕见的黑陶鹰鼎,应属有象征地位和权势、具有"礼器"性质的重器;出土的骨匕数量较多,当具有武器功能;石钺和石斧更是军事权力的象征,说明墓主具有军事首领的崇高身份。河南灵宝西坡墓地属庙底沟类型较晚阶段,其年代下限或可晚到公元前 3300 年左右甚至更晚②,已进入传说中的五帝时代,正值战争连绵不断的时期。发掘出的 34 座墓葬中,有 14 座规模小且无随葬品。20 座有随葬品的墓在形制、规模、随葬品数量和种类等方面也有较大差异,发掘报告因此将这批墓葬分为四个等级。反映出当时已有明确的等级制度和特权阶层已经形成的事实。再从墓葬间隔分布情况分析,整个墓地可分为东、西、南三组,应是三个家族的墓地。南边一组有 7 座墓,规模都较小,且仅 M3 出土 1 件带盖小杯形陶器,其余均无随葬品,说明该家族社会地位较低。东、西两组的墓,大多规模较大,多数有随葬品,且每组中都有 2 座超大规模的墓,如东组的 M8、M17,西组的 M27、M29,墓口长宽都在 3 米以上,位置在本组中也较突出靠前,说明这两组墓是当时社会上地位尊贵的大家族墓。尤其是东组墓葬,20 余座墓中有早晚相继的 9 座墓出有玉钺,包括 M8 和 M17 在内,证明这 9 座墓墓主身份是高级军事首领,也说明军事首领的权力可能达到了世袭的程度,而整个家族则有着深厚的军事权力背景。西组墓葬包括超大墓 M27 和 M29 在内均不出玉钺,仅 M24 这座规模不大的墓葬出有 1 件石钺,说明该组墓葬生前权势主要不在军事方面,但其家族中某些成员依然有参与战争的义务。以上考古资料证明,在关中、豫西、晋南仰韶文化庙底沟类型中心地区,战争也是促进权贵男性掌控财富经济大权、使母系制迅速转化为父系制的加速器和催化剂,虽在时间上可能比东方海岱地区稍晚,约在庙底沟类型晚期在某些先进家族中率先跨入父系行列,但很快到庙底沟类型末期时父系制度便在社会上得以确立。

长江中游地区从大溪文化到屈家岭文化,社会发展比较稳定。但屈家岭文化北界已进入河南境内汉水支流丹江、淅水、白河、唐河流域,原属仰韶文化分布的地区,并扩大到颍河、汝河和洪河上游,甚至到达黄河南岸。在郧县大寺和淅川下王岗遗址,屈家岭文化层之下叠压的是相当于仰韶文化的遗存③。河南邓州八里岗遗址在仰韶文化聚落遗存的上面压有屈家岭文化遗存④。可见"屈家岭文化在大溪文化的基

---

① 北京大学考古学系:《华县泉护村》,科学出版社 2003 年版。

② 中国社会科学院考古研究所、河南省文物考古研究所:《灵宝西坡墓地》,文物出版社 2010 年版。

③ 中国社会科学院考古研究所编:《新中国的考古发现与研究》,文物出版社 1984 年版。

④ 北京大学考古学系、南阳地区文物研究所:《河南邓州八里岗遗址的调查和试掘》,载《华夏考古》1994 年第 2 期;北京大学考古学系、南阳地区文物研究所:《河南邓州市八里岗遗址 1992 年的发掘与收获》,载《考古》1997 年第 12 期;北京大学考古实习队、河南省南阳市文物研究所:《河南邓州八里岗遗址发掘简报》,载《文物》1998 年第 9 期。

础上更加强盛起来,不仅在地域上向北扩展,而且文化影响也比较深远、强烈,以至于在郑州三门峡一线、晋南、陕西汉中地区都有其影响,表明长江中游原始文化曾经有过非常昌盛的时期,甚至有压倒中原原始文化的优势"[1]。还有学者认为,"大溪文化的消亡是屈家岭早期文化不断由东区至西区渗透冲击融合的结果"[2]。而湖南怀化高坎垅遗址的发掘,证明"在第四层出土的陶器中,部分器物的风格属屈家岭文化早期。看来早在屈家岭文化早期,其势力已深入湘西南地区"[3]。在鄂东的屈家岭文化时期,"薛家岗文化因素向西有强烈的扩张,分布于巴河以东的武穴、黄梅诸处遗存,可以归入薛家岗文化范畴"[4]。更重要的是,自20世纪90年代起,相继发现了8座主要内涵为屈家岭文化的古城址:湖南澧县城头山城址[5]和鸡叫岭[6]、湖北石首走马岭城址[7]、江陵阴湘城址[8]、公安鸡鸣城址[9]、荆门马家院城址[10]、天门石家河城址[11]、应城门板湾城址[12]。以上这些屈家岭文化的北上、西进、南下、东防和城址林立的情况,都充分地证明了当时社会关系的紧张和冲突的加剧,当与烽火连天的战争相关联。屈家岭遗址第三次发掘所测的第三期遗存14C校正年代为距今5580年±160年[13],证明屈家岭文化早期与传说中三皇五帝相交接的年代基本吻合,当时战争的烽烟早已在远古神州大地上肆虐。战争加剧了社会和家庭结构的变化,屈家岭文化流行分间

① 向绪成:《试论长江中游与黄河中游原始文化的关系》,载《考古与文物》1988年第1期。

② 孟华平:《论大溪文化》,载《考古学报》1992年第4期。

③ 湖南省文物考古研究所、怀化地区文物工作队:《怀化高坎垅新石器时代遗址》,载《考古学报》1992年第3期;朱乃诚:《新石器时代考古》,载《中国考古学年鉴》(1994),文物出版社1997年版。

④ 《五十年来湖北省文物考古工作》,载《新中国考古五十年》,文物出版社1999年版。

⑤ 湖南省文物考古研究所、湖南省澧县文物管理所:《澧县城头山屈家岭文化城址的调查与试掘》,载《文物》1993年第12期;湖南省文物考古研究所:《澧县城头山古城址1997—1998年度发掘简报》,载《文物》1999年第6期。

⑥ 湖南省文物考古研究所、湖南省澧县文物管理所:《澧县城头山屈家岭文化城址的调查与试掘》,载《文物》1993年第12期;尹检顺:《澧县鸡叫岭新石器时代晚期遗址又有新发现》,载《中国文物报》,1999年6月23日;湖南省文物考古研究所:《澧县鸡叫城古城址试掘简报》,载《文物》2002年第5期。

⑦ 荆州市博物馆等:《湖北石首市走马岭新石器时代遗址发掘简报》,载《考古》1998年第4期。

⑧ 荆州博物馆等:《湖北荆州市阴湘城遗址东城墙发掘简报》,载《考古》1997年第5期;荆州博物馆:《湖北荆州市阴湘城遗址1995发掘简报》,载《考古》1998年第1期;冈村秀典等:《湖北阴湘城遗址研究(1)–1995年日中联合考古发掘报告》,载《东方学报》第69册,1996年。

⑨ 贾汉清:《湖北公安鸡鸣城遗址的调查》,载《文物》1998年第6期。

⑩ 湖北省荆门市博物馆:《荆门马家院屈家岭文化城址调查》,载《文物》1997年第7期。

⑪ 北京大学考古学系等:《石家河遗址群调查报告》,载《南方民族考古》1992年第5辑;石河考古队:《湖北天门市邓家湾遗址1992年发掘简报》,载《文物》1994年第4期;湖北省文物考古研究所、中国社会科学院考古研究所:《湖北石家河罗家柏岭新石器时代遗址》,载《考古学报》1994年第2期;湖北省荆州博物馆、湖北省文物考古研究所:《肖家屋脊——天门石家河考古发掘报告之一》,文物出版社1999年版。

⑫ 陈树祥、李桃元:《应城门板湾遗址发掘获重要成果》,载《中国文物报》,1999年4月4日。

⑬ 屈家岭考古发掘队:《屈家岭遗址第三次发掘》,载《考古学报》1992年第1期。

式房屋就是这种变化的最好写照。在鄂西北的郧县青龙泉,丹江口(原名均县)朱家台,都发现了双间房屋,在河南淅川黄楝树除有双间、三间房屋外,还有多间相连向东向北伸展、紧密排成一个大直角形的房址。这种分间式房址的普遍存在,说明这时的家庭形态确已发生了重大变化,即在屈家岭文化形成的同时,以父系为基础的更加巩固的、具有相对独立经济的一夫一妻制核心家庭也在社会上普遍确立起来了。战争对屈家岭文化迅速跨入父系制门槛的加速、催化作用可见一斑。

长江下游太湖流域新石器时代文化,自马家浜文化到崧泽文化,社会发展比较平和,从考古发现看,几乎看不出发生过战争的迹象,故从母系向父系转化的过程十分缓慢。直到崧泽文化晚期,才在草鞋山第6层出土的89座墓葬中,发现有两座男女合葬墓,一为北区 M95,是一座成年男女异穴并列先后合葬墓;另一为南区 M85,是一男女同穴合葬墓。这两座合葬墓的男女墓主都各有一套随葬品,而且女性随葬品都较男性多[1]。因此,充其量这两座男女合葬墓与前述的大汶口文化刘林期的男女合葬墓一样,是对偶婚制下婚姻形态能维持到死的典范,婚姻性质仍然"是逐渐接近一夫一妻的对偶婚制",在社会上产生不了多大影响。然而,到距今约 5,000 年前进入良渚文化时,东南地区母系制向父系制的转化似乎是在一瞬间突然完成的。可以肯定,除和北部地区父系制已确立的文化影响外,战争这加速器和催化剂也在其中起了奇妙作用。

在江苏新沂花厅大汶口文化墓地北区发现有 62 座良渚文化因素占有很高比例的墓葬,其中有 10 座可明确确定为良渚文化早期大墓,出土有显示军权和神权的斧、钺、琮等玉器,其中 8 座还有殉人现象,规模最大,埋得最深,随葬品最多,墓主较为年长的 M60 竟殉有 5 人[2]。这无疑是良渚文化一支武装力量北上远征,入侵大汶口文化领地并取得胜利的结果,反映了两大集团曾发生过激烈战争。战争随着良渚文化的形成,也促使良渚社会发生急剧变化,其中之一就是使婚姻家庭关系中的母系向父系急速地转化成功。江苏昆山赵陵山和吴县张陵山良渚文化早期墓葬的发掘为此提供了铁证[3]。赵陵山家族墓群是以 M77 墓为中心,该墓规模宏大,有表面着红黑两色组成的似兽面纹图案的木质葬具;随葬品达 160 件,其中玉器 128 件;数件石钺中,最大一件为色泽鲜明的有肩石钺(M77:70),体薄、磨光精致,在其直径达 7 厘米的双面钻圆孔下,斜置一人鸟兽组合图案玉饰,当为该石钺附属饰物,肩部及圆

[1]　南京博物院:《江苏吴县草鞋山遗址》,载《文物资料丛刊·3》,文物出版社 1980 年版。

[2]　南京博物院:《1987 年江苏新沂花厅遗址的发掘》,载《文物》1990 年第 2 期;南京博物院花厅考古队:《江苏新沂花厅遗址 1989 年发掘纪要》,载《东南文化》1990 年第 1、2 期;南京博物院:《1989 年江苏新沂花厅遗址的发掘》,载《东方文明之光——良渚文化发现 60 周年纪念文集》,海南国际新闻出版中心 1996 年版。

[3]　江苏省赵陵山考古队:《江苏昆山赵陵山遗址第一、二次发掘简报》,载《东方文明之光——良渚文化发现 60 周年纪念文集》,海南国际新闻出版中心 1996 年版;南京博物院:《江苏吴县张陵山遗址发掘简报》,载《文物资料丛刊·6》,文物出版社 1982 年版。

孔周围有朱色和缚绳痕迹,故该石钺应为与军事礼仪有关的象征军事权力礼器;玉器中有一夹黄斑绿玉矮方琮(M77:59),故这位 30 ～ 35 岁的壮年男性墓主,既是军事首领,又兼领祭司和行政大权的该宗族最高酋长、族长和长老。在 M77 西南侧,有以 M56 为首共有 9 座墓组成的第二等级家族墓群,其中 M56、M57 和 M58 均为刀把形大墓,有涂红或涂朱木质葬具,M56、M57 墓内还有殉人。M56 墓主为 30 岁左右男性,有随葬品 18 件,其中石钺 3 件,说明墓主身份也是军事首领,是这一家族的族长。在 M56 东部略低于墓口位置,紧贴着 M82 小墓,有墓坑。随葬品有属于小明器的陶杯、陶罐。墓主为一个两三岁的儿童。发掘报告认为这属墓外人牲。但笔者认为将其看作是父系子女更合理,即 M56 与 M82 是父亲与子女的关系,是父系世系确立的证据。M56 西侧是 M57 和 M58,前者墓主为 30 岁左右男性,随葬品共 11 件,其中石钺 1 件,说明其身份也与军事有关;后者墓主为 40 岁以下女性,随葬品共 17 件,其中在棺外有石钺 1 件,似乎女墓主身份也有军事背景。发掘者和研究者根据这两个墓中出土的有关陶器判断,这两座墓应为夫妻关系,是 M56 的嫡长家庭。而在 M57 和 M58 中间有 M70,墓主为 16 岁女孩,应是 M57 和 M58 的家庭成员,随葬品有 7 件,其中也有石钺 1 件。可见这既是一个军事世家,也反映出父系制下一夫一妻制个体家庭的观念已十分强烈。在 M56 的东南方,还有 M80 和 M81 两座墓葬,皆为长方形竖穴土坑墓,规模比上述墓葬要小些,M80 也有木质葬具,墓主为 30 岁左右男性,有 7 件随葬品,其中有石钺 1 件,故墓主也是位军事首领;M81 墓主为 30 岁上下女性,只随葬 4 件陶器。发掘者和研究者认为 M80、M81 也是一对夫妇,是 M56 的非嫡长家庭。在 M56 北端有 M68 和 M69,是两具无坑婴儿骨架,两骨架间有一作为祭器的直径达 50 厘米的夹砂红陶大鼎,故判定两婴儿是作为牺牲的人牲。显然赵陵山是一个军事背景非常强烈、厚重、深远的父系强宗盛族墓地。而与其相邻的张陵山墓地[①],很可能是双方存有盟族关系的又一强宗盛族墓地[②]。张陵山遗址西山墓地发现良渚早期墓葬 5 座,其中有 M4、M5 两座随葬了包括琮、璧在内大量玉器并有殉人的大墓,也有 M1、M2、M3 那样的小墓,M4 和 M5 随葬的石钺分别有 8 件和 14 件,除一般穿孔石钺外,其中也有有肩穿孔石钺和双孔石钺。小墓如 M1 也出土了 1 件石钺。总之,张陵山墓葬军事色彩也非常浓厚。上述资料,很翔实地证明战争不仅加强了父系强宗盛族的军事化和世袭化,战争和墓葬制度中的祭祀礼仪,包括殉人制度,还加强了父系强宗盛族的神秘化和神圣化,从而使良渚文化父系制度从一开始就显得既庄严肃穆又神乎其神,这对刚被颠覆的母系制和现实中的女性大众无疑有着巨大威慑作用。

在东北地区,处在公元前第四千纪末到第三千纪初,接受过南面大汶口文化影

---

① 南京博物院:《江苏吴县张陵山遗址发掘简报》,载《文物资料丛刊·6》,文物出版社 1982 年版。

② 陆建方:《良渚文化墓葬研究》,载《东方文明之光——良渚文化发现 60 周年纪念文集》,海南国际新闻出版中心 1996 年版。

响的小河沿文化翁牛特旗石棚山墓地和敖汉旗石羊石虎山墓地中①,发现有男女合葬墓,反映出一夫一妻制个体家庭已经出现。还发现了无头骨和无人骨的墓,而且都有随葬品,这应是战争中牺牲者墓葬,暗示着战争在小河沿文化从母系向父系转化过程中发生过作用。约处在同一时期的新开流文化墓葬②,则发现以一次葬男性死者为中心,周围埋入若干个二次葬者构成的墓组,而且凡随葬品丰富的墓主亦为男性,显示出新开流文化原始居民中男性社会地位高于女性的现象,而这正是父系氏族社会典型特征之一。东北地区还有一座新石器时代夫妇合葬墓,即黑龙江饶河小南山之巅的墓葬③,该墓出土后收集回来的随葬品达 126 件,其中玉器有 67 件,玉器中有斧、矛、匕等象征军事权力的武器。小南山脚下有乌苏里江流过。"乌苏里"系满语"天王"之意,故有人将该墓墓主与"天王"相联系,认为"应是一位地位显赫、掌握很高权力、占有相当财富且受人尊重的人物"④。但此墓年代不好确定,其出土陶片纹饰与新开流文化陶器纹饰有相同和相似之处,而出土的玉环、玉玦等可能要早于红山文化⑤,需做更深入探讨。但至少"在红山文化后段时期,东北地区许多地方都已产生了一夫一妻制的个体家庭,并处在男性得到尊重的父系社会中"。⑥

长江上游四川盆地母系制向父系制转化成功的时间在距今 4800 年前后宝墩文化形成之时。成都平原发现的新津宝墩、都江堰芒城、温江鱼凫村、崇庆紫竹和双河、郫县三道堰、大邑盐店和高山 8 座宝墩文化古城址,证明此时已进入酋邦林立的时代⑦,说明战争也是远古蜀人从母系制向父系制转化成功的加速器和催化剂。

战争在母系制向父系制转化中的加速器和催化剂作用在民族学中也有佐证。如我国云南基诺族在父系制取代母系制过程中,男子们塑造了神奇的父系战斗英雄祖先或奇妙无比的男性祖先使用的武器,并极力尊崇和隆重祭祀,使母系祖先黯然失色。"如巴亚寨的父系英雄阿普少雪曾手执一口百余斤重的铁刀,腰系一块百余斤重的磨刀石,行走迅捷,无人匹敌。他不仅打败了外部的入侵者,而且还想把妇女都杀了吃,最后他虽然被暗算身死,但他遗下的磨刀石仍被视为神物。又如阿西、阿哈这两个胞族都有自己的神刀,据说这刀不必实际砍杀,只要刀一出鞘,刀刃所向敌人

---

① 李恭笃:《昭乌达盟石棚山考古新发现》,载《文物》1982 年第 3 期;内蒙古昭乌达盟文物工作站:《内蒙古昭乌达盟石羊石虎山新石器时代墓葬》,载《考古》1963 年第 10 期。
② 黑龙江省文物考古工作队:《密山县新开流遗址》,载《考古学报》1979 年第 4 期。
③ 佳木斯市文物管理站、饶河县文物管理所:《黑龙江饶河县小南山新石器时代墓葬》,载《考古》1996 年第 2 期。
④ 殷德明、干志耿、孙长庆:《饶河小南山出土玉器研究》,载《出土玉器鉴定与研究》,紫禁城出版社 2001 年版;孙长庆、殷德明、干志耿:《黑龙江省玉器文化问题的提出与研究》,载《探颐索隐集》,黑龙江人民出版社 1993 年版;叶启晓、干志耿、殷德明等:《东域访古》,载《北方文物》1992 年第 4 期。
⑤ 黑龙江省文物管理局:《黑龙江省考古五十年》,载《新中国考古五十年》,文物出版社 1999 年版。
⑥ 白寿彝总主编、苏秉琦主编:《中国通史》第 2 卷,上海人民出版社 1994 年版。
⑦ 赵殿增:《四川考古的世纪回顾与展望》《三星堆考古发现与巴蜀文明进程探索》,均见《三星堆考古研究》,四川出版集团、四川人民出版社 2004 年版。

自死,而且它还主雨主晴。这刀只能由男子掌管、祭祀,显然是父系制取代母系制中创造的一种'万能工具',算是父系制取得胜利的一种象征吧!通过它,男子取得了对原始宗教的主导权,取得了祖先鬼神代言人的地位。"[1]

分布在越南中部高原山区的嘉来族,在 20 世纪上半叶仍保留着母系氏族制的基本概貌,但在外来因素介入下,母系制开始解体。嘉来族青年男子如在狩猎中表现出众,即可被氏族、部落授予"勇士"称号。一旦发生战争,勇士可充当各级军事首领。嘉来族氏族称"波雷(Ploi)",主持"波雷"公务的是长老会议,原来成员是从 40 岁以上女性家族首领中选出,但后来因战争频繁,便增加了一条必须勇敢战斗的入选条件,于是这个职务便逐步落入男人之手。氏族之上的部落组织称"丝灵","丝灵"长老会议主持人称"波陶",权力非常大,平时是行政、宗教首领,战时是军事首领,由男性担任,有的竟以"王位"相称,如爱温巴河谷有两位"波陶",各自称为"腊王""诺王"。他们已完全脱离生产劳动,专门从事掠夺战争,拥有很多家奴和财富,而社会管理权和决定权也已经逐步转移到男人手里[2]。战争在嘉来族母系制瓦解,父系制萌发中的作用可见一斑。

总之,战争让女人走开。战争将妇女统治赖以生存的最后一点儿土壤——财富掌控权和行政管理权挖掘殆尽;战争还造就了许多父系强宗盛族,他们是推翻母系制、确立父系制的最后、最直接、最强大的推手;战争还使几乎所有成年男性,特别是参战男性,都参与到这史无前例的大变革中,从而使变革的广度和深度达到了前所未有的地步,并取得了母系制迅速被颠覆、父系制得以在社会上很快确立的辉煌成果。

五、结语

苏秉琦先生在谈及古代中国发展模式时,曾提到"从洪水到治水"是古代中国国家形成的推动力之一,"是超越社会大分工产生政治实体的推动力"[3]。其实这种推动力在旧石器时代向新石器时代过渡时也产生过。伏羲—女娲的治水,既打破了早期氏族社会十分封闭的氏族部落界限,使部落氏族间更大范围的包括通婚在内的文化交流更加广泛和频繁,又使一个以伏羲—女娲氏族部落为核心的开放的氏族部落社会得以形成,使中国文明起源得以起步。在这个过程中,思想意识的觉醒或被激活,往往起着极其重要的先导作用。这就是治水使长期被压抑的男性自觉意识得以觉醒,男性自觉能动性被激活,从而开启了男性第一次思想大解放,也拉开了母系制向父系制过渡的最早序幕。

神农氏的农业革命,是男性第二次思想大解放,是男性自觉意识觉醒的群众性

---

① 杜玉亭:《基诺族母系制残余及其向父系制的过渡》,《民族学研究》第 2 辑,民族出版社 1981 年版。
② 莫俊卿:《略论越南嘉来族的母系氏族制及其解体》,《民族学研究》第 7 辑,民族出版社 1984 年版。
③ 苏秉琦:《中国文明起源新探》,生活·读书·新知三联书店 1999 年版。

启蒙运动,它使广大男性在社会生产领域中逐渐取代女性,占据主要地位而成为生产的主人,奠定了母系制向父系制过渡最广泛的社会基础、群众基础和经济基础。但除少数手工业匠人在交换中激发出些许财富意识外,一般男性的财富和权力意识仍处在蒙昧朦胧状态。而剩余产品出现,社会财富增加,母系制分化和所有制的复杂化,都促使了私有财产的发生,这成为母系制向父系制转化的经济动因。权贵女性的贪欲,则敲响了"女性的具有世界历史意义的失败"之丧钟。

战争使男性所蕴藏的全部能量得到最大限度的挖掘和释放,促使了男性第三次思想大解放,男性的权力意识、财富意识和自信意识不仅彻底被激活,而且膨胀到极致,直接导致母系被颠覆,父系得以成功确立。所以战争在其中所发挥的加速器和最后催化剂的巨大功能,不可估量。请看,自一万多年前洪荒时代男性自觉意识觉醒始,到距今 6,000 年前,母系制向父系制的缓慢过渡经历了五六千年,而自 6,000 年后,战争极大地加速了这一进程。在东方海岱地区,这一进程仅用了两三百年就得以完成;在中原地区和长江中游地区,也只用了五六百年时间;在长江下游和上游地区,也不过用了 1,000 年上下的时间就完成了从母系制向父系制的成功转化。究其原因,因为 6,000 年前,起推动作用的主要是伏羲、神农等少数精英男子;而 6,000 年后,广大男性已不满足仅仅依靠对外掠夺战争来积聚自己的财富,他们利用战争增强了自己的权力、财富和身份地位,产生了对内改变传统的妻子或母亲对财产掌控权和母女继承制度的意图。这一意图一旦付诸实施,便会燃起燎原烈火,成为广大男性紧迫的文化自信和文化自觉的行动。因为战争的主要参与者是非常广泛的男性群体,故在母系制向父系制转化的最后冲刺关头,广大男性,甚至可以说是几乎所有成年男性,都会参与到将妻子或母亲的私有财产转变为丈夫或父亲的私有财产这一伟大的史无前例的变革中去。况且这一变革有战争这一强大的背景,有军事首领为代表的父系强宗盛族的极力推进,这一变革哪有不快速成功之理?因此,在前后 1,000 年左右,在古文化得到系统并高度发展的各地,古城、古国纷纷出现,社会发展普遍进入古国阶段之时,在中华大地主要地区,母系制都先后被父系制成功取代,母系制向父系制过渡的历史进程终于圆满完成了,远古中国也开始迈进原始文明的社会。

中国第一代考古学先辈李济先生指出:"殷墟发掘的经验启示于我们的就是:中国古史的构成,是一个极复杂的问题。上古的传说并不能算一篇完全的谎账。那些传说的价值,是不能遽然估定的。只有多找新资料,一步一步地分析他们构成的分子,然后再分别去取,积久了,我们自然会有一部较靠得住的中国上古史可写。"[①]恩师苏秉琦先生也认为:"一部理想的中国上古史必须是根据全部可用的文献、传说和遗物,三种材料综合运用,适当配合写成的。"[②]本文遵照上述教导,并运用了一些

---

① 李济:《城子崖发掘报告 – 序》,载《李济文集》卷 2,上海人民出版社 2006 年版。

② 苏秉琦:《试论传说材料的整理与传说时代的研究》,载《苏秉琦文集》(2),文物出版社 2010 年版。原载于《史学集刊》1947 年第 5 期。

民族学资料，撰写了此文，以作抛砖引玉，就教于尊长师友、方家同好。

附记：李仰松老师是我在大学本科赴安阳考古实习时，带我去内黄、濮阳等地搞考古调查的辅导老师。研究生期间，又在李老师的带领下，与1978届本科同学一起，赴山东诸城发掘前寨和凤凰岭遗址。同时，在硕士论文的写作上，李老师也给予了悉心指导。所以，与苏秉琦先生、严文明老师一起，李老师其实也是我的研究生导师。谨以此文感谢老师对我的关心和指教。

［本文原载北京大学考古学研究丛书《考古学研究（十）》，庆祝李仰松先生八十寿辰论文集，科学出版社2012年版］

从考古发现看礼和礼制的起源与发展

一、礼起源于原始社会进入父系氏族社会的时期

礼，《说文解字》释为："履也，所以事神致福也。"徐灏笺："礼之言履，谓履而行之也。礼之名起于事神，引申为凡礼仪之称。"《礼记·祭统》也说："凡治人之道，莫急于礼。礼有五经，莫重于祭。"可见礼最早和最重要的含义是指求神赐福的宗教祭祀典仪。从宗教思想史的研究看，原始宗教的发展大体经历了自然崇拜、图腾崇拜和祖先崇拜几个阶段，基本上与原始氏族公社的产生、发展和衰落几个发展阶段相适应。礼虽孕育在自然崇拜和图腾崇拜阶段，但由于那时物质条件低下，人类供奉神灵的仪式和规模都较简朴，更不会有专门的庙宇寺院，故那时的宗教仅仅是"自发的宗教"，不含"欺骗的成分"[①]，甚或不过是氏族生活的习俗而已，自然没有如后代的礼那样的色彩。但随着原始经济的发展，母系氏族公社终于进入父系氏族公社阶段，男子在生产领域中地位越来越高，进一步促进了父系氏族和父系大家族的不断繁荣，一夫一妻制个体家庭经济得到前所未有的发展，从而使原始宗教也一跃而进到祖先崇拜阶段。各部落和部落联盟为使自己更加强大和富裕，各父系氏族、父系大家族和父系个体小家庭也为了自己更加富强，以便能跻身于氏族、部落甚至部落联盟的显贵者行列，便都拼命祷求祖先赐福。于是对神灵供奉方式复杂化了，祭典的规模、仪式也搞得既盛大又辉煌，甚至为神灵建造了比活人住宅更富丽堂皇的神庙寺院，塑造了比真人还大的主神神像。而侍奉神像，主持神庙，履行祭典，又需要一批不事生产的专职宗教职业者——祭司、僧侣和巫觋，他们为了提高自己的政治经济地位，就假借神灵名义进行种种欺骗，使原始的"自发宗教"向"人为的宗教"转化。"人为的宗教，虽然充满着虔诚的狂热，但在其创立的时候便少不了欺骗和伪造历史……"[②]这样，严格意义上的礼便在这历史的和宗教的转化过程中萌发。因此，礼与"人为的宗教"应是一对孪生子。

在我国，根据对新石器时代考古学文化编年的研究，从母系氏族向父系氏族的转变，大体上在距今约5,000年前后，基本上与仰韶文化中晚期、大汶口文化中晚期、崧泽文化末期及良渚文化早期、红山文化晚期、屈家岭文化等相当。特别是近年来辽宁牛河梁、喀左东山嘴等地红山文化晚期"女神庙""女神"泥塑群像和积石冢的

---

① 恩格斯：《布鲁诺·鲍威尔和早期基督教》，《马克思恩格斯全集》第19卷，人民出版社1963年版，第327页。
② 恩格斯：《布鲁诺·鲍威尔和早期基督教》，《马克思恩格斯全集》第19卷，人民出版社1963年版，第327页。

发现，"意外地把人们的视线引向五千多年前的一个神的世界"[1]，为我们探讨礼的起源提供了极其珍贵的新材料。

牛河梁女神庙由相隔 2.05 米、约在一中轴线上的一个多室和一个单室两组建筑物构成。多室在北，为主体建筑，包含一个主室和几个相连的侧室、前后室；单室在南，为附属建筑。这样从平面布局看，形成一个既有中心又多单元对称而极富变化的殿堂雏形。该庙顶盖和墙体采用木架草筋、内外敷泥、表面压光等技术，墙上绘有彩色图案或饰有贴塑乳钉泥团构件。故从总体看，女神庙既有结构合理、稳定性强的特点，外观上又给人辉煌壮观的感觉，在建筑设计和技术装饰上都达到了相当高的水平，为世界所罕见，因此我国早期祠庙的起源至少可以推到 5,000 多年以前，最早的礼也是在这种壮丽肃穆的庙堂中萌发育成的。

谓予不信，请看牛河梁女神庙中出土的泥塑女神群像及其肩、臂、乳房和手等残块，附属的被神化的猪龙和禽等动物塑像以及在主室西侧发现的一尊大体完好并基本接近真人大小的彩塑女神头像。联系到神像上臂塑件空腔内带有可能是人骨的肢骨，结合中亚曾有在人头骨上涂泥成像的崇拜形式看，牛河梁女神像有的可能即是以当时现实中的人物为依据塑造出来的。值得注意的是，在主室中心部位还出土了相当于真人器官三倍大的大鼻、大耳，说明此处必有一尊更高大的女神塑像，并当为该庙主神。"根据群像之间大小和体态的差别判断，似已形成有中心、有层次的'神统'。这是人世间等级差别的反映，积石冢大、小墓的主从关系也印证了这一点。"[2]因为围绕该庙的大型积石冢群中心，是一座用巨石砌出墓室、石椁和界框的大墓，周围则为附属小墓，正好与女神庙神像大小和分布位置相吻合。故女神像应是神化的祖先形象。既然祖先已有"神统"，祭祀时应按"神统"才合乎礼；而受神庇护的后人，更应按自己的地位、身份在人世间承担自己应尽的义务和职责，这也合乎礼。故牛河梁女神庙中围绕着主神的多神崇拜，当与当时部落联盟、部落、胞族、氏族、父系大家族和父系个体小家庭这样的社会结构有关，更与当时社会人员已形成的等级有关。引人注目的是，牛河梁女神庙是远离居住遗址却与墓地相互联系而专为"庙祭"营建的独立祠庙，积石冢群中还建有专用于"墓祭"的淡红色石桩围成的圆坛，从而形成一个规模宏大、设备齐全的祭祀"列祖列宗"的中心场所。故"这绝非一个氏族甚至一个部落所能拥有，而是一个更大的文化共同体崇拜共同祖先的圣地"。[3]跟这相应出现的，必有大规模的祭祀活动和日常侍奉神像、掌管寺庙、看守墓地等管理事务，从而又证明各种神职人员确已作为特殊阶层出现。这一切充分表明当时已脱离祖先崇拜的最初阶段，而进入发达的祖先崇拜时代。在这样的时代里，人统和"神统"已经统一，为使这种差别合理化、合法化，礼便应运而生了。

---

①　孙守道、郭大顺：《牛河梁红山文化女神头像的发现与研究》，载《文物》1986 年第 8 期。

②　辽宁省文物考古研究所：《辽宁牛河梁红山文化"女神庙"与积石冢群发掘简报》，载《文物》1986 年第 8 期。

③　孙守道、郭大顺：《牛河梁红山文化女神头像的发现与研究》，载《文物》1986 年第 8 期。

　　喀左东山嘴遗址是一处时代、性质都与牛河梁遗址相当或相近的红山文化晚期大型祭祀遗址，也有中心和两翼主次分明、南北方圆对称的建筑基址和成批的陶塑女像，其中有两尊孕妇像。可见礼的发生还和女性及生育有关。这是世界性的现象，"通观属新石器时代的考古发现，男性雕像仅偶有所见"。①其原因一是意识落后于存在的体现，即"可能与旧石器时代的女像（氏族火塘与家庭火塘之化身）有一定关联"（同上书，第 36 页），是母系习俗之延续；二是主要为祈求生育繁殖和农业丰收。因为与大地母神相关的农业是由女性发明的，生男育女更是男子所不能取代的，其结果必是对"女性祖先"和"地母"更崇高的尊敬，并把这种尊敬发展到无以复加的地步，也使礼终于脱颖而出了。

　　此外，考古学者在甘肃秦安大地湾遗址也发现了距今 5,000 年左右属仰韶文化晚期的一座占地达 420 平方米的 F901 号大型房址，包括主室、东西侧室和后室三部分，居住面竟使用人造轻骨料和近似现代混凝土那样的建筑材料筑成。它规模宏伟，设计严谨，主次分明又讲究对称，建材先进而技艺精湛，"复杂的建筑结构显示出它不是一般的生活用房，即使作为首领的生活住宅也是不适当和不方便的"。且在它周围"近千平方米的范围内，没有同期房址，说明其周围是利于公共活动的空旷场地"，故"它应是部落或部落联盟的公共活动场所，主要用于集会、祭祀或举行某种仪式"。②也即为"行礼"之处所。该遗址还有一座同时代的 F411 号房址，在它中部居住面上发现了我国史前考古学中罕见的炭黑地画。发掘报告认为，地画反映了当时以男性为主的夫妻和子女"三位一体的家庭组合表现方式"，故地画"可能有祖神崇拜的意义""可能是氏族小家庭的一种崇拜偶像"。③也有学者认为"地画是当时人们施行巫术仪式的真实记录"，所画的成年人是巫觋与女主人④。不管怎样，这两种说法都与"事神"有关，故地画也应与礼有关。

　　考古学还证实，与礼发生的同时礼器也产生了。牛河梁女神庙出有彩陶镂空大器残片，复原后腹径当在 1 米以上，故"其性质非一般生活用具，当是特制的祭祀用器"。还有橙红陶豆形镂空盖，"从盖面镂空和盘心有大孔通向器外，不难推知其为'熏炉'一类祭器上的器盖"。⑤在牛河梁积石冢、东山嘴、内蒙古翁牛特旗三星他拉村等遗址还发现龙、箍、璧、佩等精美玉礼器，"龙及有关成组玉器的出现，象征着当时社会某种等级、权力观念的存在，已具'礼'的雏形"。⑥而大地湾 F901 号房址内"出土的陶器多大型器，四足鼎、敛口小平底釜、条形盘、带环形把手的异形器等这样一组首次发现的特异形陶器群，应有其特殊的功能，或许是某种场合下专用的一组

①　［苏］谢·亚·托卡列夫：《世界各民族历史上的宗教》，魏庆征译，中国社会科学出版社 1985 年版，第 37 页。
②　甘肃省文物工作队：《甘肃秦安大地湾 901 号房址发掘简报》，载《文物》1986 年第 2 期。
③　甘肃省文物工作队：《大地湾遗址仰韶晚期地画的发现》，载《文物》1986 年第 2 期。
④　李仰松：《秦安大地湾遗址仰韶晚期地画研究》，载《考古》1986 年第 11 期。
⑤　孙守道、郭大顺：《牛河梁红山文化女神头像的发现与研究》，载《文物》1986 年第 8 期。
⑥　孙守道、郭大顺：《论辽河流域的原始文明与龙的起源》，载《文物》1984 年第 6 期。

陶礼器"。①至于崧泽文化晚期的双层镂空陶罐;良渚文化早期的玉琮、玉璧、玉钺,绘有黑彩回纹和近似云纹的石斧;大汶口文化中晚期的玉钺、象牙雕筒和骨雕筒;屈家岭文化的蛋壳彩陶器等,也都属礼器无疑。其中特别是玉器,一直在我国传统文化礼仪内涵中占有极重要的地位,《周礼·大宗伯》记载:"以玉作六器,以礼天地四方"的璧、琮、圭、璋、璜、琥,号称"六瑞",还说"苍璧礼天,黄琮礼地"等。而考古发现的玉器无论从用途、形状和纹饰看,还是从出土情况和放置部位论,也都说明它们确实是贵重礼器。良渚文化早期玉琮表面刻画的兽面纹粗眉圆目、阔口獠牙、威严凶狠,可能反映了某种宗教信仰,因此它更是一种与当时人们的原始宗教巫术活动有关的礼器。

综上所述,可以断言,最迟在距今 5,000 年前后,我们的祖先都已普遍从母系氏族进入父系氏族阶段,随着祖先崇拜的日益兴旺和发达,礼终于萌发。于是在伟大的中华民族文明史的起源线上,透出一缕灿烂夺目的曙光。

二、龙山时代——礼的发展成长和礼制形成的时代

我国考古学上的金石并用时代又称龙山时代,包括山东、河南(中原)、陕西、湖北等地的龙山文化和良渚文化中晚期、齐家文化等。它们的碳 14 测定年代绝大多数都落在夏代之前的公元前 26 世纪至公元前 21 世纪之间,相当于古史传说的尧舜禹时期,社会性质为氏族制度逐渐解体、国家产生前夜的军事民主制时代。那时,社会分化激烈,贫富差距悬殊。山东龙山文化"大多数墓圹狭小,无随葬品,有随葬品的也不过三五件"。②属中原龙山文化的山西襄汾陶寺墓地"占墓葬总数 98% 以上的中、小型墓,随葬品缺乏,特别不使用陶器随葬"。③而当时少数大墓,除墓圹宽大、均有葬具外,随葬都量多质精,并用既做财富象征又具宗教意义的猪下颚骨陪葬。于是阶级终于形成了。统治阶级为了统治需要,便充分利用本质在于维护等级的礼这一工具,来规范社会秩序,规定人们的行为准则,因而礼得到长足发展,并产生出森严的等级制度——原始的礼制。故龙山时代的礼和礼制,既有前所未有的阶级属性,又是统治阶级用以调整内部关系的准绳。在考古学上,它表现在以下几个方面:

(一)礼器是龙山时代礼和礼制最具体最生动的物质体现。

在山东龙山文化遗存中,曾多次出土过一种胎质细腻、黑光发亮、造型美观、薄如蛋壳的陶杯,"其形式的轻巧、精雅、清纯之处,也只有宋代最优良的瓷器可以与

---

① 甘肃省文物工作队:《甘肃秦安大地湾 901 号房址发掘简报》,载《文物》1986 年第 2 期。

② 山东省文物考古研究所:《三十年来山东省文物考古工作》,载《文物考古工作三十年》,文物出版社 1979 年版。

③ 中国社会科学院考古研究所山西工作队、临汾地区文化局:《1978—1980 年山西襄汾陶寺墓地发掘简报》,载《考古》1983 年第 1 期。

之媲美"，[①]是陶器之最。因其薄如蛋壳，故稍有碰撞即告粉碎，显然不合适做日常实用器皿；而且它只是出于较大型的墓中，总出土量很少，故这只能是为当时原始礼制所规定由少数权贵所霸占以显示高贵身份、奢荣地位和拥有特权的礼器。良渚文化中晚期的漆绘陶器和通体细刻蟠螭纹、曲折纹或羽翼纹的精美陶器；襄汾陶寺大墓出土的鼍鼓、特磬、木案、木俎、木"仓形器"、彩绘陶器和彩（漆）绘木器等，也当属礼器无疑。

（二）龙山时代礼和礼制在军事上的反映。

龙山时代既然是军事民主制时代，那么礼和礼制也必然会在军事上反映出来。确实，考古发现的石、玉钺正是在那时成为显示军事权力的最重要的礼器，甚至出现了毫无实用价值而制作又异常精美的玉钺。大汶口文化晚期墓葬中，石钺出土较普遍，如大汶口墓地 25 座晚期墓中竟出 15 件之多，说明它作为实用工具或武器的意义更大些。然而，在山东龙山文化早期墓葬中，石钺出土量却突然大为减少了，甚至在诸城呈子发掘的 87 座墓葬中，竟一件都没有出土，这充分说明在当时钺已不能随意作为随葬品用了。而日照两城镇出土的刻花玉斧，更"说明玉质礼器生产已专业化"[②]，作为礼仪性兵器的钺在良渚文化中是最为发达的，尤其是玉钺都经抛光处理，故光亮照人，有的还琢刻了极其精细的兽面纹饰，大多未磨出刃口，或虽磨出刃口却无使用痕迹。有些玉钺穿孔处还留有数道朱红色安柄痕迹。浙江余杭反山良渚墓葬中出土的玉钺，还发现安柄上嵌有小玉粒，并在柄端镶以玉质柄端饰。上海福泉山良渚大墓中出土的玉钺，发现附有玉或象牙制的柄首饰和尾饰。山西陶寺大墓中所出的石、玉钺，有的也留有饰红彩的木柄痕，刃部也大多无使用痕迹。因此这种斧钺绝非实用器具，而只能是与军事礼仪有关的象征军事权力的礼器。

（三）龙山时代礼和礼制在玉器中的反映。

近年来在江浙地区的良渚文化墓葬中，玉琮和玉璧大量出土，特别是中晚期的多节柱状玉琮，更令人注目。此外，在甘肃、山西、广东等同时代的考古文化或文化遗存中也有零星发现。尤其是玉琮和玉璧一般都出自男性大墓，数量的多寡还可能与墓主人生前职务、地位有关，故有力地说明了它们确是当时的权贵们才能拥有的代表神权的贵重礼器。同时，在良渚文化中还新发现了"杖端饰"、山形器、圭形器等礼仪玉器。特别是"杖端饰"往往成对出土，似可配套成对，可以认作是某种"权杖"的"头"和"尾"，当属礼仪用具的组成部分无疑。

至于龙山时代的管、珠、坠、佩、环、锥形器和带钩等佩挂用玉，以及粒、泡等镶嵌、穿缀用玉，虽可作为日常生活的日用品，但也并非可以随意使用，亦当与礼仪有关。比较大汶口文化晚期与山东龙山文化装饰品的出土情况就可证明。因为大汶口文化晚期墓葬中，玉、石、骨、牙及陶制的坠、环、项饰等量多形异，色彩绚丽，美不

---

① 梁思永：《龙山文化——中国文明的史前期之一》，载《考古学报》1954 年第 7 册。

② 《新中国的考古发现与研究》，文物出版社 1984 年版。

胜收。但在山东龙山文化墓葬中,装饰品突然大为减少,诸城呈子 87 座墓葬和姚官庄 12 座墓葬连一件装饰品都没有。然而在胶县三里河一座龙山墓葬中却出土一套以鸟形、鸟头形和玉珠相配合组成的玉器。可见装饰品,特别是玉质装饰品,在龙山时代的礼仪意义要超过实用意义。

（四）龙山时代的礼仪纹饰。

龙山时代玉器与陶器上的装饰花纹也显示了当时礼仪制度的发展程度。山东两城镇发现的刻花石斧,纹饰为兽面纹。良渚文化玉器上的纹饰也主要是兽面纹,并常衬以非常纤细密集的云雷纹。这些纹饰与商代礼器——青铜器和玉器的纹饰如出一辙。同时“在龙山文化的陶器中有云雷纹凑成的带形纹饰,这样式的花纹在殷代的铜器和石雕上都有类似的花纹”。[①] 近年来在良渚文化中还发现有饰细刻蟠螭纹、禽鸟纹、曲折纹等精美图案的陶鼎和陶壶,这些花纹与商周青铜器的同类纹饰也有源流关系。而陶寺大墓中出土的彩绘蟠龙陶盘,是迄今中原地区有关龙的图案的最早标本,为探讨礼和礼制的形成提供了十分珍贵的实物资料。

（五）龙山时代丧葬制度的礼仪化。

人工堆筑的高台墓地是龙山时代礼制的又一重要证据。确与良渚大墓有关的江苏吴县草鞋山第五层以上堆筑高近 4 米,土方量达 16,000 立方米;浙江余杭反山良渚墓地堆筑高约 7 米,土方量近 20,000 立方米;上海青浦福泉山良渚墓地堆筑高约 3.65 米,土方量约 13,000 立方米。堆筑如此巨大的土台在原始的生产力条件下,是何等的艰巨困难,而营造目的又只是为了埋葬少数显贵者的大墓,显然这是礼仪的需要。著名考古学家、中国考古学会理事长苏秉琦教授深刻地指出:“埃及的金字塔是石头堆的,是文物,福泉山是土堆,也是文物。”“福泉山的良渚墓地——土台是重要的,比其中的器物都重要。土台反映墓主身份。每个墓中的器物都是特制的,都是为其所用的。”[②] 这种东方的土筑“金字塔”充分显示了史前的礼和礼制在阶级形成、社会劳动的组织集中和统一指挥中所起的非常重要的作用。

考古学者还在浙江余杭瑶山发现了与墓葬复合的良渚文化祭坛遗迹。它坐东朝西,由红土台、灰围沟、砾石坎组成,约 400 平方米。在红土台南北有 12 座墓葬。墓主生前很可能是担任祭师、巫觋等持礼职务的贵族,故在丧葬上另有这特殊礼仪。墓内有琮、璜、管、钺、珠等大量玉器,随葬品数量随墓穴离祭坛中心远近而变化,越近越丰富。其中 M 号墓出土一件嵌玉高圈足大漆杯,是国内考古发现中非常罕见之物,无疑也是当时极贵重之礼器。另在上海青浦福泉山良渚墓地山顶西北部发现有大片红烧土面,还出有可能做祭器的缸形夹砂大陶器,故也当属祭坛遗迹。

丧葬制度礼仪化在山东龙山文化中也表现得十分鲜明。比较而言,大汶口文化晚期厚葬之风极盛,随葬品都较丰富,随葬品很少或没有的墓不多。但山东龙山文

---

① 尹达:《中国新石器时代》,载《新石器时代》,生活·读书·新知三联书店 1979 年第 2 版,第 63 页。

② 《上海也有“金字塔”》,载《新民晚报》,1987 年 5 月 10 日第 8 版。

化墓葬的随葬品普遍都少,即使大墓亦然。诸城呈子龙山墓地最大的墓 M32,连 13 个猪下颚骨在内也仅 32 件随葬品;姚官庄 M10 大墓随葬品只 9 件,但从它们各出两件精美的蛋壳黑陶杯等情况看,墓主生前无疑是富有者或权贵者,应有厚葬能力,可礼和礼制不允许他们厚葬。这与当时钺和装饰品出土量突然比大汶口文化晚期大为减少的情况和原因相吻合。说明军事民主制时代的部落联盟—部落—胞族—氏族各级首领间已确立了严格的等级制度,他们生前如此,死了也要按等级入葬,不能超越。可见当时的显贵们不仅利用礼和礼制控制政权、军权,还垄断了神权,使丧葬制度神秘化、森严化、等级化,使厚葬只成了最大权贵者的特权之一。1936 年日照两城镇发掘的 50 多座龙山墓葬中,"有一座墓葬的随葬物特别丰富,其中有玉质的带孔扁平式斧,它略似殷代的圭"[①],故该墓主人生前级别和地位定比呈子和姚官庄两座大墓的主人要高得多。至于一般氏族人员和奴隶自然更不允许厚葬了,故山东龙山文化墓地一无所有的墓总是占据了大部分比例,当属"正常现象"了。

(六)龙山时代礼和礼制在宗教方面的新发展。

卜骨的普遍发现说明龙山时代的原始宗教有了新的发展,占卜已是当时礼制的重要内容。而在商代,占卜乃是执政者主要统治手段之一,故其间自有一脉相承的关系。此外,龙山时代大墓中人殉现象也很普遍,河南登封王城岗龙山文化城堡内还发掘出埋人的奠基坑。这些宗教现象也应是龙山时代礼和礼制的有机组成部分。

总之,龙山时代是礼的发展和礼制形成的重要时代。那时的礼和礼制与我国早期文明时代的礼和礼制又有不可分割的源流关系,它在华夏文明产生过程中曾有过巨大的作用和辉煌的贡献。正是由于原始的礼和礼制的催化,文明的朝霞才染红东方天际,文明的阳光也即将喷薄而出了。

三、夏、商、周三代——礼和礼制从成熟到鼎盛的时代

夏、商、周三代是我国文明史的早期阶段,考古学上属青铜时代。我国的礼和礼制发展到夏商时期已日趋成熟,至西周时,则达到了鼎盛的阶段。

考古学对夏代的探索,近十年来已获可喜进展,尽管学术界意见不一,但中原地区二里头文化年代与夏代相当则为众所肯定,故二里头文化很可能是夏文化。此外,郑州地区先商文化,山东地区岳石文化,太湖地区后良渚文化等,年代上也大体与二里头文化及夏代相当。

夏代礼器已成套出现。二里头文化的觚、爵、盉,先商文化的觚、爵、斝,都是在墓葬中常见的礼器中的成套酒器。特别是有"盉爵组合的墓在规模上一般较其他墓为大,多数还铺撒朱砂。显然,这种墓的规格和墓主的身份较其他墓为高。因此,用盉爵做随葬品应具有特殊的含义,或与当时一定身份的礼制规定有关"[②]。二里头文

---

① 尹达:《中国新石器时代》,载《新石器时代》,生活·读书·新知三联书店 1979 年第 2 版,第 60 页。

② 刘绪:《从墓葬陶器分析二里头文化的性质及其与二里岗期商文化的关系》,载《文物》1986 年第 6 期。

化中也有龙纹陶片,还新出现与早商铜方鼎非常相似的陶四足方鼎,并确已有了青铜礼器和兵器——铜爵、铜铃、铜戚和铜戈等。此外,在二里头文化的大墓里也随葬有成批的钺、戈、刀、琮、璧、柱、筒、玦、圭、版、柄饰和松绿石等玉石礼器,有的也刻有兽面纹饰,从而可见夏代礼制之一斑。

最能代表夏代礼和礼制发达程度的是偃师二里头遗址大型宫殿建筑群基址。研究表明,它由堂、庑、门、庭等组成,整体极为壮观,基本具备王室宫殿的特点和规模,特别是竟与后世《考工记图》所描绘的宫室示意图基本吻合,说明它确实反映了当时一定的宫室制度。由于在台基中部发现埋有人骨架和兽骨的祭祀坑,故可断定该宫殿性质为宗庙,也证明二里头应是夏代都城。而都城和宗庙的发现说明夏代的礼和礼制已成为统治国家的重要工具。

特别令人深思的是,原在太湖地区良渚文化中非常发达的琮、璧、钺等玉器和兽面纹饰,在后良渚文化中突然消失,又突然出现在中原二里头文化中。证明夏代的主体族体——夏族在发展中能不断吸收周围族体的先进文化,融合成能统治整个国家并为各族都能接受的以"礼治"为目的的制度。可见礼和礼制在国家形成并维护其统一安定、在各族团结并融合成新的华夏部族中是起过重要作用的。

及至商代,我国的礼和礼制已发展得相当成熟,这已为众多的考古发掘所证明。其中尤以安阳殷墟商代王宫、王陵、车马坑、人殉和人牲祭祀场、坑,以及周围中、小型墓葬群的发掘,证明商代的礼和礼制已非常纷繁和严密。"国之大事,在祀与戎",甲骨文和古文献中记述的商代祭祀名目繁多,而诸如伐祭、埋祭等都在考古学中得到证实。新发现的甲骨文有商代军旅分左、中、右三军的记载,为研究商代军事制度提供了十分珍贵的新资料。

商代文明还向以殉丽的青铜礼器闻名于世,其上的兽面纹和云雷纹等主体纹饰源于良渚文化,又呈现出更多威慑神圣的神秘意义,显得更加成熟。而郑州白家庄两座中型墓都出土不少铜器,但分别用一鼎和三鼎陪葬,"当亦有寓意。它可能跟商代的礼制有关"。[①] 至于一般平民小墓则主要用觚、爵等礼器随葬。看来平民与贵族间的鸿沟不可逾越。

商代玉器自殷墟妇好墓被发掘后,引起世人极大兴趣。妇好墓出土玉器数量之多、制作之精均为前所未见,且大多是礼器或与礼制有关之物。但殷墟发掘的上千座平民墓中则极少有玉器。这说明玉器"使用范围当与使用者的身份有关。因此,哪些人可以使用而装入墓穴,哪些人不能使用,也是商代社会中存在严格的等级差别的反映",[②] 是礼和礼制的体现。而商代玉器又主要由辽河流域红山文化系统和太湖流域良渚文化系统汇流融合而成。妇好墓中的玉龙与红山文化中的玉龙从昂首、弯背、卷尾这一基本造型看,大体相似;妇好墓中的虎、龟、鸟、鱼等玉器,在红山文

---

① 中国社会科学院考古研究所编:《新中国的考古发现与研究》,文物出版社 1984 年版,第 222 页。

② 中国社会科学院考古研究所编:《新中国的考古发现与研究》,文物出版社 1984 年版,第 328 页。

化中也可找到渊源；而妇好墓中的琮、璧、镯、珠等玉器，与良渚文化中的同类玉器更是难分上下。这种文化因素的连贯性、一致性和融合性，标志了中国古代的礼和礼制发展到商代确已达到了相当成熟的程度。

因"周因于殷礼"，又"监于二代"，故在"郁郁乎文哉"的基础上建立了著名的周礼，把礼和礼制进一步推至鼎盛的顶峰。这首先表现在宫室制度上。陕西岐山京当凤雏村宫室基址虽非周天子的宫室，但从建筑结构看，即是由二里头和殷墟的宫殿直接发展起来的，可是布局规整、严谨又是前代所不及的。"凤雏宫室最突出的特点是把前堂后室两部分形成了一个整体结构，也就是说，把贵族的私人生活所在和其政务场所非常紧密地结合在一起了。这显然是按照当时宗法制度的需要而建造的。"① 是西周更完整、更系统、更严密的以"家天下"为特征的礼和礼制在建筑设计上的具体反映，并影响到以后封建社会宫室和官邸的建造。

西周的丧葬制度称族葬制。形式上虽与原始社会氏族公共墓地相似，但周礼规定族葬要严格地分为"邦墓"和"公墓"两类，前者为"万民"或"国民""国人"，也即自由民墓地，陕西宝鸡斗鸡台、长安沣西张家坡等墓地即是；后者如浚县辛村卫国墓地、北京房山黄土坡燕国墓地、三门峡上村岭虢国墓地等，只有王室、国君等贵族才能入葬，而处于显要地位的必是族长或家长的大墓。

西周贵族墓葬中出土的成批礼器也进一步说明周礼确是相当系统和森严的，其中尤以"列鼎"制度最能反映当时礼和礼制的特点和本质。考古学证实，列鼎数目确因主人身份的高低而有严格规定，与列鼎相配的簋、盘、匜、壶等礼器也都有严格的配置数目。此外，随葬铜礼器有否及多少，棺的有无及多少，车马器和车马坑的有无等，都能反映墓主生前地位等级情况。这一切都说明西周贵族内部的王、诸侯、公卿大夫、士等都各有一套合乎自己身份地位的森严的礼和礼制，如超越规定，即为违礼，或叫"僭越"。这既是礼和礼制发展到西周时已达鼎盛的鲜明表现，又预示着"礼崩乐坏"的时代快要到来了。

余　论

公元前 7 世纪，周平王东迁洛邑，东周从此一蹶不振，周礼也跟着没落，并终于形成了"礼崩乐坏"的局面。这样，我国远古时代的礼和礼制从 5,000 多年前的萌发育成期，经过发展成长期、成熟期、鼎盛期，至此进入到衰落期。

"礼崩乐坏"的结果造成社会动荡不安、战乱连年不息的局势。这虽是社会处于激烈的大变革、大转折时必然会发生的状况，是社会在斗争中争取大步前进的"折射"现象，但如果乱到一定程度还要乱下去，则最终也不利于社会进步。正是在这样的形势下，生活在春秋末战国初的孔子提出了使"天下有道"的"为国以礼"的主张，

---

① 　北京大学历史系考古教研室商周组编：《商周考古》，文物出版社 1979 年版，第 185 页。

指出"殷因于夏礼,所损益可知也,周因于殷礼,所损益可知也;其或继国者,虽百世可知也"。[1]强调"安上治民,莫善于礼"。[2]孔子一生潜心研究礼和礼制,加上他自幼生长在周初属周公封地、到春秋晚期还是"周礼尽在鲁"的鲁国,从小就受周礼熏陶,使他对周礼有着特殊的爱好和特别的推崇。除了研究书册典籍外,孔子还注意研究有关的实物资料。他曾到后稷庙去研究过金人;还曾到鲁国太庙研究过欹器;也研究过肃慎氏贡献给周武王的枯矢石砮。正因如此,孔子终于成了"从'继往'方面说,他是礼的集大成者;从'开来'方面说,他又是孔学的开山祖师"。即是说"到了孔子,'礼'才正式成为礼学"。[3]在保存和研究中国远古传统文化方面,孔子的伟大贡献是不容否定的。

不过,孔子当时曾感叹过:"夏礼吾能言之,杞不足徵也;殷礼吾能言之,宋不足徵也;文献不足故也。足,则吾能徵之矣。"[4]今天,我们依靠现代考古学的成果把探索礼和礼制的起源深入到原始社会。孔子如地下有知,当有所欣慰了。

(本文原载中国孔子基金会主办《孔子研究》,1990年第3期。该论文摘要收入由卢继传主编、中国经济出版社1999年出版的《中国新时期社会科学成果荟萃》第3卷第25编考古学,第1264页。被评价为:在研究孔子、儒学和中国传统文化思想领域中,引起浓厚兴趣,认为在观点、资料、角度和体裁等都甚为新颖,堪称孔子和儒学研究第一篇。)

---

① 《论语·为政》。

② 《礼记·经解》。

③ 蔡尚思:《孔学主要是礼学》,载《中国哲学史论文集》第2集,中华书局1965年版。

④ 《论语·八佾》。

龙和龙文化起源的史前考古学研究

    1987年,我国考古学界泰斗苏秉琦教授在当年的《中国建设》第9期上发表了一篇题为《华人·龙的传人·中国人——考古寻根记》的文章。第二年,这篇文章就被选为1988年高考语文试题,一时有200多万莘莘学子在同时阅读一篇考古文章,从而显示出"考古学正在成为知我中华、振兴中华大业不可缺少的组成部分"[①]。当然,苏先生的这篇考古文章更为我们研究龙文化的起源、发展指明了方向。现在距苏先生发表该文已有12年了,苏先生也已在1997年夏不幸作古。在迈向21世纪的今天,适逢苏先生90诞辰。而2000年又恰为中国龙年。因此,笔者以本文作为对恩师的深切缅怀,更衷心祝愿伟大的龙的传人——中华民族在崭新的世纪里,更加龙腾虎跃,永立世界民族之林。

一、龙文化起源于距今约8,000年的辽河西部地区

    近年来,东北的辽西地区持续不断的考古新发现,为我们探索龙文化源起的时间和地点,提供了十分可喜而又丰富可靠的新资料。不过"考古学文化区系的'辽西'与自然地理的'辽西'不完全是一回事,但两者的范围基本相同。根据近年的考古工作成果,我们对辽西考古学区系的认识是:东起辽河或辽河西的医巫闾山,西至内蒙古的锡林浩特到河北张家口一线,北抵西辽河流域,即西拉木伦河两侧,南到大、小凌河流域或燕山山脉。从水系讲,包括西拉木伦河、老哈河、大凌河、小凌河及它们的支流。从行政区划讲,主要包括辽宁的阜新、锦州、朝阳和内蒙古的赤峰地区"[②]。

    《文明发端　玉龙故乡》,这是苏秉琦先生"谈查海遗址"的又一篇文章的题目[③]。著名的查海遗址位于辽宁省辽河西部阜新县沙拉乡查海村西南约2.5公里处一漫丘南坡台地上,是我国北方目前时代最早、保存较完整的史前聚落遗址之一,

① 郭大顺:《〈华人·龙的传人·中国人——考古寻根记〉编后记》,载苏秉琦:《华人·龙的传人·中国人——考古寻根记》,辽宁大学出版社1994年版。

② 苏秉琦:《辽西古文化古城古国——兼谈当前田野考古工作的重点或重大课题》,载《文物》1986年第8期,又载《华人·龙的传人·中国人——考古寻根记》。

③ 苏秉琦:《文明发端　玉龙故乡——谈查海遗址》,载《华人·龙的传人·中国人——考古寻根记》。

1986—1993 年曾先后进行过 6 次不同规模的考古发掘,出土了至今世界考古发现的最早真玉(软玉)器。就龙文化源起的探索和研究方面,查海遗址则出土了中国新石器时代考古史上首次发现的两片浮雕"龙纹"陶片:"一为蜷曲的尾部,一为盘旋的龙体,不仅在形象上,而且有鳞状纹的表现纹饰,都已具备中国古代龙形象的基本特征",因而享有"华夏第一龙"的盛名[1]。

尤为重要和更令人激动的是,在 1994 年 6 月至 1995 年 1 月的第 7 次大规模发掘中,在查海遗址聚落中心部位,发掘清理出一大型的龙形堆塑:它是在从遗址中央穿过的基岩脉上,用经选择的红褐色大小均等的石块人工堆摆而成。龙头、龙身石块堆摆厚密,而尾部石块则放置较松散。巨龙整体造型雄伟壮丽:昂首张口,弯身弓背,尾部若隐若现,给人一种冲天腾飞之感。龙头朝西南,龙尾朝东北,全长19.7 米,龙身宽 1.8 ～ 2 米,方向为 215 度,与紧贴于北侧面积约达 120 平方米的该遗址目前发掘出的最大房址建筑方向基本一致。就考古学观察,这是目前所知年代最早、整体最完整的龙形象。更值得注意的是,在位于大型龙形堆塑的南侧,紧靠巨龙腹部下方,发现有墓地及祭祀坑[2]。显而易见,这条大型"石龙"与这座大房址及墓地、祭祀坑是有着密切关系的,其中的宗教意识和礼仪目的是非常鲜明的。

除查海遗址的"龙纹"陶片和"石龙"外,在辽西东部沿海锦州湾一带,考古工作者也惊喜地发现了"土龙"的塑像。1996 年 5 月,辽宁省文物考古研究所与葫芦岛市博物馆的考古工作者,对葫芦岛市连山区塔山乡的杨家洼新石器时代遗址进行了考古发掘。在相距 7 米的两个探方内,揭露出用纯净的米黄色黏性土做原料,在红褐色地面上塑出的两条巨龙。两龙龙头均向南,尾朝北。1 号龙位于 1 号探方内,身长 1.4 米,高 0.77 米,扁嘴,Y 字形尾,昂首,挺身,扬尾,做飞腾状。2 号龙发现于 2号探方北部隔梁下,比 1 号龙略小,身长 0.8 米,高 0.32 米,昂首,做展翅轻盈飞翔状。与查山堆塑"石龙"相比,杨家洼"土龙"显得工艺原始,造型古朴,但构思却非常巧妙。这两条"土龙"也是中华大地上的首次发现,为研究史前龙文化的起源、传播、发展和最终形成,提供了又一新的重要珍贵资料,因而具有重要的学术价值[3]。

查山遗址与杨家洼遗址同处辽河西部地区。前者地处辽西中部偏北,位于距离大海较远的东沙河和大凌河支流西河这两条河流的源头附近,为辽宁省西部丘陵山区最东部的医巫闾山西山麓。从"龙纹"陶片和以石代鳞的龙形堆塑看,查山的龙似从有鳞或有鳞状花纹的爬行类动物如蛇、巨蜥、鳄鱼或穿山甲等神化而来。后者则地处辽西南部海滨,位于渤海锦州湾南岸,距现在海边仅 5 公里。从 1 号龙龙尾

① 郭大顺:《文明发端　玉龙故乡》,载《中国文物报》,1993 年 1 月 31 日第 4 期(总第 318 期)第 4 版。

② 辛岩:《查海遗址发掘再获重大成果》,载《中国文物报》,1995 年 3 月 19 日第 11 期(总第 425 期)第 1 版;朱乃诚:《新石器时代考古》,载中国考古学会编:《考古学年鉴(1996)》,文物出版社 1998 年版。

③ 高美璇:《辽宁八千年前新石器时代遗址中发现龙图腾》,载《中国文物报》,1997 年 6 月 8 日第 23 期(总第 538 期)第 1 版。

呈 Y 字形的情况,推断"土龙"的最初源起当与海鱼有关,即这种"土龙"当是后世所称的"鱼龙"。可见,即使同处辽河西部地区,但由于所处的地理环境和生产、生活活动的不同,使龙的自然起源物也有差异。龙的最早的起源应该是多元的。

查海遗址的 C14 测定数据有两个:一是经树轮校正后为距今 7,600±95 年;另一是未经校正的年代为 7,360±150 年,如加树轮校正,则距今已超过 8,000 年[①]。杨家洼遗址文化内涵虽与查山遗址有较大差异,但经综合观察和比较研究,特别是从出土陶片系用泥片粘贴而成的原始制陶方法看,该遗址的年代也很古老,推测距今也应在 8,000 年左右[②]。因此,从目前的考古发现观察,距今 8,000 年左右的辽河西部地区,很可能是我国龙文化的最早起源地之一。从所发现的龙纹陶片、堆塑石龙和泥塑土龙的工艺和艺术水平来看,都显示了一定的进步性,似乎还不是最原始的龙的形态,从而暗示着我国龙文化的源头可能会更加古老和遥远。

还应该提及的一件有趣的事是,查海堆塑石龙工艺,经过下文要论及的距今 6,000—5,000 年的湖北黄梅焦墩河卵石摆塑巨龙,再时隔 5,000—4,000 年竟然会"再现"于宋代的长江中游地区:为配合三峡工程建设,1998 年 10 月至 1999 年 1 月,湖北省文物考古研究所对秭归县东门头遗址进行了第二次大规模发掘,获丰硕成果。在所发掘清理出的宋代城址中,在城外墙脚下发现一条用 150 块河卵石摆塑的龙形象。该龙叠压在唐墓之上,又被元代的房址叠压,全长 10.88 米,昂首,屈身,尾上翘,腾飞状。从它的造型看,首尾高差错落有致,西低东高,相对高差达 0.62 米。龙头刻意用双层卵石摆成圆形,躯干细长,内屈,尾部仅竖立一扁平卵石,其整体造型之优美,细部之传神,动感之强烈,均具迷人的艺术感染力[③]。但从工艺方面探索,东门头石龙与查海石龙及黄梅焦墩河卵石龙又极其相似。这不能不认为是中国考古学在探索研究龙文化时,所出现的一个十分奇特的现象。

二、赵宝沟文化和红山文化时期的龙文化

以龙文化为突出代表的辽河西部地区的远古文化,在距今 8,000 年前后起步后,在紧跟以辽宁阜新查海、内蒙古敖汉旗兴隆洼等遗址为代表的兴隆洼文化后面的赵宝沟文化和红山文化中,龙文化得到了进一步的发扬光大。

在距今 7,000—6,000 年的以内蒙古敖汉旗赵宝沟、小山等遗址为代表的赵宝沟文化中,对龙和其他灵物的崇拜已达到了一个新的境界。小山遗址出土了一件编号为 F2 ②:30 的尊形器,其腹部施有一圈灵物图像:"系分别根据现实生活中的

① 辛岩:《查海遗址发掘再获重大成果》,载《中国文物报》,1995 年 3 月 19 日第 11 期(总第 425 期)第 1 版;朱乃诚:《新石器时代考古》,载中国考古学会编:《考古学年鉴(1996)》,文物出版社 1998 年版。

② 高美璇:《辽宁八千年前新石器时代遗址中发现龙图腾》,载《中国文物报》,1997 年 6 月 8 日第 23 期(总第 538 期)第 1 版。

③ 孟华平:《三峡库区东门头遗址考古获丰硕成果》,载《中国文物报》,1999 年 4 月 7 日第 27 期(总第 694 期)第 1 版。

猪、鹿和鸟首的形象提炼",并通过抽象艺术加工而成。"施纹时首先压画出轮廓线,然后填上细密规整的网格,唯各灵物的眼睛,猪形首上的獠牙,鹿形首上耳的中部、上颌以及蹄部等保持器表磨光面,可谓画龙点睛,使灵物形象栩栩如生。猪形首灵物细眼(长半椭圆形),长吻前突,鼻端上翘,獠牙长而略弯,蛇身躯体做蜷曲状,刻画网纹与磨光两部分错置成鳞纹。鹿形首灵物生扁菱形眼,长角分叉,桃形耳,前肢有偶蹄。鸟首形上有冠,圆眼,钩形长喙。鹿首形与鸟首形灵物均做引颈展翅高飞状。画面空隙充填其他花纹。"(图1)显然,"它们已经不是单纯现实动物形象的写照,而是人们创造的崇拜对象,神化了的灵物"。但"猪首蛇身图像头部极像猪首,具有明显的原始性"[1]。这说明龙的起源还与猪有关,故考古工作者称这一类龙为猪龙。而有冠鸟首形灵物则应与凤的起源有关,鹿首形灵物当为最原始的麒麟。"三种灵物图像都向左侧,绕器一周,颇有宇宙无穷任巡游的宏大气魄,形象地反映出当时人们幻想中的神灵超人的伟力"。[2] 特别是"麟"(麒麟)与龙在云端遨游的图案,已"达到神化境界"[3]。所以,"从画面构图上看,三种灵物在崇拜者的心灵中

图1　内蒙古敖汉旗小山遗址出土的赵宝沟文化尊形器及其上的龙、凤、麒麟图案

---

[1]　中国社会科学院考古研究所内蒙古工作队:《内蒙古敖汉旗小山遗址》,载《考古》1987年第6期。

[2]　中国社会科学院考古研究所内蒙古工作队:《内蒙古敖汉旗小山遗址》,载《考古》1987年第6期。

[3]　苏秉琦:《中华文明的新曙光》,载《东南文化》1988年第5期,又载《华人·龙的传人·中国人——考古寻根记》。

都占有重要地位"[1]。其实,将鹿头麟和凤鸟看作是鹿龙与鸟龙也未尝不可,因为它们也具有与猪龙一样的"蛇身"。也许"龙"是当时辽西地区一个部落的标志,而猪、鹿、鸟则是其下属的三个胞族或氏族的图腾。至于"麒麟"和"凤凰",应是从龙类灵物中分化、发展出来的晚起灵物名称。小山遗址 F2 的绝对年代据 C14 测定并经树轮校正后为公元前 4715 年和前 4850 年[2],即距今 6700 年左右和 6800 年前后。

赵宝沟文化经过千余年的长期发展的历史,辽河西部地区进入到红山文化时期,原在陶器上刻画的猪龙形象也被更加多姿多彩、有更高工艺和艺术水平的玉雕猪龙所替代。红山文化的玉龙可大致分为四式(图 2): Ⅰ 式为肥首大耳,圆睛,眼周有皱纹,吻部前突,并有多道皱纹,口微张,獠牙露,背蜷曲,最大特点是首尾衔接如环,环孔和背上小孔都是对穿而成。Ⅱ 式形体基本同 Ⅰ 式,但头部缩小,体稍细,最大特点是首尾分离,背蜷曲,整体成块状。Ⅲ 式仅一件,为大型龙形玉,出土于内蒙古翁牛特旗三星他拉村,用墨绿色软玉雕成,高 26 厘米,是已有的红山文化玉器中最大的一件,体蜷曲,呈 C 字形;龙首吻部前伸,且略向上弯翘,嘴紧闭;鼻端截平,有对称双圆鼻孔;双眼突起呈菱形,前角圆而起棱,眼尾细长上翘;额及颚底皆刻细密的方格网状纹,网格突起为规正的小菱形;颈脊起长鬃,长 21 厘米,占龙体三分之一以上,弯曲上卷,末端尖锐;龙体横截面略呈椭圆形,直径 2.3～2.9 厘米;龙尾内卷;龙背有对穿的单孔,孔外径 0.95 厘米,内径 0.3 厘米,以绳系孔悬挂,龙的头尾恰好处于同一水平线上。这件大型玉龙,是用一整块玉料经圆雕而成,细部

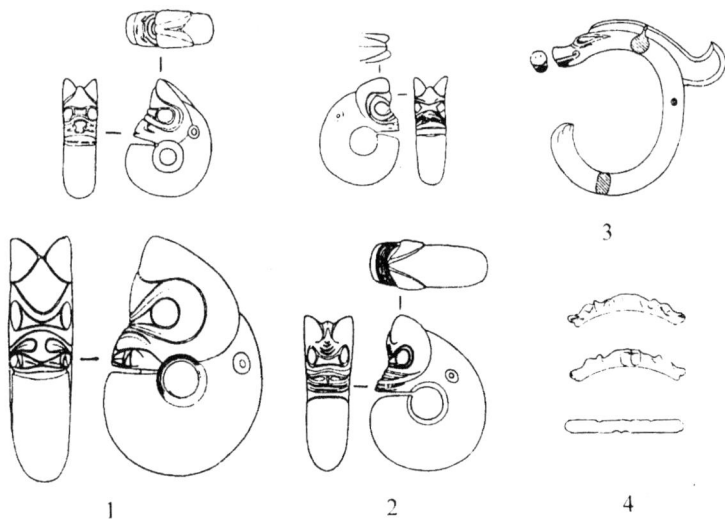

图 2　红山文化的玉猪龙
1. Ⅰ 式　2. Ⅱ 式　3. Ⅲ 式　4. Ⅳ 式

---

[1]　中国社会科学院考古研究所内蒙古工作队:《内蒙古敖汉旗小山遗址》,载《考古》1987 年第 6 期。

[2]　中国社会科学院考古研究所内蒙古工作队:《内蒙古敖汉旗小山遗址》,载《考古》1987 年第 6 期。

则运用浮雕、浅雕手法表现，并经通体琢磨，光洁圆润；龙体伸曲刚劲有力，长鬣高扬，显得极有生气。Ⅳ式是双龙首玉璜，辽宁喀左东山嘴遗址出土，长4.1厘米，双龙首向左右两边前伸，长吻，菱形目；仅在一面雕纹饰，背面光素，横穿一洞孔。除玉龙外，在红山文化遗存中，往往还有鸟、龟、鱼、虎等动物形玉器，它们与玉猪龙一起，形成了成组的文化特色相当鲜明的史前玉质礼器[①]。

此外，在辽宁牛河梁红山文化"女神庙"主室中，与一尊基本接近真人大小的彩色泥塑女神头像及其他相当于正常人体两到三倍的泥塑人体塑件残块，一起出土的还有泥塑动物造像，可辨明被神化了的动物形象有猪龙和禽。猪龙遗留有头、耳、吻及前身、下肢部分，在猪龙前身下部出土了较为完整的蹄爪，猪龙吻做椭圆体，上有两个椭圆鼻子；吻上眼部犹存，睛为泥塑；上下颚间獠牙毕露，门牙亦存。猪龙和禽鸟形体硕大，与女神像一样，是被神化了的偶像，受到人们的虔诚崇祀。而猪龙神的出现，更意味着原始宗教早已超越了自然崇拜的阶段[②]。

龙文化在距今五六千年的红山文化时期的这些重要的考古发现，既可与赵宝沟文化小山遗址出土的尊形器上猪龙图像相接，又可考察这一时期的玉文化在继承的基础上有了革命性的质的发展。"查海遗址是红山文化的根系之一。特征有两条，一是玉和龙，一是之字纹"。[③]前述的查海、兴隆洼等距今七八千年的遗址中，都出土了选用真玉精制的玉器，而这些玉器又绝非是当时的氏族人员人人可以随便拥有的，"正是在这一时代，玉被赋予社会意义，被人格化了"，"社会大分化已经开始"，"龙"也出现在历史舞台上，龙文化终于起步了。而"六七千年前的赵宝沟文化，以小山遗址那件刻有猪龙、凤鸟和以鹿为原形的麒麟图像的完整黑陶尊为代表，充分说明社会分化已经明显。这一地区的其他同时代的原始文化中，如北京上宅、辽宁东沟县后洼也都发现了类似的反映社会分化的一些艺术神器"[④]。但在这两个时代中，龙文化与玉文化还没有结合，龙和龙文化还处在起源和发展的早期阶段。然而到了距今五六千年的红山文化时期，"特别是在它的后期，社会发展上出现飞跃"[⑤]，龙文化与玉文化便紧紧地结合在一起，从而产生出各种各样色彩缤纷的玉猪龙。这些高度概括化、图案化的艺术形象，与商周时代的玉龙已相当接近。尤其是红山文化的"龙及有关成组玉器的出现，象征着当时社会某种等级、权力观念的存在，已具'礼'的雏

---

① 翁牛特旗文化馆：《内蒙古翁牛特旗三星他拉村发现玉龙》；孙守道：《三星他拉红山文化玉龙考》；孙守道、郭大顺：《论辽河流域的原始文明与龙的起源》，均载《文物》1984年第6期。

② 辽宁省文物考古研究所：《辽宁牛河梁红山文化"女神庙"与积石冢群发掘简报》，载《文物》1986年第8期。

③ 苏秉琦：《文明发端　玉龙故乡——谈查海遗址》，载《华人·龙的传人·中国人——考古寻根记》，辽宁大学出版社1994年版。

④ 苏秉琦：《迎接中国考古学的新世纪》，载《东南文化》1993年第1期，又载《华人·龙的传人·中国人——考古寻根记》。

⑤ 苏秉琦：《迎接中国考古学的新世纪》，载《东南文化》1993年第1期，又载《华人·龙的传人·中国人——考古寻根记》。

形"。更重要的是,突出以玉为葬,以玉为祭,既"是红山文化上层建筑的重要组成部分,也是我国距今 5,000 年前后,由石器时代向青铜时代过渡时期各地诸文化遗存的一个共同时代特点。由此反映出氏族成员的等级化和氏族显贵的出现,这是原始氏族公社走向解体、阶级出现的重要标志之一"[①]。因此龙和龙文化的孕育、出现、发展以及与玉文化的结合,意味着中国远古文明的起步、奋进和黎明时刻的到来。就辽河西部地区而言,龙文化发展到红山文化时期,已是非常成熟了。

龙文化的不同发展状况,也反映了辽河西部地区社会经济和生产力的不同发展状况。将红山文化的玉猪龙与赵宝沟文化小山陶尊猪龙图像相比,显然后者长吻和獠牙外露的猪首形象显示了极大的亚洲野猪形状,很可能是一种刚驯养成功不久的原始家猪。家猪的驯养成功,也与栽培谷物的成功一样,应是人类历史上具有划时代意义的重大创新之一,从此人类的肉食来源有了极大的保证,养猪业也成为农业经济中不可或缺的主要副业。古有猪为雷雨之神的传说[②],而农业的丰歉与天象雷雨又确有密切联系,所以在自然崇拜盛行的时代,举行祈天、求雨、祈祷防止洪涝灾害的祭祀活动时,猪就成了沟通人神之间的信使。在查海遗址的发掘中,就"在墓区祭祀坑内发现了较多猪骨,看来当时猪是祭祀活动中的主要祭品之一"[③]。于是猪被神化了,后来猪首便与爬行动物身躯相结合,向着超越现实的龙的形象转化。《周易》所称的"云从龙""飞龙在天",《周礼·考工记》所谓的"水以龙"等,实际上就是对赵宝沟文化小山猪龙图像的最早写照。考古学者指出:"推到像兴隆洼文化那样早的年代,猪的饲养则应以一定的农业发展作为前提,而兴隆洼文化迄今尚未发现农作物的迹象,所出土的生产工具中也没有能够确认是属于农业工具的。""因此,可以认为,兴隆洼文化先民即使已开始经营农业,也不会在经济生活中占多大比重。即是说,所发现的那些动物骨骼,绝大多数可能是被人们猎获的野生动物之遗骸。"这些动物骨骼以鹿科动物占大宗,其他动物比例最高的是猪[④]。那时的龙当以有鳞或鳞状花纹的爬行动物为原形,与猪关系不大,但猪已成为主要祭品。至赵宝沟文化时,考古"所见兽骨的数量都明显少于兴隆洼文化,甚至用动物骨骼为原料的制骨业也不如过去兴盛","说明狩猎活动已大为减少,这与农业的初步发展是相适应的"[⑤]。也应与以驯养原始家猪的成功相当的,可见猪龙的产生正是以原始农业的发展、原始家猪的驯养成功和原始宗教信仰的深化为其深刻的历史背景的。而红山文化玉猪龙的形象则是头部宽短、嘴短鼻翘端平、犬齿退化、腰背长宽平直,明显呈现出家猪的形状。考古发现在红山文化晚期的一些祭祀遗址,都曾出土过猪骨,尤其是喀

---

① 孙守道、郭大顺:《论辽河流域的原始文明与龙的起源》,载《文物》1984 年第 6 期。

② 萧兵:《卜千秋墓猪头神试说》,载《中原文物》1981 年第 3 期。

③ 辛岩:《查海遗址发掘再获重大成果》,载《中国文物报》,1995 年 3 月 19 日第 11 期(总第 425 期)第 1 版;朱乃诚:《新石器时代考古》,载中国考古学会编:《考古学年鉴(1996)》,文物出版社 1998 年版。

④ 白寿彝总主编、苏秉琦主编:《中国通史(二)·远古时代》,上海人民出版社 1994 年版。

⑤ 白寿彝总主编、苏秉琦主编:《中国通史(二)·远古时代》,上海人民出版社 1994 年版。

左东山嘴遗址,猪骨数量很多[1],"当是将饲养之猪用于献祭的例证"[2],而"牛河梁女神庙的位置恰恰选在遥对形状猪首的高山之处,也正反映了人们把建庙这一崇高的行动看作是受到猪神的驱使"[3]。"家猪饲养的进步过程,从一个侧面反映出农业的发展"[4]。这是促使红山文化社会发生飞跃质变的根本原动力,也是促成龙文化与玉文化融合为玉猪龙文化的主要原因。

据上论述,辽河西部地区的龙文化的发展,依据考古学文化的分期,可分为早、中、晚相继的三个阶段:早期——形成期,时在兴隆洼文化,或与兴隆洼文化相当,距今约 8,000 年;中期——发展期,时在赵宝沟文化,距今约 7,000—6,000 年;晚期——成熟期,时在红山文化,距今约 6,000—5,000 年。那么,龙文化为什么会最早发生、发展在辽河西部地区呢?这是因为辽河西部地区古属《禹贡》九州之首的冀州,在史前的新石器时代,这里的社会发展曾居于"九州"的领先地位。这"可能与这一地区的沙质土壤易于开发有关,即《禹贡》上所说冀州'厥土惟白壤'。不论赵宝沟文化还是红山文化,都有一种适应沙壤的大型石犁(或叫石耜),这种桂叶形大石器只能用来开垦疏松的沙壤。开垦黄土不行,开垦南方的红壤更不行。……北方的沙壤易开垦,所以其社会发展较早、较快"[5]。在兴隆洼文化时期,这里的自然植被属温带森林区,至赵宝沟文化和红山文化时,气候温湿[6],这一地理气候植被优势,也为辽河西部地区社会发展提供了良好的客观条件。可见,龙和龙文化能在这里得以孕育、产生并不断发展,绝不是偶然的。

三、距今 6,000 年前后黄河和长江流域的龙文化

在黄河流域中原地区,依据现有的考古资料,史前龙文化的起源似乎要比辽河西部地区晚一步,约在距今 6,000 年左右的仰韶文化早期。

苏秉琦先生曾将上述赵宝沟—红山文化的重要特征——龙(或鳞)纹图案陶器(或玉器),概称为"燕山龙",并指出:"从关中西部起,由渭河入黄河,经汾水通过山西全境,在晋北,向西与内蒙古河套地区连接,向东北经桑干河与冀西北,再向东北与辽西老哈河、大凌河流域连接,形成 Y 字形的文化带,它在中国文化史上曾是一个最活跃的民族大熔炉,又是中国文化总根系中一个重要直根系,我们还能从这一地

---

[1]　郭大顺、张克举:《辽宁省喀左县东山嘴红山文化建筑群址发掘简报》,载《文物》1984 年第 11 期。

[2]　白寿彝总主编、苏秉琦主编:《中国通史(二)·远古时代》,上海人民出版社 1994 年版。

[3]　白寿彝总主编、苏秉琦主编:《中国通史(二)·远古时代》,上海人民出版社 1994 年版。

[4]　白寿彝总主编、苏秉琦主编:《中国通史(二)·远古时代》,上海人民出版社 1994 年版。

[5]　苏秉琦:《迎接中国考古学的新世纪》,载《东南文化》1993 年第 1 期,又载《华人·龙的传人·中国人——考古寻根记》,辽宁大学出版社 1994 年版。

[6]　史培军等:《内蒙古农牧交错地带环境考古研究——内蒙古考古文化分布与自然环境及其演变关系分析》,载《内蒙古文物考古》1993 年第 1、2 期;孔昭宸等:《内蒙古自治区赤峰市距今 8000—2400 年间环境考古学的初步研究》,载《环境考古研究》第 1 辑,科学出版社 1991 年版。

带古文化发展中一系列连贯的'裂变—聚变—裂变'中认识到中国文化发展的辩证法。"特别是"北方的红山文化与中原的仰韶文化在各自第二次演化(聚变或裂变)出的两个支系约当距今五六千年间在冀西北桑干河上游交错相会"。[①] 这样就很有可能促使"燕山龙"在这一地带的西飞南下,造成龙文化的传播和扩散。

鱼龙西游的现象在考古学中确实是有反映的。1998年春夏之际,内蒙古文物考古研究所对清水河县境内黄河与浑河交汇处的岔河口遗址进行抢救性清理发掘,在一条深4米、宽8米、直径为245米的围壕遗址中,发掘出两条巨型的鱼龙形夯土雕像。它们盘卧在数百米长的深沟内,头尾相对,眉眼、鳞甲、躯干、背翅形象生动,堪称我国新石器时代人类的杰作。据分析研究,这两具用黄土夯筑的鱼龙形雕塑,具有神秘的原始宗教特点,在其眼睛部位的圆形深洞内,还发现一具殉葬的人骨,呈跪姿,双手被缚于后背,这是当时人们在完成这项巨大的雕塑工程后,在举行祭祀活动中杀殉的活人,其身份可能是战俘。据初步测算,原始人类至少需用数年的时间,耗费大量人力、物力才能开挖出这条深壕,并就地取材,用黄土塑出这两条巨型鱼龙。这反映了早在距今6,000多年以前的仰韶文化早期,内蒙古中南部黄河两岸的广大地区,已经产生了高度发达的文明,并且出现了对鱼和龙的崇拜,说明这处聚落区在当地具有崇高的地位和广泛的影响[②]。值得注意的是,这两条巨型鱼龙雕像,与前述的辽宁葫芦岛连山区塔山乡杨家洼遗址发现的两条泥塑龙图腾有许多相似之处,只是岔河口鱼龙规模更为宏大,制作更为精巧,所含的宗教涵义也更为深刻而已,当然时代也晚了2,000余年。

巨龙南下的情况在考古学中也有发现。在陕西宝鸡北首岭遗址相当于仰韶文化半坡类型的M52中,出土了一件彩陶壶,在其"腹肩处用黑彩绘画着一只水鸟啄着一条大鱼的尾巴,形象十分生动逼真"[③]。这就是很有名的"鸟鱼相衔纹"或"鸟衔鱼尾纹"(图3)。其实将此图看成是龙凤嬉戏图更合适,因为鱼与龙、鸟与凤互相转化的神话传说早在先秦古籍中比比皆是。更有学者认为,这一彩陶纹饰是"实实在在地表现出氏族间的联盟关系","是真正的龙凤集团的前身"的体现[④]。将这一彩陶纹饰看作龙凤嬉戏图的另一个重要原因是,彩陶鱼纹是仰韶文化半坡类型中最具代表性的纹饰,但多呈纺锤形写实状或其图案化变体,鲜有如北首岭M52:1彩陶壶上那样的鱼纹,可见它绝不是一般的鱼纹,而应该是龙纹。特别应该指出的是,这条"龙",与下文我们要论及的山西陶寺龙山文化遗址出土的那件彩绘蟠龙纹黑陶盘中的"蟠龙",在形态上是十分相似的。至于鸟纹,在半坡类型中却不多见。这件北首

① 苏秉琦:《中华文明的新曙光》,载《东南文化》1988年第5期,又载《华人・龙的传人・中国人——考古寻根记》,辽宁大学出版社1994年版。

② 王大方、吉平:《清水河出土新石器时代巨型鱼龙夯土雕像及大批文物》,载《中国文物报》,1998年8月19日第65期(总第630期)第1版。

③ 中国社会科学院考古研究所编著:《宝鸡北首岭》,文物出版社1983年版。

④ 田兆元:《神话与中国社会》,上海人民出版社1998年版。

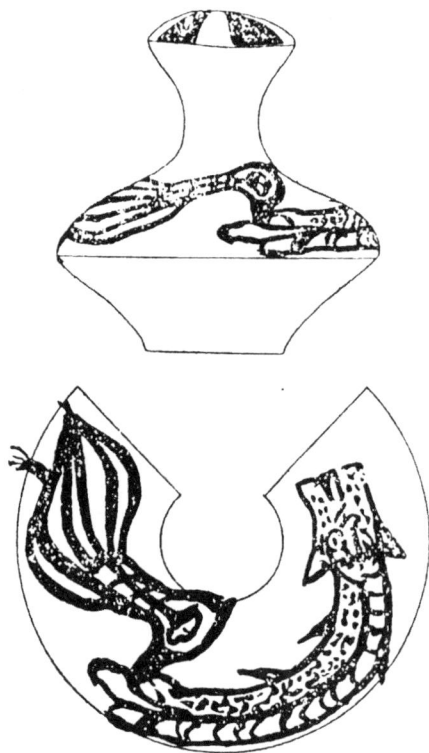

图 3　陕西宝鸡北首岭 M52:1 "鱼鸟相衔纹"彩陶壶

岭 M52：1 彩陶壶上的所谓鸟纹，其头部与半坡遗址出土的鸟头陶塑盖钮相似。这件鸟头陶塑盖钮虽已十分残破，但全身饰以锥刺纹，制作十分精致，推测它也不是一般之鸟，称凤更合适。总之，根据这一比较研究，将北首岭 M52：1 彩陶壶上的彩陶纹饰，解释为龙凤嬉戏，理由很充足。

在黄河流域中原地区，最早的"艺术神器"还有河南濮阳西水坡的龙虎造型蚌壳堆塑，时间相当于仰韶文化后岗类型早期，C14 测定并经树轮校正的年代为距今 6,460±135 年（公元前 4510 年）[①]。这一堆塑共分 3 组，分布在一个平面上，"均位于遗址第四层下，呈南北直线排列，彼此相距 20～25 米，且为仰韶文化后岗类型文化层灰坑和墓葬所叠压或破坏。第一组（原编号 M45）中间为一壮年男性骨架，东侧用蚌壳摆成龙的图形，西侧摆一虎。第二组在第一组南，为一合体龙虎，南头为龙，北头为虎，虎背上有一鹿（？），龙的头部有一蜘蛛，正对龙口的前方摆一圆球。第三组位于第二组南，龙头朝东，背上骑有一人；其北侧有一虎头向西作奔跑状"（图 4）[②]。据

① 濮阳西水坡遗址考古队：《1988 年河南濮阳西水坡遗址发掘简报》，载《考古》1989 年第 12 期；濮阳市文管会等：《河南濮阳西水坡遗址简报》，载《文物》1988 年第 3 期。
② 河南省文物研究所：《近十年河南文物考古工作的新进展》，载《文物考古工作十年（1979—1989）》，文物出版社 1991 年版。

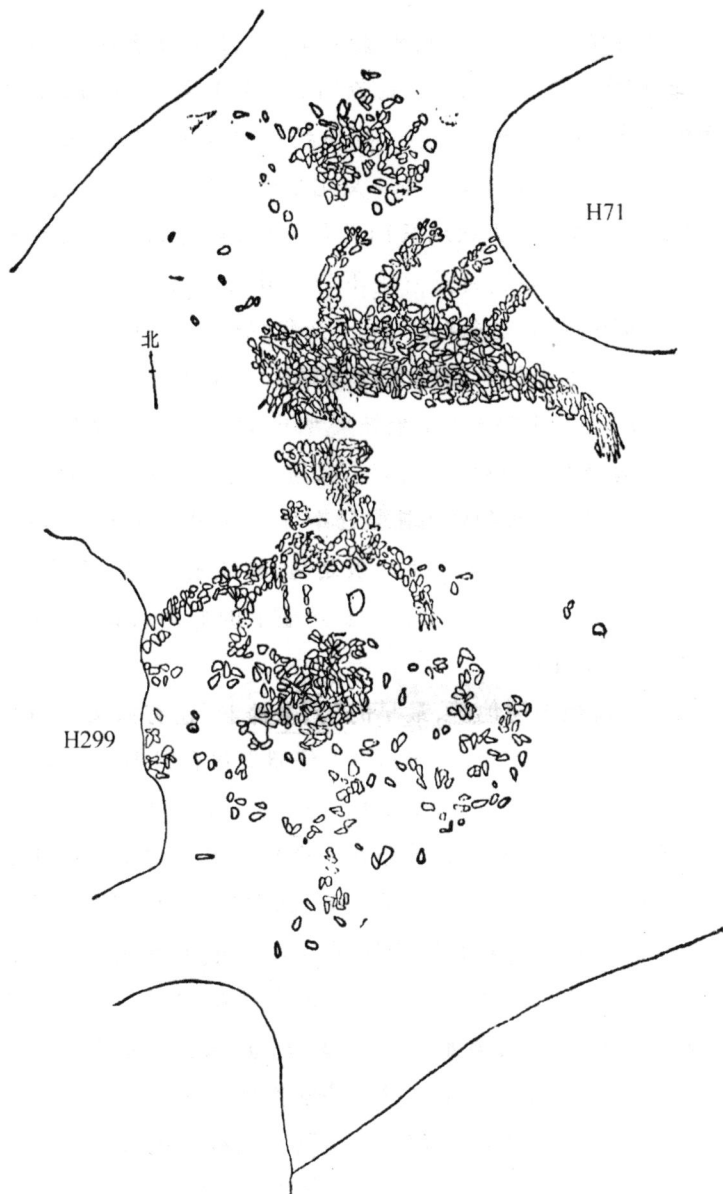

图 4　河南濮阳西水坡第三组龙虎造型蚌壳摆塑平面图

研究,这是一处祭祀遗址,其中第一组龙虎图形所夹的死者,生前身份应是觋[1]。张光直先生认为它们是中国原始道教中"三蹻"的祖形[2]。显然,西水坡蚌壳堆塑的龙虎造型所反映的龙文化的面貌和内涵,与辽河西部地区、内蒙古黄河河套地区及渭河

---

[1] 言朋:《关于濮阳西水坡遗址发掘简报及其有关的两篇文章中若干问题的商榷》,载《华夏考古》1988年第4期。

[2] 张光直:《濮阳三蹻与中国古代美术上的人兽母题》,载《文物》1988年第11期。

流域的龙文化区别极大,而且不仅形象生动,气势更雄伟磅礴,使现代人见之也无不为 6,000 多年前的精湛摆塑工艺和艺术所震惊。龙虎造型堆塑暗示着黄河流域中原地区东部的龙文化,很有可能还有它自己的独特的起源,因此,就全国而言,中华民族的龙文化的起源应是多元的。西水坡龙虎造型蚌壳堆塑构思精巧,思维设计高超,显得十分成熟。这提示我们,随着今后考古工作的不断深入发展,在本地区极有可能会有更早、更原始的龙和龙文化被发现。

在长江流域,龙和龙文化的起源最迟也不晚于距今约 6,000—5,000 年。1993年 6 月底,湖北省文物考古研究所在对南距长江北岸约 25 公里的黄梅县白湖乡张陈村焦墩遗址进行发掘时,在 T1256 探方下层的红烧土上,发现了一条用河卵石摆塑的巨龙图案。河卵石直径大者 5～8 厘米,小者 1 厘米左右。巨龙全长 4.46 米,宽 0.3～0.65 米,头西尾东;昂首直身,长颈曲折弯卷;颈至头顶高约 2.26 米,头上独角上扬,头形为牛头并做冠状;龙口大张,长舌吐出并向上卷至头部;腹下有爪状三足,龙身呈波浪状,尾上卷;龙背上有不规则状三鳍;龙鳞光闪闪,整体塑造生动,威武雄健,如腾云驾雾一般。在龙头前方 60 厘米的红烧土上,也有用河卵石摆塑的图案。在龙背的上方,也发现三堆用河卵石摆成的呈东南向排列的图案,与龙角形成一条直线。有专家初步认定,这与古代天文有关,可能是星座。遗址中还发现有龟、鱼、蛇、羊(鹿?)等河卵石动物摆塑图案。据研究,巨龙所在的地层年代约距今 6,000—5,000 年。这是继辽河流域的各种龙遗存和黄河流域河南濮阳西水坡蚌壳摆塑龙后,龙和龙文化在长江流域的首次发现,故有“长江流域第一龙”的美称[①]。牛头形龙首与辽河西部的猪首龙显然不同,说明长江流域的龙自有其独立的起源,很可能与当地牛的饲养有关。总之,黄梅焦墩石龙的发现,对于研究长江流域龙和龙文化的起源和发展,以及长江流域的原始宗教、原始天文、原始艺术,提供了非常珍贵的实物资料,也说明了在当时的中华大地上,不同地区的人们虽然对某种神圣动物起源的具体形象记录有所不同,但在某种基本相同的思想意识支配下,已产生了归结为形象大体一致的“龙”这种形态,并对这一神灵有了共同的信仰和崇拜。

四、距今 4,000—5,000 年间中华神州大地上的龙文化

从宝鸡北首岭遗址沿着渭河西行,便进入了甘肃东部地区。考古工作者在甘谷西坪采集到一小口平底陶瓶,“陶质系泥质橙黄陶,颈部饰一条凸棱纹,有鲵鱼彩纹”(图 5,1)[②]。这一“鲵鱼彩纹”其实也是一条“龙纹”,特别是其头部充作“人脸”,显然

---

① 陈树祥:《黄梅发现新石器时代卵石摆塑巨龙》,载《中国文物报》,1993 年 8 月 22 日第 33 期(总第 347 期)第 1 版。倪婉:《黄梅县焦墩新石器时代及周代遗址》,载《中国考古学年鉴(1994)》,文物出版社 1997 年版。

② 郎树德、许永杰、水涛:《试论大地湾仰韶晚期遗存》,载《文物》1983 年第 11 期。

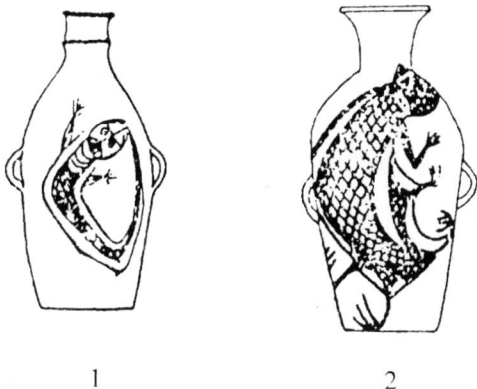

1　　　　　　　　2

图 5　甘肃甘谷西坪和武山傅家门的龙纹平底瓶

表示这是一条神化了的"灵物"。有学者在 20 世纪 80 年代中期甚至认为,"实际上在整个石器时代中",除了"这个陶瓶上的形象外,我们再也找不到与龙更接近的形象了",并将它归入我国新石器时代彩陶纹饰图腾标志中的"精灵型"类型①。根据考古学上的器物形态学研究,这个小口平底瓶当属仰韶文化庙底沟类型晚期②或仰韶文化晚期③,距今约 5,000 年。在与甘谷西坪不远的武山傅家门也发现了一喇叭口平底瓶,上彩绘一有六条爪足的蛇身人首形怪物,当也是"龙"的形象,其年代应与甘谷西坪的小口平底瓶相当④,或稍晚至石岭下类型(图 5,2)⑤。

"距今四五千年间,以晋南襄汾为中心的'陶寺'遗址为代表的一种古文化,人们使用大石磬与鳄鱼皮鼓随葬,反映社会发展到比红山文化更高的阶段。他们使用的具有明显特征的器物群,包括源于仰韶文化小口尖底瓶的斝,到真正鬲出现前的完整序列,源于红山文化的朱绘龙纹陶盘,源于长江下游太湖地区良渚文化的一种'∠'形石推刀,反映他们的文化面貌已具备从燕山以北到长江以南广大地域的综合性质"。⑥就龙文化而言,陶寺遗址出土的朱绘蟠龙纹陶盘确是考古学上很重要的发现。这件陶盘出土于 M3072 墓,敞口,斜折沿,通高 8.8 厘米、口径 37 厘米、底径 15 厘米、沿宽 1.8 厘米;泥质褐陶,或着黑陶衣,盘壁斜收成平底,外壁饰隐浅绳

---

① 朱狄:《原始文化研究》,生活·读书·新知三联书店 1988 年版。

② 张学正、张朋川、郭德勇:《谈马家窑、半山、马厂类型的分期和相互关系》,载《中国考古学会第一次年会议文集(1979)》,文物出版社 1980 年版。

③ 郎树德、许永杰、水涛:《试论大地湾仰韶晚期遗存》,载《文物》1983 年第 11 期。

④ 郎树德、许永杰、水涛:《试论大地湾仰韶晚期遗存》,载《文物》1983 年第 11 期。

⑤ 张学正、张朋川、郭德勇:《谈马家窑、半山、马厂类型的分期和相互关系》,载《中国考古学会第一次年会议文集(1979)》,文物出版社 1980 年版。

⑥ 苏秉琦:《华人·龙的传人·中国人——考古寻根记》,载《中国建设》1987 年第 9 期,又载《华人·龙的传人·中国人——考古寻根记》,辽宁大学出版社 1994 年版。

纹,内壁磨光,以红彩或红、白彩绘出蟠龙图案(图6)[1]。有学者认为,此"龙为方头,圆豆目,巨口,上、下有两排牙齿,舌外伸,既像蛇,又像鳄鱼,是综合这两种动物而成的。这使人联想到帝尧的形象。如《帝尧碑》云:'有神龙首出于常羊,庆都交之,生伊尧,不与凡等,龙颜日角,眉八彩。'彩绘陶龙盘是一种祭器,祭祀的应是陶唐氏之神龙或即帝尧。"[2]夏族崇龙,龙的图形与传说中的夏人关系密切。张长寿先生指出:"晋西南素有'夏墟'之称……现在,在这个地区发现了有鲜明特征的龙山文化陶寺类型遗存,特别是发现了与传说中的夏人有密切关系的龙的图形,这不能不说是探索夏文化的一个重大进展。"[3]陶寺遗址的C14树轮校正年代在距今4,415±130—3,855±95年之间,而"龙山文化陶寺类型正分布于古文献所称'夏墟'的地域内。陶寺遗址C14年代的测定数据表明,陶寺中期,至迟在陶寺晚期,已进入我国历史上的夏代纪年范围。就是说,陶寺类型文化所处的时间与空间,同夏文化是一致的"。所以考古学者综合其社会性质的研究,认为"从陶寺遗址所处的社会发展阶段上看,

图6　山西陶寺遗址 M3072 墓出土的彩绘蟠龙陶盆

---

① 中国社会科学院考古研究院所山西工作队、临汾地区文化局:《1978—1980 年山西襄汾陶寺墓地发掘简报》,载《考古》1983 年第 1 期。

② 田昌五:《先夏文化的探索》,载《文物与考古论集(文物出版社成立三十周年纪念)》,文物出版社 1986 年版。

③ 张长寿:《陶寺遗址的发现和夏文化的探索》,载《文物与考古论集(文物出版社成立三十周年纪念)》。

与夏代开国前后的历史也大体吻合。因而陶寺遗址和龙山文化陶寺类型无可置疑地成为'探索夏文化'的一个重要研究对象"①。苏秉琦先生则更明确地指出："史书记载，夏代以前有尧舜禹，他们的活动中心在晋南一带。'中国'一词的出现也正在此时，所以称舜即位要'之（到）中国'。后人解释：'帝王所都为中，故曰中国'。由此可见，'中国'一词最初指的是'晋南'一块地方，即'帝王所都'。而中原仰韶文化的'花'和北方红山文化的龙，甚至包括江南的古文化相聚于此，这倒很像车辐聚于车毂，而不像光、热等向四周放射。这样，我们讲晋南一带的'中国'一词就把'华、龙'等都包揽到一处了。"②这就把发掘出土有朱绘蟠龙纹陶盘的陶寺遗址的深刻意义，即对研究龙文化源流、龙和华（花）的结合以及"中国"一词的最初含义和内在性质，讲得再明白不过了。

至迟在距今四五千年，龙文化也已普遍出现在长江流域。1998年第四季度，地处长江下游，与山西襄汾陶寺遗址约同时代的安徽省含山县铜闸凌家滩遗址，出土了一件特别引人注意的玉龙。这一玉龙呈鸡骨白色泛绿斑，器身偏平，直径4.2厘米；体姿蜷曲，首尾相连成环形；龙口闭吻短平略突；两眼圆睁，有眼有睛；头上双角清晰；体有背鬃和阴刻的鳞片细线纹；近尾处有穿孔可做悬挂用，悬挂后则是头朝下而背向上的姿态③。其基本形象和辽河西部地区红山文化的玉龙基本相似，但也有不同之处，如辽西玉龙穿孔在头后或背部，悬起时头尾都向下；头无角无耳；有眼无睛；龙口闭吻较长且前突；除三星他拉Ⅲ式玉龙外，一般背不起脊，龙体器身为椭圆形；首尾或不衔接，开口如块，或虽有些微衔接如环，却仍留有缺口等。从总体上看，含山凌家滩玉龙制作更精巧，且龙首已与猪首在形态上不太相似，而与商代妇好墓所出玉龙更接近，然而其源于红山文化，却仍是不争的事实。正如苏秉琦先生所指出的那样，在中华大地上，一系列连贯的"裂变—聚变—裂变，是延伸—扩散—相遇—迸发"，这是认识中国文化的辩证法④，当然也是认识龙文化的起源和发展的辩证法。因此，凌家滩玉龙的出土，"或许表明中华大地远古文明中具有的某些共同因素，也表明后世被视为中华民族象征的神龙，远古时已是先民崇拜的有向心凝聚力的象征物"⑤。除玉龙外，凌家滩遗址还出土了玉人、玉鸟（鹰）、玉龟背与腹甲、玉猪、玉璜、玉双虎璜、玉勺、玉璧、玉管、玉环、玉铲和各种形状的玉片和玉饰。玉器

① 高天麟、张岱海、高炜：《龙山文化陶寺类型的年代与分期》，载《史前研究》1984年第3期。

② 苏秉琦：《华人·龙的传人·中国人——考古寻根记》，载《中国建设》1987年第9期，又载《华人·龙的传人·中国人——考古寻根记》，辽宁大学出版社1994年版。

③ 张敬国、贾庆元、刘峰、朔知：《凌家滩遗址考古发掘获重大成果》，载《中国文物报》，1998年12月9日第96期（总第661期）第1版。

④ 苏秉琦：《中华文明的新曙光》，载《东南文化》1988年第5期，又载《华人·龙的传人·中国人——考古寻根记》。

⑤ 杨泓：《含山玉器留下许多待解之谜》，载《中国文物报·月末鉴赏》，1999年1月31日第1期（总第1期）第1版。

均出自墓葬,而墓地的中心最高处,则是一座面积约 600 平方米的祭坛。可见,玉文化及龙文化总是与祭祀即宗教文化有密切关系。对墓地出土陶片进行热释光检测,其年代约距今 4,500 年左右[①],估计遗址的年代可以早到距今约 5,000 年前后[②]。

在长江中游地区距今 4,400—4,000 年的石家河文化中,也发现有玉龙文化遗存。上海博物馆玉器陈列馆中,就展出了一件 1989 年出土于湖北省天门市石门镇肖家屋脊(基)遗址石家河文化层的玉龙,形状与安徽含山凌家滩遗址出土的玉龙相似。湖北天门石家河罗家柏遗址中,也出土了类似的首尾相接的环形玉龙。湖南澧县孙家岗遗址出土的透雕玉龙佩,长 9.1 厘米、宽 5.1 厘米,龙身蜷曲,双足蜷曲于腹下,显得十分精巧,别具一格。

此外,在东南地区太湖流域距今 5,000—4,000 年的良渚文化礼器中,也发现有龙的形象。1995 年夏秋时节,浙江桐乡市百桃乡普安桥早期良渚文化人工堆筑墓地八号墓(M8)出土了一件龙形玉雕[③]。在浙江余杭反山、瑶山等良渚文化墓葬中,出土了饰有龙首形纹的玉璜、圆形或块形牌饰,特别是在瑶山 M1 中还出土了龙首纹玉镯(图 7)[④]。同时,良渚文化的陶器纹饰,除了几何图案组合外,有研究者认为,还有大量的鱼、鸟、蛇、兽面等动物图案和浅浮雕图案,其中有蛇鸟纹豆、壶、鼎等[⑤]。浙江奉化市大桥镇名山后遗址相当于良渚文化的上文化层,出土一件泥质灰胎黑皮陶豆盘,上细刻着"鸟头蛇身纹",布局严谨讲究,图案内涵深刻[⑥]。这种蛇鸟纹或鸟头蛇身纹,应该也是一种龙的形象。有学者认为,良渚文化的龙与陶寺的朱绘蟠龙纹一样,"可能是从鳄的形象的艺术演化"[⑦]。但是,良渚文化的先民是最崇拜鸟的,玉鸟是良渚文化圆雕动物造型中,最为多见的一种,就是被称为"兽面神徽"的玉器雕琢图像,据研究也"与鸟的关系不同寻常",是"鸟身人面"[⑧]。而"早期的龙有多种,如鹿龙、猪龙和熊龙"[⑨]。因此,良渚文化的龙,最为可能的是"鸟龙",也从一个侧面反映了龙和龙文化起源的多元性。

① 杨泓:《含山玉器留下许多待解之谜》,载《中国文物报·月末鉴赏》,1999 年 1 月 31 日第 1 期(总第 1 期)第 1 版。

② 张敬国、贾庆元、刘峰、朔知:《凌家滩遗址考古发掘获重大成果》,载《中国文物报》,1998 年 12 月 9 日第 96 期(总第 661 期)第 1 版。

③ 方向明:《桐乡市普安桥良渚文化遗址》,载《中国考古学年鉴(1996 年)》,文物出版社 1998 年版。

④ 刘斌:《关于良渚玉器分类与定名的几点认识》,载《文明的曙光——良渚文化》,浙江人民出版社 1996 年版。

⑤ 孙维昌:《良渚文化陶器上的细刻纹饰鉴赏》,载《故宫文物月刊》第 140 期。

⑥ 王海明:《奉化市名山后新石器时代遗址》,载《中国考古学年鉴(1990 年)》,文物出版社 1991 年版。

⑦ 白寿彝总主编、苏秉琦主编:《中国通史(二)·远古时代》,上海人民出版社 1994 年版。

⑧ 王明达:《良渚玉器若干问题的探讨》,载《中国考古学会第七次年会论文集(1989 年)》,文物出版社 1992 年版。

⑨ 苏秉琦:《论西辽河古文化——与赤峰史学工作者的谈话》,载《北方民族文化》1993 年增刊,又载《华人·龙的传人·中国人——考古寻根记》,辽宁大学出版社 1994 年版。

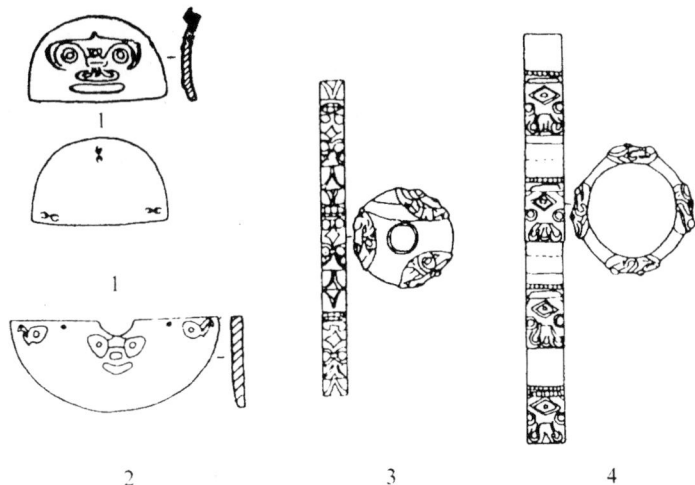

图 7　良渚文化的龙首纹玉器
1. 半圆形冠(额)饰　2. 玉璜　3. 圆形牌饰　4. 龙首纹玉镯

总之,在距今 5,000—4,000 年间,巨龙在中华神州大地上已到处飞舞,龙文化已非常普及,这已为丰富多彩的中国新石器时代考古学所证实。

结　语

闻一多先生曾经指出,龙是中华民族"发祥和文化肇端的象征"。龙的起源同我们民族历史文化的形成和文明时代的肇始紧密相关[①]。因此,不断地用考古学的新发现,持续不断地研究这一重大课题,是非常有意义的。根据迄今为止的考古资料,就中国龙和龙文化在史前的起源和发展而言,笔者拟提出下列粗陋的几点看法:

(一)中国的龙和龙文化的起源时间,就目前的考古资料看,至少可以推到 8,000 年以前。至距今 6,000—5,000 年时,龙文化与玉文化相结合的产物——玉龙的出现,标志着中华龙文化已达到相当成熟的阶段。至距今 5,000—4,000 年时,龙文化在神州大地上已达到非常普及的程度。

(二)中国的龙和龙文化的起源地点,首先应该注意的是辽河西部的广大地区,这是目前考古发现的最重要的地区。这里不仅有目前最早的以陶、石、土为原料构成的各种龙和龙文化遗存,而且从兴隆洼文化起,历经赵宝沟文化,发展到红山文化,龙和龙文化连绵不断,发展脉络清楚,自成独立序列。但是,由于河南濮阳西水坡龙虎造型的蚌壳堆塑的发现及其与原始道教的关系,还有湖北黄梅焦墩石龙呈牛头形龙首的特点,暗示着中华巨龙无论是外形面貌,还是它的最早的文化内涵意识,都应该是多元的。这就是说,随着中国考古学的不断发展,在辽河西部以外的广阔

---

① 孙守道、郭大顺:《论辽河流域的原始文明与龙的起源》,载《文物》1984 年第 6 期。

大地上,也有可能发现与辽河西部地区一样早,甚至更早的龙和龙文化遗址。

　　(三)中国的龙与龙文化的起源和发展,与当时当地生产力发展的形态和水平有着密切的关系。辽河流域西部地区8,000年前的龙和龙文化分别显示了与捕捞及狩猎经济有关。而赵宝沟文化的猪龙反映的虽是农业经济,但驯养原始家猪的成功,说明其农业发展尚处在初级阶段。红山文化的玉猪龙则是农业经济已得到相当发展的展示。安徽含山凌家滩玉龙和良渚文化龙形玉雕、龙首纹玉器以及陶器上的"鸟龙"纹饰,也都与它们所处的经济发展情况相适应。湖北黄梅焦墩石龙的牛头形龙首,说明当时当地的原始饲养业中,牛是非常重要的家畜。

　　(四)世界上每个民族共同体在其形成、发展中都必然会掀起一个"宗教造神运动"。龙是中华民族先民在漫长的远古造神运动中独有的文化现象,所以,中国的龙和龙文化的起源和发展,与中国远古先民宗教意识形态的形成和发展关系相当密切。考古学证实,从8,000年前的兴隆洼文化起,龙就被作为祭祀时的重要礼器。以后的龙,不管是以什么形式出现,都与宗教信仰有着密切关系。而各地对龙的宗教信念,又会随着文化的不断交往而得到不断交流。至距今5,000—4,000年间,龙起源于某一具体生物学科的意识,已显得并不重要。相反,以蛇身为主体的艺术表现形式展示的龙的形象,已成为大河上下、大江南北,中华民族各地先民的一种共同的宗教信仰和民族意识觉醒的共同标记,则已十分明显,从而使龙迸发出一股永不停息的强大的民族凝聚力和向心力。龙成了中华民族各地远古先民共同的最高的神。正因为如此,龙对中华民族的最终形成是建立了不朽的伟大功勋的。

　　(五)由于龙与宗教信仰的不解之缘,所以凡考古发现与龙有关的墓葬或其他遗迹现象,其所涉及的人物,不是当时的祭司、巫觋等原始宗教首领或其他显贵人士,就是被作为祭祀时奉献的人祭、人殉、人牲等的牺牲品。所以,龙的出现,象征着原始的礼的萌发、起步,标志着社会的某种权利和等级观念开始形成,预示着中国远古文明的肇始。也因此,在进入文明社会后,龙不仅成了民族的神,而且成了国家的神,是政权的保护神和象征物,甚至成了帝王的代名词、专利品,龙文化这一民族文化传统被统治者彻底地利用了,因而也被异化、歪曲了。

　　尽管如此,龙在中华民族每个人的心中早已生根,这根系至少可长达8,000年之久,因此这不是能被少数显贵上层所垄断得了的。龙的雄风,龙的威武,龙的神通,龙的无敌,从来就是中华民族能立于世界民族之林并永不言败的伟大象征。每个中国人,不论他生活在世界的哪个角落,也都以自己是"龙的传人"而感到光荣、骄傲。人类社会即将进入千禧年,2000年又恰逢中国农历的龙年,这是一个十分难得的喜兆,预示着21世纪将是一个中华民族龙腾虎跃的新世纪。"复兴中华,强我民族",这就是具有8,000年文化底蕴的中华巨龙的强烈心声!这一心声必将在21世纪化为现实。

　　(本文原载中华炎黄文化研究会组织编写　鲁谆　王才　冯广裕主编:《龙文化与民族精神》,上海人民出版社2000年版)

东南远古文化的发现与文明的历史进程

　　60 年前,当"西洋学者""武断中国文化西来的一元论"①甚嚣尘上之时,一个具有强烈爱国主义信念的中国考古学前辈施昕更先生,以其探索求实的精神,艰苦奋斗的工作作风,终于在浙江省杭县良渚镇附近的棋盘坟等地科学地发现并发掘了一个"江南远古文化"遗存,这就是后来被考古界命名为"良渚文化"的新石器时代末期的遗址。这一具有开拓性的光辉业绩,在"江南考古是开辟了一个新的境地,为一般墨守成规旧式史观的人所梦想不到的"②。因此,既是"对研究江浙古文化上一个贡献"③,也"对于中国文化贡献甚大"④,更是对"中国文化西来说"的邪风瘴气当头棒喝。施昕更先生还在他编著的《良渚》发掘报告中指出:"中国考古,是要多发现遗址,多搜集遗物,个别的或集团的在同一目标之下去工作,我们方可在这个过程中,用严密实证的方法,整理出一个完整的体系来。"⑤这一很有科学见地的观点,为 60 年来、特别是近 20 年来在太湖流域发现的大批石器时代遗址以及对它们的科学发掘和研究成果所证实。

　　确实,"杭县黑陶文化之发见,其关于东南古代文化,极为重大"⑥。由此发端和新中国成立 47 年来的考古工作证明,在太湖流域存在着一支相当久远的,有自己的起源和进展脉络序列都十分清楚的东南远古文化,良渚文化不过是这一文化系统的最后一个阶段的文化而已。1957 年,浙江吴兴邱城的发掘;1960 年,上海青浦崧泽的发掘;1972 年,江苏吴县草鞋山的发掘,都从地层关系及其出土遗物、遗迹,特别是陶器的型式演化轨迹上,确认了良渚文化是由崧泽文化发展而来的。而 1959 年浙江嘉兴马家浜的发掘,20 世纪 70 年代江苏常州圩墩的发掘,及其与邱城、崧泽、草鞋山等发掘材料的比较研究,证明了崧泽文化来源于马家浜文化。特别是 1979 年浙江桐乡罗家角遗址的发掘,更为马家浜文化的渊源找到了直接的科学根据,把位于太湖地区的东南远古文化的起源直推到了 7,000 年前。至此,在这富饶的长江三角

① 施昕更:《良渚》,浙江省教育厅民国二十七年版。
② 施昕更:《良渚》,浙江省教育厅民国二十七年版。
③ 施昕更:《良渚》,浙江省教育厅民国二十七年版。
④ 施昕更:《良渚》,浙江省教育厅民国二十七年版。
⑤ 施昕更:《良渚》,浙江省教育厅民国二十七年版。
⑥ 施昕更:《良渚》,浙江省教育厅民国二十七年版。

洲上确立了以桐乡罗家角第四层早期文化——马家浜文化——崧泽文化——良渚文化为代表的新石器时代东南远古文化的发展序列,一个独具特色的东南远古文化体系被初步确立起来了。而 1985 年对江苏吴县三山岛的发掘,更把太湖地区的人类历史上溯到旧石器时代末期的 10,000 年左右。

可见太湖地区的这一独立的东南远古文化体系,经历了漫长的发展历程,独立地走完了由氏族社会发展到有阶级的社会,并进入到初级的原始文明阶段,为我们探索东南远古文明的历史进程提供了难能可贵的第一手科学资料。借纪念良渚文化发现 60 周年之际,本文拟根据各个文化时期的考古资料,对太湖地区东南远古文化发生、发展的全过程,从各方面做一简要考察分析,以纪念施昕更先生对东南远古文化的发现和开拓的卓越功勋,并就教于学术界前辈同好。

一、东南远古文化的源起——吴县三山岛旧石器时代末期文化

根据目前的考古资料,位于太湖地区的东南远古文化,源起于距今约 10,000 年前属旧石器时代末期的江苏吴县的三山岛遗存[①]。

三山岛位于太湖之中,遗址位于岛西北端的清风岭下。在遗址以外的岛上山地裂隙中,发现了 6 个目 20 个种的哺乳动物化石,其中有虎、鬣狗、犀牛、熊、水牛等大型食肉或食草类动物。从古人类遗址和动物群化石共存的现象分析,三山岛在旧石器时代晚期不会是水中孤岛,而是与陆地相连在一起的。据研究,清风岭下的石料丰富,多燧石、石髓、玛瑙、流纹质火山岩和变质岩等适宜于制作石器的石材,所以这里便成了远古先民专门制作石器的场所。

三山岛的石制品共发现有 5,263 件,其中石器有 225 件。主要采用锤击法、少量用砸击法打片。以石片石器为主,尤以刮削器的数量和种类最多。这些都与我国旧石器时代的传统文化相一致。但三山岛的旧石器也有它自己的个性和特点,如打片前不采用台面修整技术;石器修整采用向破裂面、向背面和错向加工并举的技术;石器类型中有锥、钻等形制独特的器物等,使这一文化具有鲜明的地方特色。直接使用石片而不另加工成石器的现象普遍存在,也是这一文化的一大特色。北方地区旧石器时代晚期遗存中广泛分布的细石器工艺,在三山岛不见踪影。

由于长江三角洲和太湖流域独特的地理地貌,以及与此相适应的生态环境,使三山岛的远古人类的经济生活迥异于同时代的中国其他地区旧石器时代晚期文化。三山岛的旧石器个体细小,就是砍砸器的重量也很轻,从刃缘痕迹特点看,似应作为敲砸工具,起锤子的作用,而不适于砍斫树木、肢解动物尸体和挖掘块根。凹刃刮削器是适宜于加工木质和骨质的小型工具,个别标本刃口半径为 8 毫米,是加工鱼叉和鱼钩的理想工具。制作精致的尖状器只能起到剔挖和穿刺的作用,而不似杀伤力很强的打猎工具。锥、钻说明当时可能普遍用兽皮制作衣服和加工制作包括装饰品

---

① 　陈淳:《太湖地区远古文化探源》,载《上海大学学报》(社会科学版)1987 年第 3 期。本节资料均取于此文。

在内的穿孔用具。所以从石器组合情况分析,三山岛旧石器时代末期文化所反映的是一种以渔猎为主的经济形态,而且又以渔捞为主,狩猎为辅。因为它缺乏石球、箭镞、投射尖状器(标枪头)等杀伤力较大的武器。这一生产方式应与太湖地区所处的地理环境有关,同时还直接影响到下面要论及的桐乡罗家角早期文化和马家浜文化,因为渔猎经济在这两个文化中仍占有相当大的比重。

三山岛旧石器时代末期文化遗址的发现,把太湖流域东南远古文化的源起无可争辩地推到了 10,000 年以前。虽然它与属新石器时代早期偏晚的桐乡罗家角早期文化相隔 3,000 余年,两者间的文化传承关系还无法解释,但这个发现又无疑是非常重要的。它至少可以说明,自更新世末期开始,太湖流域就是古人类活动的一个重要地区。处于母系氏族早期的三山岛远古先民揭开了东南远古文化的序幕,太湖地区文明的历史进程就这样开始了。

二、东南远古文化的新崛起——桐乡罗家角早期文化

距今约 7,000 年左右,东南远古文化以一个崭新的面貌重新崛起在太湖之滨,这就是浙江桐乡罗家角遗址第四文化层的发现,这是迄今为止太湖流域最早的新石器时代遗存,与钱塘江以南的河姆渡文化时代相当,并在文化上互有影响。也与北方地区的老官台—李家村文化、磁山—裴李岗文化、北辛文化等年代相当,属新石器时代早期偏晚阶段,本文暂且称之为桐乡罗家角早期文化。据比较研究,浙江嘉兴马家浜遗址下层也应归属于罗家角早期文化。

考古发掘证明,农业已成为罗家角早期文化的主要经济形态,水稻是当时农业的主要栽培作物。罗家角遗址第四文化层中出土的稻谷,不仅是太湖地区,而且是我国目前所知的最早的栽培稻遗存之一。经农学专家鉴定,主要是籼稻,但也有一定数量的粳稻[1],这是目前我国发现的最早粳稻。一般说来,粳稻比籼稻更难栽培,故粳稻的发现说明罗家角早期文化的先民,不仅已将稻谷生产作为当时农业的主要部门,而且在栽培稻的种植上已取得了突破性的重大进步。

家畜饲养业是罗家角早期文化中另一重要的生产部门。猪是主要的家畜,这不仅有较多的家猪骨骼出土作证,而且在罗家角遗址 T129 ④中还出土了一件体态肥胖、腿短体长酷似现代家猪的陶猪作旁证[2]。水牛也是主要的家畜,在罗家角第四层和马家浜下层都有其骨骼出土,但当时养牛的目的是为了吃肉,而不是作为役畜耕地,这是从统计水牛死亡年龄率后得出的科学结论[3]。此外,狗也是饲养的家畜。

当然,采集和渔猎在当时仍占有相当的地位。罗家角遗址中,鹿科动物和鱼类

---

① 罗家角考古队:《桐乡县罗家角遗址发掘报告》,载《浙江省文物考古所学刊》,文物出版社 1981 年版。

② 罗家角考古队:《桐乡县罗家角遗址发掘报告》,载《浙江省文物考古所学刊》,文物出版社 1981 年版。

③ 张明华:《罗家角遗址的动物群》,载《浙江省文物考古所学刊》,文物出版社 1981 年版。

的遗骨出土数量特别多①；马家浜遗址"出土兽骨极多"，"下文化层出土的又比上文化层多。在 T1、2 的 50 平方米中，约有兽骨 1,000 公斤左右，特别是在下层的底部，其厚约 20～30 厘米全为兽骨堆积"。其中尤以鹿骨为最多②。所以，包括梅花鹿、四不像、獐、麝等在内的鹿科动物和包括鲤、鳢、青、鲫在内的鱼类及水龟、鳖科类和蚌类是当时人们主要的渔猎对象。在马家浜 T2 下文化层还发现了一只炭化的圆角菱，它与现在嘉兴南湖菱相仿。在 T3 下文化层也发现了一些植物种子③。说明采集也是当时的一种经济活动。

　　在原始手工业方面，罗家角早期文化的石器种类虽然比较简单，有斧、锛、刀、臼、砺石等，但大多磨制光滑，器形已趋定型化。骨角器数量虽然不如河姆渡文化多，但器形种类丰富，有镞、锥、凿、针、匕、管、器柄、勾勒器、坠饰等。陶器则以夹砂、夹蚌末陶为主，也有少量夹炭陶；均为手制。罗家角第四层的陶器颜色以灰红色为最多，达 49.65%；其次为黑灰色，占 36.47%；红色陶只占 13.65%；还有 0.24% 的灰白色陶。烧成温度在 800℃～850℃④。其中有一些陶片，特别是夹炭灰黑陶，质地坚硬，强度和硬度甚至超过了现代机制砖瓦，估计烧成温度在 850℃～900℃之间⑤。说明罗家角早期文化的陶器烧造技术是比较进步的。而精美的白陶更"可作为罗家角遗址制陶工艺最高水平的代表作"。⑥尤其是这种白陶所含氧化镁量高达 15%～20% 左右⑦。与古玉中氧化镁含量较高的矿物组成结构相类似，所以选择这种陶土制陶，也就有可能成为太湖流域原始先民辨识选用玉矿材的一种手段，这就具有了超出制陶工艺本身的巨大意义了。罗家角早期文化的陶器器类比河姆渡文化丰富，典型的有腰沿釜、盉、罐、盆、盘、钵、豆、纺轮、陶猪等。以素面为主，有少量绳纹、篮纹、附加堆纹、斜格网纹、斜线网纹、弧线纹、米点纹、三叶纹、波浪纹等纹饰，也有红衣陶。

　　在罗家角第四文化层中还发现了不少椭圆形、圆形、长方形、不规则形的灰坑，出有完整的或可修复的陶器，有的还包含有特别丰富的鱼骨，特别是一些灰坑上面压有多层次灰、黑相间的夹心层，应与原来的草顶建筑有关⑧。因此这类灰坑应是当时人们居住的半地穴式的草棚之类的建筑物。马家浜下层建筑遗迹也为椭圆形凹坑，坑中有木柱五根。看来罗家角早期文化的建筑似乎比起河姆渡文化的干栏式木构房屋要简陋得多。

①　张明华：《罗家角遗址的动物群》，载《浙江省文物考古所学刊》，文物出版社 1981 年版。
②　浙江省文物管理委员会：《浙江嘉兴马家浜新石器时代遗址的发掘》，载《考古》1961 年第 7 期。
③　浙江省文物管理委员会：《浙江嘉兴马家浜新石器时代遗址的发掘》，载《考古》1961 年第 7 期。
④　罗家角考古队：《桐乡县罗家角遗址发掘报告》，载《浙江省文物考古所学刊》，文物出版社 1981 年版。
⑤　张福康：《罗家角陶片的初步研究》，载《浙江省文物考古所学刊》，文物出版社 1981 年版。
⑥　罗家角考古队：《桐乡县罗家角遗址发掘报告》，载《浙江省文物考古所学刊》，文物出版社 1981 年版。
⑦　张福康：《罗家角陶片的初步研究》，载《浙江省文物考古所学刊》，文物出版社 1981 年版。
⑧　罗家角考古队：《桐乡县罗家角遗址发掘报告》，载《浙江省文物考古所学刊》，文物出版社 1981 年版。

罗家角早期文化没有发现墓葬材料,故供直接了解当时氏族制度的资料十分匮乏。但根据社会发展总的规律及同时代的、特别是相邻的河姆渡文化等考古学资料,我们可以推定,罗家角早期文化时期正处在母系氏族社会的发展阶段,并正在向繁荣的顶峰推进。

罗家角早期文化中所包含的不少先进成分,告诉我们这 7,000 年前后的稻作文化遗存,绝不是太湖地区最早的新石器时代文化,因此它也启示我们去寻找和探索早于罗家角早期文化、晚于吴县三山岛旧石器时代末期文化的古老遗存。相信在考古工作者的辛勤劳动下,这个东南远古文化发展中的缺环迟早会被解决。

三、母系氏族繁荣鼎盛期的东南远古文化——马家浜文化

在距今 6,700—6,000 年期间,太湖地区的东南远古文化发展到马家浜文化时期。马家浜文化是罗家角早期文化的继续和发展。属于这一阶段的遗存太湖流域发现较多,重要的有浙江嘉兴马家浜上层,桐乡罗家角第三至第一文化层,吴兴邱城下层;上海青浦崧泽下层,福泉山下层,金山查山下层;江苏吴县草鞋山第十、九层,常州圩墩、吴江梅堰、苏州越城和武进潘家塘等遗址的下层,尤其是马家浜、罗家角、草鞋山、圩墩四个遗址,无论在地层叠压关系上还是在出土的遗物、遗迹方面,都非常典型。

马家浜文化的经济仍以水田稻作农业为主,在草鞋山、崧泽和罗家角等遗址的马家浜文化层中都发现了属粳稻或籼稻的稻谷、米粒、稻草茎叶等堆积。草鞋山还出土了加工稻谷的工具陶杵。在罗家角第二、三层出土有用偶蹄类动物肩胛骨制作的骨耜四件,应是当时主要的用于水田生产的翻土工具[1],也说明其农业尚处于耜耕农业阶段。罗家角 T101 中还发现了两件"拖泥板"状的木器,"其形状与现代水田中装运河泥、肥料或秧苗的'拖泥板'相近。其用法是一端拴上绳子,可在沼泽地上拖曳运物",[2]当为水田生产中的一种工具。更令人兴奋的是,据《中国文物报》1995 年 6 月 18 日第 24 期报道,中日两国的考古学家和农学家在草鞋山遗址首次发现了马家浜文化时期人为加工的水稻田遗迹,这更是马家浜文化时期稻作农业研究的一次突破性进展。

在稻作农业继续发展的同时,马家浜文化的家畜饲养业也仍然以养殖猪、水牛、狗等为主,除了有关的马家浜文化层中出有此类家畜的骨骼外,在邱城下层出土一只头小体肥、呈现家猪形态的陶猪[3];圩墩个别女性中还以猪、狗的颚骨陪葬。当然,采集和渔猎也依然作为当时重要的辅助性产业而存在着。石质、骨质甚至是木质的箭镞之多和野生动物骨骼之多,是马家浜文化的特点之一。草鞋山第十层中的动物

① 罗家角考古队:《桐乡县罗家角遗址发掘报告》,载《浙江省文物考古所学刊》,文物出版社 1981 年版。
② 罗家角考古队:《桐乡县罗家角遗址发掘报告》,载《浙江省文物考古所学刊》,文物出版社 1981 年版。
③ 梅福根:《浙江吴兴邱城遗址发掘简介》,载《考古》1959 年第 9 期。

遗骨,最多的是梅花鹿、四不像、野猪、牙麖[①],其他遗址出土的兽骨也基本上大同小异。骨渔标、陶网坠以及龟甲、鱼骨、蟹壳、螺蛳壳、河蚌壳及蛤蜊壳等的出土,说明渔捞在当时的经济生产中占有一定地位。崧泽下层出土了桃核、杏梅核[②],草鞋山第十层"H15中发现了水生植物菱的茎部和果实,果实比现在的圆角菱略小"[③]。可见采集也是补充食物的一个来源。

总之,马家浜文化所呈现的是一种以水田稻作农业为主,兼有饲养、狩猎、渔捞和采集等的综合经济。

在石器制作方面,马家浜文化的石器磨制较好。在其早期就已经出现了穿孔石斧和通体磨光的石器。在罗家角第三层,就出土有对钻孔的石斧,在第一层还出土一件石心,应是从穿孔石斧上用管钻法钻下来的[④]。石器类型主要以斧、锛、凿等手工工具为主,兼有刀、纺轮、弹丸、砺石等,农业工具在石器中尚不太清楚。发达的狩猎业也带来了骨角器制作的兴旺。吴江梅堰遗址兽骨分布密集,其中很多留有砸击、锯削的痕迹,应是作为骨料加工所致,而骨器中则以骨镖和鱼形刻纹骨匕为最精美[⑤]。

陶器仍用手制,但已初步分化为夹砂陶和泥质陶两大陶系。陶色以不太纯的红陶为主,包括夹砂红陶、夹蚌末红陶和泥质红陶。泥质红陶最富特点之处是器壁外红内黑或表红胎黑。盛行在器壁外施红陶衣。器形有釜、鼎、豆、罐、盉、盆、钵、炉等。釜多腰沿釜,是罗家角早期文化的孑遗。鼎是新出现的器类,是从釜发展而来,故称釜形鼎;此外还有体形鼎。在口部或腹部饰有牛鼻式双耳的罐,是马家浜文化的典型陶器。在邱城下层还出土有两个袋足夹带一实支足的异形鬹[⑥],这是中国目前发现的最早的袋足陶器。马家浜文化的陶器仍以素面为主,有一些镂孔、刻画纹、弦纹和附加堆纹。在草鞋山马家浜文化层中还出土了一片彩陶[⑦]。

最能代表马家浜文化原始手工业水平的当属三块已炭化了的纺织物残片,出于草鞋山第十层,这是中国目前出土最早的纺织品实物,经鉴定:"认为纤维原料可能是野生葛,织物为纬起花的罗纹织物,织物的密度是,经密每厘米约10根,纬密每厘米罗纹部26～28根,地部13～14根,花纹为山形斜纹和菱形斜纹,织物组织结构是绞纱罗纹,嵌入绕环斜纹,还有罗纹组织。"[⑧]显然,这种织物已不同于普通的平纹粗麻,说明它的织造工艺水平是较高的。

---

① 南京博物院:《江苏吴县草鞋山遗址》,载《文物资料丛刊》(3),文物出版社1980年版。

② 上海市文物保管委员会:《上海市青浦县崧泽遗址的试掘》,载《考古学报》1962年第2期。

③ 南京博物院:《江苏吴县草鞋山遗址》,载《文物资料丛刊》(3),文物出版社1980年版。

④ 罗家角考古队:《桐乡县罗家角遗址发掘报告》,载《浙江省文物考古所学刊》,文物出版社1981年版。

⑤ 江苏省文物工作队:《江苏吴江梅堰新石器时代遗址》,载《考古》1963年第6期。

⑥ 梅福根:《浙江吴兴邱城遗址发掘简介》,载《考古》1959年第9期。

⑦ 罗家角考古队:《桐乡县罗家角遗址发掘报告》,载《浙江省文物考古所学刊》,文物出版社1981年版。

⑧ 罗家角考古队:《桐乡县罗家角遗址发掘报告》,载《浙江省文物考古所学刊》,文物出版社1981年版。

　　玉器的普遍使用是太湖地区东南远古文化中最具代表性的鲜明特点,而玉器手工业的起步正源于马家浜文化。罗家角遗址马家浜文化层出土过玉管、玉坠饰[①];草鞋山第九、八文化层中八座墓葬出土的玉饰品最多的是玉玦,也有玉环和玉镯[②];马家浜上层 M21 和 M9 也各出玉玦一件[③];崧泽下层也出有玉玦[④];圩墩遗址的马家浜文化墓葬中出土玉器也以玦为主,另有玉管珠[⑤]。这些早期玉器,个体较小,呈圆形或圆弧形,素面无纹,多以贯穿方式做装饰品佩戴。但中国古玉地质考古学研究证明,马家浜文化玉器全属假玉[⑥],如送检的草鞋山出土的 4 件玉玦,鉴定结果 3 件为石英,其中 1 件属纤维石英,这"在我国尚未曾见有报道,而我们的祖先却在 6,000 年前的马家浜文化时即已实际应用它了"。另 1 件为迪开石[⑦]。

　　马家浜文化的房屋建筑大有进步。在马家浜、邱城、梅堰、草鞋山、圩墩等遗址的马家浜文化层中,都发现了当时的长方形、门朝东的居住建筑遗迹。其在建筑上的一大特点是在柱洞的底部垫一块或两块木板作为柱础,"这种营建方法,应该是与杭嘉湖的沼泽地带土质松软有关系"。[⑧] 马家浜上层房屋的柱洞中有两个尚存有残木柱,说明当时盛行采用榫卯技术的木架结构,在圩墩遗址也确实发现了一条有 7 个榫眼的木梁[⑨],以及开孔木片、木块等[⑩],在罗家角第三层更发现了一批建筑木构件,有转角柱、带木梢钉孔的木榫头、带企口的木构件、带凸榫的柱头、栏干横梁等[⑪],但没有发现如在河姆渡文化中出土的桩木,说明当时盛行地面建筑。而房屋的墙壁则是以编扎的芦苇涂泥筑成,还用芦苇、芦席、竹席和草束盖顶[⑫]。居住面用碎陶片、小砾石、砂粒、螺蛳壳或蛤蜊壳的碎末掺以黏土筑成,再在上面铺垫泥沙,经过夯实、火烤而成,既十分坚硬平整,又有很好的防潮性能。邱城发现的房屋正室外还有排水沟设施[⑬]。在崧泽的马家浜文化层中还发现了供当时人们室外活动需要而有目的地用陶片或红烧土小块碎片末铺垫的场地,这种场地基本平整,倾斜度不超过 3°,具有明显的居址性质[⑭]。可见在建筑技术上,马家浜文化比起罗家角早期

①　罗家角考古队:《桐乡县罗家角遗址发掘报告》,载《浙江省文物考古所学刊》,文物出版社 1981 年版。
②　南京博物院:《江苏吴县草鞋山遗址》,载《文物资料丛刊》(3),文物出版社 1980 年版。
③　浙江省文物管理委员会:《浙江嘉兴马家浜新石器时代遗址的发掘》,载《考古》1961 年第 7 期。
④　黄宣佩、张明华:《青浦县崧泽遗址第二次发掘》,载《考古学报》1980 年第 1 期。
⑤　常州市博物馆:《常州圩墩新石器时代遗址第三次发掘简报》,载《史前研究》1984 年第 2 期。
⑥　闻广、荆志淳:《福泉山与崧泽玉器地质考古学研究》,载《考古》1993 年第 3 期。
⑦　闻广:《苏南新石器时代玉器的考古地质学研究》,载《文物》1986 年第 10 期。
⑧　浙江省文物管理委员会:《浙江嘉兴马家浜新石器时代遗址的发掘》,载《考古》1961 年第 7 期。
⑨　吴苏:《圩墩新石器时代遗址发掘简报》,载《考古》1978 年第 4 期。
⑩　常州市博物馆:《常州圩墩新石器时代遗址第三次发掘简报》,载《史前研究》1984 年第 2 期。
⑪　罗家角考古队:《桐乡县罗家角遗址发掘报告》,载《浙江省文物考古所学刊》,文物出版社 1981 年版。
⑫　南京博物院:《江苏吴县草鞋山遗址》,载《文物资料丛刊》(3),文物出版社 1980 年版。
⑬　梅福根:《浙江吴兴邱城遗址发掘简介》,载《考古》1959 年第 9 期。
⑭　上海市文物管理委员会:《1987 年上海青浦崧泽遗址的发掘》,载《考古》1992 年第 3 期。

文化似乎有了很大的提高和进步。

　　值得一提的是1987年上海崧泽遗址再次发掘时,在马家浜文化层新发现了太湖地区最早的两口水井,井壁未做任何加固,一为较早的大口小底长斗形水井,一为较晚的直筒腹形水井,后者虽然比前者进步,并将我国直筒腹形水井源起的年代大大提前,也说明太湖地区水井的挖掘在马家浜文化时期就已取得了一定的进步①。这两口水井连同河姆渡第二文化层发现的一口水井,被誉为中国最早的水井②。

　　马家浜文化的墓葬材料比较丰富,在马家浜、草鞋山、圩墩、越城等地总共清理了两百余座,这为我们探讨当时的社会性质提供了十分有利的条件。这些材料显示当时都有氏族公共墓地,墓地埋葬的人骨密集,除马家浜墓地有极少数墓有木板构成的长方形葬具遗迹外,一般不见墓圹和葬具,即采用在较低凹的地面上用土就地掩埋。普遍盛行单人俯身直肢葬,头向绝大多数向北。在江苏圩墩和草鞋山,有的墓用陶钵扣在头部或将头部置放在陶器之中。此外还有如下特点:(1)随葬品都较简陋贫乏,而且相互间无很大差别,甚至还有一小部分墓没有随葬品。随葬品又以日常生活用品而且主要是陶器为主,生产工具很少。反映了当时社会人与人之间地位比较平等,不存在贫富差别,也没有私有观念,特别是不将生产工具随便埋进死者墓里,说明生产资料属氏族公有,将留归氏族继续供后人使用。(2)存在有同性合葬墓,圩墩M7是两个女性合葬墓③,T78M28、29是两个男性叠压合葬墓,T78M43、44是两个女性叠压合葬墓④,草鞋山有3座女性合葬墓,两座男性合葬墓⑤。合葬者的年龄相近。这只能是在母系氏族社会里才有的埋葬习俗。(3)极少数的成年女性墓随葬品较为丰富,如圩墩72M1和草鞋山M38,都是墓地中随葬品最多的成年女性,可见妇女,特别是少数生前有作为的妇女,社会地位较高,较受氏族人员尊敬。总之,马家浜文化是一种正处在母系氏族繁荣鼎盛时期的新石器时代文化,应是毫无疑义的。

四、从母系向父系过渡时期的东南远古文化——崧泽文化

　　在距今约6,000—5,000年期间,太湖地区的东南远古文化开始缓慢地进入一个从量变到质变的历史转折期,即从母系氏族向父系氏族过渡,考古学上称之为崧泽文化。属于这阶段的遗存有崧泽中层,草鞋山的第七、六两层,吴县张陵山下层,常州圩墩上层,武进潘家塘上层,寺墩下层,吴兴邱城中层(墓地)等,以崧泽、草鞋山最为典型。

————————

①　上海市文物管理委员会:《1987年上海青浦崧泽遗址的发掘》,载《考古》1992年第3期。

②　朱习理主编:《崧泽文化》,上海人民出版社1992年版。

③　吴苏:《圩墩新石器时代遗址发掘简报》,载《考古》1978年第4期。

④　常州市博物馆:《常州圩墩新石器时代遗址第三次发掘简报》,载《史前研究》1984年第2期。

⑤　南京博物院:《江苏吴县草鞋山遗址》,载《文物资料丛刊》(3),文物出版社1980年版。

从考古资料看,经济的继续发展是促使东南远古文化从母系向父系转变的根本动力。虽然崧泽文化的经济仍然是以水田稻作农业为主,兼及家畜饲养和狩猎渔捞相结合的综合经济,但水平要比马家浜文化高。这首先可以从石器制造中得到证明,这就是石器数量的增多、质量的提高和种类的增加。特别是穿孔石斧的数量和质量都超过了马家浜文化。在崧泽中层还发现过石器制作场所。种类增加主要是指新出现了不少明确为农业生产工具的石器,主要有平刃石铲、双孔石刀和三角形犁头。特别是三角形石犁头,虽仅在邱城 M14[①] 和松江汤庙村 M1 各出土一件 [②],但表明了太湖地区原始的水田稻作农业已经开始了从锄耕农业向犁耕农业的过渡,因此具有划时代的重大意义。明确的农业石器工具的出现,以及器形的进步性质,既显示了崧泽文化的农业生产已达到了一定的发达程度,当然也表明了其石器制造技术的进一步提高。

崧泽文化的制陶技术比起马家浜文化来也有了较大的提高。首先在制法上,正处在从手制向轮制过渡的阶段,即已普遍使用了慢轮修整技术,所以陶胎厚薄较均匀,器形规整美观。其次是羼和料已不用粗砂和大量石屑末,夹砂陶普遍羼有草屑、谷壳和少量蚌末。再次,陶器色调比较一致,灰、黑陶数量增多,特别是质地细腻、火候较高的泥质灰陶,在马家浜文化中很少见到,但在崧泽文化中却跃居到主要地位,说明烧制技术也正在从氧化焰向还原焰转化,已经进入一个新的发展阶段。第四,陶器造型丰富多彩,圈足器特别多,三足器也不少,也有一定数量的平底器,但圜底器明显减少。器壁上折棱或突棱相当普遍,有的壶、罐的外壁因连续折壁而呈瓦楞状。嘴、盖、角状的把手等陶器附件也较为常见。器形有鼎、釜、瓶、豆、杯、碗、匜、盒、勺、罐、壶等,其中甗、杯、匜、勺等都是新出现的器形。甗有两种,一为釜与甑箅相结合的釜形甗,另一是鼎与甑组合而成的鼎形甗,说明崧泽文化的先民已能享用蒸煮食物了。带有切割而成的花瓣形足的杯是崧泽文化中最典型的陶器之一,而觚形杯则可能是受大汶口文化的影响所致。豆虽源于罗家角早期文化,是太湖地区东南文化的传统陶器,但崧泽文化豆的形制真可谓绚丽缤纷,就豆把而言,既有细高把的,也有粗短把的,既有束腰的,也有在表面似乎见不到豆把的假腹豆;豆盘也有盘形的,碗形的,敛口的,敞口的,折腹的等。形似鱼篓的壶也是崧泽文化中最具特色的一种陶器。所以崧泽文化的陶器,既是实用的生活器皿,又是精美的工艺品。第五,崧泽文化的陶器纹饰琳琅满目,“压印纹组成的图案朴实美观,镂空纹饰玲珑剔透,施用淡黄、红褐等鲜艳的彩纹”。[③]刻画纹和彩绘非常发达,也有弦纹和附加堆纹,有时将几种纹饰结合在一起使用在一个陶器上。在草鞋山还出土过几片红陶白衣

①　梅福根:《浙江吴兴邱城遗址发掘简介》,载《考古》1959 年第 9 期。

②　黄宣佩、孙维昌:《上海市松江县汤庙村古遗址调查》,载《考古》1963 年第 1 期;黄宣佩、张明华:《上海地区古文化遗址综述》,载《上海博物馆集刊(1982 年)·建馆三十周年特辑》,上海古籍出版社 1983 年版。

③　黄宣佩、张明华:《青浦县崧泽遗址第二次发掘》,载《考古学报》1980 年第 1 期。

黑彩、绘有圆点加弧遗三角形的彩陶片。

崧泽文化的玉器,玦已少见,璜、环则盛行,玲也开始出现。中国古玉地质考古学研究测试证明,崧泽文化用玉特征是真玉居多而杂有假玉[①]。可见真玉的使用是始于崧泽文化。

崧泽文化的水井在上海松江汤庙村、江苏吴县澄湖等遗址都有发现,都为直筒形,汤庙村水井井壁上留有横、直印痕,可证土井是用编织物和竹箍围撑构筑的[②],比起马家浜文化的水井是更为进步了。

最能体现崧泽文化从母系向父系过渡性质的是墓葬材料。根据草鞋山和崧泽的墓葬地层和出土随葬品的器物类型学的比较研究,崧泽文化墓葬从早到晚至少可分为五期:

第一期:以草鞋山第七层出土的六座为代表。这六座头向北,略偏西,这与马家浜文化墓葬头向基本一致,其中一座为俯身葬,也是继承了马家浜文化的传统,但其余五座墓中至少有三座可确定为仰身葬,说明葬俗已经开始发生明显变化。六座墓的随葬品都不太多,总共只15件,其中14件是陶器,陶质和器形都具有崧泽文化的特点,发掘简报指出,这六座墓应处在马家浜文化到崧泽文化的过渡阶段[③],因此,也可以看作是崧泽文化中最早的墓葬。

第二期:以崧泽中层第一期墓葬为代表。这些墓葬位于崧泽中层最下面的灰黑土中,葬式均为仰身直肢,头向多为北偏西,随葬品普遍较少,一般仅1～3件,有的甚至无随葬品,仅M21有随葬品17件。陶器中弧腹圈底釜、球形腹扁圆底壶、敞口折腹浅盆形豆和敛口弧腹垂棱豆和石器中厚重窄长舌形石斧等,仍带有马家浜文化的遗风[④]。

第三期:以崧泽中层第二期墓葬为代表。墓葬位于灰褐色土层中,仰身直肢,头向为北偏东或南偏东。随葬品增多,一般2～5件,多至13件。陶器以平底器为主,甚至一些圈足器的圈足也是由平底削成的。釜形鼎、竹节形豆、折腹或折肩的罐和壶为典型陶器。习见压划纹、彩绘和钢齿形附加堆纹[⑤]。

第四期:以崧泽中层第三期墓为代表。墓葬位于黄土层和灰黄土层中,埋葬习俗与第三期相似。值得注意的是本期发现有两座合葬:M84为一成年女性与一具7岁左右的小孩合葬;M85为一中年女性与一具二次葬的胎儿合葬。另外M94也似为一中年男性与一儿童合葬。本期随葬品中生活用品增多,生产工具少见。新出现了盆形鼎、盘形鼎、壶形鼎、假腹豆、釜形甗、带鼻穿的小罐及瓶、杯、坛、碗等,陶器中

①　闻广、荆志淳:《福泉山与崧泽玉器地质考古学研究》,载《考古》1993年第3期。

②　黄宣佩:《太湖地区新石器时代文化剖析》,载《史前研究》1984年第3期。

③　南京博物院:《江苏吴县草鞋山遗址》,载《文物资料丛刊》(3),文物出版社1980年版。

④　黄宣佩、张明华:《青浦县崧泽遗址第二次发掘》,载《考古学报》1980年第1期。

⑤　黄宣佩、张明华:《青浦县崧泽遗址第二次发掘》,载《考古学报》1980年第1期。

圈足器明显增多[①]。

第五期：以草鞋山第六层出土的 89 座墓为代表。可分南北两区，可能是两个氏族的公共墓地。在能辨别头向的 78 座墓葬中，北向的仅 2 座，东向 8 座，南向达68 座。可见从马家浜文化到崧泽文化的初、早、中、晚、末期，墓葬头向的演化规律是由北向东再向南。82% 以上的墓均有随葬品，其中随葬"1 至 5 件的 29 座，6～10件的 23 座，10～15 件的 13 座，16 件以上的只有 4 座"，还有 16 座没有随葬品。尤令人注目的是北区 M95 和南区 M85，前者应为一座成年男女异穴并列先后合葬，后者是成年男女同穴合葬墓。尸骨都按男左女右习俗放置。陶器均具有典型崧泽文化的特点，新出现了由和鼎配套组合而成的甗[②]。

从上述五期墓葬所反映的总的情况看，崧泽文化大体上仍处在母系氏族社会的末期。特别是在第四期以前，随葬品差异不大，说明人们的社会地位基本上是平等的。第四期中出现的两座成年女性与儿童合葬墓，反映出当时子女从母的习俗。从对崧泽遗址第二次发掘已做性别鉴定的 29 座墓葬的随葬品统计看，男性每座平均 4～5 件，而女性每座平均则为 7 件，说明女性随葬品略多于男性，而且葬有玉器和彩绘陶的也基本上属女性墓，显示出当时女性地位较高，较受人尊敬。

但是，从墓葬分期的动态研究看，崧泽文化女性墓随葬品在后期有减少的趋势。崧泽遗址第二次发掘的统计资料表明，崧泽墓地随葬品第二期男性平均为 4 件，女性平均为 9 件；然而至第三期，男性平均为 5.5 件，女性平均则下降至 4 件，这种变化显然说明，就社会地位而言，男性在不断提高，而女性则在不断下降。所以将 M94看作是成年男子与儿子合葬的个别现象，也是在情理之中的了。

草鞋山第六层出土的 89 座葬是崧泽文化末期的墓葬，随葬品多、较多、较少、很少和没有这种差别的产生，很明显地说明了当时已有了贫富间的差别。而且还发现了两座男女合葬墓，这标志着社会的婚姻和家族形态开始有了重大的变化，社会性质也即将发生重大的转折。当然我们也不能仅仅根据这两座男女合葬墓，就断言父权制在当时已经确立了。因为一是这样的男女合葬墓数量太少，仅两座。二是草鞋山 M95，男女各有一套随葬品，而且男性仅 3 件，女性却有 8 件；M85 虽男性仰身直肢，女性侧身，但男女也各有一套随葬品，也是男性仅 5 件，女性却有 10 件。所以就这两座男女合葬墓而言，看不出女性地位有什么下降，更不能说"女性已降到从属于男性的不平等地位"了。这两座名为男女合葬，其实质仍体现了男女分葬，只能说明女性的经济地位仍然是独立的，社会地位还没有发生根本性的动摇，这种合葬所反映的婚姻形式很可能如恩格斯所说的中世纪德意志人那样"是逐渐接近一夫一妻制的对偶婚制"[③]。因此将崧泽文化末期的社会性质看作处在父系氏族社会的前夜——

①　黄宣佩、张明华：《青浦县崧泽遗址第二次发掘》，载《考古学报》1980 年第 1 期。

②　南京博物院：《江苏吴县草鞋山遗址》，载《文物资料丛刊》（3），文物出版社 1980 年版。

③　恩格斯：《家庭、私有制和国家的起源》，《马克思恩格斯选集》第 4 卷，人民出版社 1972 年版，第 136 页。

母系氏族社会的末期,而将整个崧泽文化看作是从母系正在向父系缓慢过渡的一种东南远古文化,应该是比较合适的。

五、走向光辉灿烂顶峰的东南远古文化——良渚文化

在距今5,000—4,100年期间,太湖地区的东南远古文化发展到光辉灿烂的顶峰,这就是以60年前就已发现并做过试掘的良渚遗址命名的良渚文化。属于这一阶段的遗存在近20年来,不断有新的重大发现:江苏吴县草鞋山第四、三、二层和张陵山上层、武进寺墩、昆山赵陵山和少卿山、上海青浦福泉山和金山亭林、浙江余杭吴家埠、反山、瑶山、汇观山、莫角山、庙前、海宁荷叶地和余墩庙等遗址的相继发掘,刷新了人们对良渚文化面貌的认识,也引起了国内外学术界的极大兴趣,从而开始了继施昕更先生后,又一次而且是更大规模地为探索东南远古文化的辉煌业绩和中国文明的源起,开辟了一个全新的而又十分广阔的境地。

良渚文化有高度发达的以水田稻作农业为主体的原始经济。农业生产工具中三角形石犁和用于破土的斜柄石刀普遍发现;而用于中耕的耘田器的出土,说明田间管理的耕作技术已非常进步;半月形或长方形石刀、石镰、扁平穿孔石铲也是常见的农业生产工具。这些石器器形新颖,功效显著,富有特征。加上积肥用的木器——有柄千篰和粮食加工工具木杵、陶臼的出土,反映了当时的农业生产确实有了很大的发展。在钱山漾、水田畈等遗址也确实出土了许多植物种子,除了有分布很广的成堆的稻谷和稻米外,还有花生、蚕豆、甜瓜、菱角、葫芦、毛桃、酸枣等[①],其中花生的发现非常重要,因为在这以前花生被认为是很晚才从国外传入我国的。这些情况说明,当时不仅水稻种植进步发达,菜蔬瓜豆和果树等园艺作物的栽培也非常兴旺繁荣。

农业的发展也带动了手工业的发展。钱山漾发现的麻布残片、绢片、丝带和丝线等[②],说明当时的丝麻纺织业也很发达。其实植麻种桑、养蚕缫丝本来也是属于大农业生产的范畴。良渚文化的木器制造、竹器编织、草编织物、制石、制玉、制陶等的手工业的工艺水平都相当高。吴江梅堰出土的漆绘陶器[③],余杭瑶山出土的嵌玉高圈足大漆杯[④],庙前遗址出土的黑地朱绘木质漆盘[⑤],说明当时还有发达的制漆工业。发达的手工业引发了农业和手工业的分工。其中制陶业已普遍使用陶车,反映了当时的陶工已能熟练地掌握快轮制陶技术,玉器上刻画如此精细复杂的花纹,也说明

①　浙江省文物管理委员会:《吴兴钱山漾遗址第一、二次发掘报告》,《杭州水田遗址发掘报告》,载《考古学报》1960年第2期。

②　浙江省文物管理委员会:《吴兴钱山漾遗址第一、二次发掘报告》,《杭州水田遗址发掘报告》,载《考古学报》1960年第2期。

③　江苏省文物工作队:《江苏吴江梅堰新石器时代遗址》,载《考古》1963年第6期。

④　浙江省文物考古研究所:《余杭瑶山良渚文化祭坛遗址发掘简报》,载《文物》1988年第1期。

⑤　费国平:《浙江余杭良渚文化遗址群考察报告》,载《东南文化》1995年第2期。

这只能是制玉业成为独立产业后出自专业化的能工巧匠之手。

由于生产力发展，社会财富积累也在高速增加，从而使人口繁殖也在不断加速。良渚文化水井的普遍发现，很能说明当时人丁兴旺的景象。从江苏吴县澄湖、昆山太史淀、浙江嘉兴双桥等地发现的良渚文化水井看，当时水井井壁有三种加固方法：一是用十几块木板做成框套加固井壁；二是用大树干去皮剖开成四五块弧形木板，合围做成井圈，每块木板都有一个小圆孔；三是用整根大树干将中央掏空做成井桶。这说明当时的筑井技术既多种多样，又相当成熟。而井与市又有密切关系，所谓"处商必有市井"，证明在农业与手工业分工的情况下，贸易交换已有了一定程度的发展。

良渚文化遗址的密集性和分布的连片成串的特点，从另一方面反映了良渚文化先民人口繁荣昌盛的现象。遗址的密集形成了连片成串的遗址群落。如余杭—杭州一带集中了五六十处遗址，仅良渚一带就发现了良渚文化遗址 54 处[①]，嘉兴—吴兴一带有 20 多处遗址；还有上海福泉山附近，江苏吴县草鞋山附近，昆山赵陵山附近，武进寺墩附近等，都有一群遗址。这些作为群体存在的遗址群落的地缘性质是不容我们忽视的，也就是说，良渚文化遗址的这种分布特点，不仅说明当时已有了"城乡最初分化意义上的城和镇"[②]，而且在它分布的广大地域中，已经形成了若干个中心。而 1987 年冬在余杭莫角山（又称大观山果园）遗址的考古发掘中，发现了大面积的红烧土坯堆积，证实这是一些在一座经人工修平补齐的大型台基上建造的大型礼仪性建筑基址，台基东西长 670 米，南北宽约 450 米，总面积约 30 万平方米。在这座台基上还有 3 个更高的人工堆筑夯实的土台，分别称为大莫角山、小莫角山和乌龟山。1958 年，当地农民因挖塘蓄水，曾在地面下发现带有榫卯结构的大型方木构件[③]。如此大规模人工堆筑并经夯实的台基，如此大面积的红烧土坯堆积，如此大型的梁柱方木构件，意味着这里曾有过高规格的建筑群体——气势宏伟的原始宫殿宅邸。在距今四五千年前尚处于原始生产力的情况下，这要耗费多大的人力、物力！它与江苏吴江龙南良渚文化早期村落中发现的简陋不堪的半地穴式、浅地穴式房屋和"睡坑"[④] 相比，相差实在悬殊，不能同日而语。可见在良渚文化若干中心中，浙江余杭县的良渚遗址群落为最重要，它处于中心中的中心地位。因此，如果将一个遗址看作一个最基层的独立社会单位，那么一片遗址群落则为处于更高一级的基层社会单位的联合体，而余杭良渚遗址群落是最大最高级的总联合体。近年来已有学者开始对良渚文化的古城古国课题进行了探索和研究[⑤]，尽管考古界还有不同意

① 费国平：《浙江余杭良渚文化遗址群考察报告》，载《东南文化》1995 年第 2 期。

② 恩格斯：《家庭、私有制和国家的起源》，《马克思恩格斯选集》第 4 卷，人民出版社 1972 年版。

③ 杨楠、赵晔：《余杭莫角山清理大型建筑基址》，载《中国文物报》，1993 年 10 月 10 日第 1 版。

④ 苏州博物馆、吴江县文物管理委员会：《江苏吴江龙南新石器时代村落遗址第一、二次发掘简报》，载《文物》1990 年第 7 期。

⑤ 车广锦：《良渚文化古城古国研究》，载《东南文化》1994 年第 5 期。

见,但良渚文化存在着一个由不同大小等级构成的"金字塔"式的社会网络结构,那是毫无疑义的。这还可以从下面我们要论及的良渚文化墓葬及其出土的玉器研究中得到印证。

确实,最能反映良渚文化社会面貌和社会性质的还数良渚文化墓葬,尤其是大型地和墓葬。近二十年来,凡是发现的大型的良渚文化墓葬,其墓地都是属于人工堆筑的高台墓地。确与良渚文化大墓有关的草鞋山第五层以上堆筑高度近 4 米,土方量达 16,000 立方米;反山良渚墓地堆筑高度约 7 米,土方量近 20,000 立方米;福泉山良渚墓地堆筑高度约 3.65 米,土方量约 13,000 立方米;去年发掘的昆山赵陵山良渚墓地,堆筑高度竟达 9 米,堆土顶部面积达 10,000 平方米,据此推算土方量最少也应达 90,000 立方米,被新闻界誉为目前国内规模最大、保存最完整的良渚文化大型墓区①。余杭瑶山是一个葬有大墓的祭坛遗址,系在石山顶上用人工堆土筑成,它上面的红、黄、灰等各种颜色的土,是特意从山外搬运来的纯净土②。试想,堆筑如此巨大的土方台地工程,原始的生产力条件下,是何等的艰难辛苦!这是需要组织和役使大量的劳动力才能建造的,而营造的目的(除祭坛外)又只是为了埋葬少数显贵者。所以这种东方土筑"金字塔"充分体现了当时社会劳动的高度集中和统一。

良渚文化墓地,也反映出当时确实存在着一个由不同等级构成的"金字塔"式的社会网络结构。像反山、瑶山、福泉山、赵陵山等是高等级高台墓地。而海宁余墩庙墓地,则是大型墓和中小型墓共存,随葬品也是玉礼器与石质生产工具共出。大型墓主要集中于墓地东端,墓葬规格呈现自东向西渐低的分布趋势。所以这是一处属于中等级的良渚文化墓地③。而各地发现的良渚文化小型墓,一般都与居地杂处,没有专门的墓地,且分布相对分散,也没有一定的排列规律,反映出这是一些最下层的已挣脱了氏族血缘关系纽带的自由民的墓葬。

大型墓葬中出土了大量精美绝伦、工艺高超的玉器,说明它们确实是当时首领人物或权贵者才能拥有的无实用价值然而又是珍贵非凡的礼器。在所有玉器中,玉琮是工艺最精、造诣最高的礼仪用玉。学者们普遍认为,良渚文化玉琮是一件贯通天地的法器和掌有权力的礼器。玉琮的主人既是宗教巫觋,又是当时掌握权力的首领或显贵。而瑶山发现的与墓葬复合的良渚文化祭坛遗址,也说明当时确已有了专门担任祭司、巫觋等宗教持礼职务的贵族集团。由于各地各墓所出玉琮大小不一、高低不等,但所刻的兽面纹饰却有着惊人的相似,反映出良渚文化先民确实已有了一种统一的共同的宗教信仰,原始的多神崇拜已被一神教所取代,民族共同体的造神运动已经完成,"许多神的全部自然属性和社会属性都转移到一个万能的神身

---

① 第五同:《目前国内规模最大、保存最好良渚文化遗址在昆山认定》,载《解放日报》,1995 年 12 月 21 日第 6 版。

② 浙江省文物考古研究所:《余杭瑶山良渚文化祭坛遗址发掘简报》,载《文物》1988 年第 1 期。

③ 刘斌、赵晔:《海宁发现良渚文化重要墓地》,载《中国文物报》,1995 年 8 月 6 日第 1 版。

上，而这个神本身又只是抽象的人的反映。这样就产生了一神教"[1]，神权与人权也就紧密地结合在一起了。玉（石）钺是良渚文化玉（石）器中最发达的一种，像反山M20那样的大墓，随葬的钺竟达26件之多（2件玉钺，24件石钺）[2]，即使是小墓，也有一两件石钺随葬，而且玉钺器身经过抛光，光亮照人，十分精致，大部分没有磨出刃口，或虽有刃口却没有使用痕迹；甚至小墓中出土的石钺"亦有不起刃的"。在有些玉钺穿孔的上侧边缘，还留有数道朱红色安柄痕迹；反山良渚大墓中出土的玉钺，还发现在原来安有的横向木柄上嵌有小玉粒，并在柄的前端和末端都镶以玉制冠饰及尾饰；上海福泉山良渚大墓中出土的玉钺也发现附有玉或象牙制成的柄首饰或尾饰。可见这种斧钺绝非实用兵器，而只能是与军事礼仪有关的象征军事权力的礼器。由于有的玉钺表面也琢刻有极其精细的兽面纹图案，故其持有者应该既是军事统帅，又兼领有祭司之职。更值得注意的是，凡出玉钺的良渚大墓，也必有玉琮随葬，从而反映了军权、神权和行政长官三位一体的集权性质。在泛称为玉钺的玉器里，考古工作者还发现了玉戚[3]。玉戚更是一种王权的象征物。而"杖端饰""玉杖头""有槽玉器""玉格饰"等玉器的发现，证明当时还有权杖的存在。所有这些都有力地证明了当时确实存有王权这一事实。

中国古玉地质考古学研究进一步确证了良渚文化社会是属于有等级的权力社会的论点，因为这一研究证明："福泉山良渚文化墓葬出土玉器，比起浙江余杭反山、瑶山，总体而论，用玉数量约少一个数量级，质量也有逊色，真玉居多而杂有假玉，甚至大件的琮璧也杂有假玉，不如反山及瑶山的几乎全是真玉。但比诸亦同为良渚文化的浙江海宁荷叶地，则福泉山明显高于荷叶地，后者多数墓用玉仅几件，而以珠管等小件居多，且质量也差，其用玉总量中真假玉约各参半。综括起来，上述三处良渚文化墓葬代表了三个不同的用玉等级，即：第Ⅰ等级：反山；第Ⅱ等级：福泉山；第Ⅲ等级：荷叶地。当然还实际存在根本未用玉的第Ⅳ等级。"[4]这也为上述关于良渚文化存在着一个不同大小等级构成的"金字塔"式的社会网络结构提供了自然科学研究方面的有力证据。"如果详细研究分析更多的良渚文化遗址，很有可能划分出更多的用玉等级并统计其具体标准，由此也说明了研究作为礼仪、权力、财富等标志的玉的应用特征的重要意义。"[5]

良渚大型墓葬中已普遍发现有人殉现象，而且开始于良渚文化早期。吴县张陵山M4属良渚早期墓，在墓主脚下与随葬陶器在一起的有3个人头骨[6]。上海福泉山属第一期的M139墓，在木棺东北角，有一状似跪着倒下的女性骨骼；属第二期的

① 恩格斯：《反杜林论》，《马克思恩格斯选集》第3卷，人民出版社1972年版，第355页。
② 浙江省文物考古研究所：《浙江余杭反山良渚墓地发掘简报》，载《文物》1988年第1期。
③ 张明华：《良渚玉戚研究》，载《考古》1989年第3期。
④ 闻广、荆志淳：《福泉山与崧泽玉器地质考古学研究》，载《考古》1993年第3期。
⑤ 闻广、荆志淳：《福泉山与崧泽玉器地质考古学研究》，载《考古》1993年第3期。
⑥ 南京博物院：《江苏吴县张山遗址发掘简报》，载《文物资料丛刊》（6），文物出版社1982年版。

M145 墓,坑北另有一小坑,内有两副骨架,一为青年女性,屈身屈肢,呈反缚挣扎状;另一为少年[①]。昆山赵陵山土台墓地西北发现了 19 座杀殉墓,人体骨骼有的身首分离,有的双腿做捆绑状,半数骨骼下肢被砍去,生前似曾受过刖刑[②]。当然,一方面我们大可不必因此而断言良渚文化的社会性质已进入奴隶社会,因为一来上述殉葬人员的身份比较复杂,福泉山 M139 殉葬女性有玉环、玉饰片、玉管,似为墓主生前贴身奴婢,属家内奴隶性质,而 M145 那个殉葬女性就无任何器物,其身份应该更为低下,张陵山 M4 中的 3 个人头骨也可能是战争中获取的敌人首级;赵陵山的那些被杀殉的人,也不排除战俘、罪犯等身份。二来从家长奴隶制到真正的奴隶社会尚隔着一大段时间距离。但另一方面,这种人殉现象也确实反映了一种阶级斗争已进入到不可调和的境界,反映了当时权贵死后仍要剥削、压迫人的奢望,是崧泽文化所没有的。

　　良渚文化墓葬还反映了当时社会形态和婚姻制度。据对浙江海宁县千金角、徐步桥、盛家埭,平湖县平邱墩,余杭县吴家埠,嘉兴市雀幕桥,德清县辉山等良渚文化遗址和小墓葬的考察,发现"在墓葬相对分散分布的总貌之下,我们看到了一个现象,就是墓葬之间出现较多的成双排列"[③],这应该是一种夫妻异穴合葬墓,证明真正的一夫一妻制个体家庭已冲破了父系家长制家庭公社的束缚,独立出来成为社会的基本细胞。父系氏族名存实亡,事实上已经解体。而草鞋山 M198 是一座一个男性附葬两个女性的大型合葬墓,两女性为二次葬,三人每人都有一套随葬品,女性随葬品也有玉琮、玉璧、玉饰等,故其身份应为妻妾,反映了一夫多妻制的事实,这种婚姻形式"只能算是例外,可以说是历史的奢侈品","多妻制是富人和显贵人物的特权","人民大众都是过着一夫一妻制的生活"[④]。

　　显然,太湖地区的远古文化进入到良渚文化时期,整个社会形态都已发生了极其深刻的变革,无论是生产力和生产关系,还是物质文化与精神文化的面貌都发生了巨大的变化。可以认为,良渚文化的社会是一个有阶级的初级文明或曰原始文明的社会,一个由显贵者阶层统治的酋邦古国或曰部落方国已经形成。所以,一方面良渚文化是一个生气勃勃、富有进取性的不断向上的文化,另一方面它又是一个充满了过渡性质的文化,因为它正在大步地走向原始社会的最尽头。可惜的是在良渚文化的末期,到处泛滥成灾的洪水打断了良渚文化的发展去向,但也正是这汹涌的洪水成了中国古代文明真正产生的催化剂。

---

① 　黄宣佩:《福泉山遗址发现的文明迹象》,载《考古》1993 年第 2 期。

② 　第五同:《目前国内规模最大、保存最好良渚文化遗址在昆山认定》,载《解放日报》,1995 年 12 月 21 日第 6 版。

③ 　浙江文物考古研究所:《浙江地区良渚小墓发掘简报(初稿)》(打印本),纪念良渚文化发现 50 周年学术讨论会论文,1986 年。

④ 　施昕更:《良渚》,浙江省教育厅民国二十七年版;恩格斯:《家庭、私有制和国家的起源》,《马克思恩格斯选集》第 4 卷,人民出版社 1972 年版,第 56 页。

余　论

60年前,施昕更先生即已指出"中国民族与其文化,其原始皆出自本土","只要探究远古遗址来证实,事实胜于雄辩"[①]。60年后,我们根据一系列的考古新发现,已基本上揭示了东南远古文化的完整发展体系,并能用铁一般的事实证明以太湖流域为重心的东南地区也是中国古代文明起源的重要地区之一。施昕更先生应当含笑九泉了。

当然,还是施昕更先生说得对:"中国远古文化之研究,固非易事。"[②]东南远古文化还有许多重要课题尚待继续发现、探索和研究,如东南远古农业和家畜饲养业的源起、崧泽文化的聚落居址、良渚文化有没有城址和使用过金属工具等,仍然是今后值得我们去努力探讨的重要课题。

[本文原载徐湖平主编《东方文明之光——良渚文化发现60周年纪念文集(1936—1996)》,海南国际新闻出版中心1996年版]

---

① 施昕更:《良渚》,浙江省教育厅民国二十七年版。
② 施昕更:《良渚》,浙江省教育厅民国二十七年版。

良渚文化与中国文明的源起

我国考古界对中国文明的起源问题的研究,早在上世纪 30 年代梁思永先生就开始进行了。但是,这个问题解决起来却并不是那样简单。直至解放前,它一直"成为传播论派和独立演化论派争论的交锋点"①。解放以后的 40 多年时间,由于中国考古工作者的艰辛劳动和不懈努力,终于用无数无可辩驳的考古学证据,有力地证明了中国文明主要是在中国自己的土地上土生土长,独立发生、发展的。然而,中国文明究竟是怎样起源的? 中国文明要素的起源是多源头的,还是仅仅只在黄河流域中原地区一个地方? 却在学术界仍然是看法有严重分歧的问题,特别是 1987 年安志敏先生的大作《试论文明的起源》在《考古》第 5 期上发表以后,在全国考古界引起了不大不小的震惊和反响。随即,有关中国文明起源的讨论也更热烈起来了。

事实是:"中国幅员广大和自然条件之复杂,决定了史前文化的多元性和不平衡性,形成相当复杂的谱系。"②并进而决定了中国文明诸要素的起源也必然是多元的。可以说,"中国文明的起源与形成是一个极其复杂的长期的过程,是诸多文明要素积累凝聚、从量变到质变的过程……从考古学上来说,研究中国文明的起源与形成,必须以史前时期各文化的区系类型的研究为基础,没有这个基础,很难做进一步的研究"。而这个基础又"必须是在文化序列发展清楚,文化类型关系清楚,文化内涵丰富的遗址上面"。③而太湖地区的考古工作,通过长期的发掘和研究,已确立了桐乡罗家角早期文化(第四层文化)—马家浜文化—崧泽文化—良渚文化的前后相继、一脉相承的清楚的发展序列,与国内其他地区的诸多文化或文化序列相比较,这是一支地方特色非常鲜明而又充满了积极进取、不断向上的文化。特别是近 20 来年,随着江苏武进寺墩、吴县草鞋山和张陵山,上海青浦福泉山、金山亭林,浙江余杭反山和瑶山、汇观山、莫角山、庙前、吴家埠等文化内涵相当丰富的良渚文化遗址一个接一个地被发掘出来,从而使人们对良渚文化的面貌认识一新,引起了国内外学术界的极大关注和浓厚兴趣。尤其是人们发现了在所寻求的中国文明的曙光中,也闪耀着的鲜艳霞彩时,更令人振奋,催人探索。因此,将良渚文化作为探讨中国文明起

---

① 夏鼐:《中国文明的起源》,文物出版社 1985 年版,第 79 页。
② 严文明:《中国史前文化的统一性与多样性》,载《文物》1987 年第 3 期。
③ 《中国文明起源座谈纪要》,载《考古》1989 年第 12 期。

源问题的个案研究,是再恰当不过的了。本文拟就这一问题,略谈自己的一些体会和看法。

在当今世界的学术界中,关于文明特征的论著可以说不可胜数,故也不胜枚举。但总结起来,文明不外乎是指都市化和政治经济社会结构的形成并日益集中化和复杂化。而国家不过是"文明社会的概括"[①]罢了。明确了这一点,再用这一点来比照良渚文化,我们就会发现,在良渚文化中有着非常丰富而又十分重要的文明因素,而且这些文明因素既有着自己独特的地方特色,又与我们整个中国文明的起源有着血肉不可分割的亲密联系。

最早的城市或城堡历来被中外学者视为文明的重要因素,其实其原因并不仅仅在于城市或城堡本身的外在表现形式,重要的是这种最早的城市或城堡实质上反映了一种与原始氏族社会完全不同的政治经济文化的社会结构。因此,我们既不能用已发现的中原地区登封王城岗、淮阳平粮台等早期城堡作为各地衡量的唯一模式,也不能用现代城镇的标准去寻找原始社会末期的城镇,更不能仅做字面上的肤浅理解。太湖地区是良渚文化中心地区,良渚文化遗址比较密集的是余杭—杭州、嘉兴—吴兴、上海、吴县、常州—无锡等,分布特点是连片成串。这实际上说明了当时已有"城乡最初分化意义上的城和镇"[②],可以看作是城镇的萌芽。从钱山漾遗址的一个面积仅 4.75 平方米的房址及其近旁一次就出土存放如此集中的 200 多件竹器,以及各地出土的良渚文化陶器器形和玉制品及其上所刻纹饰都极为相似等现象看,当时农业和手工业已经分离,商品交换已初具规模,而这些萌芽中的城镇则已具有"日中为市"的贸易中心的性质。良渚水井的普遍发现也说明了这一点。《管子·小国》曰:"处商必有市井",可作为与此相印证的文献记载上的佐证。因此,良渚文化处于萌芽状态的城镇,与中国北方早期城市一开始就带有军事、政治性质的特点不一样。而且,良渚文化遗址的地缘性质更是不容我们忽视的。如果将每个良渚文化遗址看作是当时社会的一个独立单位,各片成串的遗址就是这片各自独立社会单位的联合体。而各片成串的良渚文化遗址中也往往都有一些特大的遗存,如余杭—杭州片的反山、瑶山,上海片的福泉山,吴县片的张陵山,无锡常州片的寺墩等,这些特大遗存所显示的种种惊人现象,实际上反映了当时这种联合体的种种政治、军事和宗教等情况。当然,从各地良渚文化的文化面貌大体相同的情况推测,当时还可能存在着更大的社会联合体,从而形成了金字塔式的社会结构。

据对海宁市千金角、徐步桥、盛家埭,平湖市平邱墩,余杭市吴家埠,嘉兴市雀幕桥,德清县辉山等良渚文化遗址和小墓葬的考察,可以发现"这批小墓均与居住地杂处,没有专门的墓地",即没有如在氏族制度下常见的大片的排列非常整齐的氏族公

---

① 恩格斯:《家庭、私有制和国家的起源》,《马克思恩格斯选集》第 4 卷,人民出版社 1972 年版。

② 恩格斯:《家庭、私有制和国家的起源》,《马克思恩格斯选集》第 4 卷,人民出版社 1972 年版。

共墓地。而且这些"墓葬之间的分布相对分散,没有一定的排列规律"[①]。这种现象说明,当时的社会单位早已挣脱了血缘关系的纽带,而以地缘联系为主了。更值得注意的是,就"在墓葬相对分散分布总貌之下,我们看到了一个现象,就是墓葬之间出现较多的成双排列"[②],这应该是一种夫妻异穴合葬墓,证明真正的一夫一妻制个体家庭也已冲破了父系家长制家庭公社的束缚,独立出来成为社会的基本细胞。父系氏族事实上已经解体。从而非常有力地证明了基于地缘联系和经济政治关系的社会组织确已存在。

根据民族学的有关资料和研究成果,可以推测,良渚文化的这种金字塔式的社会结构,在国家产生前夜,只能是地缘性的农村公社—地缘部落—部落联盟。这样的社会结构,意味着原始社会已快走到尽头,文明的曙光已经展现。特别应该指出的是,进入文明时代,并直至延续到近现代,太湖水乡大小城镇密布,从来就是有别于北方地区的鲜明的地方特色之一,这个基础追本溯源,应该是在良渚文化时期就奠定下来的。仅从这一点上看,我们也必须承认,中国文明的起源,确实是多元的。

中外学者认为,文字的产生是人类进入文明社会的重要标志。但是,文字的产生是需要经过一个长期的酝酿发展过程的,"这一方面相互关联的许多发明是这样:(1)手势语言或个人记号语言;(2)图画文字或表意符号;(3)象形文字或符号;(4)表音性的象形文字或按一定的公式使用的表音符号;(5)音符字母或写音。"[③]在良渚文化中,至少是"个人记号语言"已经发明。《周易·系辞》在记述了结绳记事之后,又有"后世圣人易之以书契",所谓"书契"即是指"个人记号语言",也就是民族学上所说的契刻记事。良渚文化的陶器上,现在已多处、多次发现有刻画符号。如上海马桥遗址有 ×、×× 等[④],江苏吴县澄湖遗址有 ×、↑ 等,吴江梅堰袁家埭、常州武进寺墩、周庄太史淀等遗址也有发现。这些刻画符号都是在陶器烧制以前就已刻画上去的,因此是制陶人的记事符号,必然含有一定的代表意义,故可以看作是用契刻记事的方式表达的个人记事语言。应该引起我们注意的是,这些刻画符号上与仰韶文化半坡类型彩陶上的刻画符号极相类似,下与殷周青铜器铭文中之族徽也有相同之处,所以,可以肯定地说:"这就是中国文字的起源,或者中国原始文字的孑遗"。[⑤] 除此之外,良渚文化时期会不会有更成熟的文字——图画文字或象形文字呢?从良渚文化的文化发展水平看,似也可能有。但即便有,在"这个时代的文字是掌握在少数人

---

① 浙江省文物考古研究所:《浙北地区良渚小墓发掘简报(初稿)》(打印本),纪念良渚文化发现 50 周年学术讨论会论文,1986 年。

② 浙江省文物考古研究所:《浙北地区良渚小墓发掘简报(初稿)》(打印本),纪念良渚文化发现 50 周年学术讨论会论文,1986 年。

③ 马克思:《摩尔根〈古代社会〉一书摘要》,人民出版社 1965 年版,第 52 页。

④ 上海市文物管理委员会:《上海马桥遗址第一、二次发掘》,载《考古学报》1978 年第 1 期。

⑤ 郭沫若:《古代文字之辩证的发展》,载《考古》1972 年第 3 期。

手中的,因此,不可能到处都发现文字,直到殷墟仍是如此,甲骨文是集中发现的"[1]。再证之于民族学资料,可以发现,我国云南纳西族的东巴文是一种比较原始的图画文字,但过去是掌握在"东巴(巫师)"手里,一般群众既不认识,又不会念,更不会用。所以,要使上述关于文字的推测得到证实,只有期待今后良渚文化考古能在这方面有突破性的发现了。

在探索中国文明起源的研究中,我们还必须注意到中国早期文明与欧洲早期文明有一个很不一样的特点,即特别强调"礼"和"礼制"。因此,从考古发现来看礼和礼制的起源和发展,是研究中国文明起源的一个很重要的方面。礼器是礼和礼制在物质文化上的集中反映和最生动、最形象的体现者,而良渚文化中的礼器不仅非常发达,还对后来的华夏文明的形成产生过巨大影响。

首先是近 20 来年,在吴县草鞋山和张陵山、武进寺墩、上海福泉山、余杭反山和瑶山等良渚文化大墓中出土的大量玉器,沟通了良渚文化与后来华夏文明的关系,从而引起了国内外学术界的广泛注意和高度重视。这是因为玉器一直在我国传统文化礼仪内涵中占有极其重要的地位的缘故。不是吗?《国语·大宗伯》记载的"以玉作六器,以礼天地四方"的璧、琮、圭、璋、璜、琥,号称为"六瑞",还说"苍璧礼天,黄琮礼地"等。这些语句虽是经儒家系统化和理论化的产物,不一定符合原始社会的实际情况,连《周礼》成书年代和真伪问题也需做进一步研究,但过去考古发现的殷商玉石雕刻和玉器,特别是妇好墓中的大批玉器,却是铁的事实。故夏鼐先生曾指出,这是殷墟文化自己独有的特点之一,"别的古代文明中,除了中美洲文明之外,都没有玉器,但是它们仍够得上称为文明"。[2]然而,在原始社会中,中原地区却并无用玉传统。现在,在地处东南的太湖流域的良渚文化中却发现了一批又一批精美绝顶的玉器,特别是良渚文化早期就有的玉琮表面刻画的粗眉圆目、阔口獠牙的兽面纹,与商周青铜器上的饕餮纹极为相似。此外,辽河流域红山文化中成组的鸟兽形玉器与商代妇好墓中的同类玉器也有着非常一致的相似。这些重大的考古新发现使学者们重新注意到晋代袁康在《越绝书》中所记风胡子对我国古代历史的分期:"轩辕神农赫胥之时,以石为兵","至黄帝之时,以玉为兵","禹穴之时,以铜为兵","当此之时,作铁兵"。学者们认为,这一把中国古代历史分为石、玉、铜、铁四个阶段,既能与古史传说相印证,又"很正确地将中国古代文明演进的经过的本质变化撮要出来了",从而提出"如把中国新石器时代和三代文化发展画成一条直线,则可以分成几个清楚的段落",即石器时代、玉琮或玉器时代、青铜时代和铁器时代。同时还指出:"西方考古学讲石器时代、铜器时代、铁器时代,比起中国来中间缺一个玉器时代,这是因为玉器在西方没有中国那样重要,玉器时代在中国正好代表从石器到铜器转变,亦即从原始社会到国家城市社会中间的转变阶段,而这种转变在中

① 《中国文明起源座谈纪要》,载《考古》1989 年第 12 期。

② 夏鼐:《中国文明的起源》,文物出版社 1985 年,第 90 页。

国社会史上有它自己的特征。玉琮在中国古代文明史和社会进化史上的重要性在此。"[1] 总之,考古新发现使我们对商代文明独特的重要标志之一——玉器的渊源有了新的认识,即商代玉器的源头至少可以追溯到太湖流域良渚文化和辽河流域红山文化时期,是这两个文化系统的玉器发展汇流融合而成形成了商代玉器。可见在华夏文明形成的漫长历程中,良渚文化确实曾经做出过重大的贡献,其所显示的重要的历史意义是谁也否定不了的。

其次,应该注意的是,良渚文化的玉器无论从它们的形状、纹饰、用途看,还是从它们的制作技术、出土情况以及放置部位论,都说明了它们确实是当时首领人物或权贵者才能拥有的无实用价值的贵重礼器,从而从另一方面反映了当时社会确实存在着不同于原始血缘关系的权力关系和政治经济关系,而且其中的不少玉器与华夏文明中的有关器物在功能、用途方面也能发生一脉相承的对应联系。下面分而论之。

(一)玉琮与巫政

在我国,自一踏进文明时代的门槛始,宗教与政治、神权与王权就紧密地结合在一起了。《墨子·兼爱》引《禹誓》讲述禹伐有苗,在誓师大会上宣布:"济济有众,咸听朕言,非惟小子,敢行称乱。蠢兹有苗,用天之罚。" 这既像专制君主在那里发号施令,必要 "咸听朕言",又似巫觋作法那样 "用天之罚"。如果这个记载似不可信,那么商王用占卜作为统治的重要手段,则已被考古发现的甲骨文所证实。从甲骨文的卜辞中,除了有君神合一的代表商王外,我们还发现了一个专掌卜事的重要阶层——卜官集团。至于周王则称自己为 "天子",更明目张胆地将自己与 "上帝" 紧紧联系在一起。所以巫政结合,政治与巫术相联系,王权与神权相统一,也是中国古代华夏文明的一大特征。而这种特征在良渚文化中就已非常鲜明地表现出来了,其最具体的体现物就是玉琮。玉琮内圆外方,表面刻有细如发丝、有的还有以云雷纹衬底的非常精密、精美的兽面纹图案,显得特别威严而又凶狠;又以凹横槽分节,少的仅一节,多的可达十多节。各地各墓所出玉琮大小不一,高低不等,但所刻兽面纹饰却有着惊人的相似。在所有良渚文化玉器中,玉琮是工艺最精、造诣最高的礼仪用玉,都出自大墓。在墓中的位置,除反山 M12 那件号称 "琮王" 的玉琮放在墓主头部左方外,一般均放在腰腹部,且凡竖放者,均为倒置,即兽面纹眼在下,嘴在上。学者们普遍认为,玉琮是一种贯通天地的法器和掌有权力的礼器,玉琮的主人既是宗教巫师,又是当时握有政治权力的首领或显贵。而瑶山和汇观山发现的与墓葬复合的良渚文化祭坛遗址,也说明了当时已有了专门担任祭司、巫师等宗教持礼职务的贵族集团。由于玉琮在良渚文化分布的地区内多处、多次出土,且大同小异,故反映了良渚文化先民确实有着一种共同的宗教信仰,原始的多神崇拜已被一神教所取代。"许多神的全部自然属性和社会属性都转移到一个万能的神身上,而这个神本身又

---

① 张光直:《谈 "琮" 及其在中国古史上的意义》,载《文物与考古论集》,文物出版社 1986 年版,第 259 ~ 260 页。

只是抽象的人的反映。这样就产生了一神教。"①上层人物为使这种一神教能为自己服务，便把神权掌握在自己手中，作为支配社会和大众的工具，于是一神教与专制政治、神权与人权就紧密地结合在一起了。这是原始宗教向阶级社会宗教过渡时所必然要产生的现象。正因为如此，源远流长的玉琮会流传到商代仍能通行无阻，虽然它已远不如良渚文化时代那样辉煌夺目，兽面纹也多"走"失殆尽，但取而代之的更为灿烂绚丽的青铜礼器所具有的沟通天地与权力象征两大作用，则仍和玉琮完全相同，而由玉琮的兽面纹"走"到青铜礼器器表上的饕餮纹，由于一脉相承而变得更加成熟、更加威严了。从这儿也可窥良渚文化与华夏文明源流关系之一斑了。

（二）斧钺与军事民主制

包括玉钺与青铜钺在内的斧钺，也是二里头文化和商文化中的重要礼器。然而，根据最近20来年的考古发现，证明在史前时期，已经成为礼器的石钺和玉钺在良渚文化中是最发达的，即使是小墓，一般也要随葬一两件，而像反山 M20 那样的大墓，只钺一类就随葬了 26 件之多②。不过玉钺在良渚大墓中，并非每座都有。这种情况说明，至少在良渚文化晚期，社会的发展已进入军事民主制时代，战争的频繁提高了斧钺的社会地位，以致一般小墓也都"秉钺"而葬。这些在墓葬中出土的斧钺，特别是玉钺，器身都经过抛光处理，故光亮照人，十分精致，但大都没有磨出刃口，或虽有刃口，却又没有使用痕迹；甚至在浙北地区良渚小墓中出土的石钺"亦有不起刃的"③；在有些玉钺穿孔的上侧边缘，还留有数道朱红色安柄痕迹；反山良渚大墓中出土的玉钺，还发现在原来安有的横向木柄上嵌有小玉粒，并在柄的前端和末端都镶以玉制冠饰及尾饰；上海福泉山良渚大墓中出土的玉钺也发现附有玉或象牙制成的柄首饰或尾饰。可见这种斧钺绝非实用兵器，而只能是与军事礼仪有关的象征军事权力的礼器，由于有的玉钺表面也琢刻有极其精细的兽面纹图案（如反山出土的玉钺），故其持有者应该既是军事统帅，又兼领有祭司之职。更值得注意的是，凡出玉钺的良渚大墓，也必有玉琮随葬，从而反映了军权、神权和政权，军事首领、巫觋祭司和行政长官三位一体的集权性质。摩尔根曾对文明时代中最高行政长官的起源和发展做过科学的探索和概括，他认为这个职位的起源："可以追溯到普通军事酋长，第一步发展成为易洛魁联盟中的那种'大战士'；第二步发展成为更进步的部落联盟中与此相同的军事统帅，兼领祭司之职，有如阿兹蒂克联盟中的吐克特利；第三步发展成为联合各部落所组成的民族中与此相同的军事统帅，兼领祭司和法官之职，有如希腊人的巴赛勒斯；最后发展成为近代政治社会

---

① 恩格斯：《反杜林论》，《马克思恩格斯选集》第 3 卷，人民出版社 1972 年版。

② 牟永抗、刘斌：《论良渚——良渚发掘 50 周年之回顾》；王明达：《反山良渚文化墓地初论》（均为打印本）。纪念良渚文化发现 50 周年学术讨论会论文，1986 年。

③ 浙江省文物考古研究所：《浙北地区良渚小墓发掘简报（初稿）》（打印本），纪念良渚文化发现 50 周年学术讨论会论文，1986 年。

的最高长官。雅典人用以接替巴赛勒斯的选任执政官,现代共和国定期改选的总统,都是氏族制度的天然产物。"[1] 而良渚文化晚期社会应与上述"第三步"描述的情况大致相似。值得注意的是,太湖地区从马家浜文化经崧泽文化到良渚文化,用斧钺的传统连续不断。然而,在二里头文化和商文化中,玉或青铜制的斧钺却都缺乏自身的渊源和传统关系。可见,作为礼器的斧钺,也是良渚文化对中国文明起源的一大贡献。

（三）权杖、玉戚与王权

在反山良渚文化墓地里,考古工作者还新发现了"杖端饰"、山形器、圭形器等礼仪用玉。特别是"杖端饰",往往成对出土:一如蘑菇状,一端凸出如榫;另一如圆台状,一端钻有圆形卯眼。两种似可配套成对,因此考古工作者认为,这是某种"权杖"或旌旗的"头"和"尾"[2],故取名为"杖端饰"。在江苏吴县张陵山东山遗址和武进寺墩遗址中,也发现了与"杖端饰"类似的玉杖头或有槽玉器、玉格饰等。这类玉器的发现,证明了作为政治关系集中表现的王权,至少在良渚文化晚期已经确立了。《诗·大雅·公刘》中有"干戈戚扬"句,而上海的考古工作者在研究了良渚文化古墓中出土的玉钺后,则认为其实这是一种王权的象征物——玉戚[3]。这一研究成果,既搞清了戚的源头,又为探索良渚文化与华夏文明的关系提供了又一新的论断,从而比"杖端饰"、玉杖头、玉格饰和有槽玉器更直接、更有力地证明了当时王权的存在确是毋庸置疑的。

（四）玉璧与财富的积累

与琮比较起来,良渚文化的玉璧显得相当朴素无华,虽也有制作精致者,但数量较少,大部分则属于粗制滥造之列。然而,其集于一墓的数量之多,却让人吃惊,如反山的 M20 和 M42 竟分别将多达 42 块与 53 块的玉璧置于一墓之中。因此,玉璧既有可能作为宗教礼仪用品,又可用于佩戴装饰,但更主要的是具有经济、财富的意义,是良渚文化私有经济日益加强和"使个人占有成为占优势的规则"[4] 的物化表现形式的集中体现和鲜明标志。太湖水乡地处海滨,贝壳易得,并非稀奇之物,因此不可能用贝作为货币。而玉在当时的太湖地区却是非常贵重的宝物。玉璧扁平圆形,中有一孔,很便于穿绳索随身携带,因此有可能已经具有一般等价物的作用或充当对外交换的手段。且看"宝"繁写作"寶"或"寶",《说文解字》释为"珍也,从宀从王从贝缶声",并指出,器,古文"寶""省贝";而"宀"即"深屋也","王"即"玉"。可见所谓"宝"或"宝藏",就是在深屋中藏有玉和贝的意思,这就是"深屋藏宝"

---

[1] 摩尔根:《古代社会》,杨东莼等译,商务印书馆 1977 年版,第 253～254 页。

[2] 浙江省文物考古研究所:《浙江余杭反山发现良渚文化重要墓地》,载《文物》1986 年第 10 期。

[3] 《考古新发现玉戚出土》,载《文汇报》,1987 年 11 月 12 日第 2 版;张明华:《良渚玉戚研究》,载《考古》1989 年第 7 期。

[4] 恩格斯:《家庭、私有制和国家的起源》,《马克思恩格斯选集》第 4 卷,人民出版社 1972 年版,第 162、170 页。

吧。历来为专家所肯定的中国最早的货币——贝,其实与"玉"同为"宝"的组成部分。所以,玉,特别是玉璧,很可能也是最早在太湖地区流行的货币,从"宝"字古文窖"省贝"看,也许玉璧还是比贝更早的货币呢。历史事实也是,在殷商时"贝玉"同称,都是作为货币和财富的象征。王国维考证称:"商时玉之用与贝同也。其为货币及服御者,皆小玉、小贝,而有物焉以系之。所系之贝玉,于玉则谓之珏,于贝则谓之朋。然两者于古实为一字。"① 就甲骨文、金文的"朋"字,实在也是串贝、串玉的象形。宝鸡菇家庄西周墓和三门峡上村岭虢国墓地还都出土有贝玉相间的成串实物标本②。中国早期文明时代的这些情况,特别是有关玉的资料,追本溯源,大概与良渚文化中的玉璧不无关系。马克思指出:"货币形态是固定在最重要的外来交换品上,那对内部各种产品的交换价值来说,实际是原始的自然发生的现象形态。"③ 恩格斯则说:自从"商品的商品被发现"以后,"谁握有它,谁就统治了生产世界"。④ 在良渚文化时代,首先掌握它的就是那些随葬有大量玉琮、玉钺、玉璧和其他精美玉器的大墓墓主。而商代将"具乃贝玉"与"无总于货宝"置于同等地位⑤,又说明了良渚文化的玉璧对于商代的商品生产所起的作用是很巨大的。

在良渚文化中,除了玉器无疑属于礼器外,作为礼器的还有精美的陶器和漆器。如上海福泉山遗址中出土的通体细刻蟠螭纹、禽鸟纹或曲折纹的壶;在鼎盖、盖纽和器身上细刻圆涡纹、叠线纹并勾连成蟠螭纹图案,同时在腹下部饰八条平行弦纹和两周蟠螭纹的鼎;江苏吴江团结村和梅堰袁家埭出土的漆绘陶器;浙江余杭瑶山 M9 出土的高约 40 厘米的嵌玉高圈足大漆杯等,均是很罕见的礼器。至于太湖地区马家浜—崧泽—良渚文化系中,一贯使用的主要炊器鼎,水器盉,以及在崧泽文化中才出现的炊器甗等普通日常陶器,在中原地区的原始文化中也是不见或少见的,但到商周时代,这些器形都成了青铜礼器的组成部分。因此仅从器形看,也可证明中国早期文明中的不少重要因素,其最早的源头确实不在中原地区,而是星罗棋布地分布在包括太湖地区在内的全国各地。至于商周青铜器上的主体纹饰饕餮纹、云雷纹等,经过近 20 年的良渚文化考古确证,早在良渚文化时已是使用极其普遍的纹饰。特别应该指出的是,尽管这些纹饰所饰礼器的质地不尽相同,但在主要用于礼仪、祭祀等功能方面,良渚文化与商周文化仍是一脉相通的,故仅就纹饰而言,良渚文化对华夏文明的形成所做的贡献也是巨大的。

人工堆筑的高台墓地普遍出现是研究良渚文化礼仪制度的另一重要方面。确与良渚文化大墓有关的草鞋山第五层以上堆筑高度近 4 米,土方量达 16,000 立方

① 王国维:《观堂集林》第 1 册,中华书局 1959 年版,第 161 页。

② 宝鸡菇家庄西周发掘队:《陕西宝鸡市菇家庄西周墓发掘简报》,载《文物》1976 年第 4 期;中国科学院考古研究所编著:《上村岭虢国墓》,科学出版社 1959 年版,第 24 页。

③ 马克思:《资本论》第 1 卷,人民出版社 1965 年,第 66 页。

④ 恩格斯:《家庭、私有制和国家的起源》,《马克思恩格斯选集》第 4 卷,人民出版社 1972 年版,第 162 页。

⑤ 《尚书·盘庚篇》。

米；反山良渚墓地堆筑高度约 7 米,土方量近 20,000 立方米；福泉山良渚墓地堆筑高度约 3.65 米,土方量约 13,000 立方米。瑶山、汇观山祭坛遗址也是人工堆筑的。堆筑如此巨大的土方台地工程,在原始的生产力条件下,是何等的艰辛困难! 这是需要役使大量的劳动力才能建造的,而营造的目的又仅仅是为了埋葬少数显贵者的遗体或祭祀之用。显然,这与当时社会的政治经济结构有关,是当时显贵者的丧葬礼仪化的需要,是宗教生活的需要。我国著名考古学家、中国考古学会理事长苏秉琦教授曾深刻地指出："埃及的金字塔是石头堆的,是文物,福泉山是土堆的,也是文物。""福泉山的良渚墓地——土台是重要的,比其中的器物都重要。土台反映墓主身份。每个墓中的器物都是特制的,都是为其所用的。"[①]这种东方土筑"金字塔"充分体现了当时社会劳动的高度集中和统一,这与早商王陵按其土方规模约大于中型墓 100 倍以上、大于小型墓 10,000 倍以上的情况相比较,其本质是一样的。

在代表商代文明的礼器中,还有一类是漆器,朱红地黑漆花,纹饰与青铜器类似,有的花纹上还嵌有松绿石,色彩绚丽鲜明,漆面乌黑发亮,很少杂质。但据《韩非子·十过》称,商代以前我国就已有了漆器,所谓"流漆墨其上"。考古发现的最早实物——朱红色髹漆木碗,出自距今约 7,000 年的河姆渡文化。较晚的良渚文化中则出有漆绘陶器、高圈足大漆杯和髹漆木棺等。吴江梅堰出土的漆绘陶器上的漆,经化学试验,发现与汉代漆器上的漆反应相同,可见地处东南方的杭州湾地区确是我国造漆业和漆器制造业的发源地。漆和漆器是我国古代在化学工艺及工艺美术方面的重要发明,既是"中国新石器时代主要文化中已具有一些带中国特色的文化因素"之一[②],又是中国早期文明中的重要文明因素之一。而在这方面,考古证明良渚文化起着联系先后的承前启后的重大作用。

夏鼐先生曾指出："中国是全世界一个最早饲养家蚕和缫丝制绢的国家,长期以来曾经是从事这种手工业的唯一国家。有人认为丝绸或许是中国对于世界物质文化最大的一项贡献。"[③]特别是商代的丝织业也是构成商代文明的一大重要因素,而且更加具有鲜明的中国特色。根据考古发掘的结果,证明中国最早的丝织品实物出自浙江湖州钱山漾良渚文化遗址中,这些标本经科学鉴定确认为是以家蚕丝为原料；此外,在吴江梅堰良渚文化层出土了有浅刻蚕纹图案的黑陶器[④]。据测定,钱山漾出土丝帛的经纬丝的投影宽度在 0.4 ～ 0.6 毫米,而商代丝帛的经纬丝的投影宽度在 0.1 ～ 0.5 毫米[⑤],两者相差很少。可见良渚文化先民的丝帛也是比较精细的,缫丝技术是相当进步的。显而易见,养蚕缫丝制绢是良渚文化先民不仅对中国文明

---

① 转引自张明华:《上海也有"金字塔"》,载《新民晚报》,1987 年 5 月 10 日第 8 版。

② 夏鼐:《中国文明的起源》,文物出版社 1985 年,第 100 页。

③ 夏鼐:《中国文明的起源》,文物出版社 1985 年,第 49 页。

④ 江苏省文物工作队:《梅堰简报》,载《考古》1963 年 6 月号。

⑤ 高汉玉:《中国桑蚕丝帛起源的研讨》,见《亚洲文明》(黄盛章主编),四川人民出版社 1986 年版,第 73 页。

的形成做出了非常杰出的卓越贡献,而且对世界蚕丝业的发展做出了极其灿烂的开创性的丰功伟绩。

　　尽管现在在良渚文化的考古实践中还没有发现有金属工具的痕迹,但是从良渚文化的玉器镂刻工艺及钻孔技术上分析,特别是从细如毫发、密如织锦的严密的雕琢工艺看,使人不禁联想到当时可能已有了金属工具或金刚钻之类的工具。这当然是今后良渚文化考古亟待解决的重要课题,不过"虽然冶金术、文字、城市和大型建筑等从不同侧面反映了人们共同体的创造力和社会关系,但文明并不是这些创造物的综合体,谁也说不清要具备多少因素才进入文明社会。文明是一个社会组织的概念,它反映社会发展的一个阶段"。[1] 因此,通过上面的论述,我们至少可以得出下列结论:中国文明的起源确实是多元的,中国文明的形成是中国史前各地诸多文明要素积累凝聚的结果,其中地处东南太湖地区的良渚文化也是中国早期文明——华夏文明的重要源头之一。这就是历史的固有的结论,相信谁也推翻不了。

　　　　（本文原载《文明的曙光——良渚文化》,浙江人民出版社 1996 年版）

---

[1] 《中国文明起源座谈纪要》,载《考古》1989 年第 12 期。

良渚文化的去向和后良渚文化

　　良渚文化的去向，直接涉及太湖地区原始社会的解体和中国国家起源的重大问题。因此，必须认真对待和亟待解决。除了考古工作的深入发展外，目前应从三个方面着手进行探索性研究：一是抓住现有的重要线索，跟踪追索；二是回过头去仔细检查过去的工作，从中发现新的问题；三是要扩大视野，与中原夏文化的探讨结合起来，看到国家产生和形成过程中的文化交流和融合对良渚文化去向的影响。本文拟用这种方法，对这一课题做一初步探究。

一、后良渚文化的年代和命名

　　现有的不少良渚文化晚期测定年代数据，其下限在距今 4,000 年左右，与中原二里头文化开始的年代刚好是相同和相接的。而二里头文化的年代与夏朝纪年相当则是肯定的，很可能是"太康失国""后羿代夏"以后的夏代文化。史籍记载古越族的最早始祖，也属夏族的一个支系。从《史记》《越绝书》《吴越春秋》等古籍中传达出来的信息，证明太湖流域的历史正是在中原"少康中兴"时被揭开新一页的，并且与中原夏文化发生了密切的交流和融合。这一时期又正好与良渚文化结束及二里头文化开始的年代基本吻合。这些都不是偶然的巧合。因此，应该寻找与良渚文化相接的，又与二里头文化有密切关系且在年代上与之相当的考古学文化，这种新的考古学文化，就是良渚文化去向的归宿。

　　现有的关于良渚文化去向的重要线索是上海的马桥类型文化和浙江的高祭台类型文化。马桥类型文化是以具有大量良渚文化因素和二里头文化因素以及一些商文化因素共存的马桥遗址中层（第四文化层）为典型遗存而命名的，但与该遗址下层良渚文化层相比较，两者不是直接的承袭关系，而且马桥中层陶片的热释光测定年代距今 3,030 ± 332 年和 3,470 ± 382 年，已进入商代纪年范围，而不和良渚文化晚期的 C14 及热释光测定年代相连接，显然，马桥中层与良渚文化晚期之间存有缺环。鉴于高祭台类型文化面貌与良渚文化之间存在着明显的差异，因此，我们不能简单地说良渚文化的去向就是马桥类型文化或高祭台类型文化，更不能用这两个文化类型的名称命名紧接良渚文化以后的考古学文化。为了下文论述的方便，本文采用考古界提出的"后良渚文化"的命名，来称呼既连接良渚文化，又独立于良渚文化之外，并与二里头文化年代相当的一种新的考古学文化。

二、早期后良渚文化的探索

上海金山县亭林遗址的发掘证明马桥类型至少可以分出早晚两期,其早期可以与亭林中层相当,属后良渚文化范畴,其晚期则无论从它们所包含的如觯等商文化因素,还是从热释光测定年代看,都已进入商代。但是亭林中层以圜底内凹为特征的泥质印纹陶遗存,与良渚文化晚期的文化面貌相比,仍然有着较大的区别。两者的 C14 校正年代不相连接。因此,以亭林中层为代表的马桥类型早期文化遗存,只能是属于后良渚文化的晚期阶段。高祭台类型与马桥第四层的几何印纹陶大体相同,故高祭台类型最早也属后良渚文化的晚期阶段。

那么,后良渚文化的早期遗存在哪里呢? 它又有些什么文化特征呢? 笔者认为,原归属于良渚文化的江苏无锡的仙蠡墩、锡山公园和许巷以及浙江杭州老和山遗址很值得我们重新研究。下面试分析之。

（一）陶器的色质和制法

仙蠡墩、锡山公园、许巷和老和山四处遗址出土的陶器,以手制的夹砂粗红陶为主,其中许巷遗址的夹砂粗红陶约占 85%,而且羼和的砂粒都比较粗糙,这种情况与良渚文化晚期以轮制的泥质黑陶为主的陶器特征差别极大,但与马桥类型和高祭台类型的陶器面貌有接近之处。值得注意的是,从原始社会解体,到早期青铜时代,陶器的质由细变粗,由泥质为主变为以夹砂为主,陶胎从薄变厚,陶色从较纯的灰、黑色为主变为以红或红褐色及不纯的灰、黑色为主,制法也从多轮制变为多手制,并不是个别现象。如山东的岳石文化和二里头文化早期等陶器均是如此。这些现象对于研究仙蠡墩等四个遗址的陶器情况,应该是有重要参考价值的。

（二）陶器纹饰

仙蠡墩等四个遗址的夹砂粗红陶上的纹饰以绳纹和篮纹为常见,有的内侧还往往留有手指的压制印痕。这在良渚文化中是少见或不见的,却是马桥中层和高祭台类型陶器上常见的纹饰。而仙蠡墩、老和山两遗址的泥质黑陶上,流行刻画纹和镂空,许巷泥质灰陶上也有刻画纹和弦纹,这又接近良渚文化的风格,却在马桥中层和高祭台类型陶器上少见。老和山发现有在细泥红陶上拍印的方格纹,与马桥下层良渚文化发现的施红衣、绘黑褐色斜方格纹的彩陶片风格接近,更与马桥中层拍印的大方格纹几何印纹陶相像(图一,19～21)。因此,仙蠡墩等四个遗址的陶器纹饰,从总体看,似处在良渚文化到马桥中层和高祭台类型的承前启后的过渡阶段。

（三）几何印纹陶

老和山遗址的文化层中有少数篮纹、绳纹和方格纹,但不见几何印纹陶。但在扰土层中出有几何印纹陶片。其中的席纹印纹陶和席纹陶拍,与马桥中层出土的同类几何印纹陶纹饰极为相像。仙蠡墩遗址文化层中也没有发现几何印纹陶,但在上层的表土层下有一扰乱层,内有篮纹、方格纹、几何印纹陶片和夹砂粗红陶共存,但

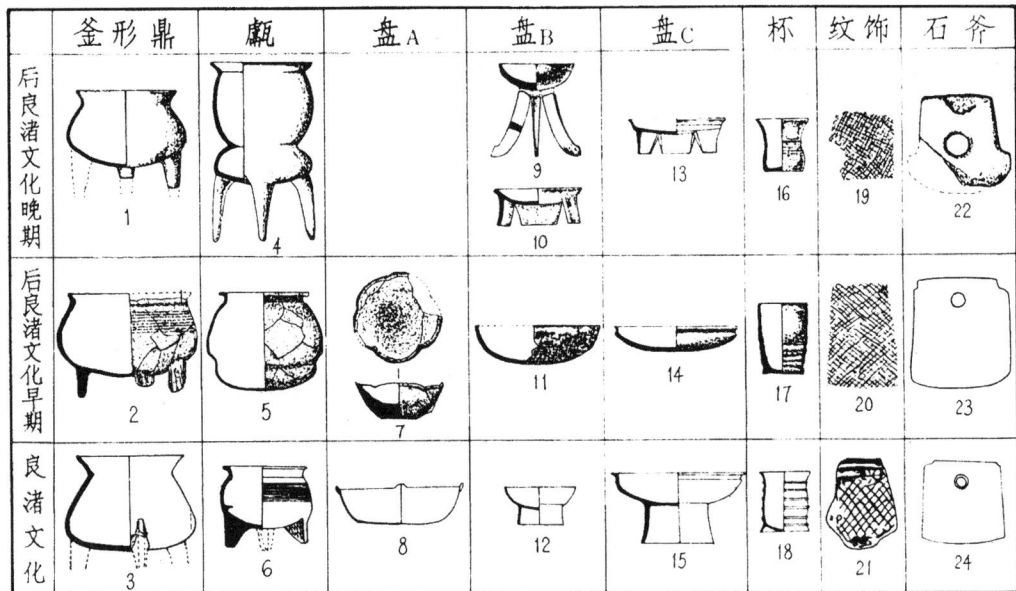

	釜形鼎	鬶	盘A	盘B	盘C	杯	纹饰	石斧
后良渚文化晚期	1	4		9 / 10	13	16	19	22
后良渚文化早期	2	5	7	11	14	17	20	23
良渚文化	3	6	8	12	15	18	21	24

图一　良渚文化和后良渚文化分期图表

1、3、4、13、17、20、22、23.上海马桥　9.金山亭林　16.松江广富林

2、24.无锡仙蠡墩　5、7、11、14、18.无锡锡山公园

6、8、12、15、19.余杭良渚　10.江山府头弄　21.杭州老和山

没有发现一片几何印纹硬陶。这种情况说明,上述两个遗址原来是存在包含有少量早期几何印纹陶的文化层的,只是在后来破坏了而已。这为我们确定现存文化层早于并紧接早期几何印纹陶文化层提供了很好的线索。而锡山公园和许巷的地层情况则为这个推测做出了确证。许巷的泥质红陶中含有极少的几何印纹软陶。锡山公园甲地文化层又可分为灰土层、深黄土层、灰白土层、硬黄土层四小层。夹砂粗红陶片在深黄土层以下为最多。几何印纹陶片在灰白土层中部以下较少,而其总数也只占全部陶片的2%:有红、黑、灰三色,以泥质陶为主,灰色的也有如良渚文化陶鬶或残袋足那样羼和有细砂的:纹饰有席纹、叶脉纹、方格纹等,都属于早期几何印纹陶纹饰,乙地文化层与甲地大体相同。只是该地发现的灰坑时代较晚,可能已接近亭林中层。因此,许巷和锡山公园的文化层可能正好填补了老和山和仙蠡墩的文化层到亭林中层为代表的后良渚文化晚期的缺环,对于探讨太湖流域印纹陶的起源也很有意义。

（四）陶器器形之比较研究

鼎　良渚文化晚期的鼎以镂空丁字形足为最典型,也有少量的鱼鳍形足和侧三角形足。而仙蠡墩等四个遗址中,除仍见有丁字形足和扁三角形足这类良渚文化的孑遗外,出土较多的圆锥柱形足和鸭嘴形扁足,则是与马桥中层的圆锥形足、凹弧形足、舌形足以及高祭台类型的圆柱形足是相同或类似的。仙蠡墩遗址出土一件夹砂粗红陶绳纹釜形鼎（图一,2）,与马桥下层良渚文化类砂红陶素面釜形鼎（图一,3）

相近,又与马桥中层Ⅱ式绳纹釜形鼎(图一,1)相似。此型鼎也见于良渚文化早期,但鼎足为鱼鳍形。

甗　良渚文化从早到晚都出有一种外表似鼎的鼎形甗。器腹内加一周突棱,用以置箅蒸食(图一,6)。锡山公园乙地则出土一种新的釜形束腰绳纹甗(图一,5),其束腰的功用与良渚文化鼎形甗腹壁的突棱是相同的。马桥中层则出现了束腰三足绳纹甗(图一,4)。

盘　可分三型。A型盘在良渚遗址中出有一种口缘带有四个小耳的泥质圈足黑陶盘(图一,8),而在锡山公园甲地则出土了一件口缘呈梅花形的泥质黑陶盘(图一,7),这一型式应是由良渚的带小耳盘演变而来。此型盘不见于马桥类型和高祭台类型。B型盘基本形式为直口浅腹圜底,良渚文化常见底部加一圈足(图一,12),锡山公园乙地出盘底无圈足,外饰细线方格纹(图一,11)。亭林中层的盘底加三个刀形高翘足(图一,9),高祭台类型盘底为三瓦足(图一,10)。C型基本形式为敞口折腹起突棱圜底,良渚文化盘底加圈足(图一,15),锡山公园乙地盘浅腹,无圈足(图一,14),马桥中层则为瓦足盘(图一,13)。

杯　良渚文化晚期的泥质黑陶直筒杯,圈足较高,素面或饰数周弦纹(图一,18);锡山公园甲地出土的泥质黑陶直筒杯,圈足很矮,外饰弦纹(图一,17);而马桥中层的直筒杯为泥质灰胎黑衣陶,大敞口,束腰,平底(图一,16)。

(五)石器

仙蠡墩等四个遗址发现有扁平石锛,拱背型和台阶型有段石锛、有肩石斧、扁平穿孔平刃石铲、长方形石刀、柳叶形石镞等石器工具,其形制与良渚文化一脉相通。但仙蠡墩等四个遗址出土的方形凸刃石钺、带柄三角形石刀、斜柄长条形石刀、半月形石刀、有肩石锄、石矛(戈)、石镰等石器工具,都是在良渚文化中少见或不见的,却在马桥中层又都有发现。

综上所论,仙蠡墩、锡山公园、许巷和老和山四个遗址的文化内涵和特征是:陶器以夹砂粗红陶为主,也有一些泥质红陶、灰陶和黑陶;无印纹陶或只有极少量的印纹软陶;夹砂粗红陶常饰有绳纹和篮纹,泥质陶上有时饰有刻画纹和镂空,印纹软陶纹饰主要有席纹、叶脉纹和方格纹等;陶器器形有鼎、甗、豆、盘、杯、罐等,其中以鼎为最多,圜底器也不少,而夹砂粗红陶绳纹釜形鼎、夹细砂束腰绳纹釜形甗、泥质梅花形矮圈足盘、直口浅腹圆底盘、折腹突棱圜底盘、矮圈足直筒杯等,都是很具特色的器形;石器则有方形凸刃石钺、带柄三角形石刀、斜柄长条形石刀、半月形石刀、有肩石锄、石矛(戈)和石镰等。显然,这些文化内涵和特征与良渚文化相比较,已起了质的变化。尽管这四个遗址的文化因素确与良渚文化有千丝万缕的联系,但不应归入良渚文化范畴,而是属于紧接在良渚文化后面的后良渚文化早期阶段。与此同时,后良渚文化早期的各种文化因素,如上所述,又恰与以亭林中层、马桥中层一期和高祭台类型为代表的后良渚文化晚期相联系,从而既理顺了良渚文化的去向,又为马桥类型文化和高祭台类型文化找到了确切的主要来源。

其实,良渚遗址的中文化层(C层),也属后良渚文化早期范畴,良渚乙区 L_4 坑表耕土下的陶片,色黄、砂胎,因风化过甚,不能辨其何物;L_5 黑湿土层只包含了极少的黑陶残片;丙区砂质土层中有粗劣黄砂质陶片、印纹陶片等。总之,在良渚遗址中层中粗黄陶片、赭黄带并行压纹薄陶片、黄砂鼎足等数量应是不少的,而铁黑发光陶片,厚重砂质黑陶片、粗厚黑陶边缘碎片等与良渚文化的黑陶也是有区别的。更重要的是在良渚中层中还发现有铜锈残片,可迄今为止,在良渚文化中是没有发现过铜器或铜锈的。这样,不仅为早期后良渚文化与良渚文化的关系,提供了一个可靠的地层根据,也说明用"后良渚文化"的命名是恰当的。

属于早期后良渚文化的还有杭州水田畈遗址上层之下部,包括位于上层下部的三座墓葬。出土较多的黑陶和夹砂陶,有夹砂陶鼎,灰陶罐,黑陶豆、盘以及玉管、玉佩和石刀、石斧等。该遗址的下层即为良渚文化层。这就为早期后良渚文化与良渚文化的关系,又找到了另一个可靠的地层根据。

三、后良渚文化是良渚文化的继续和发展

后良渚文化是良渚文化的继续和发展,首先可以从地层关系得到证明,因为考古发掘说明后良渚文化层之下往往直接叠压着良渚文化层。浙江崇德北道桥洲泉镇北出土一片带有夔凤纹的泥质灰陶片,与马桥中层拍印鸟形陶片几乎完全类同,说明该处可能也有与马桥中层相同的文化层(图二)。

其次,后良渚文化的分布地区仍与良渚文化相同,即主要在太湖地区。除了上述论到的遗址外,近年来,在浙江长兴、吴兴、嘉兴、平湖等地都发现有相当于马桥四层的遗物,说明后良渚文化确与良渚文化典型遗址分布的地域重合。

第三,从出土器物比较看:就陶器而言,后良渚文化中都存在着一类轮制泥质黑皮灰陶,胎质细腻而软,陶衣易脱落,与良渚文化的黑皮陶可谓一脉相通,甚至不易分辨。后良渚文化晚期陶器的很大特点是器底多呈圜底内凹,这一形制在良渚遗址的 9b、9c 和 9d 罐及 14 式瓮中都可找到它们的祖型——平底内凹(图三)。从陶器器类看,良渚文化和后良渚文化同样都有釜形鼎、罐形鼎、甗、釜、盂等炊器,而都以鼎为主,都无鬲,且在型式上或类同,或近似,或有演变线索可循(图四)。后良渚

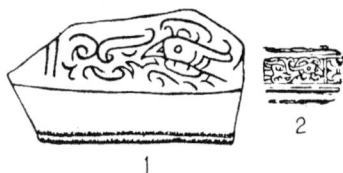

图二　夔凤纹陶片
1. 崇德北道桥　2. 上海马桥

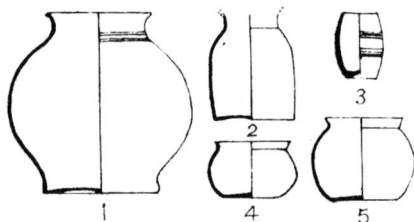

图三　良渚文化平底内凹陶器
1、2、4、5. 余杭良渚　3. 苏州越城

	鼎	釜	瓮	罐	带把罐	敞口罐	敛口罐
后良渚文化	1	3	5	7	9	11	13
良渚文化	2	4	6	8	10	12	14

	盆	豆	尊	盉		
后良渚文化	15	17	19	21	23	25
良渚文化	16	18	20	22	24	26

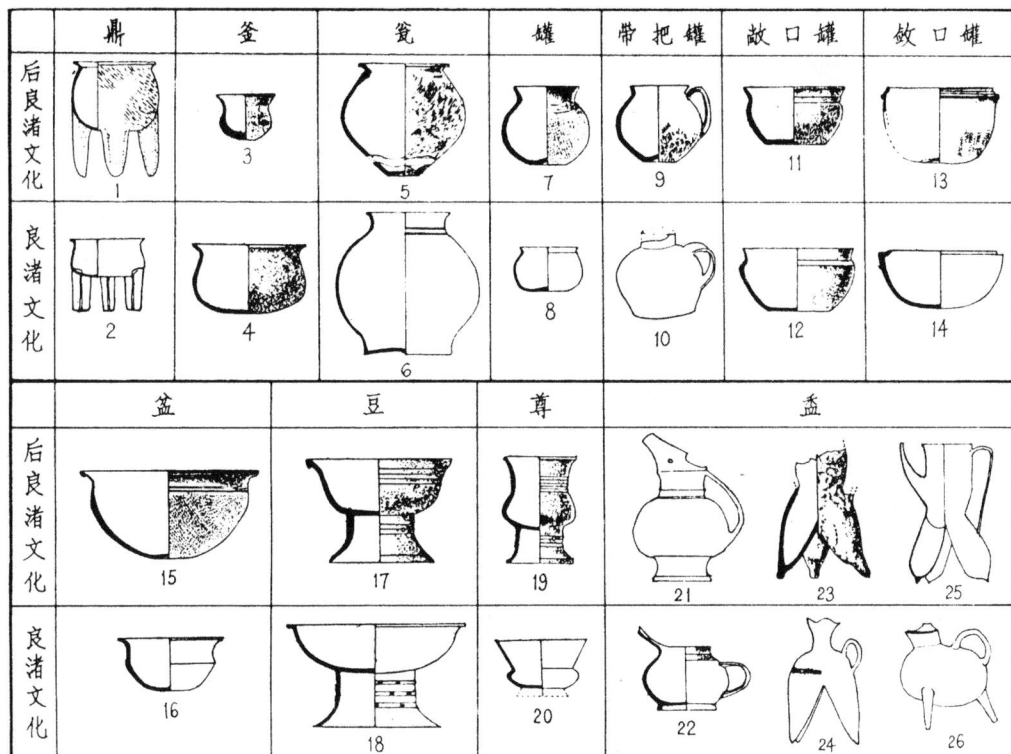

图四　良渚文化和后良渚文化陶器比较图表

1、4、11、12、13、17、19、23. 上海马桥　2、26. 松江广富林
3、5、8、15. 金山亭林　6、7、14、16、18、20. 余杭良渚　9、25. 吴兴钱山漾
10. 江阴璜塘　21. 江山扇头弄　22. 苏州越城　24. 青浦果园村

文化中的典型器物瓦足盘、折腹豆、深腹盆、带把罐、直筒杯、匜、尊、簋等,也都可以分别在良渚文化中找到它们的祖型器或同类器(图一、三)。再从纹饰看,良渚文化的泥质黑皮陶上有精细的刻画花纹和镂空,这在后良渚文化中也有发现。特别是钱山漾下层出土豆把上的戳印云雷纹、邱城中层出土豆把上的戳印重菱纹,与马桥中层出土的也是有同类戳印纹饰的泥质黑陶非常接近。钱山漾下层出土的一件石斧上有墨绘的回纹,与马桥中层出土的回纹印纹陶纹饰也很相近,这说明后良渚文化中的印纹陶尽管在器形、制法上与良渚文化有别,但在某些印纹纹饰母题上继承了良渚文化的传统是无疑的。至于生产工具,后良渚文化中的石破土器、石犁、石镰、石耘田器、有段石锛等都可以在良渚文化中找到它们的渊源。总之,后良渚文化确是主要由良渚文化发展而来的,它们是同一文化系统的先后承袭关系,这是毋庸置疑的。

　　但是,后良渚文化与良渚文化的明显差异性毕竟大于它们之间的共性。除了上述在陶系、制法上有很大区别外,在陶器器形上,良渚文化多平底器和圈足器,后良渚文化早期多圜底器,晚期的几何印纹陶则多为圜凹底。而几何印纹陶的出现,乃是后良渚文化,特别是晚期后良渚文化的最重要的文化特征之一,因为在良渚文化中是绝不见几何印纹陶的。而后良渚文化的几何印纹陶是在良渚文化陶器一些固有文化因素的继续与发展的基础上,大量接受了浙西南地区有关文化的影响而形成的。几何印纹陶处在由陶器到原始瓷器的中介物地位。因此,它既反映了制陶业的发展,也是后良渚文化比良渚文化进步的代表性器物。

后良渚文化的陶器中,有鸭形壶这一种很有特色的陶器。追溯它们的来源,可能既与良渚文化的实足盉有关,又与宁绍平原河姆渡遗址一、二层中发现的垂囊盉也有联系,可视为太湖地区和宁绍平原文化交流融合的新产品(图五)。

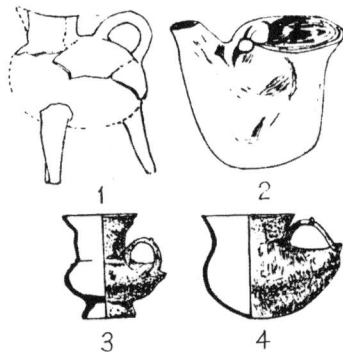

图五　实足盉、垂囊盉和鸭形壶
1、3、4.上海马桥　2.余姚河姆渡

后良渚文化还有觚、瓦足盘、平底盆、器盖等很有特色的陶器,其中有些虽与良渚文化有关,但这些器形的总体风格却与中原地区的二里头文化相近。因此,在研究后良渚文化的时候,不能不跟夏文化的探讨相联系。

四、二里头文化的南来

后良渚文化早期的开始年代应与二里头文化开始的年代相当,但二里头文化对后良渚文化的明显影响,却是出现在马桥中层和亭林中层。这种影响可分为两类,甲类是二里头文化因素与良渚文化因素或后良渚文化自有的因素融为一体后产生的器物,乙类是较为纯粹的二里头文化因素。

甲类

瓦足盘　这是二里头文化中最具典型的器物,从一期到三期都普遍存在,马桥中层也出土一件瓦足盘,其形制总的说来与二里头二期同类器风格相一致,特别是三瓦足更为相像(图六,1、2)。但此盘腹很浅,又保持有良渚文化的作风(图一,13)。

外折唇深腹圆底盆　这是二里头文化晚期常见器形,外饰绳纹,有的器内刻浅槽,杂有小麻点。马桥中层和亭林中层也出有同类陶盆,但有的器底呈圜凹状,外壁往往拍印方格纹,这是后良渚文化自有的作风(图六,3、4)。

簋　二里头文化晚期出有大口折沿圈足簋。马桥中层簋的形制既与之相似,又与良渚遗址 2g 簋很接近(图六,5、6、7)。

折腹豆　二里头文化早期豆的豆盘腹壁折角明显,豆把上饰有镂空。马桥中层Ⅰ式豆既与之形制相似,也与良渚遗址 7d 式豆接近;有的豆把上部还施有一周云雷纹,这又加进了后良渚文化自有的文化因素(图六,8、9)。

圆腹罐　这是二里头文化的典型陶器之一,从一期到四期都有,外饰绳纹,晚期为圜底内凹。亭林中层出土的圆腹罐与之形制相同。但外拍印方格纹,这是后良渚

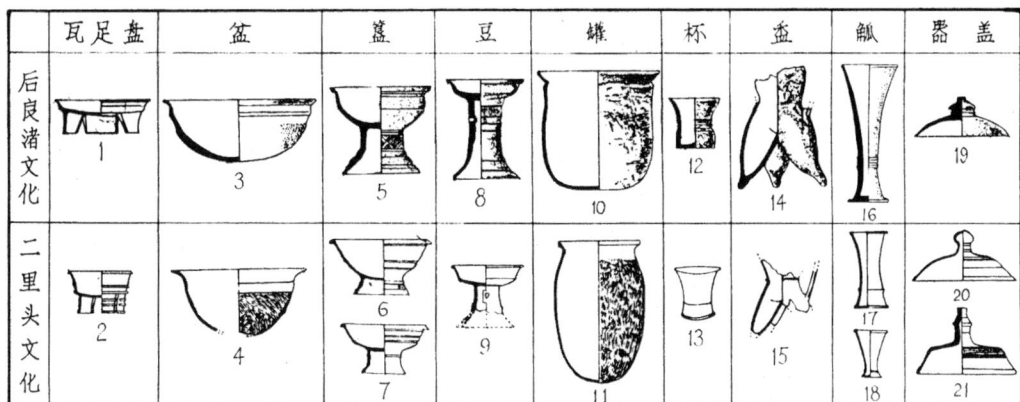

图六　后良渚文化和二里头文化陶器比较图表

1、3、5、8、12、14、16、19.上海马桥　10.金山亭林

2、4、6、7、9、11、13、15、18、20.偃师二里头　17、21.洛阳东干沟

文化自有的文化因素。

　　平底杯　二里头文化晚期出有一种粗体觚，敞口，束腰。马桥中层Ⅲ式杯与之形制很接近，但与前文所述的良渚文化的筒形圈足杯也不无关系（图六，12、13）。

　　盉　二里头文化早晚期都有，一期出有宽鋬袋足盉。马桥中层出土的同类盉与之形制几乎完全相同，但与良渚文化的袋足鬶、实足盉也应有关系（图六，14、15）。

　　石镰　二里头文化中出有半月形石镰。马桥中层Ⅰ式石镰与之形制相同，但与良渚文化的石镰也有关系。

　　半月形带孔石刀　这在二里头文化和马桥中层均出土不少，但在良渚文化中也已出现。

　　乙类

　　觚　开始出现于二里头文化二期，早期呈细长圆筒形。这与马桥中层Ⅰ式觚相似；晚期变为体较粗大的喇叭形，这又与马桥中层Ⅱ式觚相似（图六，16、17、18）。

　　器盖　二里头文化二期的器盖，握手呈圆锥状，器身折角不显。这与马桥中层T1：12Ⅱ式器盖形制接近（图六，19、20、21）。

　　平底盆　二里头文化早期即已出现。马桥中层Ⅲ式盆与之形制相近。

　　深腹罐　二里头文化二期的深腹绳纹罐，与亭林中层出土的深腹绳纹罐形制接近（图六，10、11）。

　　扁平三角形石镞　这是二里头文化的典型器物之一。但在马桥中层也出土了33件此种形式的石镞，且与二里头文化的扁平三角形石镞形制十分相像。

　　长条形铜刀　这是二里头文化的代表性铜制工具之一，马桥中层也出有一件，形制相近。

　　长条形铜凿　也是二里头文化的代表性铜制工具。马桥中层也出有一件，形制相似。

从上述分析看来,二里头文化大约从二期始就南下对后良渚文化发生强烈的影响。当然,它们之间的交往可能会更早些。二里头文化南下的路线从目前考古发现看,应是通过安徽巢湖南北和江淮地区,再越过长江进入太湖地区的。因为巢湖南北和江淮地区的商文化层下面的堆积中,有与二里头文化相似的遗物,肥西大墩孜遗址中还发现过与二里头文化相似的铜铃。《左传·哀公七年》载"禹合诸侯于涂山"。其地一说即是在今安徽省巢湖地区的当涂山,这也与现在的考古发现相吻合。

当然,文化的传播和影响总是相互的。在二里头文化南下的时候,后良渚文化也纷纷北上。上述二里头文化类型中发现的少量印纹陶和圜凹底圆腹罐,明显是后良渚文化北上的产物。此外,原先在良渚文化中大量出土的玉琮、玉璧和玉钺,也在这个时候开始在二里头文化中争耀夺目。显然,这也是后良渚文化北上的结果。可见良渚文化和后良渚文化在中国文明起源、中国国家的产生和形成过程中,曾做出过重大贡献,它所应有的历史地位是不容抹杀的。

余　论

太湖地区的原始文化,从桐乡罗家角早期文化(第四层)起,经过了马家浜文化和崧泽文化,再到良渚文化,都是一脉相承、不断发展的。生活在这个地区的古越族先民,以自己的智慧和辛勤劳动创造了灿烂辉煌的远古文化和相当发达的原始农业和原始手工业,他们是我们中华民族最古老、最发达的原始族体之一。随着原始社会的解体、国家的形成和夏族政治势力的向南发展,太湖地区原来发展着的原始文化发生了质的巨变,从而给人造成了文化缺环,甚至是文化中断的错觉。然而,这种情况又不仅仅发生在太湖地区,在湖北鄂西和山东地区也都存在过,鄂西地区的原始文化约从大溪文化开始,经过屈家岭文化阶段,再到季家湖文化阶段,然后突然匿迹。山东地区的岳石文化与典型龙山文化之间的文化面貌还有不少差距。看来,这是个普遍现象。从本文论述看,也许这都是跟原始社会的消亡、文明时代的到来,统治国家的主体族体——夏族向四周扩展政治文化势力有关,因而也影响到考古学文化发生了重大变化。从这一点说,探讨良渚文化的去向和二里头文化的南来这一课题,乃是有一定意义的。

（本文原载《无锡文博》1994 年第 3 期）

柳州市白莲洞遗址的初步研究

　　柳州市白莲洞遗址是在裴文中教授带领下的中国科学院古脊椎动物研究室华南调查队于1956年发现的。它位于柳州市东南郊柳石公路西侧的白面山（又名水岩山）腰，距市中心约12公里。当时曾根据洞内堆积情况及采集到的四件打制石器、一件扁类的骨锥和一件粗制的骨针，确定其为旧石器时代晚期的文化遗存[①]。

　　1973年8月，柳州市博物馆对该洞保存的文化堆积进行了一次小规模的发掘，出土了一件砾石打制石器，发现了用火痕迹和一些动物化石[②]。为了进一步弄清洞内地面下的堆积情况，柳州市博物馆于1979年六七月，再次发掘了白莲洞，在洞内东端先开了一条4×1米的探沟（T_1），后又向外扩1米（T_{1A}），实际发掘面积为4×2米。获得了87件打制石器、石核和石片等石制品，从而丰富了我们对白莲洞遗址内涵的认识。笔者参加了这两次发掘的全过程，并对全部出土物进行了整理研究。现将初步研究的结果介绍于下，以就教于学术界。

一、地貌、地质和地层

　　柳州市是一个盆地式的峰林平原，四周石灰岩孤峰林立，东南郊的岩溶石山尤其发育，形成海拔高约100米的峰林谷地，保存的基岩主要是中、上石炭纪（C_2-C_3）的石灰岩。而山峰平均海拔高约200米，约形成于侏罗纪后期。广泛分布于山中的溶洞，则是在更新世中期到更新世晚期的早一阶段（Q_2-Q_3早期）形成的。谷地地面的堆积系在更新世晚期到全新世（Q_3-Q_4）时形成的河湖相沉积。山坡上的沉积物是第四纪形成的残坡积[③]。谷地内，都乐河曲折流向东北，注入从北向南流的柳江。

　　白面山则位于柳江西约5公里处，地处东经109°20′，北纬24°15′，海拔高为249.8米。白莲洞位于白面山腰，洞口朝南，高于山下地面约20米。洞内东西长

① 贾兰坡、邱中郎：《广西洞穴中打击石器的时代》，载《古脊椎动物与古人类》第2卷第1期，1960年。
② 广西柳州市博物馆：《柳州市白莲洞旧石器时代晚期文化遗址中的脊椎动物遗骸》，载《古脊椎动物与古人类》第13卷第2期，1975年。
③ 广西壮族自治区水文地质队水文地质资料，由该队顾雪荣、陈广远两位同志提供，特此感谢。

为 18.23 米,南北最宽处为 8.11 米。洞的上下左右,还有很多大而深且多层次的垂直或水平溶洞。

白莲洞内保存的文化堆积呈灰黄色胶结状态,非常坚硬,含有石块、大量螺蛳壳等软体动物介壳,以及多种哺乳动物和其他动物化石等。堆积东厚西薄,从中部起向西倾斜。东部最厚处达 1.38 米,西部出露的最薄堆积仅 0.05 米。堆积上面有一层厚 0.1～0.3 米的"钙板"覆盖。据当地农民讲,此洞早在抗日战争期间就已长期被扰,因此,洞内地面下的第一层是扰乱层,内含主要是石块和灰黄色螺蛳壳胶结碎块,还有少量的哺乳动物化石残片。1979 年发掘时,就是在此层中获得了 83 件石制品。据石制品表面残留着的灰黄色胶结看,可以确认这些石制品的原生层位就是灰黄色螺蛳壳胶结堆积层。

在灰黄色螺蛳壳胶结层下,还有一层"钙板"。"钙板"的很多地方已被打破。在这层"钙板"的覆盖下,是红色砂土层。红色砂质土层的上部比较坚硬,并夹有很薄的银白色石花和零星分布的红烧土,以及少量残破过甚、种属不辨的化石碎片。土质坚硬的原因,可能是因为含有碳酸钙的水分渗入引起的。红色砂质土层的下部则比较松散,内涵也比较单纯,除了少量小石块外,几乎不含其他物质。

红色砂质土层的下面为整块石灰岩块。岩块的某些地方,也覆盖有"钙板"。

综上所述,白莲洞中的堆积物,自上而下可分为五层(图一):

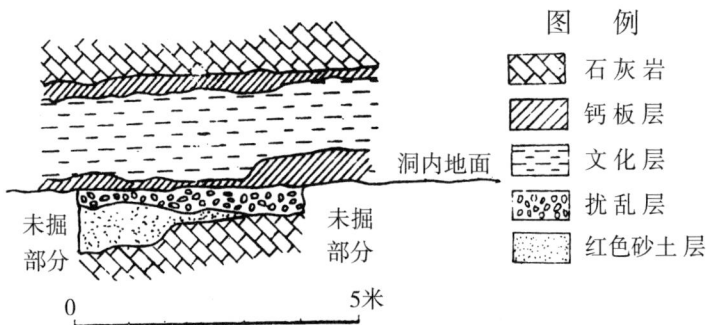

图一　白莲洞 79BLT1 北剖面图

第一层:上钙板层,厚 0.1～0.3 米。

第二层:灰黄色螺蛳壳胶结层,是含有石器等文化遗物的文化层。在没有遭到破坏前,应厚 1.15～1.55 米。

第三层:下钙板层,厚 0.08～0.54 米。

第四层:现代人类堆积起来的扰乱层,厚 0.25～0.52 米。原生堆积不应包括此层。

第五层:红色砂质土层,厚 0.1～0.82 米。

第六层:底部和整块石灰岩石相接,这种整块石灰岩石可能就是洞底。

二、白莲洞石制品的类型研究

两次发掘出土的石制品共 88 件,其中石核 26 件,石片 12 件,打制石器 39 件,另有残石料 11 件。石料大部分是体积大、磨圆度好的砾石。而质料则以坚硬的黑色燧石为最多。统计 1979 年发掘所得的 87 件石制品中,黑色燧石制品就有 19 件,占 21.8%;硅质岩和石英砂岩、泥质砂岩、含泥砂岩各有 18 件,各占 20.7% 弱;第三是普通砂岩,有 17 件,占 20%;以下依次为石灰岩 6 件,占 6.9%;基性火成岩 4 件,占 4.6%;砂质泥岩和白色发亮的石英各 2 件,各占 2.3%;角岩 1 件,占 1.1%(见附表)。

白莲洞出土的石制品类型分述如下:

1. 石核   可分砾石和燧石结核石核两类。

砾石石核   14 件。形状不规则。大部分是在砾石的一端或一面,利用自然台面向一个方向打片而产生的简单石核。也有在同一台面向一个方向多处连续打片所产生的石核。石片疤既小又不规则,大部分半锥体阴面不大明显。79BLT$_1$ ①:27,石片疤呈三角形(图二,5)。79BLT$_1$ ①:6,是多面体石英砂岩砾石石核,利用宽厚砾石的一自然面做台面,沿着周围边缘连续打片,又以石片疤阴面做台面,向着与原来打击方向成垂直的角度再打片(图三,12)。

燧石结核石核   12 件。仅个别为柱状石核(79BLT$_1$ ①:21,图二,7),余皆是不规则的多台面石核。除有两件稍大者外,体积一般都很小。没有明显的修理台面的现象(图六,1、5、6)。

2. 石片

形状均不规则,一般都不太大。大的长 7.6 厘米(79BLT$_{1A}$ ①:68),小的仅长 2.3 厘米(79BLT$_1$ ①:25)。有一部分打击点集中,半锥体显著。79BLT$_1$ ①:35 为硅质岩,一端以砾石自然面做台面,半锥体明显,与劈裂面相对的背面,有许多因敲击而形成的疤痕和棱脊(图二,12)。79BLT$_1$ ①:36 为砂岩质,自然台面狭小并向半锥体方向倾斜,半锥体明显(图二,8)。79BLT:04 是一件细小的燧石片,长 2.6、宽 2.2、厚 0.3 厘米(图二,16)。

根据石核和石片总的情况考察,可以判定,白莲洞出土的石片大部分是用锤击法直接从石核上打下来的(图四,4)。

3. 石器

39 件打制石器中,有砍砸器 15 件,刮削器 13 件,尖状器 6 件,石锤(砍砸器)4 件,钻孔砾石 1 件。

(1)砍砸器   根据形状和制法的不同,可分为六式:

Ⅰ式   5 件。由砾石打制而成,扇形。系先用碰砧法将砾石击成两半,然后在破裂的一端斜着直接打击,加工成凸刃。刃端上缘石片疤较大,刃缘处则比较细小,凹陷也较深,这是在刃缘又经进一步加工所致。

广西柳州市白面山白莲洞遗址 1979 年发掘出土的石制品统计表

类型	黑色燧石	普通砂岩	石英砂岩（包括主要成分为石英或碎屑的砂岩）	泥质砂岩	粉砂岩	含泥砂岩	含泥细一分砂岩	硅质岩	石灰岩	基性火成岩（也可能是变质岩）	砂质泥岩	石英	角岩	合计
石核	12	1	3	1		3		4		1		1		26
石片	1	4				1	1	3		1		1		12
砍砸器 I式						1		1			2			4
砍砸器 II式								1						1
砍砸器 III式								2						2
砍砸器 IV式								2						2
砍砸器 V式		2												2
砍砸器 VI式		1				1		1						3
刮削器 I式		2	1					1		1				5
刮削器 II式		2				1								3
刮削器 III式		1						1						2
刮削器 IV式	1													1
刮削器 V式	1													1
刮削器 VI式	1													1
尖状器 I式	1							1		1				3
尖状器 II式	1													1
尖状器 III式	1		1											2
石锤（敲砸器）		1							2				1	4
钻孔砾石		1												1
废残石料		2	1		3			1	4					11
合计	19	17	6	1	3	7	1	18	6	4	2	2	1	87
百分比（%）	21.8	20	6.9	1.1	3.4	8.0	1.1	20.7	6.9	4.6	2.3	2.3	1.1	100

注：石制品质料鉴定者：广西水文地质队王秀珍和广西物探队阳卓照、张绍仁三位同志。特此感谢。

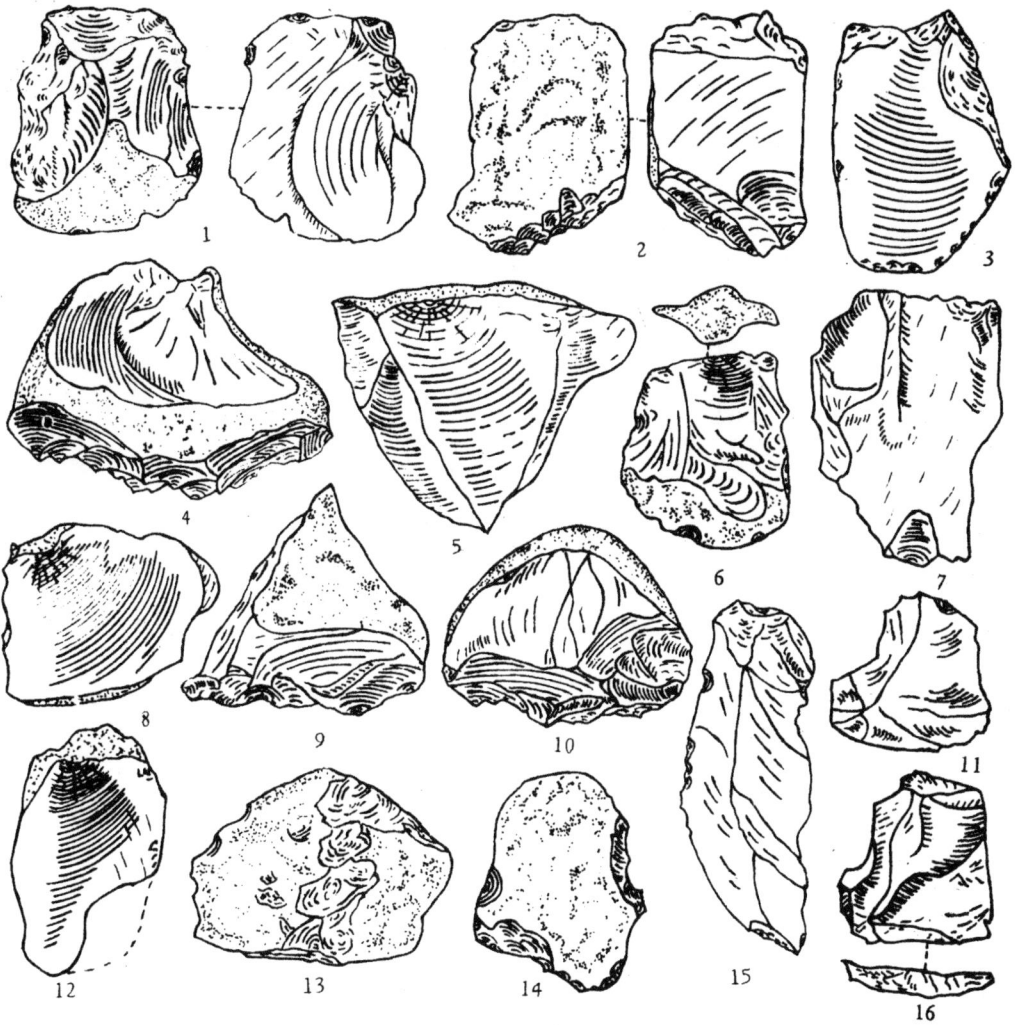

图二　白莲洞石制品（一）

1. Ⅰ式刮削器（79BLT$_{1A}$①：58）　2. Ⅵ式砍砸器（79BLT$_1$①：9）　3. Ⅵ式砍砸器（79BLT$_{1A}$①：55）
4. Ⅰ$_b$式砍砸器（79BLT$_1$①：1）　5. 砾石石核（79BLT$_1$①：27）　6. Ⅰ式刮削器（79BLT$_1$①：
10）　7. 燧石结核柱状石核（79BLT$_1$①：21）　8. 石片（79BLT$_1$①：36）　9. Ⅱ式砍砸器
（79BLT$_1$①：4）　10. Ⅰ$_b$式砍砸器（79BLT$_1$①：7）　11. Ⅴ式刮削器（79BLT$_1$①：23）　12. 石
片（79BLT$_1$①：35）　13. 石锤（敲砸器）（79BLT$_1$①：30）　14. Ⅱ式刮削器（79BLT$_1$①：13）
15. Ⅳ式刮削器（79BLT$_1$①：17）　16. 燧石石片（79BL：04）　（1.3.4.6.8.9.10.12.13.14.15 为
1/2，余原大）

　　Ⅰ$_a$　3件。79BLT$_1$①：8（图四，3）与 79BLT$_1$①：11，系由黄色砂质泥岩制成，
质料较为粗糙。1973 年发掘出土的一件打制石器，也属Ⅰ$_a$式砍砸器，唯质料为灰黑
色石英岩。

　　Ⅰ$_b$式　2件。79BLT$_1$①：1，系用扁平含泥砂砂岩砾石打制而成，与刃端相对的

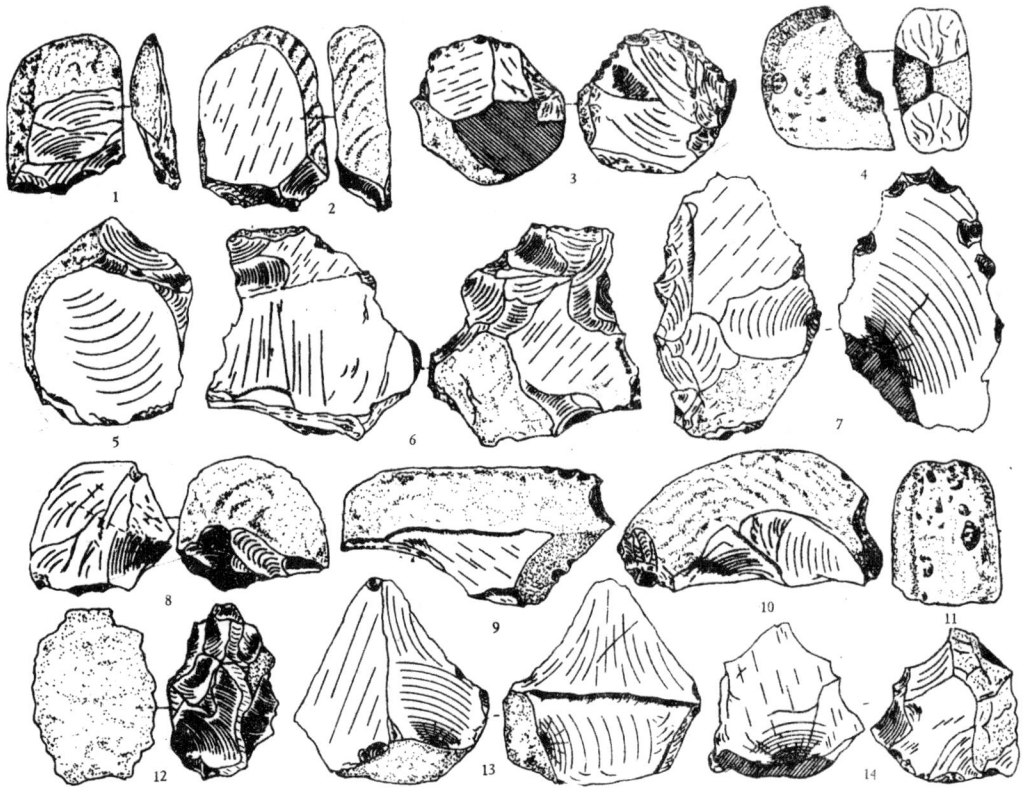

图三　白莲洞石制品（二）

1. Ⅳ式砍砸器（79BL：01）　2. Ⅳ式砍砸器（79BLT₁①：12）　3. Ⅲ式砍砸器（79BLT₁①：2）
4. 钻孔砾石石器（79BLT₁①：41）　5. Ⅱ式刮削器（79BLT₁①：33）　6. Ⅳ式刮削器
（79BLT₁①：16）　7. Ⅰ式尖状器（79BLT₁①：18）　8. Ⅴ式砍砸器（79BL：03）　9. Ⅲ式刮削
器（79BLT₁①：3）　10. Ⅲ式刮削器（79BLT₁A①：57）　11. 石锤（79BLT₁A①：66）　12. 砾石
石核（79BLT₁①：6）　13. Ⅲ式尖状器（79BLT₁A①：62）　14. Ⅲ式尖状器（79BLT₁①：15）
（1.2.3.4.5.11.12 为 1/4，余皆 1/2）

一端有因打片而在砾石的一面留下的较为平整的大石片疤（图二，4）。79BLT₁①：7，
为用磨圆度极好、具明显层理构造的硅质岩砾石制成，刃缘的上端有一稍斜的大石
片疤（图二，10）。这两件石器上的大石片疤，应为有意打成，以增加摩擦力，便于手
握。

　　Ⅱ式　1件（79BLT₁①：4）。体呈三角形，原来是件硅质岩石核。加工部位不
在原制片面，而在它相邻的一边，由砾石较凸的一面向较平的一面斜向直接打击，修
成刃缘（图二，9）。

　　Ⅲ式　2件。轮廓呈不规则圆形，用厚石片以交互打击法加工修整而成。
79BLT₁①：2为硅质岩砾石制成，与刃缘相对的手握部位钝厚，保留有砾石自然
面；相邻上缘的一面为自然层理裂面，十分平整；从刃缘直视，则为楔形（图三，3）。

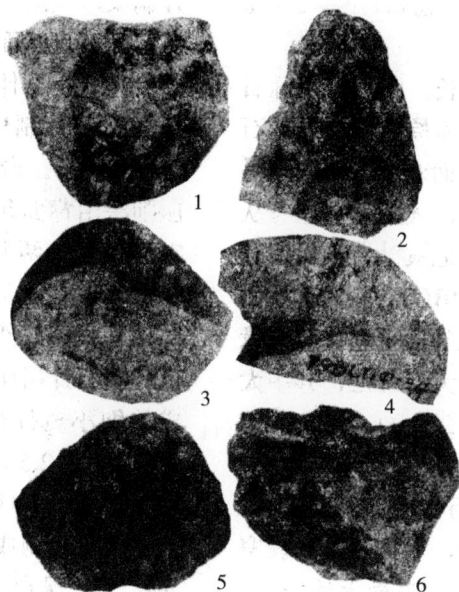

图四 白莲洞石制品（三）

1.5.6. 燧石石核（79BLT$_1$ ①：19、79BLT$_1$ ①：22、79BLT$_1$ ①：76） 2. I 式尖状器（79BLT$_1$ ①：64） 3. I$_a$式砍砸器（79BLT$_1$ ①：8） 4. 石片（79BLT$_1$ ①：54） 5. 燧石石核

79BLT$_1$ ①：37 亦为硅质岩砾石打制，与刃缘相对的边缘均保留砾石自然面，一面较平，加工较少，一面隆起，加工较多。

IV式 2件。外观呈锛形。亦用厚石片修整加工而成。但这种厚石片是利用砾石自然节理打成的，故破裂面十分光滑、平整，不需加工或很少加工。在这种厚石片的一端，从一面向另一面斜向打击，修成单面刃缘。其他三个边缘均保留着砾石自然面。79BL：01 出自西端第二层——灰黄色螺蛳壳胶结层中，原料为黑色硅质岩砾石，一面平整，系是砾石自然节理面；另一面则从上端至刃缘依次有三个斜向的较平整的大石片疤；长 8.7、宽 6.6、厚 1.7 厘米（图三，1）。79BLT$_1$ ①：12 亦为硅质岩砾石制成，两面均是砾石自然节理面，长 9.9、宽 7.1、厚 3.3 厘米（图三，2）。

V式 2件。舌形。均由砂岩砾石石片制成。器身较短，凸圆刃。自然台面狭小并斜向破裂面，与破裂面相对的背面全保留砾石自然面。79BL：03 出自东端第二层——灰黄色螺蛳壳胶结层中，长 7.2、宽 8.2、厚 3.3 厘米（图三，8）。79BLT$_A$ ①：59 形制相同，唯略小，长 6.8、宽 8.1、厚 2.4 厘米。

VI式 3件。器身略长，圆刃，用砾石石片制成。79BLT$_1$ ①：9 为棕色细砂岩砾石质，破裂面平整，在破裂面两端各斜向向另一面打击修整成两个刃缘，大的一头还有从背面向破裂面加工的细小疤痕。背面保留砾石自然面（图四，2）。79BLT$_{1A}$ ①：55 系由硅质岩砾石石片打制，破裂面平整，与刃缘相对的一端有两个凹陷的大石片疤，其中大的一个向另一边倾斜（图二，3）。

（2）刮削器　可分六式：

Ⅰ式　5件。均用石片制成，形制较小刃缘圆凸，较宽而薄，手握一端则较窄而厚。79BLT$_{1A}$①：58是其中最大的一件，硅质岩砾石质，刃端的一面保留有砾石自然面，台面利用了原破裂面，在与刃端相邻一边的上端。长7.0、宽6.0厘米（图二，1）。79BLT$_1$①：10为砂岩砾石质，自然台面与刃缘相对，破裂面下缘近刃部处保留有砾石自然面，刃缘由背面向破裂面打击修整而成（图二，6）。

Ⅱ式　3件。亦由石片制成。平刃。79BLT$_1$①：13砂岩砾石料，很薄，与刃部相对的一缘呈圆弧状，刃缘由背面向破裂面略加修整，背面保留了砾石自然面（图二，14）。79BLT$_1$①：33系用砂岩砾石石片制成，与刃缘相对的一端为一凹陷的石片疤。此器即是以这个石片疤为台面打下来的。背面平整，是砾石的自然节理面。刃缘部分有背面向破裂面加工修整而剥落的小石片疤。与刃端相邻的一边保留有砾石自然面。从刃缘直视，则呈楔状（图三，5）。

Ⅲ式　2件。圆凹刃，由背面向破裂面修整而成。79BLT$_1$①：3由砂岩砾石石片打制，呈长条状，破裂面系砾石自然节理面，背面及与刃缘相对的一端保留有砾石自然面（图三，9）。79BLT$_1$①：57由硅质岩砾石石片制成，呈新月形，与刃缘相对的外凸一缘保留砾石自然面（图三，10）。

Ⅳ式　1件（79BLT$_1$①：17）。系用黑色燧石石片制成的细小石叶石器，长4.0、宽2.1厘米。台面窄小，有双生半锥体。用压削法由背面向破裂面修整。背面有数条人字形棱脊。两侧边均可做刃缘使用（图二，15）。

Ⅴ式　1件（79BLT$_1$①：23）。系用黑色燧石石片用压削法由背面向破裂面修整而成的细小短石器，台面和半锥体均很明显。长2.4、宽2.5厘米（图二，11）。

Ⅵ式　1件（79BLT$_1$①：16）。由黑褐色燧石石片制成，外观呈不规则四边形。台面窄小，保留有燧石结核石皮，半锥体明显。用敲击法沿台面两则边缘，由背面向破裂面修整成两刃缘。背面的下缘还保留有一块石皮（图三，6）。

（3）尖状器　可分为三式：

Ⅰ式　3件。外观似小手斧，体长。79BLT$_1$①：18系由黑色燧石石片制成。台面平整，未见修理疤痕。半锥体清楚。由台面两侧缘向前端用交互打击法修整成两刃夹一圆尖，刃缘曲折，成锯齿状。长6.8、宽4.5、厚1.5厘米（图三，7）。79BLT$_1$①：64为石灰岩质，由破裂面向背面直接打击法修整成两刃夹一圆尖（图四，2）。

Ⅱ式　1件（79BLT$_1$①：14）。系黑色燧石石片制成的细小石器。有台面，修整方法是用压削法从背面向破裂面加工而成，制作精致。仅长2.0、宽1.9、厚0.7厘米。

Ⅲ式　2件。79BLT$_1$①：15是用黑色燧石石片加工制成的，与台面相邻的一侧缘由背面向破裂面用压削法加工修整而成，与之相对的一侧则保留了燧石结核石皮，其刃缘是石片剥落时，自然形成的刃缘（图三，14）。79BLT$_{1A}$①：62用石英砂岩砾石石片制成，台面保留砾石自然面，破裂面近台面上端有一凹陷的大石片疤，背面上缘中部至尖端有一直棱（图三，13）。

（4）石锤（敲砸器）

79BLT$_1$ ①：30 为一破裂的棕黑色角岩砾石,保留自然面的一端,有敲砸形成的散漫、形状不规则的坑疤（图二,13）。79BLT$_1$ ①：66 为砂岩砾石石核,两个破裂面阴面与砾石的纵、横径相垂直,在砾石的顶端和自然面上有被砸痕迹（图三,11）。79BLT$_{1A}$ ①：67 与 79BLT$_{1A}$ ①：66 形制相同,唯质料的基性火成岩（也可能是变质岩）。

（5）钻孔砾石石器

79BL$_1$ ①：41 残存一半,用砂岩质扁平砾石制成。孔系用琢钻法两面对钻而成,外孔径 3.9 厘米,内孔径 1.5 厘米。砾石残长 6.8、宽 7.8、厚 4.4 厘米。砾石表面很粗糙,并布满了细小疤坑（图三,4）。

三、白莲洞打制石器特点及比较研究

根据上述研究,可以概括出白莲洞打制石器的工艺特点。

首先,石器原料选择比较严格。白莲洞石器所用的砾石原料,体积大,磨圆度好,附近的都乐河和柳江中很少有如此者。可见当时居住在白莲洞的远古人类,只有从现今还没有发现的古柳江河道中才能选取到这样的砾石原料。至于黑色燧石原料,目前我们还难以确切知道它的来源。这种情况说明,当时人类对岩石的性质已有比较深刻的认识。

其次,石器制作和打片方法多样,有锤击法,也用碰砧法。第二步加工,有一面打击的,也有交互打击的。另外,除用常见的直接打击法外,对燧石质料的石器还采用了压削法修整。利用砾石自然节理和层理打出平整光滑的破裂面的方法,和两面琢钻的对钻技术,在旧石器时代文化中,都是罕见的。

再次,石器类别较多,型式鲜明,以砍砸器、刮削器为主,也有尖状器,还有石锤（敲砸器）和穿孔砾石。同一器形有的还可分为若干不同型式。说明这是当时人类有意识制作的,每类各式都应有不同的用途。其中以Ⅳ式锛形砍砸器、Ⅴ式舌形砍砸器和黑色燧石制的小尖状器最具特色,是白莲洞打制石器中的典型器。

总的说来,白莲洞打制石器的工艺技术既保持了我国旧石器时代石器制作的传统工艺特点,如用锤击法打片,用直接打击法加工修整石器等,又采用了较为进步的方法,如已能运用交互敲击法甚至压削法修整石器等。Ⅰ式折扇形砾石砍砸器,过去有人认为这种石器的制作方法比较原始、简单。其实不然。模拟实验证明,它是先用碰砧法将砾石一击为二,然后用直接打击法向一面斜向加工成刃缘,再在刃缘进一步修整,使之更加锋利,便于砍砸。对于光滑、磨圆度好的质料,又在手握部位打片,使之便于手握。实验还证明,如果只用简单的锤击法,是打不出这样的石器的。再如细小的燧石石器,是先用锤击法从结核上打下石片,再用压削法精细加工修整而成。这种有意识地以多种方法运用在不同工序上来制作石器的较为复杂的工艺,无疑是进步的。

　　白莲洞Ⅰ式扇形砾石砍砸器与我国广西来宾麒麟山①、崇左绿青山矮洞②、百色上宋村③、湖北大冶石龙头④、台湾东来县长滨乡八仙洞⑤所发现的砾石砍砸器,在原料、形状和制作技术上极为相似,除了百色上宋村的标本较粗大外,其他差别很少。白莲洞Ⅴ式两边刃燧石刮削器与崇左绿青山矮洞的燧石刮削器也很相似⑥。

　　从地层考察,白莲洞文化层与来宾麒麟山遗址文化层最相近,区别仅在于麒麟山遗址上层螺蛳壳含量要比白莲洞少,上下层的土色均比白莲洞稍灰稍浅一些而已⑦。另外,柳州思多岩⑧、柳江陈家岩⑨、崇左绿青山矮洞⑩、来宾龙岩洞⑪、武鸣芭桥⑫、芭勋⑬、腾翔⑭、桂林D洞⑮等遗址的文化层与白莲洞文化层也都基本相似。

　　从石器和地层的比较上,我们可以看出白莲洞的打制石器,与我国已知的旧石器文化,特别是南方的旧石器晚期文化的联系是很密切的。

四、关于白莲洞遗址时代性质的讨论

　　关于白莲洞遗址的时代性质,1979年的发掘证明,在灰黄色含介壳的胶结层下,压着红色砂质土层。在这一层中,没有发现石器等文化遗物。在地质学上,广西这种堆积的时代相当于更新世中期(Q_2),有的延续更新世晚期的早一阶段(Q_3早期)。因此,灰黄色胶结层地质年代不会早于Q_3早期。再从1973年和1979年两次发掘所发现的动物化石看,可以识别的种属计有哺乳动物灵长目一种,食肉类一种,偶蹄类四种,啮齿类一种。具体分述如下:

① 贾兰坡、吴汝康:《广西来宾麒麟山人类头骨化石》,载《古脊椎动物与古人类》第1卷第1期,1959年。
② 贾兰坡、邱中郎:《广西洞穴中打击石器的时代》,载《古脊椎动物与古人类》第2卷第1期,1960年。
③ 李炎贤、尤玉桂:《广西百色发现的旧石器》,载《古脊椎动物与古人类》第13卷第4期,1975年。
④ 李炎贤、袁振新、董兴仁、李天元:《湖北大冶石龙头旧石器时代遗址发掘报告》,载《古脊椎动物与古人类》第12卷第2期,1974年。
⑤ 韩起:《台湾省原始社会考古概述》,载《考古》1979年第3期。又:《长滨文化——台湾首次发现的先陶文化(简报)》,载《中国民族学通讯》第9期,1969年。
⑥ 贾兰坡、邱中郎:《广西洞穴中打击石器的时代》,载《古脊椎动物与古人类》第2卷第1期,1960年。
⑦ 贾兰坡、吴汝康:《广西来宾麒麟山人类头骨化石》,载《古脊椎动物与古人类》第1卷第1期,1959年。
⑧ 贾兰坡、邱中郎:《广西洞穴中打击石器的时代》,载《古脊椎动物与古人类》第2卷第1期,1960年。
⑨ 贾兰坡、邱中郎:《广西洞穴中打击石器的时代》,载《古脊椎动物与古人类》第2卷第1期,1960年。
⑩ 贾兰坡、邱中郎:《广西洞穴中打击石器的时代》,载《古脊椎动物与古人类》第2卷第1期,1960年。
⑪ 贾兰坡、邱中郎:《广西洞穴中打击石器的时代》,载《古脊椎动物与古人类》第2卷第1期,1960年。
⑫ Pei wen-Chung: On a Mesolithic(?) industry of the Cares of Kwangsi. Bull. Geol. sac. China 14.3:393-412.1935a.
⑬ Pei Wen-Chung: Fossil Mammals from the Kwangsi caves. Bull. Geol. China 14.3；413-425.1935b.
⑭ Tei hard de Chardin, P.C.C.Young, W.C.Pei and H.C.Chang：On the cenozoic formations of Kwangsi and Kwangtung. Bull. Geol. sac. China 14.2:179-210.1935.
⑮ Tei hard de Chardin, P.C.C.Young, W.C.Pei and H.C.Chang：On the cenozoic formations of Kwangsi and Kwangtung. Bull. Geol. sac. China 14.2:179-210.1935.

灵长目　弥猴（Macaca sp.）：上前白齿一枚。

食肉类　果子狸（Paguma larrata）：下颌上左边第一臼齿（M1）一枚。

偶蹄类　鹿（Cervus sp.）：上臼齿一枚和破碎臼齿与前臼齿若干。

羊（Qvinae sp.）：左上第三前臼齿和左上第一臼齿各一枚，这两枚牙齿相连在一起保存在一残破的上颌骨上。另还有上前臼齿和右下第三臼齿各一枚。

牛（Bovidae indet）：残上前臼齿三枚。

猪（Sus sp.）：残臼齿一枚。

啮齿类　竹鼠（Rhizomyssp.）：一个带一枚门齿及三枚臼齿的右下颌骨。

除上述哺乳动物化石外，1973年发掘时还在文化层中发现了两颗鱼类的喉齿。

文化层含有的大量螺蛳壳等软体动物化石，经鉴定计有：乌螺（Semosulcospira sp.）、双棱田螺（Viviparus dispiralis）、李氏环棱螺（Bllamya leei）、大蜗牛（Helix sp.）等。螺蛳壳尾部往往被打穿成洞，这说明当时的人类已会用吸吮法吸食螺蛳壳内的软体了。

上述这些动物都是现生种，这就为确定白莲洞遗址的地质年代和文化性质提供了又一很重要的有力证据。换言之，白莲洞文化层的时代下限，不会进入旧石器时代中期。

问题在于它的上限，过去一般都认为它属于更新世晚期（Q_3），即旧石器时代晚期[1]。但也有人认为可能属于新石器时代。笔者认为，前一种说法过于笼统，后一种说法则缺乏根据。

白莲洞文化堆积的颜色灰黄，胶结坚硬。在地质学上，广西的这类堆积属更新世晚期（Q_3）。再从1956年发现这个遗址起，一直到1973年和1979年的两次发掘结果看，都没有在文化层中发现磨光石器和陶片。从这两点看，白莲洞遗址时代的上限的确不应晚于更新世晚期，也即旧石器时代晚期。

但是，值得注意的是，在1979年发掘白莲洞时，出土了一件钻孔砾石石器。同年秋，笔者在白莲洞遗址北面的山脚下，也采集到一件同一形制的残钻孔砾石石器。这种钻孔砾石在旧石器时代文化中，是很罕见的，国内已发现的同类器物则都见之于新石器时代。广西桂林甑皮岩新石器时代洞穴遗址中，就曾发现过几件与白莲洞的这件钻孔砾石几乎完全相同的"穿孔石器"[2]。另外，在河南陕县庙底沟仰韶文化遗址中，也发现有用直钻法钻孔的砾石，有人还根据民族学资料，推知它是作为掘土棒上的重石之用。但白莲洞的钻孔砾石表面布满了细小疤坑，可见它也可作为锤砸器使用。由于白莲洞的钻孔砾石与新石器时代的同类器物有着如此密切的联系，因此它在判断白莲洞的时代性质时，就有着不可忽视的重要意义。即白莲洞遗址的时代是否可能延续到全新世（Q_4），也即延续到新石器时代初期？贾兰坡、邱中郎两位同志曾

---

① 贾兰坡、邱中郎：《广西洞穴中打击石器的时代》，载《古脊椎动物与古人类》第2卷第1期，1960年。

② 广西壮族自治区文物工作队、桂林市文管会：《广西桂林甑皮岩洞穴遗址的试掘》，载《考古》1976年第3期。该发掘简报把这种"穿孔石器"归入磨制石器是不妥的，其实是没有经过磨制的钻孔砾石石器。

研究过广西洞穴中打制石器的时代问题,曾认为"含有介壳及文化层的堆积""也有可能延续到全新世(Q_4)"。[1] 台湾台东县长滨乡八仙洞遗址出土的木炭,有五件测定了放射性碳素年代,其中只一件是早于 15,000 年以前的,其他四件都在 5,000—6,000 年之间,故有人认为"八仙洞的石器工业可能起于更新世的晚期,但一直持续到全新世,与后来的新石器时代文化还并存过一段时间"。[2] 白莲洞遗址的文化层在没有遭到破坏前,最厚处达 1.38 米,说明当时居住在白莲洞的远古人类,曾在此劳动、生息、繁殖了一个相当长的时期,因此由他们创造的文化自然也就延续了一个很长的时期。从出土的钻孔砾石和细小燧石石器看,甚至有可能延续到新石器时代初期。但必须指出的是,在目前这仅仅是通过比较研究而得出的一种科学推断而已。作为结论,则直接证据尚嫌不足。据说,1980、1981 年,曾在白莲洞上钙板层之中和之上发现过陶片和磨光石器。如果这个发现真是既在严格的科学发掘中,又是在具有一定发掘经验和学术水平的专业考古人员亲自操作下出土的,那自然为上述推断提供了确切无疑的直接铁证。遗憾的是,经了解实际发掘情况并非如此,所谓的这些陶片和磨光石器在判断白莲洞遗址的时代性质时,在科学上当然不足为凭了。要将上述科学推断与应有的科学结论统一起来,需要在今后对白莲洞做进一步过细的真正科学的工作。

在当前我国学术界对中石器时代这个概念还有很大分歧的情况下,根据现有的资料看,白莲洞中含有介壳的文化层的时代性质,还是定在旧石器时代晚期的末期为妥。1979 年发掘白莲洞时,笔者曾采集了文化层中的螺蛳介壳,请北京大学考古专业碳十四实验室测定,得出 C14 年代为距今 12,980±150 年,扣除石灰岩地区 C14 年代偏高的数据[3],则为距今 11,480±150 年。这个数据证实了白莲洞文化层堆积年代还没有超出上更新统的范畴,其时代应为旧石器时代晚期的末期。

余 论

迄今为止,包括白莲洞在内,广西发现的旧石器时代文化遗存已有 20 来处[4],但均属晚期,中期以前的一个也没有发现过。广西究竟有没有旧石器时代中期和早期的遗存?这是个值得深思的课题。笔者注意到白莲洞、麒麟山盖头洞以及发现柳江人化石的通天岩洞等,均距现在的河流较远,洞口也都高出地面数米至 20 米不等。

白莲洞东面约 5 公里的柳江,据广西水文地质队的多次研究,证实现今的柳江

① 贾兰坡、邱中郎:《广西洞穴中打击石器的时代》,载《古脊椎动物与古人类》第 2 卷第 1 期,1960 年。

② 贾兰坡、邱中郎:《广西洞穴中打击石器的时代》,载《古脊椎动物与古人类》第 2 卷第 1 期,1960 年。

③ 北京大学 C_{14} 实验室、考古研究所 C_{14} 实验室:《石灰岩地区 C_{14} 样品年代的可靠性与甑皮岩等遗址的年代问题》,载《考古学报》1982 年第 2 期。

④ 蒋廷瑜:《广西原始社会考古综述》,载《广西民族研究参考资料》第 4 辑,广西民族研究所编。

河道是在全新世（Q_4）时形成的[①]。那么古柳江的河道在哪里？它又形成于什么时候？据现有的地质资料，第三纪初期，广西内部还是一个封闭的湖盆，当时存有许多内陆盆地[②]。经过第三纪中期的地壳运动，湖水才与外流相通，河流系统开始形成[③]。大约在第三纪末、第四纪初，广西境内各水系基本形成。广西水文地质队根据广西现存石灰岩溶洞的高程对比情况，初步确定最迟在更新世中期（Q_2），古柳江已经形成[④]。然而，从早更新世中期至晚更新世中期，曾有过间歇性的四次海侵[⑤]，广西桂中地区的河流所呈现的阶地情况，在第四纪以来也表现有四次间歇性上升[⑥]，这可能与四次海侵有关。在海侵期间，桂中地区虽然没有受到海水倒灌的直接影响，但这里的内陆河水却因此不能流入海洋，故只得向四周低洼地带漫侵，形成了有利于螺蛳等软体动物繁殖的大面积清澈的淡水湖泊，古柳江河道也因此而被破坏。当时的人类为避水害，只得住在高出地面数米至一二十米的溶洞中，以捞取螺蛳作为食物便成了他们主要的经济活动。由于四周都是白茫茫的一片大水，从而也极大地妨碍了原始人的狩猎活动。所以在白莲洞文化层中，螺蛳壳是大量的、主要的，而动物化石种类既不多，数量也很少。与螺蛳相比，大概兽肉是当时人类很难得的佳肴美味了。

直到全新世海退后，河水在新的地方再重新下切，便形成了现今的柳江河道。这条新的柳江河道与旧石器时代考古，应该是没有什么关系的。然而，在这以前的海侵，却间接地影响到广西桂中地区旧石器时代晚期文化遗存的地理位置和文化内涵方面的一系列特点。考古学上往往把分布在我国东部和南部沿海地区和河湖岸边的、文化层中含有丰富贝壳的新石器时代遗址，称作贝丘遗址。而上述白莲洞、盖头洞、矮洞等遗址的发现和研究，却证明了目前国内最早的贝丘遗址是在早于新石器时代的旧石器时代末期就已形成了。

至于古柳江河道，则应该与旧石器时代中、早期考古有着密切的关系。这是因为远古人类为了生活的方便，往往傍水而居，因此找到了古柳江河道，也就能找到古柳江河道旁的高阶地，在高阶地上很可能会有旧石器时代中、早期的文化遗存，古柳江河道是肯定存在过的，柳城"巨猿洞中的沉积物系溶洞形成以后，当自北向南流的古柳江成河曲平面摆动水流变浅时即冲积——淤积而成（Q_1）"。[⑦] 为了能找到古

① 广西壮族自治区水文地质队水文地质资料，由该队顾雪荣、陈广远两位同志提供，特此感谢。

② 广西壮族自治区水文地质队水文地质资料，由该队顾雪荣、陈广远两位同志提供，特此感谢。

③ 周慧祥：《广西柳城巨猿洞附近地貌与第四纪地质》，载《古脊椎动物与古人类》第 2 卷第 1 期，1960 年。

④ 广西壮族自治区水文地质队水文地质资料，由该队顾雪荣、陈广远两位同志提供，特此感谢。

⑤ 中国科学院南海海洋研究所海洋地质研究室：《华南沿海第四纪地质》，科学出版社 1978 年版。

⑥ 祁延年：《广西中部及东北部地区喀斯特地貌》，载《全国喀斯特研究会议论文选集》，中国科学地学部主编，1962 年。

⑦ 李粹中、张寿越、何宇彬、张汝惠：《广西喀斯特发育的基本规律》，见《全国喀斯特研究会议论文选集》，中国科学院地学部主编，1962 年。

柳江河道,除了依靠水文地质部门外,我们在进行田野考古调查时,应扩大视野,改进方法,不仅要注意岩溶洞穴和现今河流两岸或两河交汇处,还应随时注意山坡、地面、谷地中有无大体积、磨圆度较高的砾石出露,因为一旦发现了这种"露头",跟踪追击,庶几就能找到已湮埋的古河道的踪迹,进而就很有可能发现广西旧石器时代中、早期的遗存。届时,裴文中教授说过的"中国可以成为世界上古人类学研究的中心,广西是中心的中心"[①]的预言,可望能成为现实。

[本文原载《史前研究》(辑刊),1990—1991 年]

---

① 裴文中:《广西是古人类学研究的重点地区》,载《广西日报》,1960 年 3 月 26 日。

略论上海新石器时代人类的食物和食物生产

 上海，有着悠久的历史。在中国史前考古学上，上海属太湖流域考古学文化区。根据目前的考古发现，早在6,000年前，这块土地上的人类历史就已被揭开了。然而，"人们为了能够'创造历史'，必须能够生活。但是为了生活，首先就需要衣、食、住以及其他东西。因此第一个历史活动就是生产满足这些需要的资料，即生产物质生活本身"。[①] 在这些物质生活资料中，占第一位的东西，应是食物。也就是说，食物是人类全部生存基础中最为基本的首要物质。从某种意义上甚至可以这样认为：正是靠着食物，原始人类才得以不断发展和进步，并一步一步地跨入文明时代。因此，探讨和研究上海新石器时代人类的食物和食物生产，既是盘旋在现代上海人脑海里一个颇有趣味的问题，也是上海学研究中一个很有意义的课题。

 我国古代著名的医学典籍《内经》就人类的食物需求曾做过很精彩的论述："五谷为养，五果为助，五畜为益，五菜为充。"言简意赅地将主副食的分化和各类食物对人体生长和健康的作用讲清楚了。而《史记·货殖列传》则记述："楚越之地，地广人稀，饭稻羹鱼，或火耕而水耨，果隋蠃蛤，不待贾而足，地埶饶食，无饥馑之患，以故呰窳偷生，无积聚而多贫，是故江淮以南，无冻饿之人，亦无千金之家。"由此可窥见地处楚越之地最东面的上海，新石器时代原始人类的生活情景。

 根据考古发现的实物资料，可以肯定，早在6,000年前，上海的先民们就以五谷中的稻米作为主食。20世纪60年代初和70年代中上海市文物保管委员会对市郊青浦县崧泽遗址进行了科学的考古发掘工作，在属于马家浜文化的探方 A_2 下层和 A_2 的灰坑里发现了稻谷颗粒、稻米及稻叶残片。据浙江农业大学农学系种子教研组鉴定，A_2—34稻谷颗粒"基长椭圆形"，"内外颖脉纹（维管束）残痕十分清晰，颖尖亦很清楚"，A_2—37稻谷和米的"稻谷颖壳脉纹明晰可辨"，"稻米形状完整，但胚部已脱落"，A_2—35稻叶残片是"完全炭化"，但"其中一片长达1厘米，宽4～6毫米，平行脉非常清晰"。[②] 这些稻谷的品种属人工栽培的早熟长粒的"热带"亚种粒稻（Oryzasativa indica）。[③] 此外，在崧泽遗址下层（马家浜文化层）出土的陶器器座上，

---

① 马克思、恩格斯：《费尔巴哈》，《马克思恩格斯选集》第1卷，人民出版社1972年版，第32页。

② 上海市文物保管委员会：《上海市青浦县崧泽遗址的试掘》，载《考古学报》1962年第2期。

③ （美）何炳棣：《中国农业的本土起源（续）》，载《农业考古》1985年第1期。

常发现有许多稻谷壳的痕迹,这说明当时人类在制作陶器时,还曾用稻谷壳做羼和料 [1]。崧泽遗址下层出土木炭的两个 C14 测定年代为距今 5,985±140 年(公元前 4035±140 年)和 6,130±130 年(公元前 4180±130 年),出土木头的 C14 测定年代为距今 6,035±205 年(公元前 4085±205 年)[2]。由此可见,早在 6,000 年前,上海的先民就以稻米为主食,且进行人工栽培水稻。江苏吴县草鞋山遗址第十层即马家浜文化层中也发现有结成团块的炭化稻谷,经江苏省农业科学院等单位鉴定,认为"从米粒的形状来看,有很大一部分与现在一般的籼型谷近似""有一部分米粒形状上部较宽,与现在太湖流域的粳米形状近似"。[3] 从而为上述观点提供了有力的佐证。

值得注意的是,与上海同属太湖流域的浙江桐乡罗家角遗址第四层,以及属宁绍平原的浙江余姚河姆渡遗址第四、第三层,也都出土了非常丰富的稻米、稻谷和稻草等遗存,而且这些地层出土物的 C14 测定年代和出土陶片的热释光测定年代都在距今 7,000 年上下。据此,推测上海地区的原始先民以稻米为主食和以人工栽培水稻的农业历史有可能上推 1,000 年,即开始于距今 7,000 年左右。

在上海地区,继马家浜文化以后的崧泽文化遗址中,考古工作者同样发现了水稻遗存。在属典型崧泽文化的崧泽遗址中层出土的夹砂陶,特别是"鼎、釜等炊器,均以稻草和谷壳作羼和料,稻草、谷壳的大量使用,说明水稻的种植已有一定的规模"。[4] 上海地区的良渚文化遗址中,虽然至今没有发现水稻遗存,但石犁、石镰等新型农具的普遍出现,以及上海附近的浙江吴兴钱山漾、杭州水田畈、江苏无锡仙蠡墩等良渚文化遗址中普遍发现了稻谷遗存的情况,可以肯定,上海地区良渚文化时期的先民们仍以稻米为主食,水稻种植也已进入犁耕农业的新时代。

上海地区的新石器时代,从马家浜文化经过崧泽文化到良渚文化,经历了约 2,000 年发展时期,水稻种植的技术和规模也同样经历了一个不断进步和扩大的过程。综合研究包括上海和江浙地区在内的太湖流域有关遗址,可以发现:"在马家浜阶段只有刃部稍加磨制的石刀,到崧泽阶段出现双孔石刀,到良渚阶段更有大量半月形石刀、石镰以及耘田器出现。"这一发展线索应和农业的发展进步、农作物(主要是水稻)收获量的增加相一致。[5]

在马家浜文化各遗址中,出土的石制生产工具少,而骨制工具多。以青浦崧泽遗址第二次发掘的出土物为例,在下文化层,即马家浜文化层中,石器仅出 2 件(石斧、石锛各 1 件),而骨器则有骨锥 4 件、骨镞 5 件,共 9 件,如再加上骨笄 3 件、骨管

---

[1] 《上海古代文物历史图案》,上海教育出版社 1981 年版,第 10～11 页。

[2] 中国社会科学院考古研究所编著:《中国考古学中碳十四年代数据集》,文物出版社 1983 年版,第 44～45 页。

[3] 南京博物院:《江苏吴县草鞋山遗址》,载《文物资料丛刊》(3),文物出版社 1980 年版。

[4] 黄宣佩、张明华:《青浦崧泽遗址第二次发掘》,载《考古学报》1980 年第 1 期。

[5] 牟永抗、魏正瑾:《马家浜文化和良渚文化》,载《文物集刊》(1),文物出版社 1980 年版,第 104～105 页。

1件,则总计有13件[①]。还应该指出的是,在太湖地区马家浜文化各遗址中,明确为农业生产工具的石器,至今没有发现,只有在桐乡罗家角遗址第二、三层中出土的4件骨耜,可以确定为是当时主要用于农业生产的翻土工具。至于罗家角遗址以及其他江浙地区的马家浜文化遗址中发现的鹿角制的勾勒器、直角器等,现也只能推测为可能是一种带柄的生产工具。同时,无论是上海青浦崧泽下层马家浜文化遗址中,还是江浙一带的其他诸多马家浜文化遗址中,都出土了大量的动物遗骨,说明当时的渔猎生产仍然比较发达。当然,在江苏吴县草鞋山下层等马家浜文化遗址中,还发现了不少加工稻米用的陶杵[②],证明了当时人们业已普遍应用了以杵舂脱壳去秕的技术,也显示了尽管当时水稻生产的工具和技术尚比较落后,但稻作农业以及跟以稻米为主食密切相关的稻米加工业,在人们的经济生活中占据了一定的地位。

进入崧泽文化时期,不仅生产工具已以石器为主,而且明确为农业生产工具的石器也出现了。在崧泽遗址中层就出土了专门用于翻土的石铲,通体呈扁平长方形,体薄而匀,磨制精细[③]。在邻近上海的吴县草鞋山崧泽文化层中甚至还发现了扁平的宽面穿孔石铲[④]。这些都说明了崧泽文化阶段的水田稻作农业已处于发达的耜(锄)耕农业阶段,而渔猎及采集经济在全部社会经济生活中的地位已大大下降了。到崧泽文化晚期,在松江汤庙村M1号墓和浙江吴兴邱城遗址,还发现了非常进步的三角形石犁形器[⑤],从而揭开了划时代的犁耕农业的序幕,表明水田稻作农业已达到相当发达的程度。

当然,犁耕农业的普及是在良渚文化时期。上海松江广富林[⑥]、浙江吴兴钱山漾[⑦]、杭州水田畈[⑧]、江苏吴江梅堰[⑨]等良渚文化遗址中,都普遍出土了石犁。1961年试掘广富林遗址时,呈三角形、上有三孔的石犁就发现了6件。钱山漾第四层不仅出土了比较完整的石犁,在一至四层中还出土了120多件石犁残器,充分说明了良渚文化犁耕普及的程度。由于太湖地区早在7,000年的罗家角遗址早期文化中就已普遍饲养水牛,因此到良渚文化时期,用水牛做犁耕的牵引动力也完全是可能的。除了石犁外,新的农业工具——石耘田器在良渚文化遗址中的普遍发现,表明当时已有了田间管理的中耕除草技术。松江广富林、金山亭林等良渚文化遗址中出土的

---

① 黄宣佩、张明华:《青浦崧泽遗址第二次发掘》,载《考古学报》1980年第1期。

② 南京博物院:《江苏吴县草鞋山遗址》,载《文物资料丛刊》(3),文物出版社1980年版。

③ 上海市文物保管委员会:《上海市青浦县崧泽遗址的试掘》,载《考古学报》1962年第2期。

④ 中国社会科学院考古研究所编:《新中国的考古发现和研究》,文物出版社1984年版,第152、155页。

⑤ 上海市文物保管委员会:《上海松江县汤庙村遗址》,载《考古》1985年第7期;梅福根:《浙江吴兴邱城遗址发掘简介》,载《考古》1959年第1期。

⑥ 上海市文物保管委员会:《上海市松江县广富林新石器时代遗址试掘》,载《考古》1962年第9期。

⑦ 浙江省文物管理委员会:《吴兴钱山漾遗址第一、二次发掘报告》,载《考古学报》1960年第2期。

⑧ 浙江省文物管理委员会:《杭州水田畈遗址发掘报告》,载《考古学报》1960年第2期。

⑨ 江苏省文物工作队:《江苏省吴江梅堰新石器时代遗址》,载《考古》1963年第6期。

石镰,证明收割工具也有了显著的进步。另外,钱山漾遗址还出土了既可用作戽水,又可捻河泥用的千篰,显示当时人类已掌握了人工灌溉和施肥技术,口径达51厘米的大口夹砂厚胎尖底器的发现,和同地还出有木杵的情况,证明前者就是舂米的陶臼。推测上海良渚文化的先民也当不例外。总之,在良渚文化阶段,上海及邻近地区的原始先民们在水稻为主要作物的水田稻作农业生产上,从耕种到田间管理,从灌溉、施肥、除草到收割和稻米加工,确已出现了相互配套的生产工具和田间管理技术。可见,良渚文化的农业基础是发达而稳定的,从而既保证了先民的主食——稻米的来源,也使采集和渔猎在全部经济生活中退居到辅助的地位。

上海新石器时代人类既然已将稻米作为主食,那么,与之相应的还有副食。而副食大致分为肉食性和植物性两部分。

上海新石器时代人类的肉食性副食的来源,一是靠饲养家畜获得,二是靠狩猎、渔捞取得。

我国古代素有"六畜"之说。"六畜"者,豕(猪)、犬(狗)、鸡、羊、牛、马。其中最早也是最主要的被饲养而供肉食的家畜,乃是被称为"六畜"之首的猪。青浦崧泽遗址下层出土的兽骨中,猪和鹿的骨骼最多[1]。"经上海自然博物馆动物组鉴定,猪牙床泡沫状牙面已经衰退,呈现出家猪的生态"。[2] "各生物学部位的尺寸相对来说均比较小,肌肉附着处比较不粗糙,臼齿泡沫状结构衰退,獠牙较为细小,磨损程度不深,尤其是从年龄的统计来看,绝大多数是少年猪和成年猪,说明人们养猪是为了食肉。据此分析,这些猪应属于饲养的家猪"。[3] 因此,可以确定,早在距今6,000年左右的马家浜文化时期,上海的先民就已饲养家猪以供肉食了。而在崧泽中层的崧泽文化中,更发现了以猪牙床随葬的现象,同时在M52号墓葬中出土了一件猪首形陶匜[4],说明家猪已不仅仅供肉食,而且已作为财富的象征或赋予了宗教意义,还包含了原始艺术。总之,家猪饲养在先民们经济和精神生活中具有重要的地位。

除了家猪外,在分别属于马家浜文化—崧泽文化—良渚文化的崧泽遗址下层、中层和马桥遗址第五层中,还出土了狗和水牛的骨骼。在松江广富林遗址M2号墓东端约1.2米处,还发现有一狗随葬。根据浙江省博物馆自然部有关专业人员对桐乡罗家角遗址动物群的鉴定研究[5],可以认为,狗和水牛也是当时的先民们经驯养以供肉食的家畜。

值得注意的是,在崧泽中层出土的不少陶器上都饰有压划的绞丝纹(一称缠索纹)或勾连纹图案,而对此地层进行孢粉分析研究又表明"此时孢粉组合中桑树花

① 上海市文物保管委员会:《上海市青浦县崧泽遗址的试掘》,载《考古学报》1962年第2期。

② 黄宣佩、张明华:《青浦崧泽遗址第二次发掘》,载《考古学报》1980年第1期。

③ 黄宣佩、张明华:《青浦崧泽遗址第二次发掘》,载《考古学报》1980年第1期。

④ 黄宣佩、张明华:《青浦崧泽遗址第二次发掘》,载《考古学报》1980年第1期。

⑤ 张明华:《罗家角遗址的动物群》,载《浙江省文物考古所学刊》,文物出版社1981年版。

粉数量非常多,说明除了附近山地植被中有桑树外,在当地的一些高岗地带也有较多的桑树生长",所以有学者认为,"崧泽地区此时桑树频繁生长",说明"此时此地人类活动曾经一度有养蚕的频繁活动"[①]。这与当时陶器上所饰纹饰又是相吻合的。当然,到良渚文化时期,人类已养蚕缫丝更是毫无疑问的事了,因为在吴兴钱山漾遗址出土了绢片、丝带和丝线等丝织品实物,纤维原料经鉴定都属于家蚕丝[②];同时在吴江梅堰良渚文化层出土的黑陶器上发现有浅刻的蚕纹图案。因此,处在江浙中间地段的上海地区的良渚文化先民也一定会养蚕缫丝的。但是,应该强调指出的是,人类最早对于养蚕的目的并不是为了得到可供纺织用的蚕丝,而是为了吃蚕蛹。开始时是吃野蚕蛹,驯育成家蚕后就吃家蚕蛹。使用蚕丝纺织则是较晚期的事情。据此可以得出这样的结论:上海地区的原始先民吃蚕蛹的历史,很可能可以推到马家浜文化时期。

　　至于靠狩猎和渔捞所取得的肉食性副食的种类,那就更加丰富多彩了。在崧泽遗址中、下层,就曾出土了很多的梅花鹿、麋鹿、獐、鱼骨、龟甲、介壳等野兽和水生动物的骨骼,其中以鹿的骨骼为最多,说明鹿是当时崧泽地区的先民最主要的狩猎对象。马桥遗址属良渚文化的第五层发现的动物骨骼,"大部都是碎片,有的在陶釜内,应是当时人们食后丢弃的"。经上海自然博物馆鉴定,有梅花鹿、四不像、鹿、獐、麂、豪猪、虎、龟、裸顶鲷、鲨、蟹等;同时,还发现了42件用大小不同的鱼脊椎骨、周边磨出四个凹孔制成的鱼骨饰[③]。这说明鱼类不仅是上海先民经常食用的副食,而且在精神文化方面,食用后的鱼骨,经过加工制作成为美化生活的饰物。此外,在马家浜、梅堰,圩墩等位于上海南北两翼江浙一带的新石器时代遗址中,还发现有野猪、貉、蟹獴、麝和鸟类以及草龟、鼋、鳖、鲫鱼、河蚌、蛤蜊、螺蛳等各种野兽飞禽和水生动物的遗骨或贝壳,上述各物也应是上海先民们饮食的动物性的山珍海味。上海新石器时代不同时期遗址出土的石镞骨饮、石矛、网坠等渔猎捕捞工具,也从另一方面为当时上海先民如何取得这些肉食性野味副食提供了佐证。

　　上海新石器时代先民食用的植物性副食的来源主要通过园圃业种植获得和依靠采集取得。

　　在马家浜文化阶段,现能确定的先民通过园圃业所种植的植物性副食只有一种——葫芦。"崧泽遗址出土的葫芦种子,上与河姆渡葫芦果皮相衔接,可推前到六七千年前"[④]。桐乡罗家角遗址第三层灰坑 H13 中出土的马家浜文化时期的葫芦残片[⑤],使崧泽遗址出土的葫芦种子不至于成为孤证。太湖地区史前园圃业的大发

①　王开发等:《崧泽遗址的孢粉分析研究》,载《考古学报》1980 年第 1 期。

②　浙江省文物管理委员会:《吴兴钱山漾遗址第一、二次发掘报告》,载《考古学报》1960 年第 2 期。

③　上海市文物保管委员会:《上海马桥遗址第一、二次发掘》,载《考古学报》1978 年第 1 期。

④　上海市文物保管委员会:《上海青浦县金山坟遗址试掘》,载《考古》1989 年第 7 期。

⑤　罗家角考古队:《桐乡罗家角遗址发掘报告》,载《浙江省文物考古所学刊》,文物出版社 1981 年版。

展是在良渚文化时期,在钱山漾、水田畈等遗址,都曾出土了花生、芝麻、蚕豆、两角菱、甜瓜子、葫芦等植物或种子,"其中花生已炭化,形状近似小粒种;芝麻实物内部空,所剩种皮尚新鲜,其颗粒较现在栽培种略大;蚕豆壳呈半炭化状,与现在的栽培种不很相似;甜瓜子仅存没有炭化的种皮,比现在当地所栽培的甜瓜品种为小;菱角完全炭化,果皮光滑,菱肉呈疏松海绵状组织,略似今嘉兴南湖所产的两角菱而较小。""那些差别可能是由于5,000余年来长期栽培经人工选择的结果"①。上海地区良渚文化遗址中虽没有发现这些园艺作物的种子,但同处太湖流域的当时上海先民也绝不会不吃这些菜蔬瓜豆的。

众所周知,养蚕缫丝不可或缺的是桑树,而桑树的果实——桑葚,成熟后是营养丰富的可口的食物,故桑葚也应是上海地区乃至整个太湖地区新石器时代人类的食物之一。令人感兴趣的是,在包括上海在内的太湖地区崧泽文化和良渚文化中,都发现有竹节形纹饰或竹节形陶器;同时,单在浙江钱山漾遗址的良渚文化中就发现了完整的和残破的竹篓、竹篮、算子、谷箩、刀筘、簸箕捕鱼用器,倒梢、竹席、篷盖、门扉、竹绳等竹编器物200多件②,反映了竹在当时太湖流域地区人类生活中的重要地位,和专门种植竹子的竹园或竹林可能已经存在。既然如此,对于竹子的幼小嫩芽苗——笋,他们自然也应懂得可以当菜吃的道理。

此外,在钱山漾和水田畈遗址中,还发现有毛桃核和酸枣核,有的学者认为,这是当时已有果树栽培的证据。桃、杏等果树的原产地确实在中国,根据良渚文化原始农业如此发达,动植物种类驯化取得了如此大的成就的历史背景,再参考勃基尔(I.H.Burkill)关于栽培植物驯化时间的先后顺序③,和梵文中桃意为"中国的水果"(Cinani),再结合上述的考古发现推测,良渚文化时期已有果树栽培则是完全有可能的④。

至于采集,主要是马家浜文化阶段先民们的重要生产活动。在崧泽遗址下层,就发现有野生的桃核和杏梅,草鞋山下层和马家浜遗址还出土了圆角菱,所以采集野生的桃、杏梅和圆角菱都应是马家浜时期上海先民的植物性副食的来源之一。当然,随着水田稻作农业的不断发展和规模的不断扩大,从崧泽文化开始,采集和狩猎逐渐成为当时人们的辅助性生产,但直至良渚文化结束,采集和狩猎依然是原始先民经济生活中不可或缺的组成部分。

综上所说,我们可以发现,从新石器时代较早的时候开始,上海的原始先民的食物已经产生了主副食的初步分化;而从耜(锄)耕农业发展到犁耕农业这更是食物生产上的一个巨大进步;菜蔬瓜豆竹果等园圃业及果树栽培业的产生和发展,在

①　中国社会科学院考古研究所编:《新中国的考古发现和研究》,文物出版社1984年版,第152、155页。

②　中国社会科学院考古研究所编:《新中国的考古发现和研究》,文物出版社1984年版,第152、155页。

③　勃基尔:《人的习惯与旧世界栽培植物的起源》,胡先骕译,1954年,转引自《农业考古》1985年第1期。

④　陈宾如:《上海水蜜桃探源》,载《农业考古》1985年第1期。

食物史和农业发展史上意义尤为重大。这种分化、进步和发展,随着文明时代的到来和永不停息的历史车轮的滚滚向前,也越来越牢固地稳定下来,并在新的稳定的基础上继续发展,不断进步。因此,上海新石器时代原始人类的食物和食物生产状况,无疑也是先民们留下来的宝贵的物质文化遗产,而探索上海饮食文化的源头,也必然涉及这个问题,故值得我们进一步研究。当然,利用考古学资料来研究这个问题,必然带有一定的局限性,因为当时人类的食物能保留到现在的只是极小的一部分。

（本文原载《上海学与上海问题研究》,中国城市经济社会出版社 1991 年版）

秦巴文化关系的考古学新证据

——重庆万州梁上墓群 M8 战国秦人秦墓浅析

　　在三峡考古发掘的众多墓葬中,罕见战国时期的秦人秦墓。2001 年 12 月,上海大学考古队在发掘重庆万州梁上墓群(图一)时,意外地发现了一座战国晚期秦人秦墓,编号 M8,为研究秦巴文化关系提供了可贵的考古学新证据。

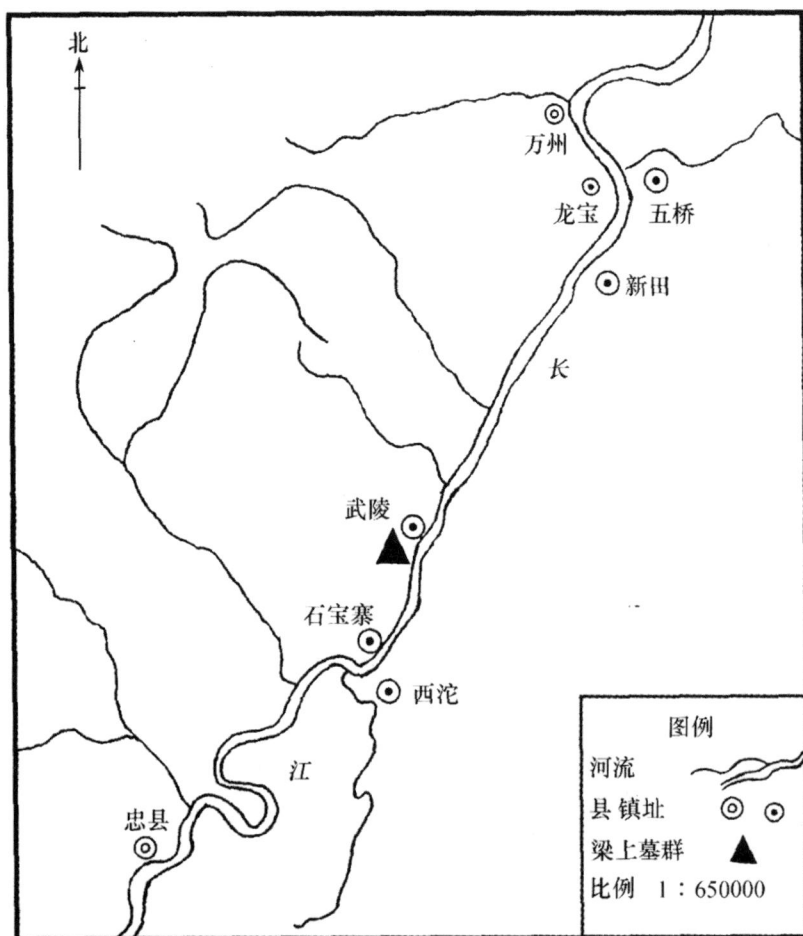

图一　梁上墓群地理位置图

一、M8 墓葬形制和巴、楚、秦墓葬形制的比较研究

M8 墓口距地表仅 0.38 米,长 3.84、北宽 3、南宽 3.1 米,为宽比长略短的近方形墓。墓底为生土二层台,深 2.52、长 2.56、南北均宽 0.8 米,呈狭长方形。整座墓呈现出口大底小的斗形。所以,在形状结构上,这是一座墓壁明显向下内收的口大底小、口呈近方形、底呈狭长形的斜墓壁竖穴斗形土坑墓,方向 45 度。发掘时,墓室下部土层和底层中发现有较凌乱的黑色朽木痕迹,应为木质葬具即棺木腐朽后的遗存。墓室底部偏左处,留有基本保存完整,但已成白色骨粉,不能提取的仰身直肢人骨架残痕 1 具,头向北偏东 45 度。从身高及骨盆处的骨粉分布痕迹判断,墓主可能为女性,年龄不详。墓室底部生土二层台下为棕红色含沙量极大的沙质土(图二)。

将梁上 M8 墓葬形制特征与已发掘的包括三峡地区在内的巴蜀地区战国墓葬形制相比较,发现有较大差别。巴蜀地区战国墓葬的文化性质有巴文化与楚文化之分(蜀文化墓葬因与本文关系不大,故从略)。重要的巴文化墓地有云阳李家坝[1]、涪陵小田溪[2],以及 20 世纪 50 年代的巴县冬笋坝和四川广元宝轮院[3] 等。重要的楚文化墓地有忠县㽏井口遗址群半边街[4]、云阳故陵楚墓[5]、巫山麦沱山三座"战国末期秦地的楚文化墓葬"[6] 等。巫山秀峰一中战国墓地以楚墓为主,但其中 M10 可能为巴墓,而 M5 虽为楚墓,却出典型的巴人青铜器[7]。忠县崖脚墓地以楚墓为主,但也有三座巴墓[8],反映了巴楚间复杂的历史关系。

先与巴文化墓葬形制比较。早在 20 世纪 50 年代,有学者研究了巴县冬笋坝墓地的巴人墓葬形制,总结出巴人墓葬形制的明显变化规律是"最早者为船棺墓,

[1] 四川大学历史文化学院考古系、云阳县文管所:《云阳李家坝遗址发掘报告》《云阳李家坝巴人墓地发掘报告》,载《重庆库区考古报告集·1998 卷》,科学出版社 2003 年版;四川大学历史文化学院考古系、云阳县文管所:《云阳李家坝遗址发掘报告》《云阳李家坝东周墓地发掘报告》,载《重庆库区考古报告集·1997 卷》,科学出版社 2001 年版。

[2] 四川省博物馆等:《四川涪陵地区小田溪战国土坑墓清理简报》,载《文物》1974 年第 5 期;四川省文管会等:《四川涪陵小田溪 4 座战国墓》,载《考古》1985 年第 1 期;四川省文物考古研究所等:《涪陵市小田溪 9 号墓发掘简报》,载《三峡考古之发现》(2),湖北科学技术出版社 2000 年版。

[3] 四川省博物馆:《四川船棺葬发掘报告》,文物出版社 1960 年版。

[4] 朱萍:《楚文化的西渐——楚国向西扩张的考古学观察》,载《重庆·2001 三峡文物保护学术研讨会论文集》,科学出版社 2003 年版。

[5] 中国历史博物馆故陵考古队、云阳县文管所:《云阳故陵楚墓发掘报告》,载《重庆库区考古报告集·1998 卷》,科学出版社 2003 年版。

[6] 重庆市文化局、湖南省文物考古研究所、巫山县文管所:《巫山麦沱古墓群第二次发掘报告》,载《重庆库区考古报告集·1998 卷》,科学出版社 2003 年版。

[7] 赵新平:《巫山秀峰一中墓地战国墓葬试析》,载《重庆·2001 三峡文物考古保护学术研讨会论文集》,科学出版社 2003 年版。

[8] 北京大学考古文博学院三峡考古队、忠县文管所:《忠县崖脚墓地发掘报告》,载《重庆库区考古报告集·1998 卷》,科学出版社 2003 年版。

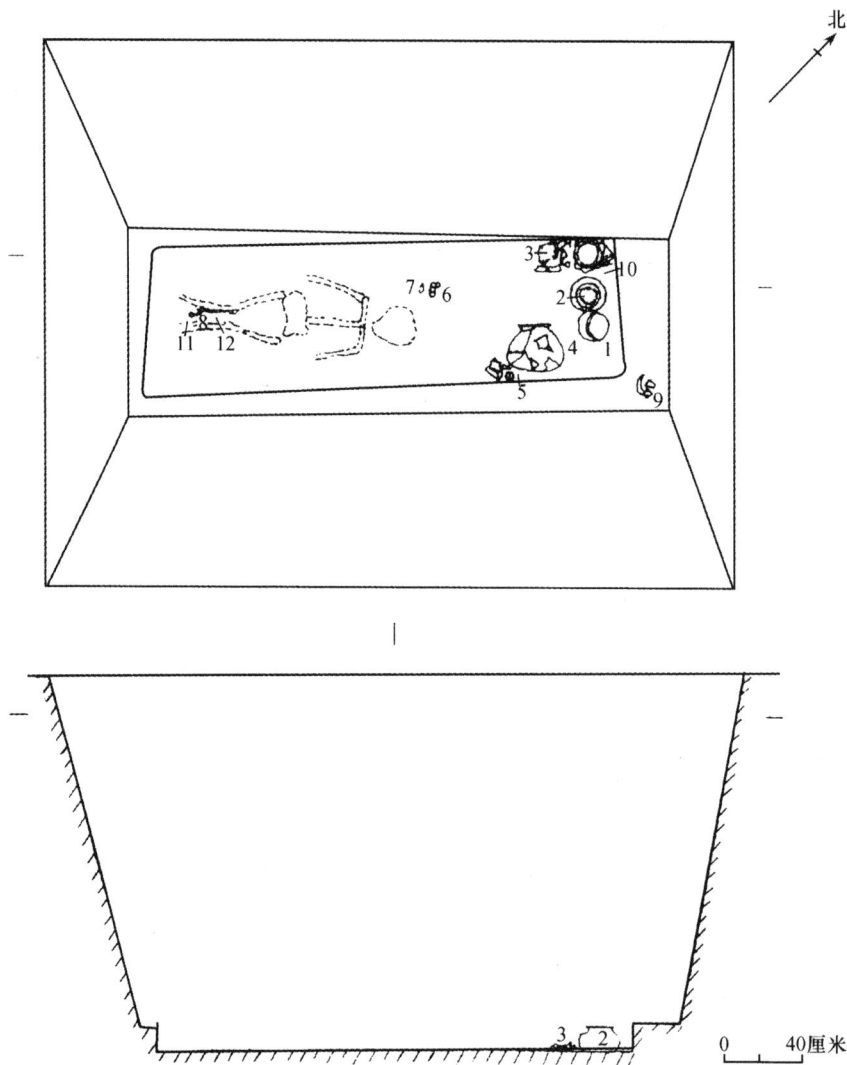

图二　2001CWLM8 平、剖面图

1.陶釜(M8：1)　2.陶罐(M8：2)　3.陶釜(M8：3)　4.陶釜(M8：4)　5.陶蒜头壶(M8：5)
6.先秦半两钱(M8：6)　7.铜带钩(M8：7)　8.铜印章(M8：8)　9.残陶片　10.残陶片
11.石串珠(M8：11)　12.铁削(M8：12)(后在整理时，发现在先秦半两钱中夹有铜环，编
号为 M8：13；残陶片拼对出 1 陶盂，编号为 M8：14)

次为狭长坑,再次坑形逐渐加宽而为长方坑、近方坑,最后而为正方坑"①。其中狭长
形竖穴土坑墓是巴人最传统、最典型的墓葬形制。李家坝、小田溪墓地的巴人墓葬
也均为长方形竖穴土坑墓,后者还有以 M1 为代表的狭长形土坑墓。至于近方形、
正方形形制的墓葬最早应在秦代前后出现,到西汉初才较多见。李家坝巴人墓地

① 四川省博物馆:《四川船棺葬发掘报告》,文物出版社 1960 年版。

1998 年 10 月至 1999 年 1 月发掘的 45 座墓葬，只 1 座墓即 M24 的墓坑近似方形，但这是一座三人合葬墓，当为特例。李家坝巴人墓地两次发掘的 85 座墓，在形制方面还有一些特征，如墓口只略大于墓底，仅有极少数墓墓底有生土二层台，大部分墓葬未发现葬具，有 40 座墓可见木质葬具，且一般有熟土二层台，部分墓墓室内填塞有青膏泥等 ①。所以总的看来，以上这些与梁上 M8 墓葬形制不同，可见 M8 不应该是巴人墓。

再与楚文化墓葬形制相对比。巴蜀地区楚墓形制，自春秋晚期和战国早期起，也多为狭长形竖穴土坑墓。至秦灭巴蜀以前的战国中期，仍流行狭长形竖穴土坑墓，但宽长比在逐渐变小。秦灭巴蜀后至西汉初期，巴蜀地区楚墓形制特点是，依然有狭长形竖穴土坑墓，墓坑的长与宽之比继续在变小，且数量也在减少，新出现长方形甚或近方形的竖穴土坑墓，且随时间推移，数量不断增多。在泔井口半边街 D 区南部和东南部战国晚期墓葬中，则仍流行有熟土二层台的狭长形竖穴土坑墓 ②。云阳故陵战国楚墓共 4 座，均长方形竖穴土坑墓，墓底有熟土二层台，有棺有椁，墓口虽略大于墓底，墓壁自上而下内收，但墓口与墓底长宽之差不是很大，如 M3 墓口长 3.02、宽 3 米，墓底长 2.31、宽 1.43～1.45 米，墓壁基本上呈略微内收的斜直壁 ③。忠县崖脚墓地发掘了 19 座楚墓，除 1 墓有斜坡墓道外，均为长方形竖穴土坑木椁墓，墓口也略大于墓底，无论是墓口还是墓底，长宽比都接近 3:2④，这些与梁上 M8 的墓口呈近方形、底部为狭长方形的形制明显不同。另外，巴蜀楚墓自早到晚都有不少填塞白（青）膏泥现象，且越晚越普遍。总之，据上所论，梁上墓群 M8 墓不会是楚文化墓葬。

然而，将梁上 M8 墓葬形制特征与东周时期关中地区国人秦墓相对比，特别与晚期竖穴土坑墓相比较，就可发现有着不少相似之处。国人秦墓累计已发现千余座，在土圹形制、木质葬具结构、随葬器类组合、葬式等方面都具有非常鲜明的一致性、规律性和普遍性⑤。国人秦墓分竖穴墓与洞穴墓两大类。洞穴墓与本文无关，故从略。有学者曾将关中及周围地区的秦墓划分为宝鸡、西安、银川、大荔等四个地

① 四川大学历史文化学院考古系、云阳县文管所：《云阳李家坝遗址发掘报告》《云阳李家坝巴人墓地发掘报告》，载《重庆库区考古报告集·1998 卷》，科学出版社 2003 年版；四川大学历史文化学院考古系、云阳县文管所：《云阳李家坝遗址发掘报告》《云阳李家坝东周墓地发掘报告》，载《重庆库区考古报告集·1997 卷》，科学出版社 2001 年版。

② 朱萍：《楚文化的西渐——楚国向西扩张的考古学观察》，载《重庆·2001 三峡文物保护学术研讨会论文集》，科学出版社 2003 年版。

③ 中国历史博物馆故陵考古队、云阳县文管所：《云阳故陵楚墓发掘报告》，载《重庆库区考古报告集·1998 卷》，科学出版社 2003 年版。

④ 北京大学考古文博学院三峡考古队、忠县文管所：《忠县崖脚墓地发掘报告》，载《重庆库区考古报告集·1998 卷》，科学出版社 2003 年版。

⑤ 田亚岐、赵士祯：《东周时期关中地区国人秦墓棺椁的演变》，载《考古与文物》2003 年第 4 期。

区,并对各地区墓葬的特点、所反映的秦文化及其与其他文化的关系做了研究①。但总的来说,秦国国民的竖穴土坑墓,一般在战国早期及其以前少见生土二层台,但常有"熟土二层台"。可自战国中期起,有生土二层台的竖穴土坑墓越来越占主导地位,成为关中地区秦墓特点之一,如咸阳黄家沟战国中、晚期20座竖穴土坑墓,均有生土二层台②。凤翔八旗屯秦国墓群中,有7座墓底有生土二层台③。西安半坡11座战国竖穴土坑墓,都有生土二层台(含2座战国早期墓)④。高陵县益尔公司51座秦墓中有生土二层台的竖穴土坑墓达33座等⑤。而梁上墓群M8墓底也是有生土二层台的。

其次,关中地区国人竖穴土坑秦墓形制虽基本上可分为狭长式和宽敞式两类,但墓口都较宽大。狭长式竖穴土坑墓流行了整个春秋战国时期,以咸阳黄家沟战国秦墓为例,以墓口计算,长宽之比约在1.5∶1到1.8∶1间⑥;而凤翔八旗屯最大墓墓口长4.8、宽2.7米(凤八BM104),最小墓墓口长2.5、宽1.51米(凤八BM30)⑦。总之这类墓的墓口长宽约是1.8与1或1.7与1之比⑧,故实际上这类墓的墓口不是很狭,所呈现为长方形而已,与巴墓和楚墓狭长竖穴土坑墓的狭长形墓口不是一个概念。但此式墓中有的墓墓底与墓口相比,确为狭长,如咸阳黄家沟M37,墓口长5.22、宽3.11米,而周围有生土二层台的墓底棺室仅长3.04、宽1.1米⑨,从整体看形成了一个口大底小、口为长方形、底为狭长形、墓壁内收的竖穴斗形土坑墓。宽敞式竖穴土坑墓出现于战国早期,流行于战国中晚期。咸阳黄家沟战国秦墓中的宽敞式竖穴土坑墓墓口长宽之比小于1.5∶1,墓底二层台也多宽大⑩。有的地方此式秦墓中平面接近方形⑪。同样此式墓中有的墓的墓底与墓口相比,显得狭长。咸阳黄家沟M43是该墓地最大的墓,墓口长5.64、宽4.24米,然而位于墓底生土二层台上的椁室,据平面图所标比例测算,长为2.46、宽仅1.26米,即使加上生土二层台和木椁之间的熟土二层台,长也只有3.72、宽只有1.26～1.74米⑫。墓口与墓底尺寸相距很大,相比于墓口,此墓底显得很狭小,而这恰恰与梁上墓群M8的墓葬形制非常相似。所以,梁上墓群M8应为秦墓无疑。

①　滕铭予:《关中秦墓研究》,载《考古学报》1992年第3期。
②　秦都咸阳考古队:《咸阳市王家沟战国墓发掘简报》,载《考古与文物》1982年第6期。
③　吴镇烽、尚志儒:《陕西凤翔八旗屯秦国墓葬发掘简报》,载《文物资料丛刊》(3),文物出版社1980年版。
④　金学山:《西安半坡的战国墓葬》,载《考古学报》1957年第3期。
⑤　陕西省考古研究所:《山西高陵县益尔公司秦墓发掘简报》,载《考古与文物》2003年第6期。
⑥　秦都咸阳考古队:《咸阳市王家沟战国墓发掘简报》,载《考古与文物》1982年第6期。
⑦　吴镇烽、尚志儒:《陕西凤翔八旗屯秦国墓葬发掘简报》,载《文物资料丛刊》(3),文物出版社1980年版。
⑧　韩伟:《略论陕西春秋战国秦墓》,载《考古与文物》1981年第1期。
⑨　秦都咸阳考古队:《咸阳市王家沟战国墓发掘简报》,载《考古与文物》1982年第6期。
⑩　秦都咸阳考古队:《咸阳市王家沟战国墓发掘简报》,载《考古与文物》1982年第6期。
⑪　韩伟:《略论陕西春秋战国秦墓》,载《考古与文物》1981年第1期。
⑫　秦都咸阳考古队:《咸阳市王家沟战国墓发掘简报》,载《考古与文物》1982年第6期。

二、M8 随葬品试析和年代推断

当然,判定一个墓葬的族属和年代,更重要的是随葬品。梁上 M8 的随葬品共有 12 件,其中有陶器 6 件、铜器 4 件、铁器 1 件、石器 1 件。现分述如下:

(一)陶器

泥质灰陶平底罐 1 件。M8:2,侈口,方唇外翻,束颈,圆肩有三突弦纹,圆鼓腹,平底微上凸。素面。通高 13.6、口径 6.4、腹径 14.8、底径 8 厘米(图三,1)。

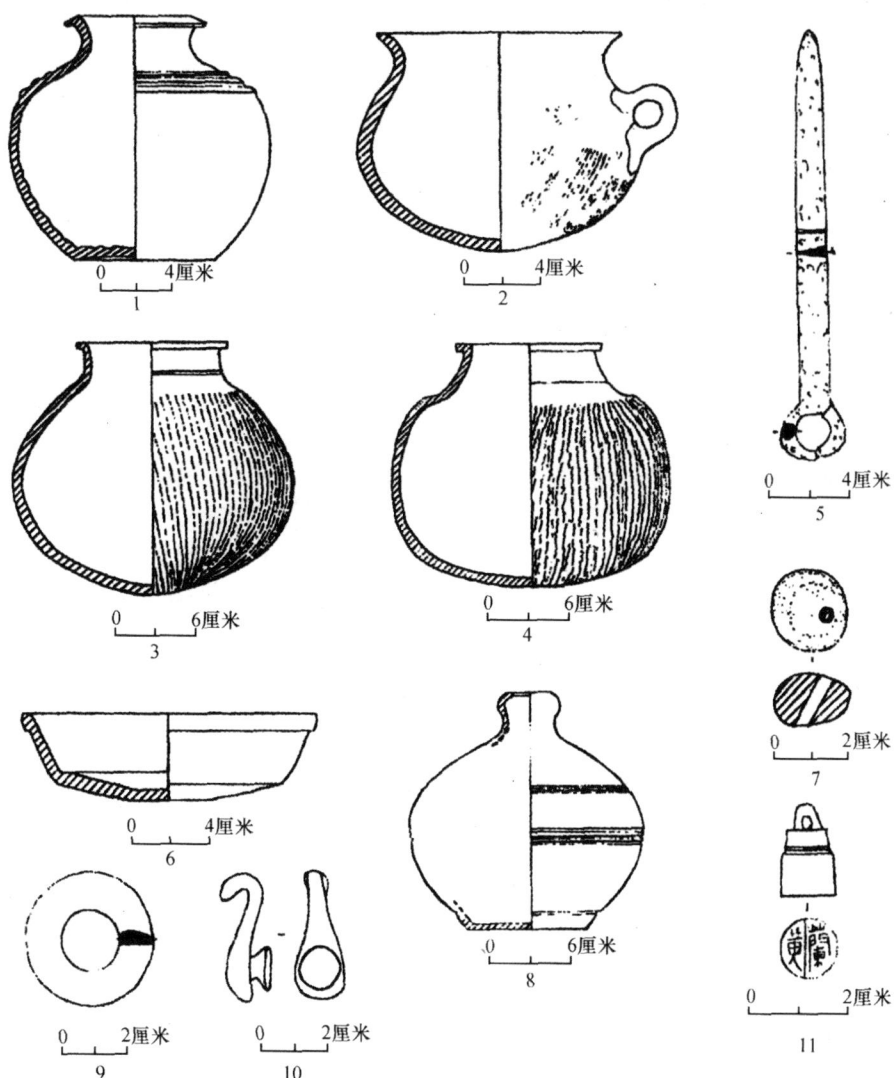

图三　2001CWLM8 出土器物图

1. 陶罐(M8:2)　2. Ⅰ式陶釜(M8:1)　3. Ⅲ式陶釜(M8:3)　4. Ⅱ式陶釜(M8:4)　5. 铁削(M8:12)　6. 陶盂(M8:14)　7. 石串珠(M8:11)　8. 陶蒜头壶(M8:5)　9. 铜环(M8:13)　10. 铜带钩(M8:7)　11. 铜印章(M8:8)

夹砂陶釜 3 件。可分为三式,每式 1 件。

Ⅰ式：M8：1。红褐色。敞口,尖唇,束颈,斜肩,圆鼓腹,腹较浅,圜底微尖突,一侧肩部有一桥状圆形耳。耳下器表饰浅绳纹。高 11.5、口径 12、腹径 14.9 厘米(图三,2)。

Ⅱ式：M8：4,灰色。口稍外侈,方唇外折,较高斜直状束颈,圆折肩,垂腹,圜底较平缓。器表饰绳纹。高 22.3、口径 13.2、腹径 25.3 厘米(图三,4)。

Ⅲ式：M8：3,灰色。侈口,方唇外折,短直颈,斜肩鼓腹,圜底尖突。器表饰绳纹。高 18.9、口径 11.3、腹径 21 厘米(图三,3)。

蒜头壶 1 件。M8：5,泥质夹细砂,青灰色。小敛口,圆唇,口部外形圆突呈蒜头形,短束颈,斜肩鼓腹,平底。肩、腹分别饰有两道和三道阴弦纹,近底部也有一道阴弦纹,使壶底呈现假圈足模样。高 22、口径 3.6、腹径 22.2、底径 11.1 厘米(图三,8)。

泥质灰陶盂 1 件。M8：14,敞口,尖圆唇外折,浅斜上腹,急内折更浅斜下腹,上下腹转折处有棱,平底。高 4.4、口径 15、底径 4.2 厘米(图三,6)。

(二)铜器

带钩 1 件。M8：7,钩首为鸭首形,钩体较短、宽,形似琵琶,近尾端有呈蘑菇状的圆钮。长 3.6 厘米(图三,10)。

印章 1 枚。M8：8,呈上小下大的圆钟状,顶部有桥形钮,顶下 1/3 处有一圈突弦纹,将印章分为上下两部分。印章整体漆黑发亮,十分精致。印面为圆形,中偏右有一阴直线纹,将印面隔分为左右两界,阴文篆体"黄蘭"两字,非常清晰。高 1.8、印面直径 1.1 厘米(图三,11;图六)。

半两钱 4 枚。M8：6,直径达 3.6 ～ 3.7 厘米。无内外廓。钱文"半两",高挺清晰,略狭长而稍呈弧形,笔韵豪放大气,朴拙浑然,具有浓郁的大篆气势,显得既俊逸又豪纵,当为战国时期的秦国半两货币(图四)。

图四　2001CWLM8 出土的战国先秦半两钱

铜环 1 件。M8：13,表面似有纹饰,但已浸漫不清。一面平整,一面微凸。外径 4、内径 1.8 厘米(图三,9)。

(三)铁器

削 1 件。M8：12,直背直刃,尖锋,圆环首。长 20.5 厘米(图三,5)。

（四）石器

串珠 1 件。M8：11，灰白色。不太规则的扁圆形，斜直穿有 1 孔。长直径 2、厚 1.4、孔径 0.32 厘米（图三，7）。

上述随葬器物在墓中的位置是：陶器都置于墓主头前方北端靠近墓壁处，半两钱币、铜环及铜带钩在靠近墓主头部右上方处，石串珠、铜印章、铁削在墓主两脚间发现（估计这 3 件随葬品原应挂在墓主腰间，因墓室坍塌，尸体腐朽而滑落至两脚之间）。这些与关中地区国人秦墓随葬品的出土位置是基本一致的。

这些随葬器物中，最引人注目并对该墓族属和时代判定有决定意义的器物是蒜头壶。蒜头壶有陶制和青铜铸就两种，战国晚期在秦国突然涌现，是具有浓厚秦国特色的新的器型，是独特的最典型的秦器。青铜蒜头壶还具有礼器的性质，陶蒜头壶也当然具有仿铜礼器的意义。除关中地区有较多秦墓出土外，在全国其他地区出土蒜头壶的墓葬，也必是秦人秦墓，如湖北宜昌前坪[①]、云梦大坟头[②]、云梦睡虎地[③]、河南泌阳秦墓[④] 等秦人秦墓中都有出土。

蒜头壶出现的年代，从学者对秦墓的两种分期研究中可一探究竟。一是据秦墓发掘的全部资料，将关中地区春秋战国秦墓的演变分为七期，蒜头壶出现在第七期，即最后一期秦墓中，具体为整个战国晚期和秦代，上限可能是秦昭襄王时期，下限则可晚到统一后的秦代[⑤]。二是根据关中秦墓出土青铜器的层位、组合、形制、纹饰的演进大势，分为五期十组，蒜头壶最早出现在第五期一组（总第九组）中，该组各墓"估计应是秦昭王时期的遗存"[⑥]。所以两种研究结果，就蒜头壶出现的年代而言，是殊途同归、基本一致的，只是后者的研究更细致些，将蒜头壶出现的年代判定在秦昭王时期，即战国晚期早段或战国中晚期之交时期。后者还就早晚蒜头壶的演变发展趋势做了研究，认为蒜头壶的"口部蒜瓣由短细内收变为长粗外展，壶颈由短粗变细长……壶腹由高长趋扁鼓，重心渐下移，圈足升高"，指出"蒜头壶中较早的目前可见者有凤翔高庄野狐沟 M1 所出一件与传世李魔壶共两件"。而凤翔高庄野狐沟 M1 正是被划在第五期一组（总第九组）中。凤翔高庄野狐沟 M1：10 蒜头壶"口部蒜瓣聚拢内收、颈特短而腹甚高长"，"其作风古朴原始，当是蒜头壶的早期型式"，年代在秦昭襄王时期[⑦]。该墓的发掘者也认为野狐沟发掘的"两座战国墓，应是战国晚期早段的秦国墓葬"，"两座墓出土的器物也具有战国中晚期的

① 湖北省博物馆：《湖北前坪战国西汉墓》，载《考古学报》1972 年第 2 期。

② 湖北省博物馆：《云梦大坟头一号汉墓》，载《文物资料丛刊》（4），文物出版社 1981 年版。

③ 云梦县文物工作组：《湖北云梦睡虎地秦汉墓发掘简报》，载《考古》1981 年第 1 期；《湖北睡虎地 11 座秦墓发掘简报》，载《文物》1976 年第 4 期；《湖北云梦睡虎地 11 号秦墓发掘简报》，载《文物》1976 年第 6 期。

④ 驻马店地区文管会、泌阳县文教局：《河南泌阳秦墓》，载《文物》1980 年第 9 期。

⑤ 韩伟：《略论陕西春秋战国秦墓》，载《考古与文物》1981 年第 1 期。

⑥ 陈平：《试论关中秦墓青铜容器的分期问题》，载《考古与文物》1984 年第 3、4 期。

⑦ 陈平：《试论关中秦墓青铜容器的分期问题》，载《考古与文物》1984 年第 3、4 期。

特点"[1]。

将凤翔高庄野狐沟 M1：10 蒜头壶与梁上 M8：5 蒜头壶相比较,虽前者为铜铸,后者是陶制(图五),但形制上两者较为相似,且 M8：5 蒜头壶的颈更短,腹更高长圆鼓些,而 M1：10 蒜头壶颈上的凸箍,在 M8：5 蒜头壶身上显现为肩、腹部的弦纹,故这件陶蒜头壶似乎显得更加古朴原始,年代可能要更早些,应是早期陶蒜头壶的典型器物。所以梁上 M8：5 蒜头壶的出土,不仅强有力证明了该墓为秦人秦墓无疑,且通过上述比较分析,可知 M8：5 蒜头壶是属于较早形制的蒜头壶,从而可进一步推定梁上 M8 的相对年代应在战国晚期早段,绝对年代很可能与秦东进伐楚同时或稍晚几年,即秦昭襄王二十七年(前 280 年)或以后数年间。

梁上 M8 出土了 3 件陶釜,其中 I 式红褐色夹砂单耳陶釜(M8：1)形状较为特别。在咸阳黄家沟战国晚期秦墓 M18 中也出有陶单耳釜 2 件[2]。另外,上文提到的出有早期铜蒜头壶的凤翔野狐沟 M1 中,还出土了 1 件铜单耳釜,形状与梁上 M8：1单耳陶釜也颇有相似之处(图五)。因此,这分属两地的秦墓,在年代上很可能相近,即战国晚期早段,秦昭襄王中期。

器类＼墓号	梁上 2001CWLM8 出土陶器	凤翔高庄野狐沟 M1 出土铜器
单耳釜	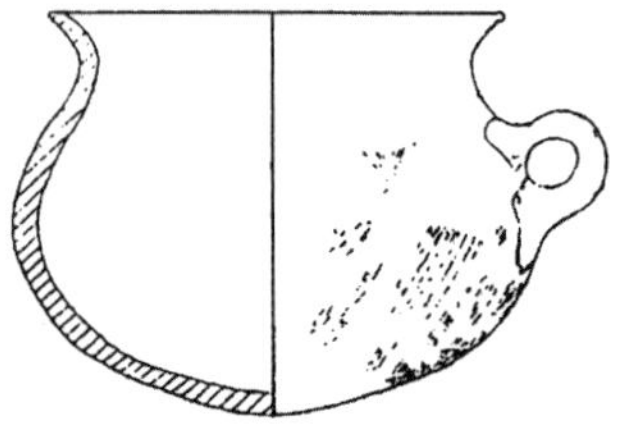	
蒜头壶	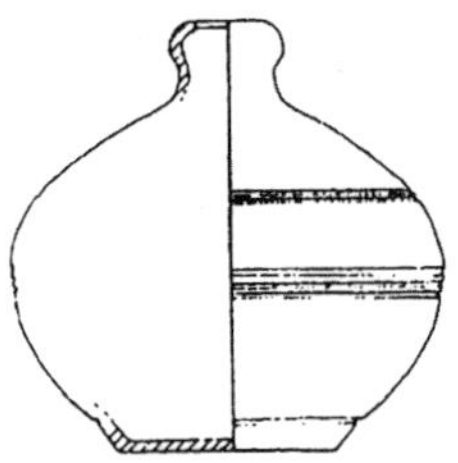	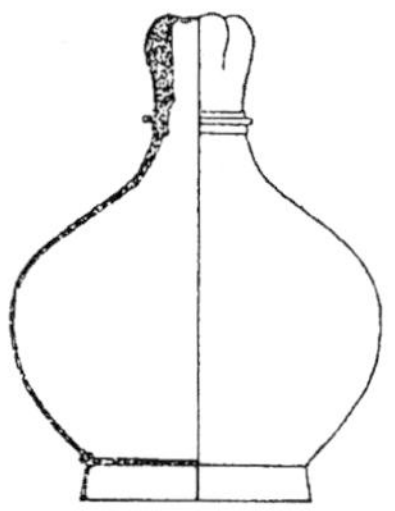

图五　梁上 2001CWLM8 和凤翔高庄野狐沟 M1 出土的蒜头壶和单耳釜比较图

---

[1]　雍城考古工作队：《凤翔县高庄战国秦墓发掘简报》,载《文物》1980 年第 9 期。

[2]　雍城考古工作队：《凤翔县高庄战国秦墓发掘简报》,载《文物》1980 年第 9 期。

梁上 M8 墓葬出土的铜带钩,也是关中地区国人秦墓中常见之物。M8:12 铁削,则与咸阳黄家沟战国秦墓 M48:5 铁削相似。M8:2 泥质灰陶平底罐与陕西凤翔高庄秦墓Ⅳ式折沿尖唇大口罐 [①]、高陵县益尔公司秦墓Ⅰ式和Ⅱ式的侈口圆肩罐等相似 [②]。而梁上 M8 墓葬出土的铜印章和战国秦半两钱币,更是为判定该墓是战国时期的秦人秦墓提供了有力的佐证。

还应指出,梁上 M8 随葬品,无论是陶器、金属器,还是石器,都是实用器具。其中陶器组合为釜、盂、罐、壶。这与关中地区战国晚期国人秦墓随葬品组合情况基本相符。但陶蒜头壶具有仿铜礼器意义,且还有铜印章出土,故该墓主人社会地位在当时平民阶层中应较高。

三、M8 出土的"半两"钱币试析

梁上 M8 出土的 4 枚精美先秦"半两"钱,属重要考古发现。秦在统一中国前就已铸行半两钱,已是学术界共识。在秦故土甘肃陇西和陕西关中地区,特别是秦两都雍城和咸阳范围内发现了颇多的战国先秦半两钱。20 世纪 90 年代初,对咸阳西北林学院战国晚期秦墓的考古发掘,发现墓中皆随葬半两钱,这更有力证明,秦在战国时已较广泛地通行半两钱了 [③]。值得注意的是,在秦国以外的其他方国,也发现了不少战国先秦半两钱。研究者认为这"大多不离秦对外之经略路线",即"先秦半两钱之出土多集中于秦对外战争之战略要地" [④]。

其中秦国向南经略路线就是巴蜀之地。史载,秦惠文王后元九年(前 316 年),秦将张仪、司马错攻蜀,从金牛道(即起自今之汉中约沿老川陕公路)一线入川,经今广元以南的葭萌、剑门、梓潼、武阳(彭山),到达成都,最后一举而灭蜀,使"秦益强,富厚而轻诸侯"。其中战事最激烈之地是葭萌。考古发现的四川秦人秦墓以及虽不是秦墓但有先秦半两钱出土的地点,也大多在广元到成都一线。最早出土先秦半两钱的是 20 世纪 50 年代经考古发掘的昭化宝轮院 [⑤]。而更重要的是,1979 年青川县郝家坪的发掘,因为该地 M50 墓葬中与 7 枚先秦半两钱同出的还有秦武王二年(前 309 年)的木牍,经考证该墓年代为秦昭襄王元年(前 306 年),属秦人秦墓 [⑥]。其重要意义在于:"'青川七钱'的出土,把秦半两的铸行时间上推到秦昭襄王元年(前

---

① 吴镇烽、尚志儒:《陕西凤翔高庄秦墓地发掘简报》,载《考古与文物》1981 年第 1 期。

② 陕西省考古研究所:《山西高陵县益尔公司秦墓发掘简报》,载《考古与文物》2003 年第 6 期。

③ 咸阳市文管会:《西北林学院古墓清理简报》,载《考古与文物》1992 年第 3 期。

④ 蒋若是:《秦钱论(秦半两钱三议)》,载《秦汉钱币研究》,中华书局 1997 年版。笔者注:蒋先生所说的"昭王……东灭巴国",这一巴国其实是楚西进克巴后,仍置立巴王作为傀儡而存在的政权。与秦惠文王后元九年(前 316 年)秦灭巴蜀的巴国是两回事。但据《舆地纪胜》引陈寿《益部耆旧传》和《蜀中名胜记》引《郡国志》等文献记载,这一傀儡巴国最后乃为楚顷襄王伐灭,而不是被秦所灭。

⑤ 四川省博物馆:《四川船棺葬发掘报告》,文物出版社 1960 年版。

⑥ 四川省博物馆等:《青川县出土秦更修田律木牍——四川青川县战国墓发掘简报》,载《文物》1982 年第 1 期。

306 年），上距史文记载的秦惠文王二年（前 336 年）'初行钱'只差三十年。这就不仅可以确定秦铸半两钱远在秦统一之前，下距秦之统一尚有七八十年之久……而且得以从出土实物中重新审定秦代半两之先后特征，并进而探讨先秦半两钱之出土与秦军经略路线之关系。"[①]

梁上墓群所在地属古巴子国地。按蒋若是先生说法："秦昭襄王二十七年（前 280 年），司马错又沿涪水东灭巴国。"[②] 过了两年至秦昭襄王三十年（前 277 年），为配合白起攻楚，司马错再度由蜀起兵，攻取楚黔中之地，置黔中郡（治在今湖南沅陵）。在司马错两次进军线路上，最早发现出土有战国先秦半两钱的是 20 世纪 50 年代发掘的重庆巴县冬笋坝[③]。20 世纪 90 年代初，在湖南桑植，即秦之黔中郡地方，发现过秦墓但没有秦钱出土[④]。这就是说，在梁上 M8 发掘前，三峡地区既没有发现过秦人墓葬，也没有出土过战国先秦半两钱。所以既是秦人秦墓又出土 4 枚先秦半两钱的梁上 M8 的发现与发掘，对研究峡江地区秦巴文化关系以及梁上在秦巴和秦楚关系中的战略地位等，是很重要的新的考古学证据，填补了这一方面的空白。

昭化宝轮院和巴县冬笋坝虽都出过战国先秦半两钱，但都以船棺葬墓为最具特征，已确定为巴人墓地[⑤]，而不是秦人墓葬。不过巴县冬笋坝 M37 墓出土的最大半两钱，直径达 3.7 厘米，则与梁上 M8 出土的半两钱大小相当。梁上 M8 出土的 4 枚半两钱，钱文用大篆，高突挺起，"两"字中间的两个"人"字上部有很长竖笔，铸造精致，钱体厚重，铸口荏较宽，当出自官铸。直径在 3.6～3.7 厘米，已超过秦制"径一寸二分"的法定规定，可能是当时铸造技术难以精确控制所致，也与当时秦国财富充裕有关。总之，梁上 M8 秦人秦墓中出土的这 4 枚战国先秦半两钱币，在已发现的先秦半两钱币中属形制较大、制作较精、数量较少的精品。

梁上 M8 能出土直径超过秦规定的大半两钱，反映了当时铸币权牢固地掌握在国家手里，即中央集权制的国君手中。而这又必与国家强盛、国君至高无上权威、中央集权制度巩固、经济繁荣发展密切相关。的确，自商鞅变法后，秦国一跃而成战国时最强盛的诸侯国。秦昭襄王又是个很有作为的君王，在位 50 多年，是秦国国力继

---

① 蒋若是：《秦钱论（秦半两钱三议）》，载《秦汉钱币研究》，中华书局 1997 年版。笔者注：蒋先生所说的"昭王……东灭巴国"，这一巴国其实是楚西进克巴后，仍置立巴王作为傀儡而存在的政权。与秦惠文王后元九年（前 316 年）秦灭巴蜀的巴国是两回事。但据《舆地纪胜》引陈寿《益部耆旧传》和《蜀中名胜记》引《郡国志》等文献记载，这一傀儡巴国最后乃为楚顷襄王伐灭，而不是被秦所灭。

② 蒋若是：《秦钱论（秦半两钱三议）》，载《秦汉钱币研究》，中华书局 1997 年版。笔者注：蒋先生所说的"昭王……东灭巴国"，这一巴国其实是楚西进克巴后，仍置立巴王作为傀儡而存在的政权。与秦惠文王后元九年（前 316 年）秦灭巴蜀的巴国是两回事。但据《舆地纪胜》引陈寿《益部耆旧传》和《蜀中名胜记》引《郡国志》等文献记载，这一傀儡巴国最后乃为楚顷襄王伐灭，而不是被秦所灭。

③ 四川省博物馆：《四川船棺葬发掘报告》，文物出版社 1960 年版。

④ 《桑植清理一批战国西汉墓》，载《中国文物报》，1991 年 10 月 20 日。

⑤ 四川省博物馆：《四川船棺葬发掘报告》，文物出版社 1960 年版。

续日益增强、国势蒸蒸日上的时期,他任用范雎为相,积极推行远交近攻策略,又修筑了北长城,派李冰任蜀郡守,主持修建了都江堰,国内经济发展更为迅速繁荣,供给充足,军队装备精良,加上秦重视奖励战功,故军队勇敢善战,战斗力极强,使秦对外兼并战争不断取得胜利。到秦昭襄王末年,秦国疆域之大,六国中罕有能与其匹敌者,从而为后来秦始皇统一中国打下了坚实基础。

就在这种"民以殷富,国以富强"的强盛国势下,秦国官铸的先秦半两钱,一般都能如法律规定的"径一寸二分,重12铢"面世,货真价实,币材十足,甚至略有超越,应不足为怪了。同时,战国晚期在许多诸侯国内出现了"军市",从而使货币和商品之间的交易,在军队中起到特殊作用。这种钱少而重的优质先秦半两钱,很可能是秦用来奖励军功,并主要在"军市"中流通使用的。先秦半两钱币又多在中小秦墓中出土(梁上 M8 也是小型墓),大墓中反而往往无秦钱,这或许可反证先秦半两的奖励军功作用及其在"军市"中流通的情况。正如马克思所指出的:货币的发展"在历史上只有在最发达的社会状态下才表现出它的充分的力量……例如,在罗马帝国,在它最发达的时期,实物税和实物租仍然是基础。那里,货币制度原来只是在军队中得到充分发展"。[①] 故梁上 M8 墓主黄蘭身份,如果不是秦军中立有战功的军人,也必是立功军人的随军家属。因先秦半两钱之出土与秦军经略路线密切相关,所以上文在判定梁上 M8 绝对年代时,考虑到出土的先秦半两,才将其定位在秦东进的这一年,即秦昭襄王二十七年(前 280 年)或这以后数年。

另外,因为币材十足,先秦半两钱也是在战国晚期市场上最受欢迎的货币,这也应是冬笋坝、宝轮院等巴人墓葬中能发现先秦半两钱的原因之一。须知,战国时巴人虽可能已有"市",但仍处于以物易物的状态,尚不能行使货币,能在墓中随葬先秦半两钱,说明巴人已接受金属货币也是财富的理念,这在观念上是一大进步,反映了秦巴文化交流的一种丰硕成果。还应该指出的是,到目前为止,战国时先秦半两钱只在秦人墓葬和巴蜀墓葬中出土,其他六国墓中无半两钱币。这或许和秦灭巴蜀要比秦灭六国要早得多有关;也可能显示秦和巴蜀的文化关系有着某种特殊性的缘故,如秦向巴蜀移民,将先进的秦文化推向巴蜀地区,巴蜀居民最乐于接受的可能就是货币文化,并在墓葬中用先秦半两钱入葬的方式表现出来。

四、M8 出土的铜印章试析

梁上 M8 出土的铜印章,小巧玲珑,十分可爱。印文"黄蘭"两字,用日字格,即有将印面竖直划分为两部分的界线。"黄"字略小,"蘭"字较大,字体具明显秦篆风格。秦墓多有铜印章出土,考古出土和社会上流散的秦封泥数量也很多,这些均为研究梁上 M8 出土的铜印章提供了丰富资料和依据。通过对梁上 M8:8 铜印章印文的放大,得知印文不是铸就而是经錾刻而成,故笔画粗细轻重略有不均。但总的

---

① 马克思:《〈政治经济学〉批判导言》,《马克思恩格斯选集》第 2 卷,人民出版社 1972 年版。

来说,笔画轨迹为均圆线条,又有横竖行气,而无硬方折和笔画粗细等现象,故留存有大篆气息和略微粗犷韵味(图六,中)。与咸阳黄家沟 M48 出土的铜印章和石印章[①]以及西安相家巷遗址出土的秦封泥[②]比较,梁上 M8:8 铜印章文字显得古朴得多,这从另一侧面显示该墓时代应定在战国晚期早段为妥。

图六   2001CWLM8 出土的战国时期的铜印章
(左:正放,中:印文放大和原大,右:印面)

这方铜印章明显为私印,并明确主人为黄姓。黄姓最早可追溯到商王朝异姓侯国黄国,西周续封之,其后裔就以国名为姓。然黄姓在西周姓氏分类中属嬴姓系统,而嬴姓正是秦国国君之姓。嬴姓最早可追溯到黄帝时代,相传黄帝子少昊(皞)受赐姬姓,嬴姓则为少昊(皞)姬姓系统金天氏的派出姓。据传少昊(皞)后裔伯益佐舜有功,受赐嬴姓。嬴姓后裔一支在商王朝被封于黄,后就有了黄姓。故战国时,尤其在秦国,黄、嬴两姓关系应非同一般。正因如此,梁上 M8 虽是小墓,却有仿铜礼器陶蒜头壶和如此精美的铜印章,就不奇怪了。

相对于巴人来说,有学者认为"《世本》谓'蜀本无姓',是则巴亦应无姓。但到了汉世,巴族亦各具姓氏"[③]。这就是巴族五姓或七姓以及十二姓的发展等。巴人五姓即指《世本》所载的巴氏、樊(繁)氏、罩(曋)氏、相氏、郑氏。七姓是《华阳国志·巴志》所记助汉高祖灭秦后被免除租赋的罗、朴、咎、鄂、度、夕、龚等"板楯七姓"。十二姓的发展指除了上述十二姓以外,巴人还有田、文、药、廖、扶、资、养、先、税、果、通、冉、清、巫、涂、侯、李、杨、赵、屈、徐、谢、蹇等姓氏。但没有黄姓。故从姓氏角度看,梁上 M8 也不可能是巴蜀墓葬。

巴人墓中也有铜印章,冬笋坝、宝轮院都有出土,印面为像虎、类兽、似星等图案或象形文字,也有虎纹族徽或使用者家族或个人符号,还有汉文"王"字印文等。这与梁上 M8 出土的铜印印面,及和其他秦墓出土的铜、石印章印文、秦封泥上的篆文,都大相径庭。

总之,上述对"黄蘭"铜印章的分析,进一步明确梁上 M8 不是巴墓,而是秦人秦墓无疑。

---

① 秦都咸阳考古队:《咸阳市王家沟战国墓发掘简报》,载《考古与文物》1982 年第 6 期。

② 中国科学院考古研究所汉长安城工作队:《西安相家巷遗址秦封泥的发掘》,载《考古学报》2001 年第 1 期。

③ 邓少琴:《巴蜀史迹探索》,四川人民出版社 1983 年版。

五、对秦巴文化关系的点滴认识

　　三峡文物考古抢救工作开展以来,学术界非常重视对巴文化的研究,也很注意巴蜀和巴楚文化关系的研究。但相对于秦巴文化关系而言,由于没有发现春秋战国时期秦文化的出土遗存,故基本上没有什么研究。《华阳国志·巴志》记载了巴子国的四至是:"东至鱼复,西至僰道,北接汉中,南极黔涪。""北接汉中",是指大巴山北的汉水流域,是商周时庸国所在地区。庸国强大时,巴之鱼复(今奉节)也被迫沦为附庸属邑。庸国北即是秦国,所以庸国被灭之前,巴秦不直接为邻。而因长江三峡及其支流水路通畅,巴东与楚、西与蜀不仅相邻且关系密切,甚至巴楚相攻伐、巴蜀世战争这样极端的文化关系,也不断被记载于史籍中。然而庸国之所在,为秦南下、楚北上之障碍,巴更恨其侵逼鱼复之地为附属,出于不同目的,春秋时,秦、楚、巴终于共同出兵,会师击灭庸国而三分其地。于是,秦巴就直接为邻了,文化关系的交流也更为直接了。当然,隔着大巴山脉,在古代以水路为交通方便的情况下,秦巴关系比起巴蜀、巴楚关系来,在地理位置上,仍然处于不利地位。但比起灭庸前,秦巴关系应该有了很大发展。自秦灭蜀、巴后,这种关系更是有了前所未有的提高。

　　《华阳国志·巴志》记载:秦昭襄王时"白虎为害……秦王乃重募国中有能煞虎者……于是夷朐忍廖仲、药何射虎,秦精等乃作白竹弩,于高楼上射虎,中头三节。"虎害乃绝。"秦王嘉之",并刻石为盟,约定"秦犯夷,输黄龙一双;夷犯秦,输清酒一钟。夷人安之"。这应是秦巴文化史上辉煌一页。值得注意的是射虎英雄"秦精",覃、潭与秦都是同音或近音字。"至少在鄂西的地方志里,有把姓覃的'土家'写成姓秦的例子""这也不是笔误,而是,在用汉字来写他们的姓而还没有能固定在同一汉字之上的形势之下,可以发生的一种情况。但起初虽是按照土音比较任意地写成某一个汉字,及其既经写出,也就逐渐固定下来了。""果真如此,则文献上巴人与'土家'中姓秦的人倒还不少,最早的一例是'板楯蛮'中善射白虎的秦精。"以后巴人和土家族中的秦姓"都有可能推源到最初的覃姓"[①]。可见秦文化中的"秦"字对巴人姓氏曾产生过不小影响。以上是文献记载中的一些秦巴文化关系的情况。

　　在考古学上,就梁上 M8 而言,如上所论,是秦人秦墓无疑,年代在秦昭襄王中期,甚或即在秦昭襄王二十七年(前280年)或后数年。即是说该墓应与秦东进与楚争战有关,故梁上所在今重庆万州武陵地区,在当时应有重要的军事战略意义。该墓又是梁上墓地中年代最早墓,是这块墓地当之无愧的开山鼻祖。但不容忽视的是,该墓中有些随葬品明显具有巴文化性质,这就是Ⅱ式和Ⅲ式陶釜。这两件陶釜与忠县老鸹冲遗址出土的 CⅠ式和 CⅡ式陶釜相似[②],也与宝轮院 M10:2 圜底罐

---

① 潘光旦:《湘西北的"土家"与古代巴人》,载《民族研究论文集》第3集,民族出版社1954年版。

② 蒋晓春:《涪陵小田溪墓地时代再探讨》,载《重庆·2001三峡文物保护学术研讨会论文集》,科学出版社2003年版。

和冬笋坝 M8：4 陶釜相像①。Ⅱ式垂腹陶釜还与忠县崖脚墓地战国巴墓 BM19：3 陶釜②、万州中坝子战国中期巴墓 M29：6 圜底罐③相像。就是Ⅰ式单把陶釜与云阳李家坝巴人墓地 A 形陶鍪（M2：6）④也有类似之处。釜（鍪）这种炊器，在秦、巴、蜀三地都是常见日用器具，但究竟是巴蜀影响秦，还是秦影响巴蜀是个值得讨论的课题。

　　李学勤先生认为，战国晚期关中秦地流行的鍪很可能来源于巴蜀⑤。而宋治民先生则指出，釜"在关中地区的秦墓中发现得更为普遍"，这就说明至少秦国地区流行陶釜不是受巴蜀文化的影响，相反倒是巴蜀地区受秦文化的影响。而"巴人墓葬中出土的一种小口圜底陶罐，有些底部带有烟痕，显然是作为炊器之用，他们应是巴蜀文化固有的炊器。"⑥但这种小口圜底陶罐即是一种陶釜。根据近十来年三峡考古出土文物显示，早在商代至西周早中期，巴人就在使用圜底釜作为炊器。西周早中期至春秋中晚期，巴人炊器中，花边圜底釜为主要器物，在忠县老鸹冲第二期中，圜底釜的数量占绝对多数。春秋中晚期至战国时期素缘圜底釜、花边圜底釜、夹砂圜底釜都是典型的巴文化器物⑦。因此陶釜是巴人一贯以来的主要炊器，它的使用历史应比秦人要早得多、长得多。而秦人传统炊器文化是以鬲、鼎、甗为代表的。故就釜（鍪）这一器物而言，巴文化对秦文化的影响可见一斑。而梁上 M8 出土的Ⅱ式和Ⅲ式陶釜应是当地巴人所制作，从而彰显了这座秦人秦墓也吸收、融合了巴文化的事实和意义。

　　总之，梁上 M8 的发掘，拓展了对三峡考古研究的视野，提示我们在研究巴蜀、巴楚文化关系时，也要重视秦巴文化的研究，这样会使三峡考古研究更深入、更全面、更上一个台阶。

　　（本文原载《"早期中国的文化交流与互动——以长江三峡库区为中心"学术研讨会论文集》，科学出版社 2012 年版）

---

① 四川省博物馆：《四川船棺葬发掘报告》，文物出版社 1960 年版。

② 北京大学考古文博学院三峡考古队、忠县文管所：《忠县崖脚墓地发掘报告》，载《重庆库区考古报告集·1998 卷》，科学出版社 2003 年版。

③ 西北大学考古队、万州区文管所：《万州中巴子遗址东周时期墓葬发掘报告》，载《重庆库区考古报告集·1998 卷》，科学出版社 2003 年版。

④ 四川大学历史文化学院考古系、云阳县文管所：《云阳李家坝遗址发掘报告》《云阳李家坝巴人墓地发掘报告》，载《重庆库区考古报告集·1998 卷》，科学出版社 2003 年版；四川大学历史文化学院考古系、云阳县文管所：《云阳李家坝遗址发掘报告》《云阳李家坝东周墓地发掘报告》，载《重庆库区考古报告集·1997 卷》，科学出版社 2001 年版。

⑤ 李学勤：《论新都出土的蜀国青铜器》，载《文物》1982 年第 1 期。

⑥ 宋治民：《略论四川的秦人墓》，载《考古与文物》1984 年第 2 期。

⑦ 方刚、张建文：《巴文化研究几点思考》，载《重庆·2001 三峡文物保护学术研讨会论文集》，科学出版社 2003 年版。

广西左江崖壁画新考

关于广西左江崖壁画，一些史籍上曾有过简略的记载[①]，但多带神奇怪异的色彩，大多不足为训。解放后，先后在宁明、龙州、崇左、扶绥等县的沿江两岸和附近的崖壁上，发现崖壁画达 68 处之多，有关部门曾组织民族学、考古学、历史学、文学和美术等工作者在左江流域进行过多次实地调查考察和研究，不少同志还写有专文论述。然而，由于这些崖壁画都没有文字，所以对于它们的年代、族属、内容等关键问题，至今学术界仍然分歧很大。就年代而言，从主张推到上古，到春秋战国、秦汉时代，再到唐代、宋代，直至近代的太平天国或中法战争等各种观点都有；从族属看，现在比较流行的笼统看法是古代壮族人或壮族先民所作，也有人指出这是骆越人的作品，还有人说是唐代西原蛮或黄巢起义军所绘，甚至说是刘永福、冯子才所率领的抗法军队留下的；至于内容，则有战争说、庆功说、宗教说、地图说和语言符号说，等等[②]。可见广西左江崖壁画依然是我国民族文物学上待破之谜。1984 年 11 月初，我在南宁参加中国民族学会第三届学术讨论会之后，承广西区民委会的盛情，有幸考察了宁明花山崖壁画。笔者参加了这次考察活动，因此有责任和义务从考古学和民族史学的角度，谈谈自己的一些粗浅看法，以就教于学术界。

一、左江崖壁画年代的考古学考察

左江崖壁画以用简朴的赭红色、粗犷线条绘制的人物形象为主，也画有一些器物和动物形象。因此，利用考古资料，特别是新发现的考古资料及其研究成果，采用比较学的方法对图像进行考察研究，将有助于揭开左江崖壁画的年代之谜。

---

① （清）汪森：《粤西丛载》转引张穆《异闻录》："广西太平府，有高崖数里，现兵马持刀仗，或有无首者，舟人戒无指，有言之者，则患病。"《宁明州志》："花山距城五十里，峭壁中有生成赤色人形，皆裸体，或大或小，或执干戈，或骑马，未乱之先，色明亮，乱过之后，色稍黯淡。又按沿江一路两岸，崖壁如此类者多有。"

② 参见广西少数民族社会历史调查组编《花山崖壁画资料集》，广西民族出版社 1963 年版；王克荣、邱钟仑、陈远障：《巫术文化的遗迹》，丘钟仑：《左山岩画的族属问题》，石钟健：《论广西崖壁画和福建岩石刻的关系》，分别载广西《学术论坛》1984 年第 3 期、1982 年第 3 期、1978 年第 1 期；黄金安：《花山崖壁画反映的古代壮族生活》，载广西《三月三》1984 年第 3 期。

（一）左江崖画人物形象的考古学考察

湖南省博物馆在长沙曾从省废铜仓库中拣选到来自衡山的形制、纹饰都很特殊的两件铜钺和一件铜尊，并分别定名为"武士靴形钺"和"蚕桑纹尊"。其中的"武士靴形钺"，双面都铸有腰佩环首刀或剑的"武士"，其形象与左江崖壁画中的佩刀、佩剑者极为相似（图一、二）。因此，弄清"武士靴形钺"的来历并断定其年代，对于推定左江崖壁画的年代具有很大意义。经湖南省博物馆实地调查，上述铜钺和铜尊系被洪水从衡山霞流市

图一　湖南衡山霞流市的"武士靴形钺"

湘江堤岸下的一个土穴中冲出来的，共存的器物还有盆形铜簋、铜鼎、铜钟、铜削刀、铜矛、铜笄、铜镞，以及玉蝉和砺石等。结合土穴仅存的一个直角判断，这很可能原是一座土坑墓。然而，因此墓未经正式发掘，缺乏出土地层和墓葬形制证据，所有的出土物又都没有铭文可供考证，故为断定它的年代带来了一定的困难，因而有"春秋战国之际""东周—汉""战国中期或晚期"三说[1]。综合考察这些共存器物的形制，可以认为这群器物的风格基本一致，没有晚期器物混入，没有铁器，而且具有东周时期的特征，因而此墓的年代不会太晚，拟以战国中晚期为宜。

同时，借助于其他地方的考古资料，也可为推定这件"武士靴形钺"的年代提供佐证，因为靴形铜钺在南方的其他墓地也曾多有出土。在云南江川李家山古墓群中属于战国末到西汉初的一类墓M24出过一件（图三，1）[2]；晋宁石寨山古墓群中曾出

图二　左江崖壁画人物图像（采自《花山崖壁画资料集》，广西民族出版社1963年版）

---

① 周世荣：《蚕桑纹尊与武士靴形钺》，载《考古》1979年第6期；《湖南古代文化初探》，载《中国考古学会第一次年会论文集》，文物出版社1980年版；高至喜：《湖南发现的几件越族风格的文物》，载《文物》1980年第12期。

② 云南省博物馆：《云南江川李家山古墓群发掘报告》，载《考古学报》1975年第2期。

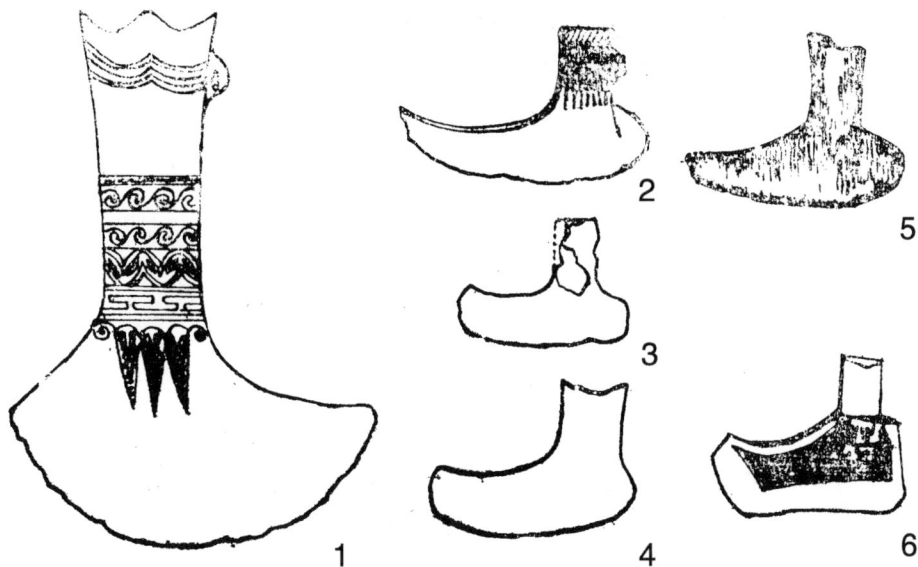

图三

土过多件（图三,4）①；主要属战国晚期的广西平乐银山岭墓地发现了两件（图三,2、3）②；广东广宁铜鼓岗和德庆的战国墓中也都有出土（图三,5）③；在广西恭城春秋战国之际的墓葬中，还出土了早期的长方銎的靴形铜钺④。另外，铸有人物等形象的靴形铜钺也是越南东山文化中的常见之物（图三,6）。东山文化的出土物与我国云南晋宁石寨山类型的出土物很相似，年代约处于公元前4至公元前3世纪，相当于我国的战国秦汉时期⑤。这些考古材料，为进一步判断湖南衡山发现的"武士靴形钺"的年代提供了较充分的佐证，从而使我们可以进而推定出左江崖壁画的年代也应该与此大致相当，即战国晚期至西汉初期。

（二）左江崖壁画中铜鼓鼓面图像的考古学考察

左江崖壁画中，还画有不少圆圈纹，其中大多数圆圈纹内还绘有圆点、小圆圈、十字纹、五角状星纹及太阳纹等图像，这些都应是铜鼓鼓面图像。这些铜鼓鼓面图像自然是象征性的，但更重要的是写实性的。因此，利用铜鼓的考古发掘和搜集资料及其研究成果，对推断左江崖壁画的年代具有重要价值。

综观左江崖壁画中铜鼓鼓面图像，可以断定均属于早期铜鼓，即万家坝型铜鼓

① 云南省博物馆：《云南晋宁石寨山古墓群出土铜铁器补遗》，载《文物》1964年第12期。

② 广西文物工作队：《平乐银山岭战国墓》，载《考古学报》1978年第2期。

③ 广东省博物馆：《广东广宁县铜岗战国墓》，载《考古学集刊》(1)，中国社会科学出版社1981年版。徐亘彬、杨少洋、榻富荣：《广东德庆发现战国墓》，载《文物》1973年第9期。

④ 广西博物馆：《广西恭城县出土的青铜器》，载《考古》1973年第1期。

⑤ 汪宁生：《试论石寨山文化》，载《中国考古学会第一次年会论文集》，文物出版社1980年版；童恩正：《试论早期铜鼓》，载《考古学报》1983年第3期。

和石寨山型铜鼓,也即汪宁生同志分类的 A 型和 B 型鼓,李伟卿同志分类的 I_a 式与 I_b 式鼓[①]。其中万家坝型铜鼓所占比例较大。

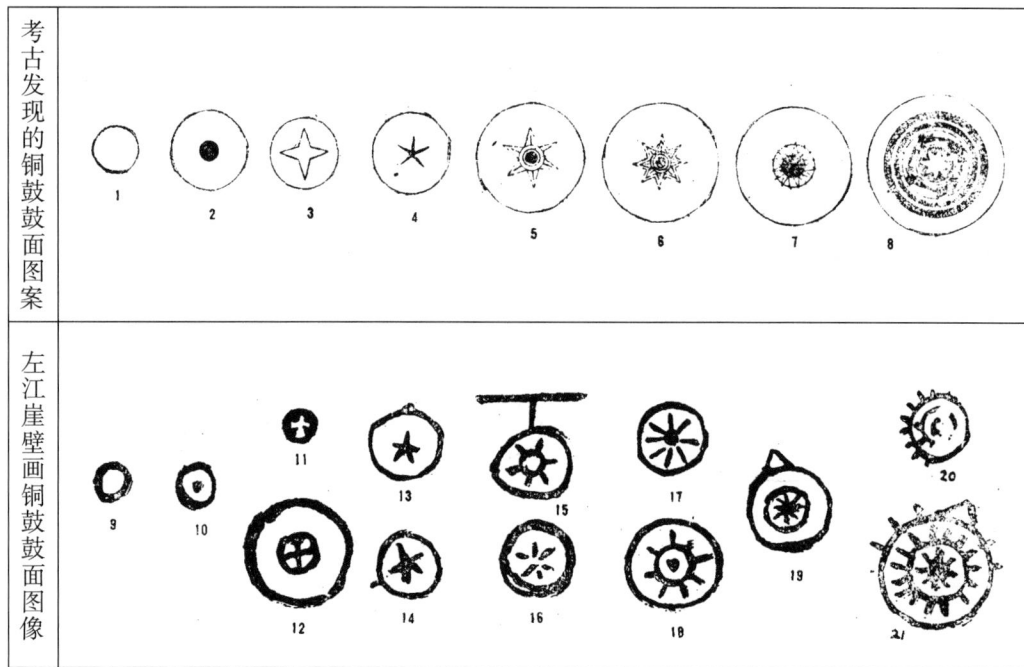

图四　考古发现的铜鼓鼓面图案与左江崖壁画铜鼓鼓面图像比较图表

1. 楚雄大海波楚大 11 号　2. 楚雄万家坝 M1:12 号　3. 祥云大波那 19 号　4. 昆说收集 1 号鼓(原编号 1 鼓 2)　5. 弥渡苴力 2 号鼓　6. 楚雄万家坝 M23:159 号鼓　7. 楚雄万家坝 M24:171 号鼓　8. 广西田东 M1:1 号鼓　9～21. 左江崖壁画铜鼓鼓面图像(采自《花山崖壁画资料集》,广西民族出版社 1963 年版)

根据对万家坝型铜鼓鼓面太阳纹饰的发生、发展和演变特征的研究,可知最早的铜鼓鼓面甚小且无任何纹饰,继而在鼓面正中出现了一个圆饼状日体,再发展为从日体上单线勾出三角形轮廓的芒,而后才有了实心芒的太阳纹。无论是单线勾出的芒还是实心芒,芒数都不定,少则 4 芒,多的可达 18 芒。最后在鼓面上还出现了一弦分晕圈(图四,1～7)[②]。这种万家坝型各式铜鼓鼓面纹饰及其演变规律,在左江崖壁画铜鼓鼓面图像中都有所体现(图四,9～19),只是最早期的小鼓面、无纹饰或仅有一圆饼状日体的铜鼓鼓面图像数量很少而已。据 C14 测定年代数据,万家坝型

①　童恩正《试论早期铜鼓》、汪宁生《试论中国古代铜鼓》,载《考古学报》1978 年第 2 期;李伟卿《中国南方铜鼓的分类和断代》,载《考古》1979 年第 1 期;中国古代铜鼓研究会编:《古代铜鼓学术讨论会论文集》,文物出版社 1982 年版。

②　王大道、肖秋:《论铜鼓起源于陶釜》,载《古代铜鼓学术讨论会论文集》;云南省博物馆:《近年来云南出土铜鼓》,载《考古》1981 年第 4 期。

铜鼓出土的最早绝对年代是云南楚雄万家坝 M23,为公元前 690±90 年[①];较晚的绝对年代是祥云大波那 19 号鼓和楚雄万家坝 M1 及 M3,分别为公元前 465±75 年,公元前 425±80 年和公元前 455±80 年[②]。因此,万家坝型铜鼓的相对年代约相当于春秋中期至战国中期,而且事实上迄今在汉墓中也确实已不见有此类铜鼓出土。

左江崖壁画中还有与石寨山型铜鼓相似的铜鼓鼓面图像(图四,8、20、21)。石寨山型铜鼓在云南晋宁石寨山 I 型墓和 II 型墓、江川李家山一类墓、曲靖八塔台和广南等地,以及广西的田东、西林、百色和贵县等地的墓葬中都有出土。其中曲靖八塔台出土的铜鼓代表着万家坝型铜鼓向石寨山型铜鼓过渡的类型,或看作是石寨山型铜鼓的最早类型,时代为战国早中期[③],可作为石寨山型铜鼓的上限。而它的下限,从考古发掘看,则可达东汉。但考虑到铜鼓入土以前早已使用过很长时间,甚至可以长达数百年到千年之久,原来当多为传世品。因此,以东汉为其下限实际上并不科学。我们可以看到,在属于战国至西汉早期的石寨山 4 座 I 型墓中,都出有此型铜鼓,而在属于西汉中期的 10 座 II 型墓中,却只有一半出此型铜鼓;江川李家山的 8 面石寨山铜鼓则都出于 3 座战国末至西汉初的一类墓中,而二类墓却都不出铜鼓。再参照出土此型铜鼓的贵县罗泊湾一号墓和西林县铜鼓墓葬的年代——西汉早期[④],可以认为,石寨山型铜鼓最兴盛的时代是战国末至西汉初,而真正的下限当不会超过公元前 2 世纪末的西汉中期。

与万家坝型铜鼓相比,石寨山型铜鼓鼓面增大,鼓面中心都为带芒的太阳纹,外有晕圈,晕间常饰有两圈三角齿纹(锯齿纹),这种三角齿纹实质上是中心带芒太阳纹的辐射扩展。左江崖壁画中此型铜鼓鼓面图像即是这样表示的(图四,20、21),只是此型铜鼓鼓面图像在全部左江崖壁画的铜鼓鼓面图像中,所占比例不多。

根据考古发现,现在我国学术界比较一致的意见是,最早的万家坝型铜鼓集中出土于云南中部偏西地区的楚雄、祥云、弥渡、昌宁等地,无论从时间之早还是从形态的原始看,这个地区出土的铜鼓都是国内外其他地区出土的铜鼓无法相比的,这里无疑是铜鼓的发源地。铜鼓一经产生,便向周围地区传播开去。而空间上的传播必伴随着时间上的推移,况且铜鼓作为当时社会的重器、礼器,被长期保存并传世使用,所以在

---

① 北京大学历史系考古专业碳十四实验室:《碳十四年代测定报告(续一)》,载《文物》1978 年第 5 期。

② 中国科学院考古研究所实验室:《放射性碳素测定年代报告》(四)(五),载《考古》1977 年第 3 期、1978 年第 4 期。

③ 李伟卿:《中国南方铜鼓的分类和断代》。

④ 广西文物工作队:《广西贵县罗泊湾一号墓发掘简报》,《广西西林县普驮铜鼓墓葬》,载《文物》1978 年第 9 期。关于西林铜鼓葬年代,童恩正在《试论早期铜鼓》一文中认为应定在西汉后期,理由是因为该墓出有较多的汉式器物和铁器,而云南晋宁石寨山和江川李家山早中期墓中则不出或很少出汉式器物和铁器。笔者认为这个理由并不足取,因为广西地区与中原地区发生文化联系,特别是受楚文化影响的时间要早于云南地区,铁器的使用广西也要比云南早,这从广西恭城县发现的铜器和平乐县银山岭战国墓地的发掘可以得到证明,故原报告所断定的年代是正确的。

石寨山型铜鼓出现后,万家坝型铜鼓仍能与之继续共存,一起使用了一段时间。左江崖壁画中有众多的铜鼓鼓面图像,正是当时铜鼓已播迁到左江地区的反映。从这些图像看,既有万家坝型铜鼓中最早的小鼓面、全无纹饰或少有纹饰的原始型铜鼓,也有比较晚出的成熟的石寨山型铜鼓,这种情况恰恰说明了当时正值两类铜鼓在左江地区并存使用的时间,在判断左江崖壁画的年代时,这是值得注意的重要因素。

综合考察上述的种种现象,笔者认为左江崖壁画的年代不会早到战国中期,因为该壁画中已出现有比较成熟的石寨山型铜鼓鼓面图像。但左江崖壁画年代也不会晚于西汉初期,因为该崖壁画中有大量的万家坝型铜鼓鼓面图像,甚至还有该型最早的原始形态的铜鼓鼓面图像。所以左江崖壁画的真实年代当以战国晚期至西汉初期为宜。

（三）左江崖壁画中环首长刀图像的考古学考察

在左江崖壁画首领样人物形象中,有少数腰间挂有明显作为武器的环首长刀(图二,1、6)。因其数量少,故只能说明这种环首长刀在当时左江地区乃是一种珍贵的、只有首领人物才能佩带使用的武器。如果上文所确定的左江崖壁画的年代为战国晚期至西汉初期是正确的,那么在这里要解决的是,在那个时候南方和西南地区究竟有没有作为武器的环首长刀的问题。因为有人认为,"在西南地区,西汉前期墓多出铁剑,中期以后始出环柄刀"[1],还有人干脆说"这种刀是在汉以后才逐步使用的"[2]。再要解决的是这种环首长刀是铜质的还是铁质的问题。最近,有同志又指出湖南发现的这两件"武士靴形钺"上铸就的"一排六人中有一人佩环首刀,这种形式的刀一般应是铁刀。如众所知,这种武器是东汉时期才兴起的,故这两件钺的年代无论如何不会早于东汉"。[3]然而,近年来的考古新发现,却证实了至少在战国早、中期之际,在我国的西南地区就已有了作为武器的环首长刀了。

1980年,四川省的考古工作者在新都县马家晒坝发掘了一座战国早、中期之际的蜀王墓,丰富的陪葬品中就有五件环首铜刀,通长53厘米,显然是武器无疑(图五,1)。特别应该指出的是,下文中我们将要论述的

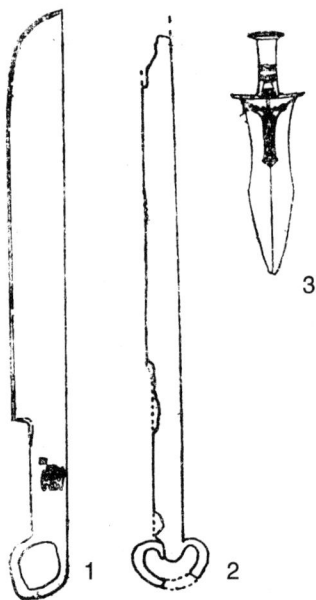

图五　环首长刀和
一字格青铜短剑

1. 四川新都马家晒坝战国墓中出土的铜环首长刀
2. 广西平乐银山岭出土的残环首铁刀
3. 广西田东战国墓中出土的一字格青铜短剑

---

① 童恩正:《试论早期铜鼓》。
② 黄增庆:《谈古代崖壁画及其年代问题》,载《花山崖壁画资料集》。
③ 汪宁生:《试论不对称形铜钺》,载《考古》1985年第5期。

左江崖壁画的族属中,就包含有大量的蜀族成分。另外,1974年,在广西平乐银山岭战国墓中也出土有一批环首铁刀,其中可分为生活用具和武器两类。如55:9号环首刀,仅长38厘米,作为武器嫌短了些,应是生活用具。但26:5号环首刀虽残长只26厘米,然参照55:9号环首刀的刀柄和刀身之比例推算,该刀通长必超过50厘米无疑,故作为武器是没有什么问题的。还有在云南江川李家山二类和三类墓中也出有较晚的三件环首长刀,其中一件的环首为铜质,两件为全铁质,M26:15号刀通长为66.2厘米,亦是武器无疑①,也可作为比照参考。但云南始用铁器一般要到西汉中期②,而广西始用铁器的年代则要比云南早些,至少在平乐银山岭战国墓中就已出现了不少铁器。所以作于战国晚期至西汉初期的左江崖壁画中出现了少量的珍贵的环首长刀图像,是完全可能的,而且就其质料而言,既可能是铜质的,也可能有铜铁合制的,还可能是全铁制的。同时,从上述的考古材料推测,这种环首长刀的长度为50~70厘米,较当时作为生活用具或作为刀用的环首刀要长,但比东汉以后的1米左右的环首刀要短。

（四）左江崖壁画中一字格宽刃青铜短剑的考古学考察

在左江崖壁画首领样人物形象中,还有少数手中执有长三角形者(图二,6)。有人认为这是镞③。然而从画面比例看,这件三角形物体较大,故不应是镞。况镞应带杆,人手只执一个镞头,于情理不合。根据考古资料推测,这应是一种一字格宽刃青铜短剑,按童恩正分类,属BIIb式④;按汪宁生分类,属C型⑤。以晋宁石寨山古墓葬的分期为标准,这种青铜剑出自石寨山Ⅰ型墓葬,时代正好落在战国晚期至西汉早期。在云南江川李家山属于战国末到西汉初的一类墓中,在广西田东战国晚期墓中,也都出有这种青铜短剑(图五,3),从而为判断左江崖壁画的年代提供了又一个可靠的证据。

有的同志以C14测定年代有的误差过大,认为左江崖壁画是从战国至东汉绘制的⑥。这个推断跨越的时间过长,因此科学性不强。放射性C14在测定有确切纪年以来的历史时期的标本时,如有如此大的误差,其可靠性和实用性确实不大。我们从宏观角度综合考察左江崖壁画,特别是花山崖壁画的整体风格,可以断定,这些壁画基本上是同一族体在同一时期绘制的,其创作过程绝不可能延续有数百年之久。况且也很难想象,这样一种古朴的绘画技巧、笔法和风格,会经六七百年而没有什么变化,而不受外来文化的一点影响。当然,从微观角度考察,左江地区各崖壁画和花山崖壁画的不同部位,笔法和风格也有少许差别,如有的比较粗犷丰满,有的则瘦长

---

① 云南省博物馆:《云南江川李家山古墓群出土铜器补遗》,载《文物》1964年第12期。

② 李家瑞:《西汉时期云南的铁器》,载《文物》1962年第3期。

③ 黄增庆:《广西明江、左江两岸的古代崖壁画》,载《花山崖壁画资料集》。

④ 童恩正:《我国西南地区青铜剑的研究》,载《考古学报》1977年第2期。

⑤ 汪宁生:《试论石寨山文化》。

⑥ 王克荣、邱钟仑、陈远璋:《巫术文化的遗迹》。

工细,有的形象刚劲有力,有的形象则柔和虔诚。但这种不同主要不应是时代的差别,而只能说明这么一幅幅壁画,特别是规模如此巨大的花山崖壁画,不是由哪一个作者单独完成的,而是当时的许多人合作的群众性产物。总之,笔者认为,对左江崖壁画年代的推定,应尽可能地接近绝对年代,而不能过于笼统。上述将左江崖壁画与有关的考古资料进行了比较研究,使我们可以比较有把握地把左江崖壁画的年代推定在战国晚期至西汉初期,其所跨越的年代仅100年左右而已。而下文将对左江崖壁画族属进行的新的考证,可以为这一结论从族属方面提供另一有力的证据。

二、左江崖壁画族属新论

关于左江崖壁画的族属问题,以往的研究者都仅注目于在今广西地区或古岭南地区的有关族体中去探求,所以有"壮族古代崖壁画"之说,甚至有"高度地表现了当时壮族人民集体智慧"之誉。也有"骆越"说或"西原蛮"说等[①]。其实"僮""獞"或"撞",在汉文史书中,最早到宋代才见到。壮族形成为一个单一民族,自有其复杂、长远的历史过程。至于"骆越"的称谓也直到东汉才见于汉文史籍。笔者以为,就方法论而言,上述的这种研究方法多少带有一些形而上学的味道。因为这至少没有考虑到古代族体有着相当频繁的迁徙、分化、重组等种种复杂因素。历史不是静止的书本,而是活的画面;不是死水一潭,而是动的长流。因此,我们在研究的时候,必须有灵活而宽广的视野,才能把握住历史跳动的脉搏。既然上文的考古学考察已经将左江崖壁画的年代确定在战国晚期至西汉初期,那么我们就可以从民族史学的角度出发,来探索当时的左江地区在民族史上究竟发生过什么大事。

已故的蒙文通先生经过深研考证,指出在古代的左江地区曾有过一个南疆国,统辖九部,据有今广西南部及越南北部高平地区[②]。从南疆国疆域的地理位置看,正好与左江流域的宁明、龙州、崇左、扶绥等县发现崖壁画的区域相一致,这应该不是偶然的巧合。当然,空间上的吻合,还需要有时间上的佐证。

据考证,南疆国国王名蜀制,其子名蜀泮。蜀泮少年继位,故九部各主均表不服,于是兴兵围蜀泮所居之地,意欲分裂南疆国。然蜀泮终以智谋胜九主,从而巩固了他的统治地位。后来他又向南方的红河三角洲进发,征"雄王",降"文郎",号称安阳王。据《大越史记全书》中的《蜀纪》记载,安阳王"讳泮,巴蜀人也"。可见蜀泮与其父蜀制其实不是当地人,而是今四川地区的古巴蜀人。对此,《水经·叶榆河注》引《交州外域记》也有记载:"交趾昔未有郡县之时,土地有雒田,其田从潮水上下,民垦食其田,因名为雒民。设雒王、雒侯主诸郡县。县多为雒将,雒将铜印青绶。

---

① 参见上注《花山崖壁画资料集》《巫文化的遗迹》《左江岩画的族属问题》《论广西崖壁画和福建岩石刻的关系》和《花山崖壁画反映的古代壮族生活》诸文。

② 《越史丛考》,人民出版社1983年版。

后蜀王子将兵三万来讨雒王、雒侯,服诸雒将。蜀王子因称为安阳王。"《太平寰宇记》卷一七〇引《南越志》所载安阳王事也大体相同。那么蜀王子他们是怎样迁出蜀地,又怎样千里迢迢来到左江流域的呢?

蒙文通先生认为,安阳王当为先秦时四川蜀国之开明王。而开明王原来就不是一人之专名,亦非一世之称号。据《蜀王本纪》《华阳国志》记载,蜀自蚕丛、柏灌、鱼凫、杜宇而后为开明,开明传十二世为秦所灭。故开明之号为十二世蜀王所共延用,十二世蜀王世世皆称开明王。而这安阳王则应为开明之误。因为"开"字古音在真部,"安"字古音在元部。但顾炎武曾以真、文元为一部,段玉裁始析为三部。然而,因这三部音部相近,在古代多通用,所以段玉裁在《六书音韵表》中又声明在汉代这三部多为合用。因此,在汉代和汉代以前,开、安两字乃音近字通。而明、阳两字,古音皆在阳部,本来就常常通用的。故"开明"与"安阳"在古代本来就是一辞之同音异写而已,安阳王应即是蜀开明氏后裔南迁者无疑①。也是蜀泮征"雄王"降"文郎",声威大震,自以为在这异地复兴了祖业,才敢于恢复使用祖传的开明王号罢了。只是因左江地区远离蜀地千里,当地读音当与蜀地稍殊,才误为安阳王的。

史载秦灭蜀后,蜀从成都退到雅安,"蜀主更号为侯"。但秦虽曾三置蜀侯却又三杀之,乃罢侯"但置蜀守"②。这是迫使蜀开明氏带领蜀族不得不南迁的主要原因之一。秦灭蜀在秦惠文王二十二年(公元前316年),秦第三次杀蜀侯在秦昭襄王二十二年(公元前285年),故蜀族向南开始民族大迁徙的时间当不会早于公元前285年。南迁之路线,他们是从蜀国的发源地——今四川雅安地区的芦山县开明王城出发,沿汉时称为旄牛道的道路南下,逾大相岭抵汉源,再渡大渡河至越西,再逾小相岭到泸沽,然后沿安宁河抵达西昌、会理、黎溪(即《华阳国志·蜀志》中所说的"三缝",一名"小会无")一线,又渡金沙江到今云南的永仁、大姚、姚安一带(即《华阳国志·蜀志》中所说的"青岭县")③。至此,有一部分蜀族遂留居在这里,故史有"蚕丛国破,子孙居姚、巂等处"④之说。大姚、姚安地区邻近楚雄、祥云、弥渡等地,所以,南迁之蜀族便在这里接受了万家坝型铜鼓文化。但当秦军大举进攻夜郎、滇东时,大部分蜀族又不得不经滇中沿仆水、劳水即今云南礼社江、元江继续向东南方向迁徙,并在继续南迁的途中又接受了石寨山型铜鼓文化。在迁徙至今云南红河州、文山州地界后,"蜀王子将兵三万讨雒王",于是东走高平,进入左江流域,与原住在当地的骆族相融合,重组成新的骆族,并建立了南疆国。南迁蜀族的融入,对于骆族社会的发展起了至关重要的作用。而今左江崖壁画上那么多的铜鼓图像,正是蜀族南迁经历的生动反映,并为上文铜鼓图像的考古学考察,从民族史和族属的角度提

---

① 《越史丛考》。

② 《战国策·秦策》,《史记·张仪列传》《秦本纪》。

③ 《越史丛考》。

④ 《史记·三代世表·正义》引《谱记》。

供了又一佐证。同时也为铜鼓从滇东高原西部的发源地,沿礼社江、元江南下,再东入高平,进入左江地区,然后才由安阳王传到越南红河三角洲地区,找到了一条可信的播迁路线。

根据上述论述,我们可以知道,左江崖壁画的族属,正是融入了大量南迁蜀族的重新组合的骆族,他们才是左江崖壁画的真正作者。安阳王后被南越王赵佗所灭。据蒙文通先生考证,时最早当不得早于西汉高后八年,即公元前180年①。因此,从蜀制的南疆国到蜀泮的安阳王国,总共只有二世,存国最多也不过百余年而已。史载安阳王"在位五十年"②,从安阳王国被灭往前推,蜀泮继位最早是在公元前230年,即使加上其父蜀制在位时间,蜀族进入左江地区的年代也不会早到战国中期,况前文曾论述过,蜀族开始南迁的时间也不会早于公元前285年。总之,南疆国及其后的安阳王国,正相当于战国后期至西汉初期,这也就是左江崖壁画的年代,与上文的考古学考察所得的结论正相吻合。

三、"骆"与"骆越"辨析

既然左江崖壁画的作者实际上是融入了大量蜀族的重新组合的骆族,那么骆族与骆越是否是一回事? 骆族的源流又在哪里呢? 它究竟属于哪一族系? 过去不少关于左江崖壁画族属的论述都说是骆越,而且往往将骆族与骆越混为一谈,并一说到骆越又都把它归入百越系统。对这样的看法,笔者以为大有商榷之处。因为百越之名始见于《吕氏春秋·恃君》中的"扬越之南,百越之际"句。《史记》中也屡见"百越"之称。然骆越之名则晚至东汉时才正式见诸史籍。尤其应该指出的是"越"其实是古代中原人士对南方众多族体的泛称,"骆越"之名也只能是他称,而不会是自称。故"百越""骆越"和"骆"是不能随随便便混为一谈的。

有关骆族的最早记载,见于《逸周书·王会》"路人大竹"句。清代朱右曾在他的《逸周书集训校释》中说:"路音近骆,疑即骆越。"此说为现在学术界不少人所赞同③。然而朱右曾的这种说法并不确切,因为"路"的古音之一即是"骆"。《汉书·扬雄传》有"尔乃虎路三嵏,以为司马"的记载,晋灼注:"路,音落刚刚。""虎路"又可写作"虎落",即是用竹篾所做的藩篱。在上古韵部中"路""骆""落"又同在铎部,故古音中这三字本多通用。因此,"路人"即"骆人",与越人本无关系。

继《逸周书》后,《吕氏春秋·本味》则有"越骆之菌,鳣鲔之醢"的记载,高诱注"越骆,国名;菌,竹笋"。至晋时,戴凯作《竹谱》时,更莫名其妙地将"越骆"改作"骆越"。从此,一直到现代,不少学者都将"越骆"与"骆越"混同对待④。这实在

---

① 《越史丛考》。

② 《大越史记全书》。

③ 蒙文通:《越史丛考》;周宗贤:《骆越历史初探》,载《西南民族研究》,四川民族出版社1983年版。

④ 同③。

是一种误解。因为"越骆之菌"翻译为现代汉语的正确译法应是"越地和骆地的竹笋"。这可以从"鳣鲔之醢"的解释得到证明。《说文解字》将"鳣"释为"鲤也,从鱼亶声"。可见这里的"鳣"是指鲤一类的鱼,并不像现在有的字(词)典注释的是鲟一类的鱼,或同"鳝"①,况且在先秦时,汉文中还没有出现"鲟"字。而"鲔",《说文解字》释为"鮥也,周礼春献王鲔,从鱼有声",并没有将其归入鳣类。因此,鳣与鲔各作为单独一类鱼的区分是很明显的;这两个字连用时,则是以同等成分组成联合词组出现在句子中,"鳣"不起修饰或限制"鲔"的作用。《诗经·卫风·硕人》中有"鳣鲔发发",这"鳣鲔"两字在句子中也是作为同等成分的联合词组出现的。这种联合词组在现代汉语中也是常见的,如江浙、工农、报刊等。"鳣鲔之醢"与"越骆之菌"前后相对应,按古汉语语法可证,"越骆"在句子中也是以同等成分组成的联合词组,应译为"越地和骆地"为宜,与"骆越"之名本风马牛不相及。所以《吕氏春秋·本味》中的"骆",其实就是《逸周书·王会》中的"路"。

至西汉时,司马迁在《史记》中也只称"骆"或"雒",并没有与"越"连名。可见在西汉以前,只有路人、骆或雒的称谓,而绝没有骆越这个族体和族称。直到东汉时,骆越或雒越之名才首见于《汉书·贾捐之传》。左江崖壁画既作于战国晚期至西汉初期,那么它的作者只能是骆族,且是融入了蜀族后重组合的骆族,而称之为骆越自然不妥。

从左江崖壁画人物图像的发式看,有的为"椎髻"(图二,1、3),有的则为"垂髻"(图二,4),也有编结为长辫的"编发"(图二,5),还有戴冠者(图二,6)。发式是反映古代族体风俗习惯的重要标志之一,发式不同意味着族属的不同。"断发文身"是古越人的重要习俗之一,考古发现在江西贵溪岩墓79M2四号棺男性死者头骨右侧有一束长约5厘米的头发,两头剪得都较整齐,发掘并研究者认为这就是古越人"断发"习俗的反映。而左江崖壁画非但没有反映出这种断发习俗,反而明显地出现了"椎髻""垂髻"和"编发"、戴冠等发式,这些发式与云南晋宁石寨山出土的铜器上所铸人物形象有相似之处。再看《后汉书·南蛮西南夷列传》记载的交趾之人,"项髻徒跣,以布贯头而箸之"。李贤注"项髻",说"为髻于项上也"。这与左江崖壁画人物图像的发式也是相符的。可见骆族与古越人的风俗习惯是很不相同的,故以骆越称骆族实在不妥当。

正如上文所述,左江崖壁画所示铜鼓图像,说明骆族属于铜鼓文化的范畴。而迄今为止,虽在古越人分布的地区内,有关于铜鼓的传闻、地名或记载,但尚无考古材料可以证实,古越人与铜鼓文化似没有直接的关系。总之,上述的种种情况都说明,古骆族不应归入百越族系统,而应归属古西南夷系统为宜。

战国晚期至西汉初期,是古骆族大发展、大重组的历史转折时期。《水经·叶榆河注》引《交州外域记》载"蜀王子将兵三万来讨雒王";《太平寰宇记》引《南越记》

---

① 《古汉语常用字字典》,商务印书馆1979年版。《新华词典》,商务印书馆1975年版。

也载"蜀王子将兵三万讨雒王"。"兵三万"是蜀开明氏后裔在南迁中能征善战的战士之数,加上不能参加战争的老弱妇幼,总数当不会少于6万。而蜀泮初入骆地时,骆族人口略当9万,蜀、骆人口之比为2∶3,合计总人口则为15万^①。而蜀与骆又都在入声,为近音之词,也有利于这两个族体的融合、重组。蜀王子更把骆地作为复兴祖业的基地,故重新打出了安阳王即开明王的称号。蜀开明氏在四川所建的蜀国,已是一个具有高度文明的奴隶制王国,南迁途中又接受了不少其他族体的文化,因而进入骆地并与骆族融合后,对推动骆族社会的迅猛发展,起到了非常大的作用。为了使这个新融合、新重组的骆族日益巩固壮大,就需要有一种强大无比的魔法神力威慑并鼓舞人心,而一种庄重神秘,又相当严格的宗教礼仪在古代是最能统一人群的思想意识的。左江崖壁画所展示的正是这样一幅幅骆族社会宗教生活的画面。

最后,笔者还想顺便提一提,那种认为左江崖壁画绘出所有人物图像皆为裸体的说法,也是不正确的。因为用粗犷的线条来表现人物、动物和器物等形象,乃是古代崖壁画的一种绘画风格而已。试看我国北方的内蒙古阴山岩画、新疆裕民县红石头头泉和皮山县昆仑山口的岩画、甘肃黑山岩画,以及南方的四川珙县岩画、云南沧源岩画等,都无不或多或少地体现出这种风格,但并不能因此得出裸体的结论。持这种说法的同志,其实是受了《宁明州志》所载左江崖壁画人物"皆裸体"的影响,和误读了《史记》中"西瓯骆裸国"句所致。实际上西瓯、骆、裸国是三个独立的政权,并没有西瓯和骆是裸国这样的意思。所谓裸国,即是指汉之日南郡,也即林邑国而言。"日南郡男女裸体,不以为羞"^②,"林邑国者,本汉日南郡象林县地"^③,"其人皆裸露徒跣,以黑色为美"^④,"徐狼外夷,皆裸身,男以竹筒掩体,女以树叶蔽形,外名狼荒,所谓裸国者也"。^⑤汉之日南郡虽北即与安阳王国接界,但其不在安阳国之内,也是很明显的,因安阳王国灭亡后,汉在其地设交趾、九真二郡,九真郡南界即接日南郡。故说左江崖壁画人物皆为裸体的观点,实在是没有根据的。

(本文原载《广西民族研究》1986年第3期)

---

① 《越史论丛》。

② 《三国志·薛综传》。

③ 《梁书·林邑传》。

④ 《晋书·林邑传》。

⑤ 《水经·温水注》。

柳州"龙城石刻"新考

　　柳宗元是我国唐代中叶著名的文学家、进步的政治家和具有朴素唯物主义的思想家,同时也是一位很有成就的书法家[①],曾在永州(今湖南零陵)、柳州亲手书写过不少碑刻[②]。遗憾的是,这些碑刻直到现在还没有发现过一块。现存与柳宗元有直接关系的仅有一块残破的、相传为柳宗元手书的柳州"龙城石刻"。然而,对它的真伪和碑文解释,历来争论激烈,众说纷纭,故本文特做新考,以就教于学术界。

一、"龙城石刻"发现辨伪和有关记载汇析

　　现藏广西柳州市博物馆的"龙城石刻"是1933年按照原碑拓片仿刻复制的(图一)。现陈列在柳州市柳侯公园柳侯祠内的"龙城石刻"则是1977年再仿新刻的。据原碑拓片和1933年的复制品可知,碑呈狭长不规则圆角四边形,右上角残缺,下面边缘也有少许残破。长0.47、宽0.17、厚0.05～0.075米。碑文竖排,补全佚文共8行12字,行书字体:"龙城石刻龙城柳神所守驱厉鬼囤匕首福四民制园醜元和十二年柳宗元"。从第六行一字"园"起,至第五行"民"与"制"字间,有一斜向裂痕。在原碑拓片上,接碑文末,还有跋文3行:"天启三年龚重得此于柳井中"。在1933年复

图一　"龙城石刻"(复制品)拓片

---

①　杨群:《柳宗元与橘逸势》,载《书法研究》1984年第1期。

②　柳宗元:《永州法华寺新作两亭记》《钻鉧潭西小丘记》《永州三亭记》《柳州东亭记》《柳州复大云寺记》《柳州文宣王庙碑》等,均见《柳河东集》。

制品的碑文末,则另接跋文5行:"民初此碑安教育局内十七年秋西南半壁火灾碑被焚廿二年冬邑人周燿文重刻焕章"。此跋文中"教育局",是指解放前的柳江县教育局,其址即柳侯祠。所记原碑被焚之事,实不确。据悉,原碑现流失在国外。

原碑拓片碑文末的3行跋文,应该是说明"龙城石刻"出土情况的。查《柳州府志》也有类似记载:"明天启三年,龚重始得于柳公井中。其后复失。"可见,龚重是最先发现这块碑的。但龚重是谁?他是怎样发现这块碑的?"柳井"或"柳公井"又是怎么回事?它在什么地方?这些都是现在无据可证、无迹可寻的。《柳州府志》接着以上引文还说:"清雍正六年,有王姓者,于柳侯柑子园旧址掘得。乾隆二十八年,其后嗣献之于右江道王锦,时值重修柳侯祠,锦即以之砌于祠壁。"龚重始得碑于"柳井",而王姓者又偏偏复得此碑于"柳侯柑子园",如此巧合反而暴露了拙劣的编造破绽,只能说明关于此碑发现与出土的上述记载,乃是不足为凭的。

史载柳宗元任柳州刺史时,曾组织民工开挖水井,以解决当地居民生产和生活用水;又在柳州城西北隅亲自"手种黄甘二百株";还曾写有《井铭》《祭井文》《柳州城西北隅种甘树》等诗文以记其事。柳宗元的这些有益于社会的政绩,很为当时柳州人士所欢迎和称颂,并一直流芳后世。故上述关于"龙城石刻"发现和出土情况的记载,很可能是后人,尤其是后来的柳州人所附会、虚构或假托的。

除了《柳州府志》外,直接记载"龙城石刻"的史料主要散见于清代金石方面的著作。计有:叶奕苞《金石录补》(卷十九);孙星衍、邢澍合撰的《寰宇访碑录》;王昶的《金石萃编》(卷一〇七);洪颐煊《平津读碑记》(卷七);谢蕴山《粤西金石略》;全祖望《鲒埼亭外集》(外编卷三十五);江氏《龙城柳剑铭记》等。另外,《柳州县志》《广西通志》等地方志也都有关于此碑的记载。

上述记载中,江氏《龙城柳剑铭记》称:"康熙五十三年,桂林东郊外郭氏,治旁舍地,浚井,得古剑一枚,长若二尺,脊间篆铭一行,即'龙城柳'全文。"故"龙城石刻"又名为"剑铭碑"。然而,与上文所论及的此碑出土情况辨伪同样道理,此记所述也并非事实,不过属无稽之谈而已。除此以外的其他记载,虽文字略有不同,但内容都大同小异,都是以客观的资料性记述为主,与现今见到的原碑拓片与复制品大体相同。而对于"龙城石刻"的来历和究竟是否真是柳宗元亲手所书的问题,一般都没有做考证研究。只有全祖望和谢蕴山对其真伪提出了自己的看法,全祖望明确指出这是伪作,而谢蕴山则认为是真品。地方志均从谢说。

二、"龙城石刻"真伪新考

确实,关于"龙城石刻"真伪问题,历来就有针锋相对的两种看法。早在清代,就有人认为它是柳宗元的真笔:"兹刻实宗元书也。"[①]"柳侯手书龙城一碑,在柳侯

---

① 谢启昆(蕴山):《粤西金石略》。另见《广西通志》。

祠内。"① 解放前,也有人说"子厚著文刻石龙城之说……决非向壁虚造,则可断言也"。② 解放后直到最近几年,仍有不少人认为它是真品③。有的学者甚至在著作柳宗元研究专著或编撰柳宗元年谱时,也把它作为柳宗元的作品而认真对待④。

然而,也历来有人说"龙城石刻"是伪作。"今柳州有柳州遗墨,书以数语,盖亦柳人之伪也。"⑤ 以专治柳学而闻名的章士钊先生也曾指出过:"适旧藏有柳州石刻,似符谶,为明天启间柳州井中掘出者,此小长方拓片一纸……柳州石刻何似? 拭目俟之,独二适似符谶一语颇感怪异,予未敢遽信为柳州笔。"⑥ 还有一些著作虽没有直接提到"龙城石刻",但实际上从另一个角度否定了"龙城石刻"的真实性。如《语石》卷七《柳宗元刘禹锡一则》称:"刘梦得、柳子厚皆工书,为诗名所掩耳,柳碑无一存。"(着重号为笔者所加)遗憾的是,上述这些都仅仅是提出了自己的看法而已,并没有真正理直气壮地就自己的观点进行有根有据的论述,以便取信于人。笔者曾于20世纪70年代在柳州市博物馆工作过近七年时间,有较多的机会直接接触到这块"龙城石刻"及原碑拓片,经考证研究,确认"龙城石刻"是伪作,而绝非柳宗元亲手所书。除前文所已阐述过的理由外,下面再从五个方面论述之。

(一)从《柳河东集》以及与柳宗元关系很密切的人的著作来看"龙城石刻"的真伪。

《柳河东集》是柳宗元最亲密的朋友刘禹锡在柳宗元逝世后,收集了他生前的全部诗文而编辑成书的,是研究柳宗元的第一手资料。但在《柳河东集》里却不见有"龙城石刻"碑文的一丝踪迹。同样,这块石刻的碑文也不见于刘禹锡的著作中,以及另一位与柳宗元关系密切、并一起倡导了唐代著名"古文运动"的韩愈的著作中。就目前所知的唐代其他典籍中,也没有发现有此碑文的记载。就是宋、元、明三代,仍都没有见到有关此碑的任何史料。因此,清代金石文献中反而多次出现了关于此碑的记载,但又都说不清它的来历,这不能不使人感到突兀、离奇和不解。在这种情况下,任何治学严谨的人,又怎么能够随便相信这就是柳宗元的真笔呢?

(二)从《柳州罗池庙碑记》来看这块石刻之真伪。

与"龙城石刻"碑文稍微有点关系的最早资料,是相传为韩愈所作的《柳州罗池庙碑记》。此碑记的享神词中有"福我兮寿我,驱厉鬼兮山之左"句,其中"驱厉鬼"与"龙城石刻"第三句在字面上竟完全相同。那么,"龙城石刻"是否韩愈所书呢? 也不是。因为《柳州罗池庙碑记》是否韩愈真作,尚且值得怀疑,这一与"龙城

① 《柳州府志》。
② 朱荫龙:《柳州龙城石刻考》,载《广西碑碣展览特刊》,1946年。
③ 朱镇邦:《柳宗元的"龙城石刻"》,载《广西日报》,1962年7月24日;肖春:《柳侯祠见闻》,载广西《思想解放》杂志1979年第4期。
④ 吴文治:《柳宗元评传》,中华书局1962年版;施子愉:《柳宗元年谱》,湖北人民出版社1958年版。
⑤ 全祖望:《鲒埼亭外集》外编35卷。
⑥ 章士钊:《柳文指要》下卷13,《柳书》,中华书局1971年版。引文中的"适"指高二适先生。

石刻"有那么一丝半点关系的最早资料,绝不是柳宗元的著作,而《柳州罗池庙碑记》最早也是在柳宗元逝世后写的,这对"龙城石刻"是柳宗元真笔的说法是一个有力的否定。

(三)从《续前定录》来考证"龙城石刻"之真伪。

《前定录》据说是晚唐锺辂所撰。《续前定录》虽有人认为也是锺辂撰[①],但其实不是。《续前定录·柳柳州》篇有一段记载:"罗池北,龙城胜地也。役者得白石,上微刻画云:'龙城柳,神所守,驱厉鬼,山左首,福土氓,制九丑,余得之,不详其理,特欲隐余于斯欤?'"白石上的文字与"龙城石刻"碑文虽相同处甚多,但开头没有"龙城石刻"四字,最后也不见"元和十二年柳宗元"字样,且仅"微刻画"不像是正式的碑刻。特别是上述引文不但未明确肯定白石上的文字是柳宗元亲手所书,反而用"余得之,不详其理"句表示疑问。同时,这里所说的"龙城"也不应指当时的柳州州治马平县。据《广西通志》记载,"罗池在府城东",即在马平县城东。换言之,罗池的西边才是"龙城胜地"。这显然与"罗池北,龙城胜地"不符。但从地理方位看,将这"龙城"解释为"龙城县"就合理了,因为龙城县正好在柳州州治之北,当然也在"罗池北"了。柳宗元生前有没有到过龙城县?有没有在龙城县刻石立碑?《柳河东集》和其他史料均无记载。更应该强调指出的是,《前定录》,特别是《续前定录》所载之事往往并非全是事实,而是都用牵强附会、因果报应之技,达到"劝诫"或"自警"的目的。请看《四库全书总目提要》27 子部小说家类三中的有关说明(着重号为笔者所加):

《前定录》一卷,《续录》一卷,浙江鲍士恭家藏本,唐锺辂撰。……是书所录前定之事,凡二十三则,与书录解题所言合。前有自序,称庶达识之士,知其不诬。奔竞之徒,亦足以自警。较他小说为有劝诫。高彦休《唐阙史》曰:'世传《前定录》所载事类实繁,其间亦有邻委典以成其验者,盖即指此书,然小说多不免附会,亦不能独为此书责也。'"《续录》一卷,不题撰人名氏。书录解题亦载之,观其以唐明皇与唐玄宗析为两条,知为杂采类书而成,失于删并。又柳宗元一条,乃全引《龙城录》语,《龙城录》为宋王铚伪撰,则非唐以前书明矣。"

以上引文非常明确地将《前定录》和《续前定录》的史料价值及其所载的柳宗元条全然否定了。因为"柳柳州"条所述白石刻字与"龙城石刻"碑文最相类似,故推而广之,这也等于否定了这块石刻是柳宗元所书的观点。

(四)从避讳来辨"龙城石刻"的真伪。

避讳制度是我国封建社会不成文的特殊制度,即对于皇帝及其亲属和圣人等的名字,在书写时不得按笔直书,而要用缺笔、空字、改字等方式来处理,否则就会招致灾祸,轻则坐牢,重则被杀,至于碑碣避讳,《语石》一书有不少论述。该书卷九称:"避讳至唐宋碑文,始确有可按。唐列祖讳,在诸碑中,惟开成石经为最备,凡经中虎

---

① 吴文治编:《柳宗元卷》,中华书局 1964 年版。

字。皆缺末笔,作虍……太祖讳渊,字皆缺笔作渊,媚字亦作妈,避高祖讳。世字皆缺笔作卅,泄作洩,绁作绁……民字缺笔作㠯,㟠作㟷,岷作㟢……避太宗讳……""案碑文避讳,以余所见,若唐碑,改丙为景,改虎为武,或缺笔作虍……改民为人,或缺笔作㠯……如此之类,指不胜屈","兴福寺残碑,文内神龙三年下,有唐元年,应是唐隆元年,避元宗讳去隆字。此以省字为讳也"。这些引文可证唐代的避讳是相当严格的,而碑文更显谨慎。但"龙城石刻"碑文中却有"福四民"句。根据避讳制度,为避唐太宗李世民名讳,凡"民"字都缺笔作"㠯",或用"人"来代替。柳宗元是唐王朝一位比较高级的官员,他不会不知道当时这个非常紧要的避讳制度,况且他又是参加"永贞改革"的骨干之一,一直被唐王朝看作犯了弥天大罪的人,故他更不会这么不自重地公开刻碑违犯避讳制度。相反,柳宗元在他的《封建论》中,为避李世民讳,有意将"生民"改为"生人",这正好有力地证明了他是很注意避讳制度的。(至于《柳河东集》中的一些文章,虽也发现有用"民"字的,但大概是后人在校勘时,因不懂避讳而错改的,应不足为训。)所以,由避讳制度来辨"龙城石刻"的"福四民"句,也很能说明"龙城石刻"绝不会是柳宗元亲笔所写的了。

(五)从书法来看"龙城石刻"的真伪。

柳宗元是一位很有成就的书法家,故书法也是探讨这块石刻真伪的一个重要方面。刘禹锡曾称赞柳宗元的书法为"柳家新样元和脚"[1],意即说柳宗元的书法对柳公权很有影响。他在《答柳子厚》一文中有"小草书仅千言"句,在《伤愚溪》诗中有"草圣数行留坏壁"句,在《为鄂州李大夫祭柳员外》一文中也有"箧盈草隶,架满文章;钟索继美,班杨差肩"句,这些都是赞美柳宗元的书法的[2]。赵璘《因话录》中则称:"元和中,柳柳州书,后生多师效之,就中尤长于章草,为时所宝。湖湘以南,童稚悉学其书,颇有能者。长庆以来,柳尚书公权,又以博闻强识工书,不离近侍。柳家言书者,近世有此二人。"这也把柳宗元的书法与柳公权的书法并称赞扬的。赵璘是晚唐时人,又是柳宗元的朋友赵宗儒的重孙,开成年间进士,时离柳宗元逝世不过20来年,因此他的话应该是很可靠的。而且他说的柳宗元"长于章草",与刘禹锡说的"草隶""草圣""小草书"也相吻合。清代阮葵生的《茶馀客话》卷十七,就柳宗元书法也有类似赵璘那样的记载。值得注意的是晚清沈曾植(乙庵)的《海日楼札丛·杂家言》中所记的一段话:"日本书法……橘逸势传笔法于柳宗元,唐人呼为橘秀才。"说明柳宗元的书法当时还曾盛名海外。

然而,观"龙城石刻刀碑文,其笔法虽然也算得苍劲有力,但从历代书法的品评比较看,却还是不行的。"柳家新样元和脚",把它与现存柳公权书法碑帖相比,差别极大,看不出两者间有什么渊源、继承关系。再说其为行书,与柳宗元所擅的"章草"风格不一。因此,以书法来验证,也很难说"龙城石刻"是真正出自柳宗元之手。

---

① 刘禹锡:《酬柳柳州家鸡之赠》,见《刘宾客集》或《刘梦得文集》。

② 引文均见《刘宾客集》或《刘梦得文集》。

总之,通过以上各方面的分析、考证,得出"龙城石刻"是伪作,而不是柳宗元真迹的结论,笔者觉得,应该是有根有据,理由充分,颇有说服力的了。

(本文原载《上海大学学报〈社会科学版〉》1987 年第 1 期)

《柳州罗池庙碑》质疑辨伪

导　言

　　以"韩柳"并称的一代文坛宗师韩愈和柳宗元,是唐代"古文运动"的杰出旗手。就"古文运动"和私人关系而言,韩柳之间确实终生保持着密切的友谊。正因如此,柳宗元在柳州病危时,曾写信给韩愈托孤。而柳宗元病逝后,韩愈则为亡友写了《柳子厚墓志铭》和《祭柳子厚文》。此外,在《韩昌黎集》卷三十一中还收有一篇颇引后人注意和争论的《柳州罗池庙碑》。宋代大文学家苏东坡又手书了其中的《迎送享神诗》,并刻石立碑,于是更有了号称"三绝"的"韩诗苏字柳事碑"之美谈。然而,在韩愈研究史上,古人却对《柳州罗池庙碑》有很多议论,而且非议者又大大多于肯定者。究其原因,笔者认为应与此碑真伪莫辨有关。因此,本文拟对此碑的真伪提出质疑,并做一辨别考证,以就教于学术界。

一、《柳州罗池庙碑》刻石立碑的年、月、日和书法质疑

　　《旧唐书·韩愈传》和《新唐书·柳宗元传》虽都提到《柳州罗池庙碑》为韩愈所撰,但较早、较全面地研究这块碑刻的是宋人欧阳修。他所撰写的我国现存最早研究石刻文字的专书《集古录》中,就有《罗池庙碑跋》专论。跋文云:"右罗池庙碑,尚书吏部侍郎韩愈撰,中书舍人史馆修撰沈传师书。碑后题云长庆元年正月建。"可见欧阳修是见过原碑或原碑拓本的。不知何时,原碑被毁,而且国内至今也不见有拓本流传下来。可在日本的《书道全集》中却收有残缺不全的《柳州罗池庙碑》影印拓本,上面确有"尚书吏部侍郎赐金鱼袋韩愈撰""中书舍人史馆修撰赐金鱼袋沈传师书"和"长庆元年正月十一日桂管都防御先锋兵马使朝散大夫试左卫长孙季雄建立"等字样,这与《集古录·罗池庙碑跋》基本相同,但更为详细。

　　对《柳州罗池庙碑》建碑年代最早提出怀疑的即是《集古录·罗池庙碑跋》。跋文指出:"按《穆宗实录》,长庆二年二月传师自尚书兵部郎中翰林学士罢为中书舍人史馆修撰。其九月,愈自兵部侍郎迁吏部。然则据建碑时,愈未为吏部,沈亦未为舍人。碑言柳侯死后三年庙成,明年愈为柳人书罗池事。子厚以元和十四年卒,至后三年愈作碑时,当是长庆三年,则二君官当与此碑同。"但"其书元年正月",而时韩愈官为国子祭酒。另外,小玲珑山馆重雕《宋本韩柳二先生年谱》所收洪兴祖《韩子年谱》也有类似记载。这些都是正确的。不过,欧阳修和洪兴祖都没有因此而根本

怀疑这不是韩愈所作，只用"盖传模（摹）者误刻之尔"来解释之。然此解释却不能从书法上让人信服。

须知，误刻必先误写，而且应是"传模者"误写的，上述解释才合情理。然而，据《书道全集》所刊该碑影印残拓本，我们可以确知这绝不是误写。因为除碑额外，拓本书法证明，长庆元年的"元"字与其他文字比较，并未发现有什么异样，即是说，此碑从头至尾，包括建碑年月日及立碑人职阶官称姓名确系同一个人书写的，按拓本所示，也就是沈传师所书写的了。那么是不是沈传师把年份误写了？作为唐王朝中央的一位官员，并在当时书法上颇有名望的沈传师，竟会将"三"误写为"元"，事后他本人，求书碑文的谢宁，主持立碑的桂管官员长孙季雄以及其他如魏忠、欧阳翼等与建庙立碑有关系的人竟也都没有发现这个错误，这是很难使人相信的。此一疑也。

其实，不仅此碑立碑年代有问题，影印残拓本所署"正月十一日"的立碑月日也不可信。据碑文所述，此碑是在柳宗元死后第四年春由所谓的柳宗元部将魏忠、欧阳翼派谢宁到京师长安，请韩愈撰写的。春天的起始日期，按我国传统算法，一是以每年正月大年初一算起，另一是以每年立春之日算起。但即令谢宁在大年初一或立春日从柳州出发，且马不停蹄，昼夜兼程，至京城长安至少也要花费以月来计算的时间。当初柳宗元在永州"投荒垂一纪"，终于盼来了"新诏下荆扉"时，正值元和十年正月，他喜出望外地踏上北归路途，在心情开朗、轻松愉快的情况下，也花了一个来月时间才从永州到达长安。然而，"十年憔悴到秦京，谁料翻为岭外行"，不料他又被改派到更为遥远的柳州任刺史。于是，他在当年三月，与刘禹锡结伴，不得不再离长安南行，"过洞庭，上湘江……逾临源岭，下漓水，出荔浦"，经过三个多月艰辛的长途跋涉，才在当年六月二十七日到达柳州。再一事例是，元和十二年十月十日，李愬雪夜袭蔡州，生擒吴元济，终于平定了长达四年之久的淮西叛乱。这件轰动全国的大事传到刘禹锡所任刺史的连州时，已是十月下旬，刘禹锡所作《贺收蔡州表》最后所署日期为"元和十二年十二月二十三日"。而喜讯传到柳州时，已是元和十三年了，柳宗元作《献平淮夷雅表》的开头称"臣宗元言，臣负罪窜伏，违尚书笺奏十有四年"，即是明证。因为自"永贞革新"失败，柳宗元被贬永州起，至元和十三年，正好是十四年时间。那么谢宁呢？不仅需要从柳州到长安的路程时间，到长安后，还要拜见韩愈，请求撰碑；韩愈撰写完毕，还要拜请沈传师书写，这也要有一段相当的时间。加上返程时间，总共需要的时间，最少也非要有几个月的时间不可，而绝对不可能在当年正月十一日就能完成得了这个任务。此二疑也。

再从书法品评和比较看，"中唐末期的柳公权、沈传师专主瘦挺，力图矫正肥厚之失"[①]，而观《柳州罗池庙碑》影印残拓本，可不见得"瘦挺"，却与颜真卿《多宝塔字帖》的风格有些相似。此三疑也。

根据以上三疑，可知《柳州罗池庙碑》立碑的年月日都是很不可信的。说是沈

---

①　包备五:《中国书法简史》。

传师书写的,既毫无其他根据佐证,又露破绽。因此,说此碑是韩愈所撰写,也就很值得怀疑了。

二、刘禹锡从来不提《柳州罗池庙碑》

刘禹锡是柳宗元最亲密、最真挚和最可信赖的朋友兼战友。无论在政治上、思想上,还是在书法、古文等学问方面,他俩都可以称为志同道合。故柳宗元临死前,曾修遗书给刘禹锡,一托他代为抚养儿子周六;二把自己的全部遗稿交给他,请他代为集结成书。后来刘禹锡果不负柳宗元遗愿,终将柳宗元遗著"遂遍次为四十五通",定名为《河东先生集》,并在集前写了序言。序言中称"子厚之丧,昌黎韩退之志其墓,且以书来吊",还特地将"退之之志若祭文""附于第一通末"[①]。可见刘禹锡只知道韩愈在柳宗元死后为柳写过《柳子厚墓志铭》和《祭柳子厚文》两文,而不知道韩愈还曾写过《柳州罗池庙碑》。

柳宗元死后三年,刘禹锡仍为柳宗元"悲不能自胜",并写了《伤愚溪》诗三首"以寄恨"。按《柳州罗池庙碑》所述,这一年恰是柳州罗池庙建成的年份。如确有其事,刘禹锡为什么对此竟毫无表示呢? 而且还是始终都没有提过呢? 即是说,刘禹锡到死都没有提到过柳州建有罗池庙的事。

然而,刘禹锡又是长寿之人,一直到唐武宗会昌二年才逝世,时离柳宗元逝世23年之久,距韩愈逝世也有18年,距沈传师逝世也有15年时间了。在这么长的时间里如果柳州真建有罗池庙,韩愈真撰有《柳州罗池庙碑》,并真由沈传师书写的话,刘禹锡绝不可能不知道,也绝不会对此点滴也不写下些什么的。况且从私人间交谊看,刘禹锡与韩愈关系也是不错的,韩愈死后,刘禹锡写有《祭韩吏部文》。可是,现在翻破《刘宾客文集》或《刘梦得集》,也不见有一丝一毫关于《柳州罗池庙碑》或柳州建有罗池庙的话语,甚至连"罗池"两字都没有提到过。

据上所论,我们可以做出,韩愈不仅没有撰写过《柳州罗池庙碑》,而且至少在刘禹锡生前,柳州罗池庙也是属于子虚乌有之物的结论。换言之,刘禹锡不是不知道《柳州罗池庙碑》和柳州罗池庙,实在是当时并没有这样一篇文章和这样一个庙宇。

三、"罗池"析辨

众所周知,柳宗元在"永贞革新"失败、被远贬到边远偏僻地区后的一个重要生活内容,就是"投迹山水地,放情咏离骚"。也就是说,他经常游山玩水,寄情在美好的大自然中,并用他那神奇之笔写下了许许多多千古不朽"语语指划如画,千载之下,读之如置身于其际"的吟山咏水的名篇。柳宗元在柳州也不例外,《柳州山水近治可游者记》就是他游览柳州后写的游记散文。同时,他还修复了柳州东亭、大云寺等风景名胜。然而,在《柳河东集》里却无"罗池"这个地名。因此,可以肯定,这罗

---

① 《柳河东集·河东先生集序》。

池在柳宗元生前至多是一个名不见经传的普普通通的地方,风景不见得优美宜人,故柳宗元从没有注意过它,也就不曾为它写下过点滴文字,因而《柳州罗池庙碑》中记述柳宗元死后 3 年,竟托梦告欧阳翼曰:"馆我于罗池。"这就纯属无稽之谈了。

在唐代,除《柳州罗池庙碑》外,其他典籍中也不见有"罗池"字样。罗池之名最早见于《旧唐书·韩愈传》,其成书时已是后晋末年,距唐亡有 50 多年,距柳宗元、韩愈晚年则有 120 多年了。

值得我们注意的是《龙城录》和《续前定录》两书,因为这两本书的《柳柳州》篇都同样记载着这样一段话:"罗池北,龙城胜地也。役者得白石,上微刻画云:'龙城柳,神所守,驱厉鬼,山左首,福土氓,制九丑。'余得之,不详其理,特欲隐余于斯欤?"这块白石上的"驱厉鬼,山左首"与《柳州罗池庙碑》迎送享神诗中的"驱厉鬼兮山之左"基本相同。但"罗池北,龙城胜地"一句,是说罗池在龙城之南,则与后世所记载的罗池方位不一。《广西通志》《柳州府志》《马平兵志》《柳州县志》都云:"罗池在府城东。"明人李西涯在《罗池书屋记》中也说:"罗池在柳州城东二百步。"[1] 而唐代的柳州州治,柳宗元说在"水北",当在今柳州市柳江北岸的市区范围内。现存的罗池,则在今柳州市柳江北市区东偏北的柳侯公园内。可见《龙城录》和《续前定录》所载罗池位置不可信。

据《四库全书总目提要》二十七·子部·小说家类三所示,《续前定录》所载的确并非全是事实,而往往多用牵强附会、因果报应之技以达到"劝诫"或"自警"的目的,特别是"观其以唐明皇与唐玄宗析为两条,知为杂采类书而成,失于删并。又柳宗元一条,乃全引《龙城录》语,《龙城录》为宋王铚伪撰,则非唐以前书明矣。"故《续前定录》比《龙城录》还晚出。而《龙城录》问世不久,即被人识破其伪。宋人张邦基就指出:"近时传一书曰《龙城录》,云柳子厚所作,非也,乃王铚性之伪为之……有识者当自知之。"[2] 宋人陈振孙也说:《龙城录》一卷,称柳宗元撰……盖伪托也。或云王铚性之作。"[3]

然而,在宋代却有人偏偏将上述两本伪书与《柳州罗池庙碑》联系起来进行研究。如竟说什么:"柳子厚守柳州日,筑龙城,得白石,微辨刻画,曰'龙城柳,神所守,驱厉鬼,山左首,福土氓,制九丑'。此子厚自记也,退之作《罗池庙碑》,云'福我兮寿我,驱厉鬼兮山之左',盖用此事。"[4] 吴子良则认为:"旧唐史讥退之为《罗池庙碑》,以实柳人之妄。然余按《龙城录》云:罗池北,龙城胜地也,役者得白石,上微辨刻书云:'龙城柳,神所守,驱厉鬼,山左首,福土氓,制九丑。'余得之,不详其理,特欲隐余于斯欤! 审如是,则碑中所载,子厚告其部将等云云,未必皆柳人之妄。"但吴子

---

① 《马平县志》。

② 张邦基:《墨庄漫录》卷 2。

③ 陈振孙:《直斋书录解题》卷 11。

④ 许顗:《彦周诗话》。

良还算是个有心人,他总觉得其中还有可疑之处,所以他接着指出:"而诗所谓'驱厉鬼兮山之左',岂亦用石刻语耶? 然子厚尝曰:'圣人之道,不穷异以为神,不援天以为高。'其《月令论》《断刑论》《天说》《禠说》《非国语》等篇皆此意。而《龙城录》乃多眩怪不经,又何也?"[①] 将伪书与《柳州罗池庙碑》联系起来进行研究的这一事实,不能不引起我们的注意和深思。况且"罗池"之地名,以及"驱厉鬼""山左首"等字句,也一再出现在伪书里,难道仅仅是偶然的巧合吗? 不,这只能更使人怀疑《柳州罗池庙碑》也是伪作。

四、"柳侯"考疑

柳宗元被追封为文惠侯时,为北宋徽宗崇宁三年,被加封为文惠昭灵侯时,已为南宋高宗绍兴二十八年。然而,被说成是韩愈在唐长庆三年写的《柳州罗池庙碑》中,却已经称柳宗元为柳侯了。这是又一个值得引起我们怀疑的重要问题。

有人解释说,"刺史职位约略可和古代诸侯相比拟,因此尊称刺史作'侯'"。[②] 持这一观点的根据,据说是《诗经·邶风·旄丘序》中有"五侯九伯"句,而孔颖达又疏注为:"侯为州牧也。"其实,这种解释所依据的事实根据和理论根据都不牢靠,实在是太牵强附会了,不能令人信服。

首先,孔颖达的这个疏注是错误的。因为这里的"五侯"是指上古时代的诸侯,即泛指《礼·王制》中"王者之制禄爵"中获公、侯、伯、子、男五等爵位的诸侯;而"九伯"则是实指上古时代九州之长,即殷曰伯,周曰牧。

其次,州牧之始称是到西汉成帝时,才改称刺史为州牧的。直到东汉,州牧、刺史迭改不常。而那时的刺史或州牧,本为监察官性质,官阶低于郡守。但到东汉末年的灵帝时,为镇压农民起义,又改刺史为州牧,位居郡守之上,执掌一州的军政大权。如汉末刘表为荆州牧,袁绍为冀州牧等,其实就是一个地方割据政权。三国南北朝时,则多置刺史,一般都以都督兼任,并往往加将军称号,权力也是很大的。然而,隋朝建立后,地方政权只有州、县两级,州之长官,除雍州牧外,其余都称刺史,而且权力只相当于秦汉时的郡太守,职位渐轻。唐开元初,改雍州为京兆府,并往往以亲王领雍州牧,改雍州长史为京兆尹,其他州仍然设刺史为州行政长官,其职权也不能与上古时代的"五侯九伯"和东汉末的州牧相比拟。再说柳宗元还曾写过《封建论》,非常明确地表示过坚决反对分封制度和痛恨军阀、藩镇封建割据的政治态度,韩愈对柳宗元的这一鲜明立场是一清二楚的,故他不能、也不会去做这种庸俗无聊的胡乱比拟,以"柳侯"之称撰写这《柳州罗池庙碑》的。

尤其应该要说明的是,唐爵凡九等:一王,二郡王,三国公,四郡公,五县公,六县侯,七县伯,八县子,九县男。其中县侯与上州刺史品阶同,为从三品。而下州刺

---

① 吴子良:《荆溪林下偶谈》卷1。

② 童第德:《韩愈文选》。

史只是正四品下阶,还比不上县伯的正四品上阶。柳州在唐代正是属于岭南道属下的一个下等州,因此柳宗元这个刺史最多也不过是个正四品下阶的官员,而且很可能还到不了这个品阶,因为柳宗元这个官职的全衔是"使持节柳州诸军事守柳州刺史"。在唐宋时,阶官低于职事官的,则应在职事官上加"守"字,而柳宗元的"柳州刺史"前正好有个"守"字,因此,柳宗元既不能与唐代的侯爵品阶相并列,更不能与上古的"五侯九伯"及东汉末年的州牧、刺史相比拟,这是非常明白的事。那么身为吏部侍郎的韩愈又哪能不知道这些情况呢! 既然如此,他自然不可能这么大胆地随随便便就违例称柳宗元为"柳侯"了。

再说,当时流行的是尊称刺史或太守为"使君",而并不是"侯"。《韩昌黎集》中的《祭彬州李使君文》《次潼关先寄张十二阁老使君》等文所说的"使君"都是指刺史。柳宗元在永州(唐代属中州)时,也曾为永州刺史韦公写过《永州韦使君新堂记》。令我们感兴趣的是这篇文章的最后,还说了一句"以为二千石楷法"的话。这里的"二千石"是袭用汉代郡国守相的别称,来指当时州行政长官刺史的。可见当时即使将刺史与古代相比,也不用"侯"。至于柳宗元,因其任过礼部员外郎,故按当时习惯,应尊称为"仪曹"。刘禹锡说的"(李)翱与韩吏部退之为文章盟主,同时伦辈惟柳仪曹宗元、刘宾客梦得耳"[1]"昔吾友柳仪曹尝谓吾文隽而膏,味无穷而炙愈出也"[2] 即是确证。

当然,唐代的文人学士在非正式场合或私人交往中,确也有尊称对方为"侯"的。如杜甫与李白的交往中,就有"李侯有佳句,往往似阴铿""李侯金闺彦,脱身事幽讨"等句。但究其原因,却是因为杜甫敬佩李白才高诗神的缘故,所谓"白也诗无敌,飘然思不群""笔落惊风雨,诗成泣鬼神"。可见这里的"李侯"是"诗侯"之意,与政治上的官爵毫不相干。而且这纯属私人之间的赠诗,带有亲切的友好情深的戏谑色彩。这与《柳州罗池庙碑》那种既为死人撰写,又公开刻石立碑的严肃、虔诚、颂扬柳宗元在柳州政绩的政治气息和宗教庙堂气氛,完全不可相提并论。而且该碑所称的"柳侯",也绝不是在捧柳宗元为文章之侯,更不是表示韩柳朋友情义的戏谑之称。

综观涉及韩柳关系的文章,特别是他们之间的来往信件,我们发现,他俩间虽有友谊,但因在政治上、思想上存有严重分歧,故不可避免地给友情蒙上了一层阴影,使人只觉得他俩间严肃有余,而亲密不足,更从无戏谑之言。在彼此的称呼上也都比较严肃,符合当时社会对平辈或尊辈都称字的一般标准。柳宗元与韩愈在贞元十九年曾同为监察御史,但韩年长于柳,又与柳父有旧,故柳宗元在他文章中,曾尊称韩愈为"某顿首十八丈退之侍者","退之馆下";或云"儒者韩退之与余善";在《天说》中更是直呼其为"韩愈谓柳子曰"了。而韩愈在《柳子厚墓志铭》和《祭柳子

---

① 《刘宾客文集》卷 19。

② 同上书,卷 20。

厚文》中,则都称柳宗元为"子厚"。这些都是不可跟柳宗元和刘禹锡间那种生死与共的亲密友谊同日而语的,也不能跟李白与杜甫间的友谊相比拟。故即使用杜甫尊李白为"李侯"的先例来解释《柳州罗池庙碑》中的"柳侯",也是不足为训,不能成立的。因为事实上韩愈是不可能这样做的。

更何况在社会政治观方面,韩愈一贯以继承儒家道统、维护封建等级秩序为己任,力主封建的纪纲是不可破坏、不可动摇的。而柳宗元呢?是"永贞革新"中"二王刘柳"的核心骨干之一,是被唐王朝看作为犯了弥天大罪、且是"于众党人中罪状最甚"的一个。因此,直到在他逝世的前一年(元和十三年),柳宗元还仍在不得不检讨自己"负罪窜伏","不知道之艰以陷于大阸,穷蹶殒坠,废为孤囚"。在他死后,唐王朝也不曾给他什么谥号。而韩愈对"永贞革新"的态度即使不是很反对,至少也是保守和不满的。特别是他还曾写诗曰:"同官尽才俊,偏善柳与刘。或虑语言泄,传之落冤仇。二子不宜尔,将疑断还不?"无端怀疑他被贬阳山令是因为柳宗元、刘禹锡泄语于王叔文,而被王叔文陷害的缘故。因此,无论于公还是于私,韩愈都不会、也不敢在柳宗元死后仅仅四年,就替他公开刻石立碑,"大封"为"柳侯"的。

最后还应该指出的是,元和十二年由韩愈奉旨撰写的《平淮西碑》,终因违反事实而被砸断磨字。对韩愈来说,这样一件轰动朝廷的丑闻,无疑会引以为终身耻辱。教训既如此惨痛,又怎能轻易忘怀?故他绝不会只隔了六年,仅仅是受了柳宗元部将之请,又敢斗胆地不顾事实,去实南人之妄,并以"柳侯"之称,去撰写《柳州罗池庙碑》的。

总之,说《柳州罗池庙碑》中的"柳侯"是"柳人之妄"或"柳人托言",这是可信的。但说是韩愈"因碑以实之",这无论如何也是不可能的。

除上述外,我们从《柳州罗池庙碑》的内容和风格之比较研究看,也会发现有不少破绽,对此,前人也曾指出过:"试以柳州罗池庙碑与柳子厚墓志铭为例,惟柱意不同,而且叙事攸异,格调亦变。"① 从中也可觉察其伪。因篇幅所限,本文对此就不展开论述了。

结　语

综上所述,我们完全可以断言,《柳州罗池庙碑》其实不是韩愈所作,也并非沈传师所书。但因韩愈"文之工者,第一传状碑志"②,并有"韩碑杜律"之美称,所以很可能是怀念柳宗元的柳人窃借其名以为重而伪作的。伪作时间大约是在晚唐,因为碑文中的"丙辰"被改为"景辰",从《书道全集》所刊影印拓本看,"民"字被写作"㞢"。显然,前者避唐世祖李昞(唐高祖李渊之父)讳,后者避唐太宗李世民讳。这

---

① 钱基博:《韩愈志·韩愈籀读录第六》。
② 陈衍:《石遗室论文》卷 4。

都是符合唐代的避讳制度的。因此，这就为确定伪作年代的下限，提供了一定的根据。当然，据前所论，该伪作最早不能早于刘禹锡逝世的这年（唐会昌二年），最晚则不出唐末。

正因为该碑伪作较早，所以刘昫在监修《旧唐书》时，虽已觉察其中内容属"南人妄"，但却不能很好地辨别作者之真伪，而将此碑收进史册，反批评韩愈"撰碑以实之"不当。这实在是一件冤案。当然，当时的客观原因也有，即在编撰《旧唐书》时，于长庆以后，无底本可据，《本纪》杂采各书，而《列传》则事实不详。《柳州罗池庙碑》大概就是属于事实不详之一例。然而，正因为《旧唐书》将该碑作为史料收入《韩愈传》中，致使后人一直把它作为韩愈的作品而深信不疑。现在，经过上述一番质疑、辨别、考证和分析，该是到了还《柳州罗池庙碑》真实历史面貌的时候了。笔者相信，这对于韩愈和柳宗元的研究是不无裨益的。

（本文原载《韩愈研究论文集》，广东人民出版社 1988 年版）

广西柳州首次发现新石器时代晚期文化遗存

1979 年 5 月 2 日,在广西柳州市东南郊的西江造船厂某基建工地,发现了两件新石器时代晚期的石铲。遗物在离柳江西岸三四百米的一个石灰岩小山坡上,离地表两三米的两块大石之间。周围地面和山坡上均未发现陶片和他物。

据西江造船厂的同志介绍,此处泥土可能是 1965 年该厂挖旁边岩洞,从岩洞中移运出来的。很可能那时的人类就住在岩洞里。使用石铲,表明他们已以农业为主要的生产活动。

两件石铲分述如下:

Ⅰ式:通体磨光。束腰,双肩对称,呈微平弧线。肩下微作弧形,内收。肩角尖锐,至中部又逐渐扩展,然后再内收成弧刃。高 25.8、宽 16.7、厚 1.2 厘米(图一,1)。

Ⅱ式:通体剧光。器身较长,小平肩下有倾斜度较大的双斜肩。双斜肩呈斜弧形,肩下突出如短袖状,在袖口上端与斜肩交接处有一楔形缺口。袖口呈弧形,袖下束腰,至腰下再扩展,后又内收呈弧刃。高 39.2、宽 17.7、厚 1.5 厘米(图一,2)。

两件石铲均以板页岩为原料。表面有一薄层灰白色的"石锈",上有黑褐色的美丽的"石纹"。据了解,遗存周围并不出这种石料,这两件石铲可能是当时的人类从其他地方交换得来的。它们可能与广东兴宁荷树乡发现的大石铲颇类似[1]。

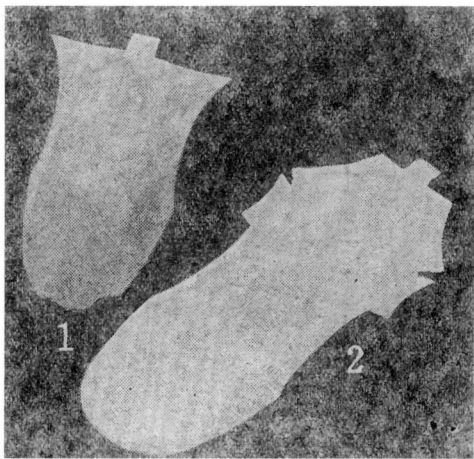

图一 1. Ⅰ式石铲 2. Ⅱ式石铲

这类石铲,过去在广西南部地区发现甚多,其分布范围最北不过来宾、平南等县[2]。这次柳州市的发现,就把广西石铲遗存的分布范围从桂南地区向北推到了桂中地区。

[本文原载《文物资料丛刊》(5),文物出版社 1981 年版]

---

[1] 佟柱臣:《新石器时代考古学常识》,载《文物》1960 年第 8、9 期。

[2] 广西壮族自治区文物考古训练班、广西壮族自治区文物工作队:《广西南部地区的新石器时代晚期文化遗存》,载《文物》1978 年第 9 期。

万州区王家沱商周至明清遗址及汉代墓葬

发掘时间：2000 年 3—5 月

工作单位：重庆市博物馆、上海大学文学院文物考古研究中心、重庆市万州区文物管理所

遗址位于万州区新田镇五溪村十社长江东岸的台地上，南北长约 300 米，东西宽 40 ～ 50 米。遗址中心地理坐标为北纬 30° 40′ 21″，东经 108° 22′ 51″，海拔高度 135 米。台地面对长江，背靠大山，是三峡工程淹没区的 B 级遗址。本年度开始工作时，先对遗址进行了全面的钻探，钻探面积达 20,000 平方米。然后根据钻探结果和地理地貌分 A、B、C 三区进行布方发掘。共布方 62 个，发掘面积 1,505 平方米。现将 42 个探方计 1,000 平方米的发掘情况简报如下。

遗址文化层最多可分为 10 层，最少为 4 层。时代最早可达商周，以下依次为汉、六朝、隋唐、宋元、明清。发掘深度最深达 2.1、最浅仅 0.6 米。共清理出商周灰坑 1 个，汉代灰坑 2 个，六朝灰坑 1 个、房址 7 座，西汉土洞墓 1 座。出土了大量文化遗物。

商周灰坑（99CWWA Ⅲ T3H4）坑口呈椭圆形，斜壁锅底状，底较平。口距地表深 0.55 ～ 0.65、长径 0.72、短径 0.6 米，打破生土层。坑深 0.44 米。黑色填土，含少量红烧土碎块和炭粒，质坚硬。出土基本能复原的夹粗砂红褐陶缸 2 件。

7 座六朝房址均属木骨泥墙建筑，含有用河砾石片做柱础的柱洞。99CWWF1 的居住面加工很有特色：门道的最外缘有一排圆形夯窝，应属平夯，但随后往室内的居住面均用斜夯加工，即用夯具斜向打击，前一个夯窝被后一个夯窝压去一半，形成整片很整齐的鱼鳞状居住面。99CWWF5 是一座保存较完整的一排三间式房址，中有两道南北向隔墙将一排房屋分隔成 3 间，正中一间最小，向南有门道，应是门厅；从门道进入门厅后，东西隔墙南端又各有门口通向东、西两房。99CWWF7 室内保存有一个较完整的用红烧土矮墙围成的长方形灶塘，内含炭屑和红烧土碎块。

西汉土洞墓过去三峡地区很少见。王家沱土洞墓墓顶上面原来应有封土堆，因墓顶坍塌，封土堆形制不清，但墓壁经清理后清晰可见。阶梯式墓道已倒翻。墓室结构为前堂后室。人骨架保存基本完好。葬具已腐朽无存，但其是放置在一个很高的棺床之上的。随葬品集中在墓道和南部的厅堂里，北部墓室极少。出土有朱绘陶

罐、鼎、盒、壶、灯、釜、钵、碗、盆、提筒、铜洗、铁支架和铁臿，鎏银五铢钱86枚及串钱用的串珠等。据形态学对出土器物的比较研究，此墓当属西汉晚期。

（本文原载《中国考古学年鉴·2001》，文物出版社2002年版）

万州区王家沱新石器时代至明清遗址

发掘时间：2001年3—5月

工作单位：上海大学文学院文物考古研究中心、重庆市博物馆

王家沱遗址经过2000年首次发掘后，2001年又进行了第二次发掘。主要在新的D区布方58个，在原有的C区布方6个，包括扩方在内，实际发掘面积超过1,600平方米。现根据年度协议，连同去年超计划发掘但没有报道的510平方米，共计2,100平方米的发掘结果简报如下：

本次发掘在DT11～DT14耕土层下的堆积内，以及2000CWW中，新发现了新石器时代晚期文化遗存。出土的夹砂陶和泥质陶数量上基本相当，夹砂陶略显多些；以褐色为主，素面陶为多；有绳纹、弦纹、附加堆纹（箍带纹）、网格纹和戳印纹等。器类仅见平底器一种，以绳纹罐为主，型、式较多，但大多口沿唇面压印有浅绳（线）纹或断绳纹，按压成小浅花边的则很少。还有侈口平卷沿盆、侈口或敛口钵、夹粗砂红陶厚胎并围有一圈箍带纹的大缸等。另出土有刀、斧、锛、雕刻器等打制或磨制的石器及1枚骨锥、1对獐牙、1件带有残破牙根的长14.2厘米的啮齿类动物犬齿。根据比较研究，应归入"哨棚嘴文化"之中。

以CT28和CT33下文化层为代表的夏商遗存，夹砂陶明显多于泥质陶；但陶色仍不纯，以褐色为主；也仍以素面陶为主，常见的有绳纹、弦纹、附加堆纹、网格纹、竹节纹和刻画纹等。器类也仍以平底器为主，也有圈足器和袋足器及三足器。平底器中首推各种型、式的小平底罐，也有圆肩深腹大口罐和高领罐，还有尊和敞口平沿盆。圈足器、袋足器和三足器都只有一种，分别为高柄豆、袋足盉、实足鬲。另有生产工具陶纺轮。总体风格和典型器物与成都平原的三星堆文化相似。

以DT6⑧～⑨层为典型文化层的商周遗存，泥质陶的比例有上升趋势，但纹饰依然不发达，仍以素面陶为最多，常见纹饰也与夏商时期基本相似。陶器器类仍以平底器为主，主要是平底罐、高领罐、钵、盆、缸等，小平底罐数量有所减少，形制也有所变化，圈足器有高柄豆和器盖，也有袋足器盉，新出现尖底杯。在DT8③发现有露天的炊煮遗迹：原来是用经过砸击的河砾石垒成的灶，废弃后倒塌，内夹杂有红陶盉足碎片，小平底罐残片，泥质黑褐陶器盖以及破碎的兽骨、红烧土、炭屑等，很有地方特色。

发掘清理了5座汉墓，出土器物70多件。其中M5是一座西汉早期的一夫一妻

合葬土坑墓；M6 是一座约为西汉中期的一棺一椁土坑墓,约有一半已被破坏；M2和 M3 是西汉晚期的土洞墓；M4 是东汉砖室墓,但已破坏殆尽；M5 出土铜币八铢半两,为此墓断代提供了确切证据。该墓出土的错根棒形虎头铜带钩、四方长形小铜方钟、圆形图文铜印章以及有銎长舌形带刃铁器等,都是罕见的文物珍品。M6 随葬的 1 件大陶瓮的肩部刻有一"郝"字,可能为墓主姓氏。M2 中出土有两颗人头骨。其中一颗人头骨原来应是盛放在一陶盆之内；在另一陶盆内,则发现了没有腐朽的蛋壳；很多随葬陶器、罐和壶的器表均施有红彩或白彩。

在 DT57 中,还发掘清理出东汉砖瓦窑 1 座,窑口边出土的汉代陶罐、窑底出土的带花纹边汉砖碎块和表饰绳纹内饰布纹的典型汉板瓦等遗物,为该窑的断代提供了确凿证据。

六朝至明清的地层和遗物,在不同的探方内均有,如青瓷片、釉陶片、白瓷片、影青瓷片、青花瓷片等都屡见不鲜,也有少数完整器出土,特别是在 D 区中南部的一些探方内,还出土了较多的宋元时代瓦楞纹釉陶器。DT6 ⑥隋唐文化层中出土"开元通宝"铜币 1 枚,至于康熙通宝、乾隆通宝和道光通宝等铜币则有更多出土。但总的说来,六朝以后的文化堆积破坏严重,故文化面貌不清。

（本文原载《中国考古学年鉴·2002》,文物出版社 2003 年版）

万州区梁上战国至东晋墓群

发掘时间：2001 年 11—12 月

工作单位：上海大学文学院文物考古研究中心、北京大学考古文博学院

墓群位于重庆万州区武陵镇西约 2.5 公里的凤安村九社、长江北岸的二级台地上，海拔约 165 米。这次考古勘探面积达 13,000 平方米，布方 10×10 米 7 个，加上扩方实际发掘面积达 1,000 平方米。清理出墓葬 8 座，出土包括银器、铜器、铁器、青瓷器、陶器和石器在内的珍贵文物 136 件，其中不少是具有很高历史、学术和艺术价值的稀世珍品。

墓葬形制多样，结构造型不同，时代跨越幅度较大。M8 和 M5 是两座土坑墓，以 M8 时代为最早，是秦灭巴蜀后的战国晚期秦人墓。M5 为一棺一椁的西汉初期墓葬。东汉砖室墓有 3 座，2 座（M1、M6）为凸字形洞穴双券顶墓，但墓顶均已塌陷，扰乱严重；另一座 M4 为刀把形洞穴双券顶墓，该墓的阶梯式墓道、甬道、墓室的结构形制都完整无损地保存着，这在三峡地区考古中极为难得，惜封门砖墙左上方有古代盗洞一个，故该墓随葬的铜器无存，但仍出土有以陶器为主的随葬品 65 件。三国蜀汉时期的刀把形洞穴双券顶砖室墓 1 座（M7），该墓是此次发掘中规模最大者，从斜坡墓道算起，经甬道到墓室，全长达 10.7 米，但券顶已塌陷，还先后发现有古代盗洞 4 个，故出土物甚少。根据随葬钱币中有蜀汉时铸行的小五铢钱，判定该墓年代为三国蜀汉时期。六朝时期的墓葬 2 座，M2 为小型刀把形洞穴双券顶砖室墓，券顶塌陷，墓室西壁倒毁，也可能被盗过，但出有铜釜 2 件、陶俑 2 件、陶器 2 件以及十分难得的 18 件基本完整的青瓷器。根据青瓷器的形制分析，该墓年代当属东晋早期。M3 为刀把型石室墓，但因距地表过浅，人为扰乱十分严重，墓顶结构不清，出有磨制石斧 2 件，复原出青瓷碗、杯、碟各 1 件，年代当与 M2 相当。

这 8 座墓葬中，以 M8 土坑墓的发掘收获最大。该墓出土陶器中有青灰色夹细沙蒜头壶，这是战国时期秦墓中经常出土的典型陶器。同时还出土有 4 枚"半两"大铜钱，直径达 3.6～3.7 厘米，应是战国时秦国最早铸行的"半两"钱币，在传世和考古中极难见到。据对考古文献的不完全检索，如此大的"半两"钱币，只在重庆巴县冬笋坝 M37 中出土过。这 4 枚"半两"铜钱，钱文高挺清晰，朴拙浑圆，豪放俊逸，大篆气韵浓厚，应是战国大号秦"半两"中的稀有精品。该墓还出土了 1 枚小巧玲珑、漆黑发亮的铜钟形圆形青铜印章，印面中间有一直竖，将印面隔分为两部分，阳文篆

体"黄蘭"两字非常清晰,可能是墓主姓名。印章总体风格具有浓厚的战国风韵,也是一件稀世珍宝。该墓还出土了一件小型的琴面形铜带钩,制作也非常精致美观。所以从各方面的情况考察,该墓为战国晚期的秦人墓无疑。从而真实地反映了战国晚期巴秦往来和文化交流的历史事实,在学术上非常有价值。

本次发掘的另一重要收获是出土了一批东汉时期的随葬品,为研究东汉历史、艺术提供了新的资料。M4和M6出土的陶俑丰富多彩,10个人物俑造型生动,歌舞、抚琴、听琴、跪坐、站立,各具形态,陶鸡、陶鸭、陶猪形象逼真,具有很高的艺术价值。陶博山熏炉造型优美,炉盖表面饰以凸起的火焰状或云山状堆纹,也是很有艺术价值的珍贵文物。M4和M1出土的陶楼、陶田、陶井等模型器,是研究东汉庄园经济和农业生产的重要例证。M4出土的天蓝色半透明琉璃瑱(珰)也是一件珍贵的文物。

本次发掘的第三大收获是M2出土的18件青瓷器,器形有碗、杯、四系罐、盘口罐、虎子、唾盂等。出土时大多显示出施过青白色釉,反映出成熟的青瓷制作工艺。特别是虎子,造型优美生动:肥胖的身子,两眼圆睁,大口朝天,四爪蜷曲,细尾下卷,好似蓄势待发,准备凶猛蹦跳,艺术价值甚高。该墓出土的1尊红陶男俑,从脸部观察,似乎具有北方胡人的体貌特征,或许反映了当时南北人员交往和文化交流的历史。

(本文原载《中国考古学年鉴·2002》,文物出版社2003年版)

万州区银家嘴东汉、南朝和清代墓葬及汉代窑址

发掘时间：2002 年 10—11 月

工作单位：上海大学文学院文物考古研究中心、北京大学考古文博学院

银家嘴墓群位于万州区新乡镇寨子村 4 队，地处长江东岸的一级台地上，海拔高度 140～152 米，呈东高西低阶梯式分布，东临长江，西靠寨子村，南为一长年流水的大冲沟，正北与武陵镇隔江相望。墓群发掘前为梯田状农田，种植水稻、小麦、红苕和蔬菜。本年度共完成考古勘探 6,600 平方米，采用正方向 10×10 米平面布方法共布方 9 个，加上在发掘过程中工作需要扩方面积，实际发掘面积为 1,020 平方米。地层关系简单，东部最高台地和下一级台地的东部，第一层为农耕土层，第二层是汉代文化层，墓葬开口即在第二层下，并打破第三层——生土层。第二台地西部及以下地方，墓葬和窑址的开口即在农耕土层下，并打破第二层——生土层。

共发现墓葬 8 座、窑址 1 座。共出土银器、铜器、铁器、陶器、青瓷器、石器、琉璃器等 153 件。墓葬中有东汉墓 4 座，其中土坑墓 1 座（M1），刀把形洞穴双券顶砖室墓 1 座（M3），"凸"字形洞穴双券顶砖室墓 1 座（M5），长方形洞穴单券顶砖室墓 1 座（M8）；蜀汉墓 1 座，为刀把形石室墓（M4）；南朝墓 2 座，其中刀把形石室墓 1 座，"凸"字形洞穴双券顶砖室墓 1 座（M6）；还有 1 座是清朝晚期的平顶石棚式双室石室墓（M7）。

M5 是本次发掘中最重要的收获之一。该墓形制保存完好，墓顶没有塌陷，也没有被盗过，而且密封性能较好，历时 2,000 多年，但墓中红色淤积土仅有 0.5 米，墓室西北角有一球形凸起，淤积土的颜色也比较深，应是泥浆渗入最多的地方，即便如此，最深处也只有 0.8 米。就三峡考古来说这是十分难得的重要发现。该墓属东汉时期的"凸"字形洞穴双券顶砖室墓，共出土随葬品达 67 件。有剑鞘银饰残片、银手镯、银指环共 3 件银器；还有铜釜 2 件、铜鐎 1 件、铜碗 1 件、铜灯 1 件、漆器上的圆铜箍 1 件（圆形漆器只留存了一些漆皮，无法提取）等 6 件铜器；铁器有放在铁架上的铁釜和铁剑等，铁剑 1 米余长，除剑柄残破外保存相当好，还残存一些剑鞘，为木胎漆器，残留一些红色漆皮。陶器分实用陶器和模型陶器两大类，前者主要是甑、罐、盆、钵等，后者有仓、池塘、人物俑、动物俑、陶屋等，绝大部分陶俑、陶池塘、陶屋出土在墓室最后面。在墓室东北转角处有陶狗 2 条、陶猪 1 个和灰陶人俑 1 个。在清理墓道时，在近墓道上口处发现有 5 块半截墓砖搭成的"亞"字形祭祀坑，坑内

有陶钵 3 个,其中两个口对口相扣,坑中和坑周围有猪牙床。总之由于该墓保存完好,为东汉埋葬制度的研究提供了不可多得的珍贵资料。

　　本次发掘中的另一个重要的收获是清理了 1 座汉代窑址(Y1)。这座窑址建造在银家嘴墓地西北角靠近长江的低阶山坡地上。窑室在南部,窑床呈平台形,南(后)壁近转角处有 2 个烟道,火膛在窑床前(即北面)并低于窑床。火膛的北面即为拱形式的火门,火门下有踩踏面,踩踏面紧连着窑道向北沿山坡向下伸展。从该窑的形制结构看较为原始,与过去考古发现的中原地区西汉早期窑相似。窑室的堆积内也发现有正面饰粗绳纹、背面也有稀疏绳纹的早期厚大汉瓦,同时还出土 1 枚秦“半两”铜币,所以该窑始建于西汉中晚期的可能性极大。但在窑床、火膛和窑道内均发现有东汉墓砖残块,所以此窑废弃于东汉则是无疑的。从窑室内的出土物看,该窑主要烧制筒瓦也烧制板瓦,可能还烧制一些陶器。由于窑室内堆积中还含有较多的螺蛳壳,因此推断该窑废弃后应被洪水淹没过。

(本文原载《中国考古学年鉴·2003》,文物出版社 2004 年版)

民族学与考古学

　　民族学与考古学都是历史科学，又都是既年轻而又古老的学科。说它们年轻，是因为它们各自形成为专门学科的时间，就全世界而言，还不到两百年；在我国，则只有几十年的历史。说它们古老，是因为它们都要探索人们往昔的历史，都要追寻以百万年计的人类产生的踪迹。它们彼此间关系十分密切，在某些方面能互相渗透，是两门独立的兄弟学科。它们都有自己的研究对象和理论体系。考古学主要通过考古发掘出来的物质遗存，如遗迹、遗物和遗骸等，来追索人类社会发展中的各种问题，再现当时的社会。而民族学则是直接通过对人类社会，包括对现存后进族体的研究，来对人类各个时期的历史加以说明。换言之，民族学是以各个历史时期的人们共同体作为研究对象的一门学科。所以，在美国，这门学科又被称为文化人类学。在英国，则叫做社会人类学。在有些国家，甚至把体质人类学也包括在内。

　　然而，尽管民族学与考古学有着各自的特点，它们研究的基本任务却是一致的，即都是为了复原历史，揭示人类社会的发展规律。甚至在研究的某些具体课题，如人类的起源，人们的物质和精神文化诸因素及其内在的相互关系等方面，两者都十分相似。有趣的是，有些民族学家，也兼是考古学家，如瑞典的约翰·雅克勃·巴霍芬（J. Bachofen），法国的莫斯（M. Mau—ss），美国的博厄斯（Franz Boas），苏联的托尔斯托夫（C. Л. ТоЛСТОВ）等，其中莫斯还是法国考古学会会员，担任过考古学刊的编辑。在我国，林惠祥、梁钊韬等先生，也是兼搞民族学和考古学的著名学者。而在这两门学科的科学实践活动中，指导民族学研究的理论有很多都能为考古学所吸取，尤其是为石器时代的考古学所借用。民族学研究和调查的方法，则能给考古学以借鉴。民族学资料更有助于解释考古研究中的一系列发现。同样，考古学的重要发现和新的研究成果，也为民族学的研究开阔了眼界和思路，提供了新的材料和证据，甚至可以纠正其研究中的谬误。我国有些民族学家，在深入研究马克思主义经典著作的基础上，就是根据近年来国内外考古发现的大量化石材料，将原来由苏联学者最先提出的、曾在我国学术界广为流传的、把原始社会分为原始群时代和氏

＊　本文原系笔者赴中央民族学院研究部学习研究生课程《民族学》后写的读书报告。承蒙吴文藻、林耀华、金天明等先生悉心审阅，林先生具体指导，以及北京大学苏秉琦、宿白、李仰松、严文明等先生热情鼓励和支持，苏先生对一些用词具体指正，特此表示由衷的感谢和深切的敬意！

族公社时代的二段分期法,改正为原始群时代、血缘家族公社时期和氏族公社时期的三段分期法^①,即是很好的一个例子。

　　总之,为了更加丰富和加深我们对社会发展史的感性认识,加强这两门学科基础理论的研究,促进科学发展,考古学和民族学应该更紧密地联系和合作。本文拟立足于考古学,从理论、方法和民族学材料三个方面,来探讨民族学与考古学的关系。

一、民族学理论能为考古学所借用

　　在西方,民族学因流派不同而有不同的理论。比较著名的有英、德、美等国的进化学派,美国的历史学派,英国的功能主义,法国的社会学年报派和结构主义,苏联的苏维埃学派,德国和奥地利的文化圈学派等。这些众多的流派,是有不同的政治倾向的,但在学术上,它们不同程度地都能为考古学所引用。下面从五个方面简论之。

　　1. 借用正确的民族学理论,有利于促进考古发掘和研究。

　　在这方面,以摩尔根为代表的民族学进化学派关于原始社会结构和原始社会解体的理论^②,对考古学影响最大。众所周知,马克思和恩格斯非常重视和高度评价了摩尔根的《古代社会》,他们既从中吸取“养料”,又批判其唯心观点,并在此基础上提出自己的见解和体系,建立了辩证唯物主义和历史唯物主义的原始社会史学理论。苏联考古学家在特黎波里(Трцполц)发掘了一个铜石并用时代的彩陶文化遗址,来探索母权制氏族公社的情况,获得了很有成效的结果^③,就是在马克思主义指引下,引用以摩尔根为代表的民族学进化论学派关于原始社会的理论取得的。在我国,从1954年起,中国科学院考古研究所以具体探讨一个原始氏族村落各方面的问题为学术目的,开始发掘西安半坡遗址,同样也得到了丰硕成果。近年来,我国考古工作者在陕西临潼姜寨,又揭露了一个更加完整、在世界上也属罕见的原始社会村落遗址,为研究母系氏族社会的氏族—部落结构,提供了非常重要的新材料。而大汶口文化和齐家文化发现的大量墓葬所显示的各墓随葬品数量和质量的显著差别,对于研究私有制的产生、贫富分化和原始社会的解体又有重要意义。可见,借用以摩尔根为代表的民族学进化论学派理论做指导,不仅使考古发掘超越了仅仅限于对遗迹、遗物的描述这样的水平,而且使研究和探索社会历史发展诸问题的空气大大活跃起来,考古学在原始社会史学中的作用日益加强。同样,考古学的发展又反过来验证和丰富了有关的民族学理论。如母权制和父权制谁早谁晚的问题,民族学各

① 　林耀华:《试论原始社会史的分期问题》,载《文史哲》1978年第4期。

② 　摩尔根:《古代社会》,杨东莼、马雍、马巨译,商务印书馆1977年版。

③ 　Т・С・Пассек:《Перцодизация Трипольских поселений》МОСКВа,1946 г 巴斯赛克:《特黎波里村落的时代划分》,莫斯科,1946年。

流派一直分歧很大。其实,利用考古学材料,就很容易解决这个问题。因为我国丰富的考古材料中,不仅有很多考古学的地层叠压关系表明了母权制早于父权制是普遍规律,而且用最新自然科学C14方法测定有关遗址绝对年代的结果,也同样确认了这一点,从而证明民族学进化论学派的有关学说是正确的。从此,我们也可以看到考古学与民族学之间的辩证关系之一斑了。

2. 民族学的有关理论,对考古学文化的划分和族别的研究,有重要参考价值。

在民族学理论中,苏联的苏维埃学派提出过经济文化类型和历史民族文化区理论[①]。美国历史学派的克娄伯(A. L. Kroeber)在研究文化类型时,也提出过游牧人文化、农村文化、都市文化等概念。在古代,生产力越落后,人们受制于自然和地理的程度就越大。这一点,在考古学文化中也同样体现出来。因此,民族学经济文化类型理论和克娄伯提出的这些概念,对划分考古学文化自然很有参考价值。我国解放前就命名的细石器文化,就是反映了我国长城以北以狩猎和畜牧为主,在气候寒冷干燥、河流少、植被少,而沙漠、草原则较多的自然地理环境下普遍使用细石器作为主要生产工具这一物质文化特征的。黄河流域成为以旱地农业为主的农业区,考古发现有粟等旱地作物,多窖穴和半地穴式房屋。长江流域则成为以水田农业为主的农业区,考古发现有水稻等水田作物,多地面建筑的房屋和干栏式木结构房屋。在东南沿海地区的族体,就以捕捞水生动物为主要食物来源,考古发现多贝丘遗址,多“壕蛎砾”这样很有特色的石器。可见,引用民族学经济文化类型理论,对于正确划分考古学文化是有帮助的。

至于历史民族文化区,虽然与考古学文化是两个概念,但是,古代人们的不同的文化传统,则往往是形成不同地区考古学文化的直接原因。或者说,在考古学文化的背后,“隐藏”着古代不同的人们共同体,即族别问题。考古学文化研究得越细致、越深入,所揭示的族别也就越清楚、越详细。因此,民族学中的历史民族文化区理论是完全可以为考古学所引用的。一般人都知道,夏、商、周是我国前后相继的三个朝代。但在起源上,很多人都不了解它们是平行发展的。利用考古材料进行探索研究,我们发现考古学上的“河南龙山文化”北区(包括河北全省、河南北部和山西、山东的一部分),可能就是先商文化,它的西南区(即河南省黄河以南和三门峡以东地区),有可能是先夏文化,而陕西关中地区的客省庄文化,则可能是先周文化。他们之间互相交往和融合,后来才形成为汉族的前身——华夏族。对于我国古代文献上记载的东夷族、荆蛮族、戎羌族、越族、狄族等,引用民族学历史民族文化区理论,结合有关考古材料,我们现在或多或少地都能够进行探讨了。

3. 正确的民族学理论,对于解决有争议的考古学问题,很有帮助。

比如,对于我国龙山时代诸文化的社会性质问题,长期以来,学术界争论颇多。

---

① ［苏］莫·格·列文、恩·恩·切波克萨罗夫:《经济文化类型和历史民族区》,载《民族问题译丛·民族学专辑》1956年7月。

有的认为,龙山诸文化已进入阶级社会,有的则觉得,龙山诸文化还没有跨入阶级社会的门槛,仍然停留在新石器时代的晚期。究竟谁是谁非? 请翻开摩尔根的《古代社会》,我们会看到书中有 "军事民主时代" 的说法。马克思和恩格斯也曾引用过这一名词。"其所以称为军事民主制,是因为战争以及进行战争的组织现在已成为民族生活的正常职能。邻人的财富刺激了各民族的贪欲,在这些民族那里,获取财富已成为最重要的生活目的之一。他们是野蛮人:进行掠夺在他们看来是比进行创造的劳动更容易甚至更荣誉的事情。以前进行战争,只是为了对侵犯进行报复,或者是为了扩大已经感到不够的领土;现在进行战争,则纯粹是为了掠夺,战争成为经常的职业了。"[①]战争频繁的结果,使战俘数量大增,而战俘是可以随意被杀死的。民族学材料记载,处于军事民主时代的中美洲亚齐克人,曾以战俘充奴隶,并且杀奴隶以献祭。我国龙山诸文化中出现的乱葬坑和殉葬现象,应与这种情况相类似,并不是非要到了阶级社会才有这种现象。再结合我国古代文献记载来看,在夏代之前,曾有一个有着 "禅让" 制度的 "尧舜禹" 时期。所谓 "禅让",应是带有民主特点的部落或部落联盟酋长的替换方式。这一切,用摩尔根首创的军事民主制理论来比照,应该说,把我国龙山诸文化主要定为父权制已崩毁,但国家又未形成的军事民主制阶段是合适的。至于这时期虽然已有了铜器,但大多是红铜器,当属考古学上的金石并用时代。一般来说,这也与民族学上的军事民主时代相吻合,两者均带有过渡性质。这个例子说明,正确的民族学理论能为解决有争议的考古学问题开辟新路。这条新路,我们今后还要继续走下去。

4. 民族学中关于文化的理论,可以为考古学文化的理论所借鉴。

美国民族学历史学派创始人博厄斯认为,在研究生物、人类、民族和文化时,要着重研究他们的整体,因为每一种文化都是受它周围的生物、地理、历史的影响而形成的一个综合体,因而提出了 "文化型" 的概念。他的学生韦斯勒(C. Wissler)进一步认为,文化可以分析到最小的单位——文化特质;许多文化特质合在一起,成为文化丛,才能发挥作用;文化丛再发展成文化型;而文化型往往即与地域概念结合在一起。另外,关于文化的时间性、区域性、传播性及它们之间的关系,韦斯勒也提出了一整套理论。这些民族学文化的理论都是可以为考古学文化所借鉴的。因为考古学文化也是一个完整的概念,它是包括一定的时间、一定的地域和一定的物质文化特征的共同体,与博厄斯的文化型概念有相似之处。而考古发掘出来的每一座房子、窖穴、墓葬等遗迹,和每一件石器、骨器、陶器、铜器,甚至每一片陶片等,又都是考古学文化中的最小单位,相当于韦斯勒说的文化特质。但是,考古学者更注意的是一群具有明显特征的遗迹、遗物和纹饰,如我们通常说的某某墓葬群,某某器物群或器物组合,某某特殊纹饰等,这应该与韦斯勒说的文化丛意义相同。相同的 "文化丛" 不止一次地在一定地域内发现,就构成为一种考古学文化。关于考古学文

---

① 恩格斯:《家庭、私有制和国家的起源》,《马克思恩格斯选集》第 4 卷,人民出版社 1972 年版,第 160 页。

化的时间性、区域性、传播性以及它们之间的关系,考古学上则用"期""类型""变"或"亚文化"等来表示。总之,民族学文化理论和考古学文化理论,有很多共通之处,应该互相探讨、互相研究才好。

5. 对于政治上反动的民族学理论,考古学也应谨慎地吸取其学术上的有用之处,不能采取全盘否定的简单化态度。

民族学诸流派理论中,也确实有一些在政治上很反动的理论。如德国和奥地利的文化圈学派,他们把各种文化上相似的因素,不论相距多远,都解释为大迁徙或大融化的结果,为帝国主义殖民政策服务。对此,我们必须揭露和批判。但是,文化圈的概念和某些含有合理因素的文化圈的划分,却对考古学有一定参考价值。他们有的从地理角度划分,如划为塔斯马尼亚原始文化、美拉尼西亚文化等;有的根据部落划分,如划为俾格米文化等;有的根据物质文化因素的特征划分,如澳大利亚的飞去来器文化、弓箭文化等;有的则根据文化的经济形态特征划分,如欧非草原猎人文化、东哈姆大牧民文化等;也有按社会文化特征来划分,如图腾崇拜文化圈、异族通婚母权文化圈等;还有按照时间程序,提出原始文化圈、古代文化圈、近代文化圈等①。而考古学文化,如用地图来表示,也会在地图上出现一圈一圈的考古学文化圈。正因为民族学文化圈与考古学文化圈有类似之处,所以我们说,作为一种科学方法和研究手段,文化圈学派在学术上还有为考古学所用之处。

从科学角度,谨慎地研究科学史上存在过的一切流派,当然也包括政治上反动的流派在内,并透过政治迷雾,实事求是地深入分析他们学术上的一切成就,以分清他们的正确和谬误、精华和糟粕,作为现在科学工作中的经验和教训、借鉴和参考,这是每个科学工作者都应具备的科学态度。

二、民族学调查和研究方法值得考古学借鉴

考古学和民族学都离不开田野工作,虽然田野考古的对象是古代社会遗留下来的遗迹、遗物和遗骸等"死东西",而民族学则主要是调查现今还"活着"的后进族体。但在田野工作的方法上,两者却具有许多共同特点,民族学的实地调查方法,对田野考古很有启发意义。

民族学,不管是进化论学派和文化圈学派,还是结构主义或功能主义,都很强调进行实地的民族学考察和调查。世界上很多有名望的民族学家,也往往是有名的探险家或旅行家。在实地考察和调查中,他们以虚心的态度、友善的言行,深入到后进民族中去,并努力促进同后进民族的感情,认真、细心地收集、记录和分析所得到的第一手资料。摩尔根曾多次到美国东部纽约州的印第安人易洛魁部落中去长期生活,赢得了印第安人的极大信任和尊敬,被破格收养为他们氏族的成员。经过 40 多年不懈的努力和探索,摩尔根终于写成了《古代社会》《易洛魁联盟》等举

---

① ［西德］玛丽－路易丝·拉契、托马斯·海贝勒:《西方民族学概论》,载《民族译丛》1980 年第 4 期。

世闻名的民族学巨著,为民族学的发展开创了新路。英国功能学派创始人马凌诺斯基(B·Malinowski),也曾到过英、美和非洲各地去考察,并强调,调查时要深入到土著居民中去,使用他们的语言,过他们一样的生活。美国历史学派创始人博厄斯,治学严谨,他主张重要的科学结论只能来自直接的具体的调查研究,而不能用抽象推理和设想来代替;他要求学术上的结论必须建立在扎扎实实的、全面的、无可辩驳的事实上,否则便不能成立。

从上述事例中,我们可以看到,为了科学,这些资产阶级学者尚能尊重文化上后进的族体,尚能以虚心、认真的态度深入到后进族体中去,那么,作为无产阶级的民族学者、考古学者,在进行社会调查、田野工作时,自应更自觉地、虚心地向广大人民群众学习,把最广大的群众动员起来,依靠他们,组织他们,这样,我们的社会调查和田野考古工作就一定会做得更好。

再有,民族学家们关于实地调查的某些具体方法,也很值得考古学者注意。马凌诺斯基很强调用理论来指导调查,他总是根据民族学理论,在调查前对调查做种种假设,他设计了各种表格,如经济表、生存力表、总表等,准备在调查时使用。这样,调查时就有针对性,目的性强,收获就大;整理时也有条不紊,不会混乱。最后,根据调查所得的全面材料,检证、修改原定假设,再得出结论,纠正或丰富理论。作为借鉴,如果我们也能根据考古学理论和已取得的考古学成果,来从事每一次田野考古工作,并将预期的设想和实践的结果紧密结合,那么,可以相信,无论是对考古学的田野实际工作,还是对考古学理论研究的发展,都会有好处。

美国民族学家博厄斯,在调查时连一支歌都要进行详细记录。在考察中,他发现后进族体中的男女,对同一问题的看法不尽相同。为了方便调查,他专门培养了女民族学家。同样,在田野考古中,某些微小的遗物有时也可能帮助解决考古学上的大问题。1944—1945年,夏鼐同志在甘肃广通阳洼湾齐家墓葬填土中,发现了两块不大的彩陶片,从而改正了为安特生所倒置的齐家早于仰韶的错误结论,在考古界一直引为美谈。相反,安特生将包含有龙山文化层和仰韶文化层的仰韶村遗址,一股脑儿地命名为仰韶文化,则是一个教训。他的错误除了其他原因外,不懂考古学上的地层学原理,没有细致地划分地层,是主要原因。

美国民族学家摩尔根、法国民族学社会学年报派创始人杜尔干(Emile Durkheim)、英国功能学派创始人布朗(A·Radcliffe-Brown),都主张用比较社会学方法来研究民族学。而考古学的研究,除了依靠地层学外,主要运用标型学的研究方法。标型学,又称器物类型学或比较类型学,实际上也是一种比较法。它以地层学或已发现的有确凿铭文的器物为基础,通过对出土器物的全面排队和分析比较,来掌握器物发展变化规律,从中确定标型,再用这些标型去衡量其他遗址、遗迹和遗物,以判定它们的相对年代。考古学运用这种方法进行研究的最终目的,是为了复原古代社会的真实面貌。从这个意义上说,它也是一种特殊的比较社会学方法。

三、民族学材料是考古学的"社会的活化石"

　　1971年,菲律宾国家博物馆的一支考察队,在棉兰老岛南部森林中,在陡峭的山脊上的岩洞里,发现了一个只有24人的叫塔萨代的部落。他们是石器时代的一支遗民,一直默默无闻地生活到当代才被文明世界发现。这个被称为"当代穴居人"或"活着的石器时代人"的部落,不仅为民族学、原始社会史学,也为考古学的研究,提供了一个珍贵的活标本,引起了学术界的广泛兴趣。有的学者提出,应结合菲律宾的考古发现,才好判断这个部落与外界隔离了多少年[①]。这说明民族学的研究,也需要考古学的配合帮助。其实,革命导师早就将考古学和民族学联系起来研究古代社会。恩格斯指出:"根据所发现的史前时期的人的遗物来判断,根据最早历史时期的人和现在最不开化的野蛮人的生活方式来判断,最古老的工具是些什么东西呢? 是打猎的工具和捕鱼的工具,而前者同时又是武器。"[②] 我国考古学家石兴邦先生的新著《半坡氏族公社》,在这方面做了很好的尝试。结合民族学中的大量调查材料,特别是当今仍然保持着原始残余的后进族体的研究资料,对于说明考古发掘中的遗址、遗迹、遗物和遗骸等一系列发现,有着非常重要的启发作用,被考古学家称为"社会的活化石"。

　　首先,民族学中某些民族相的研究和民族学调查资料,在复原考古发掘中的村落遗址、房屋建筑和墓葬等的原来面貌时,有着重要的意义。在我国,曾不止一次地发现过如半坡、姜寨、河姆渡等大型村落遗址和各种形制的大小房屋、公共墓地等重要遗迹现象。考古学者正是从我国云南佤族、纳西族的村寨布局、房屋结构及丧葬习俗等民族学资料中得到启发,来研究并复原半坡、姜寨氏族公社的村落面貌、社会组织、大型房屋和中小型房屋的不同用途、婚姻制度及墓葬制度的。云南基诺人住的长屋,又可供考古学者在研究河姆渡文化的干栏式长屋时,做类比说明的材料。探索原始村落内部的布局以复原原始社会的历史,是原始社会考古的一个很重要的课题。在这方面,离开民族学资料的帮助,可以说是不行的。

　　其次,民族相的研究和民族学资料,对于解释考古发掘中出土遗物的制法、用途和用法等,有着直接的参考作用。陶器的发明是新石器时代革命的一个重要标志,陶器和陶片又是考古学上识别文化、辨认时代、探索族别等最可靠的标识和手段之一。所以,研究陶器起源和原始制陶方法,一直是新石器时代考古学的一个很重要的课题。在这方面,民族学材料给予考古学家以不少启发。早在19世纪,古奎(Goquet)根据他在美洲印第安人部落中看到的木制容器涂上黏土做炊器的实例,第一次提出陶器是如何发明的假设[③],并为恩格斯和摩尔根所引用。后来,柯斯文又发

---

① 《当代穴居人》,蔡家骐、刘达成编译自美国《全国地理杂志》,载《云南文物》1980年第10期;吴新智:《活着的石器时代人》,载《化石》1977年第2期。

② 恩格斯:《自然辩证法》,《马克思恩格斯选集》第3卷,人民出版社1972年版,第513页。

③ E·B·Tylor: Early History of Mankind. p273;泰勒:《人类早期的历史》,第274页。

现了安达曼人的制陶术①。而我国云南佤族则是用另一种方法来手制陶器的②。民族志上关于原始制陶术的记载,多种多样,不胜枚举。这说明陶器的起源,不论在时间上,还是在空间上,绝不是一元的,而应是多元的,为新石器时代考古学探索陶器发明的必然性和各地区陶器起源的不同方式,提供了很好的启示。最近,我国民族学界还对现在考古界普遍认为的新石器时代陶器制坯术,以口沿有无旋纹来区分手制或轮制的观点,提出疑问。这是根据近年来对云南傣、佤等民族原始制陶工艺的再度考察,发现他们"用两指夹住器物的口沿边部,用湿布沿边做圆周运动,因此陶坯的口沿部分就留下了若干手指旋纹,即考古界所说的'轮纹'后提出的新问题。因为这种'轮纹',其实并不是用轮制产生的,所以,有人认为,陶器继手制后,并没有立即发明轮制,而应该另有一种介乎手制和轮制之间的制陶术。民族学界期待与考古界一起,能就此问题得到广泛讨论和研究"③。我个人认为,现在考古学上所说的"慢轮修整"陶器法之中,也许就存在着处于手制和轮制之间的这种制陶方法。

考古学也运用民族学资料来解释考古出土物的用途和用法。如国内外石器时代的许多遗址中,都出土有石球、石丸、陶丸、骨鱼叉、骨鱼镖和骨鱼钩等遗物。这些遗物究竟做什么用? 怎样用? 正是民族学资料告诉我们,这些是狩猎和捕捞工具。我国的纳西族、普米族和彝族等兄弟民族,南美洲的印第安人,都曾将石球、石丸或陶丸做成绊兽索或飞石索,用以猎取野兽。我国大兴安岭鄂伦春族至今还用鱼叉、鱼钩捕鱼,如与考古发现的骨制鱼叉、鱼镖和鱼钩相类比,它们的用途和用法是不难确认的。

我们在考古发掘中,还经常发现一些对于现代文明社会来说,是难以理解的现象。如我国青莲岗—大汶口文化、马家浜文化、屈家岭文化和日本绳纹时代的居民中,都流行有拔齿的风俗。在河北邯郸涧沟的龙山文化遗存中,发现放置在房屋中央的人头盖骨前后缘,均有石刀砍的痕迹,个别的还留有剥皮遗痕。为了解开这些谜,也必须利用民族学资料来比照研究。其实,我国贵州的仡佬族、台湾的高山族、澳大利亚中部的阿兰达部落、印度尼西亚苏拉威西岛土著居民都盛行过拔牙习俗。通过比照研究,我们不仅可以对拔牙做出合理解释,而且还可以进而探讨拔牙风俗的源流和意义④。美洲印第安人有剥头皮的风俗习惯。处在军事民主制时代的斯基太人,也盛行从敌人头颅上剥下头皮当作手帕,用头盖骨做头盖杯的习俗,用以显示其英勇善战⑤。这些生动的民族学资料,对于解释邯郸考古中发现的石刀砍和剥皮现象,也有很好的启发。

---

① ［苏］M·O·柯斯文:《原始文化史纲》,人民出版社 1955 年版,第 117 页。

② 李仰松:《云南佤族制陶概况》,载《考古通讯》1958 年第 2 期。

③ 徐康宁:《云南部分民族原始制陶工艺的启示》,载《云南文物》1980 年第 10 期。

④ 韩康信、潘其风:《我国拔牙风俗的源流及其意义》,载《考古》1981 年第 1 期;严文明:《大汶口文化居民的拔牙风俗和族属问题》,载《大汶口文化讨论文集》,齐鲁书社 1981 年版。

⑤ 严文明:《涧沟的头盖杯和剥头皮风俗》,载《考古与文物》1982 年第 2 期。

　　同样,在探索考古发现的原始艺术、宗教等意识形态方面的迹象时,考古学也需要民族学的配合帮助。在法国和西班牙的旧石器时代洞穴中,遗留有很多关于狩猎内容的壁画,还发现过真熊头、泥塑熊身的熊像。在壁画和熊身上,还留有累累箭矛痕,跟前地面又有重重脚印。无疑,这些壁画和动物泥塑是珍贵的原始艺术杰作。但是,不参阅民族学资料,就很难知道,这还是一种原始宗教——比拟巫术或称模仿巫术。因为我国的鄂温克族、独龙族和澳大利亚的土著居民,在行猎前,都要举行向模拟的野兽(图画或模型)射箭投矛的仪式,想利用超自然的力量,祈求狩猎丰收。还有新石器时代的彩陶,既是艺术,根据民族志材料,也可能是图腾信仰标志。可见,把类似的这种考古迹象单作为艺术品是不够的,我们决不可忽视它们还包含着丰富的社会意义。

　　总之,借助于活生生的民族学资料,可以使考古所得的死东西,变成生机勃勃的活动画面,使物与人紧紧地结合起来,使古代社会的复原更加生动,更加接近于真实,更能为现今的人们接受和理解。考古学就不再是只见物不见人的了。

　　不过,应该强调指出的是,民族学虽然能够为考古学提供营养资料,但也必须经过考古学自身的咀嚼、消化,才能吸收。生搬硬套、囫囵吞枣是要犯“病”的。因为民族学理论和方法,归根结底是民族学家从民族学实践中总结出来的,与考古学本身的理论和方法终究不是一回事。而把现今民族相研究的结果和民族学材料简单地与远古社会等同起来,则更是错误的。法国民族学家杜尔干提出的共比法,就不仅是比较的方法,而且还是说明的方法。共比法指出,对于人类各种社会形态,决不能随便抽出一点来进行类比,而只能是属于同一类型的,也即同一社会形态的才能比较。考古学在运用民族学知识的方法论上,杜尔干的共比法对我们不也是很有启发吗？民族学对考古学只能起到辅助和协作的作用。考古学只有从自身发展的需要出发,向民族学严肃地提出科学要求,才能使自己更健康、更全面地向前迈进。

四、应该加强考古学与民族学的相互联系和合作

　　在 20 世纪 50 年代,考古学与民族学的科学工作者曾合作进行过一些活动。但总的说来,合作得还不太多,彼此的学术交流也不太密切。近年来,这种情况已有了改进。有的大学考古专业开设了民族志课程。然而,如何使这两门学科更进一步地密切结合,共同提高,仍然是值得考古学界和民族学界互相研究、一起探讨的问题。最近几年,中央有关部门和边疆省、区的考古学界比较重视边疆考古,而边疆考古与民族学的关系就更加密切了。有些边疆省、区的考古界,在开展这项工作中,还利用本地区的考古材料,来探索生活在本地区内的少数民族的族源问题。这些都是很好的开端。最近,考古学界和民族学界的一些同志,提出了在我国高等学校内设置民族考古专业(或专门化)的设想和建议,以便使这两门学科更紧密地结合起来,扬长避短,形成一门新的考古学或民族学的分支学科。这种很有见地的设想和建议,从我国现有条件看,应是可行的,对于科学的发展来说,更是必要的。可以相信,这个

分支学科一旦形成,就会有无限的生命力和发展前途。

我国是世界闻名的四大文明古国之一,有着辽阔的国土和悠久的历史,地下埋藏着极为丰富而又珍贵的文物古迹;我国也是一个统一的多民族国家,从很早的古代起,各族的祖先就一起劳动、生息、繁衍在这块广大而富饶的土地上,共同开拓、缔造了我们伟大的祖国,创造了灿烂辉煌的文化。这些都为我国考古学和民族学的发展创造了优越的前提条件。解放后,这两门学科都得到了巨大发展。但是,无论是民族学,还是考古学,在本学科的基础理论和方法论的研究方面,都还是十分不够的。对于已经掌握的丰富而又具体的材料,尚缺乏应有的综合性系统性的研究。因此,如何在马克思主义的原则下,充分掌握这两门学科各自的规律和特点,在研究中使这两门学科密切合作,互相学习,以创建起我们中国自己的考古学和民族学的理论体系和方法论基础,乃是摆在我国考古学者和民族学者面前的迫切而又艰巨的任务。

（本文原载中国民族学研究会编《民族学研究》第七辑,民族出版社 1984 年版）

考古学与人类学

一、历史的简要回顾和现在的发展趋向

人类学作为全面研究人的科学,在现代科学技术飞速发展的今天,是由有关的多种独立学科及其分支相互渗透、彼此交叉而配合组成的自成体系、自为领域的学科群。考古学和体质人类学是其中重要的两大基础兄弟学科,它们虽有区别,但是能够衔接,关系极其密切。这是因为人类的社会历史是和人类的产生一起开始的,"有了人,我们就开始有了历史"[①]。所以,只有综合考古学和体质人类学以及其他有关学科的研究成果,才有可能将人类自身及其所创造的物质文化和精神文化的发展历程比较完整地揭示出来。

考古学对人类学最初概念的创立是有贡献的。1859 年,达尔文《物种起源》一书的发表,使进化论学说达到新的阶段,被恩格斯誉为 19 世纪自然科学的三大发现之一。不久,赫胥黎的《人类在自然界的位置》(1863)、达尔文的《人类起源和性的选择》(1871)、海克尔的《人类进化论》(1879)三书相继发表,使近代人类学学科体系终于建立起来了。可见,人类学的最早课题,是以人的体质特征和动物、特别是与猿的关系的比较研究,来探讨人类的起源的。而几乎同时,近代考古学史上具有划时代意义的严格运用地层学和类型学方法进行田野考古,也取得了几项重大成果。早在达尔文《物种起源》发表的同一年,著名地质学家查尔斯·赖尔和英国古生物学家、考古学家、地质学家等一起,到阿布维尔进行综合实地考察后认为,绝种的哺乳动物与旧石器时代人类的工具是共存的。1868 年,在法国多尔多涅区埃济附近,发现了与旧石器和绝灭动物化石共存的克罗马农人化石,从而使考古学和达尔文学说紧紧联系起来,大大加强了人们对古猿和原始人类遗存、灵长目的比较解剖学和生理学、旧石器时代人类的工具及其地质年代等的兴趣,促进了最初人类学学科体系的成长发展,开拓了对人类综合研究的新领域。

随着科学的日益发展和人类学学科的不断分解,现今考古学和体质人类学均已各自建立起自己独立的基础理论和方法、技术。然而,两者的联系却并没有减弱。最近,世界性的发展趋向是,体质人类学对文化和社会组织曾在人类进化过程中所起的规律性作用,愈来愈重视;考古学则越来越注意人类体质特征在文化形成和发展中所产生的影响。在苏联,考古学和体质人类学之间建立了牢固而卓有成效的联

---

① 恩格斯:《劳动在从猿到人转变过程中的作用》,人民出版社 1953 年版,第 23 页。

系,体质人类学家广泛参加考古学家的工作,而考古学博物馆的展品中和考古学家的著作中,可以越来越多地看到体质人类学的研究成果。①

事实上,从人类学作为人类的综合科学这一意义出发,在具体的科学实践活动中,考古学总是为体质人类学不断提供非常丰富而又珍贵的人类遗骸材料;而体质人类学也协助考古学解决在发掘和研究中遇到的种种问题。在历史人类遗骸上,还往往存有反映当时社会物质文化和精神文化发展状况的特殊标记,为考古学和体质人类学的研究提出了十分有趣又发人深省的新课题。因此,如何促进两者的更多联系、配合和协作,以便推动我国整个人类学事业的不断繁荣和发展,是一个值得我们重视的问题。

二、考古学为体质人类学提供了丰富而又珍贵的实物资料

谁也没有精确统计过,全世界的考古学家究竟发掘出多少个个体的人类遗骸。就我国而言,至少是数以千计的。这些众多的人类化石和墓葬,不仅为体质人类学提供了十分丰富而又非常珍贵的实物资料,而且还使整个人类学的研究跨入了一个崭新的阶段。

人类起源问题,是科学上最重要的课题之一。人类学学科体系建立以后,它经历了最严峻的考验。因为千百年来,“上帝造人”的神学说教,一直顽固地禁锢着人们的思想。所以,当一百多年前,达尔文的进化论首次明确提出人猿同祖、人是由古猿变来的学说时,便犹如平地一声震雷,瞬时使当时的宗教界、政治界、学术界以至整个社会都一片慌乱,因为这无疑是给“上帝造人”说以毁灭性的打击。然而,马克思、恩格斯却高度评价了达尔文的学说,肯定了他在人类起源的研究上开辟了一条新的正确的道路。恩格斯还写了《劳动从猿到人转变过程中的作用》一文,更深刻地提出“劳动创造人”的伟大理论。但是,马克思、恩格斯和达尔文的学说,遭到了当时宗教界和反动统治阶级的反对、谩骂和攻击,他们竭力缩小、拼命消除这些正确理论在一切领域中的流传和影响,以致德国的尼安德特人、英国的曾误认为“帕维兰特赭女”实为第一个被发现的男性克罗马农人,以及印尼的爪哇直立猿人等,在这前后虽然就已被陆续发现,但是,科学界却不能以这些正确的理论来指导对他们的研究,虽然争论不休,然而始终不敢确定他们在人类进化系统中的地位。当时德国的“学术权威”、国会议员维尔和甚至把尼安德特人宣布为一个因患白痴病而成畸形的现代人头骨;对爪哇猿人则认为他根本不是人,而是属于一种已经绝灭的大型长臂猿。

经过科学实践一再检验和反复证明,马克思主义关于人类起源的论断和达尔文学说无比正确,并被人们所普遍接受,还是近50来年的事情。在这一过程中,旧石器时代考古学家为此创建了不朽的功勋。应该引以为骄傲的是,1929年12月2日,

---

① ［苏］Γ・Φ・杰别茨:《苏联人类学四十年》,载《苏联人类学》1957年第1期。

我国著名考古学家裴文中教授发现了被称为科学之宝的北京猿人第一头盖骨。当时轰动了全世界,才使人们确信,猿人真是已发现的最早的原始人类,从而结束了从19世纪末期以来关于爪哇直立猿人是人还是猿的争论。北京猿人遗骸是考古学为体质人类学提供的珍贵非凡的实物资料,它不仅对人类起源的研究是一个巨大的突破,而且使人类学学科体系进一步牢牢奠定在唯物主义的坚实基础上,使整个人类学的面貌为之一新,在世界人类学史上写下了光辉的篇章。

新中国成立以来,我国的考古学家不仅继续在周口店发掘出北京猿人化石,而且又陆续在云南、陕西、湖北、安徽、山东等地,新发现了元谋猿人、蓝田猿人、郧县猿人、和县猿人、沂源猿人等早期化石人类。国外考古学家发现的猿人化石地点也在不断增加,有的早期猿人年代,经钾—氩法测定,已推前到350万年前。国外一些体质人类学家还用电子显微镜、扫描仪等现代科技手段,对这些化石人类进行深入研究。考古学家和体质人类学家通力合作,共同努力,使一百多年前很多人不敢相信、并被宗教界斥为异教邪说的"从猿到人"学说,到现在在全世界都成了连小孩都知道的常识,今天谁也不会怀疑猿人在人类进化系统中的重要地位。这是考古学与体质人类学为全人类做出的一大贡献,具有十分深远的理论和实践意义。

体质人类学不仅研究古人类离不开考古学所提供的实物资料,而且在研究现代人类的体质特征及其形成和发展规律时,也需要考古学提供一系列各个历史时期的人类遗骸来做比较研究。

汉族是我国的主体民族,占全国人口94%。然而,汉族的体质特征如何? 能分几个支系? 它在历史上是怎样形成和发展的? 如果不借助考古学所提供的历史人类遗骸,而仅仅依靠对现代汉族的体质调查,那是不可能得到完满回答的。这是因为汉族形成的年代非常久远,而且源多流繁,演变因素十分复杂。从中国远古神话传说看,就有华夏族、东夷族、荆蛮族、苗蛮族、古越族等东南西北不同地区的不同历史民族共同体,这些历史民族共同体或多或少与汉族渊源都有关系。而考古学提供的历史人类遗骸,则为体质人类学研究汉族的形成和分类找到了证据。从目前考古资料看,至少早到旧石器时代晚期,我国南北地区体质分型趋向已经开始,因为山顶洞人接近蒙古人种中的北方类型,而柳江人则接近蒙古人种中的东亚类型,并兼有一些同澳大利亚—尼格罗人种相似的特征。非常丰富的新石器时代人类遗骸表明,那时南北两地体质差异更进一步发展了,"南部居民的颅骨体征更接近于柳江人,而北部(黄河中下游)的居民更接近于山顶洞人"。[①] 吴定良认为,南京北阴阳营下层文化中所保存在墓葬里的人类下颚骨,蒙古种特征很明显,而且一部分体质特征上很接近于当地现代组,但与华北古代组(属殷商的安阳侯家庄组和小屯组)相去较远。广东佛山河宕新石器时代晚期墓葬人骨,是迄今在我国境内发现的同类材料中纬度最低的一批新材料,这些遗骸被认为富有类似赤道人种的一些性质,其程度大

---

① 张振标、张建军:《海南岛黎族体质特征之研究》,载《人类学学报》1982年8月第1卷第1期,第66～67页。

于他们和典型北方蒙古人种相比的程度,属蒙古人种南部边缘类型[①]。在南北体征继续分化的同时,东西体征差异在新石器时代人类遗骸上也表现出来了。居住在山东地区的大汶口文化先民和生活在中原地区的仰韶文化先民,体质上就有明显差异。从形态观察,前者一般都体高骨壮,而后者则较矮小;测量指数显示,前者平均身高达 171.8 厘米,而后者体长 169 厘米就算是高个子了;比较两者的颅型、鼻型、下颚骨等测量指数,差异也很明显,表明两者族系不同。至于更西的新疆,在吐鲁番地区所发现的"长发梳辫,罩丝质网状发套。深目高鼻"[②] 的古代干尸,显然不属蒙古人种。而对帕米尔高原属春秋战国时期的古墓中保存的头骨进行鉴定的结果,表明具有欧罗巴种的特征,[③] 因此,新疆不是汉族发源地。即是上述的柳江人、河宕新石器时代晚期墓葬的主人,究竟是不是汉族的来源之一? 还是我国境内现今某一少数民族的祖先? 也仍是值得讨论的问题。关于对我国主体民族汉族的研究,在目前依然还是一个十分薄弱的环节,应该引起我国人类学界的足够重视。

同样,体质人类学要研究现代少数民族的体质特征、来源及其与其他民族的关系,自然也离不开跟考古学提供的有关历史人类遗骸相比照。1958 年在西藏林芝村发现的一具古代人类遗骸,被认为可能是新石器时代或铜石并用时期的人类遗骸,属蒙古人种,为现代 A 组西藏人的祖先。[④] 最近笔者见到的关于海南岛现代黎族来源于我国南部的古越族这样的结论,也是作者将华南新石器时代人类遗骸材料,与现代黎族体征进行了比较研究,并结合有关的民族学、民俗学和语言学资料做了综合分析后得出的。[⑤]

考古学家提供的历史人类遗骸,经体质人类学鉴定研究后,有时还能意外地发现一些新的课题。1974 年,四川省博物馆的考古工作者发掘出十具明代的僰人骨架。经体质人类学工作者研究后,认为僰人的体质特征既不同于汉族[⑥],也不是现代傣族与川苗族的祖先[⑦],从而提出了一个僰人族源的新问题,引起学术界的重视,一时成了讨论的中心。考古学与体质人类学的密切合作,对科学发展的促进作用,可见一斑。

人类体质特征的差异,表明他们所属的族系不同。然而,族系的不同,并不仅仅表现在体质上,而且还明显地表现在考古学文化的特征上。体质人类学若能同时注

---

① 韩康信、潘其风:《广东佛山河宕新石器时代晚期墓葬人骨》,载《人类学学报》1982 年 8 月第 1 卷第 1 期。

② 新疆维吾尔自治区博物馆、新疆社会科学院考古研究所:《建国以来新疆考古的主要收获》,载《文物考古工作三十年》,文物出版社 1979 年版,第 172 页。

③ 新疆社会科学院考古研究所:《帕米尔高原古墓》,载《考古学报》1981 年第 2 期。

④ 林一璞:《西藏塔工林芝村发现的古代人类遗骸》,载《古脊椎动物与古人类》1961 年 9 月第 3 期。

⑤ 张振标、张建军:《海南岛黎族体质特征之研究》,载《人类学学报》1982 年 8 月第 1 卷第 1 期,第 66～67 页。

⑥ 汪澜、胡兴宇:《"僰人"颅骨与汉人颅骨的比较》,载《四川省博物馆论文集》1981 年第 1 辑。

⑦ 秦学圣:《"僰人"的几个体质特征与傣族和川苗的比较》,载《中国八个民族体质调查报告》,中国人类学会编,云南人民出版社 1982 年版。

意遗骸所属的文化特征情况,无疑对自己的研究也是有所启发和帮助的。总之,要全面研究人类起源、进化和发展的历史全过程,要解决现代人类体质方面的种种问题,离开了考古学所提供的丰富的人类遗骸这样的珍贵资料,可以说是不行的。因此,为了加快发展我国人类学事业,考古学与体质人类学互相渗透、密切配合,乃具有不可忽视的重要意义。

三、体质人类学有助于考古学问题的更好解决和进一步深化

考古学为体质人类学提供了丰富而又珍贵的实物资料,而体质人类学的研究成果也有助于考古学问题的更好解决和进一步深化。

首先,体质人类学有助于考古学对我国文明渊源的研究。

田野考古的科学实践雄辩地证明了,早从旧石器时代早期始,人类就生息、劳动在我国的广大土地上。我国是世界上最早人类生存的地区之一,我国文明的渊源始于旧石器时代。但是,在50多年前,魏敦瑞却认为山顶洞人的三个头骨分别属于今日远隔重洋的三个人种,从而否认山顶洞人文化是中国文明的渊源之一。同时,安特生也鼓吹"仰韶文化西来说"。到20世纪60年代,苏联的 Л·С·瓦西里耶夫又重新肯定魏敦瑞和安特生的错误结论,再次鼓吹中国文化"西来说"[1]。然而,解放后,我国体质人类学学者对山顶洞人头骨进行了重新测量,并跟柳江人、新石器时代各组人骨和大量中国近代女性头骨做比较研究,结果表明山顶洞人属蒙古人种是无可争辩、毋庸置疑的事实。[2] 近年来,我国的体质人类学学者,根据考古提供的我国史前人类遗骸,比较系统地研究了我国原始居民种系分布状况,认为"在旧石器时代晚期形成的蒙古人种类型已经存在的某些南北异形现象,发展到体质上更接近现代原住居民的新石器时代地方类型,基本上是在一个(蒙古)人种主干水平上演化的,而西方人种并没有在构成中国新石器时代居民的成分中起过什么作用"。同时,"近代我国居民与新石器时代居民,无论在体质特征,或者在文化习俗上,继承关系是十分密切的"[3]。这些体质人类学的研究成果,不仅大大有助于考古学上关于中国文明渊源及其继承、发展关系的探讨,而且在政治上也有极大意义。

第二,体质人类学还有助于填补考古学研究的某些空白环节。

我们伟大的首都北京,是北京猿人的故乡,是山顶洞人生活的地方。但是,新石器时代早期的北京人又是什么样子呢? 1966年4月,门头沟区东胡林村西侧发现

---

① [苏] Л·С·瓦西里耶夫:《关于外因影响在中国文明发生中的作用》,载《亚非人民》1964年第2期,第123～135页。

② 吴新智:《山顶洞人的种族问题》、赵一清:《山顶洞人二女性种族属源问题的研究》,载《古脊椎动物与古人类》1960年第2卷第2期和1961年第3卷第1期。

③ 王世民:《一九八○年的中国考古研究》,载《考古》1981年第3期,第245页。另参见潘其风、韩康信:《我国新石器时代居民种系分布研究》,载《考古与文物》1980年第2期;张振标:《我国新石器时代居民体型特征分化趋向》,载《古脊椎动物与古人类》1981年第19卷第1期。

了一些人骨。有关部门前往做了调查和发掘。发现除人骨外,还有螺壳项链、牛肋骨骨镯、蚌饰和人工打制的石英石片等遗物。人骨排列杂乱,彼此相叠,稍有石化,产于第二阶地次生黄土层内。看来似为墓葬,但由于雨水冲蚀和耕地扰乱,原貌已无法确定。加上遗物种类不多,特征不典型,又不见磨光石器、陶片和其他动物遗骸,故单用考古学方法比较难以鉴定研究。体质人类学工作者测量研究了保存的人骨后,认为东胡林人体质特征比现代人和新石器时代晚期的人都较原始。结合地层、遗物等因素综合考察,确认其时代和文化性质为距今一万年前的新石器时代早期,填补了研究首都地区早期历史的一个空白。[①]

第三,体质人类学有助于考古学文化区、系、类型的划分。

考古学文化区、系、类型与当时人类体质特征的形成,关系密切。1982 年,体质人类学工作者对浙江河姆渡文化先民的头骨进行了研究,发现他们除属蒙古人种外,"头骨测量比较,河姆渡头骨的长狭颅型和偏低的面型与我国南方的昙石山、河宕、甑皮岩新石器时代头骨及澳大利亚—尼格罗人种的头骨比较相似,和我国黄河流域新石器—青铜时代头骨中,多中长颅型,上面较高而表现出与现代东亚蒙古人种接近的发展趋势不同"[②]。英国学者在研究"巨石文明"时,也很注意人类体质特征的区别,曾指出:"新石器时代后面便是青铜时代早期。公元前 2500 年后不久,另一群人在不列颠诸岛定居扎根。从骨骼和文化上,这群人都很容易识别。他们高大,有独特的圆颅,与身材矮小、头型偏长的新石器居民恰成对照。"从而说明即使在同一地点,也可以因迁徙等因素,存在着两个不是一个文化系统的不同考古学文化。[③]可见体质人类学对于考古学文化区、系、类型的划分,能起到指示器的作用。

第四,体质人类学有助于研究考古学文化的性质,特别是史前文化的社会性质。

就仰韶文化半坡类型而言,经过体质人类学的性别鉴定,我们在半坡墓地发现有两个男子合葬和四个女子合葬的实例;在北首岭墓地,则发现了男女分别聚葬的现象;在元君庙墓地,还发现了母子合葬墓,但却始终未发现有父子合葬和成年男女、即夫妻合葬的例子。这一体质人类学鉴定成果,使我们可以确信,仰韶文化早期的社会性质是处在母系氏族的繁荣阶段。然而,在大汶口文化中、晚期和龙山时期,体质人类学性别鉴定证明,已普遍出现男女合葬墓,这应是一种夫妻合葬,是父系氏族社会已经确立的铁证。在齐家文化中,则多处发现男子仰卧伸直居右,女子却侧身屈肢居左,并面向男子的合葬墓;甚至还有男子仰卧伸直居中,两侧各有一女侧身屈肢面向男子的一男二女合葬墓,说明了"在历史上出现的最初的阶级对立,是同个体婚制下的夫妻间的对抗的发展同时发生的,而最初的阶级压迫是同男性对女性

① 周国兴、尤玉柱:《北京东胡林村的新石器时代墓葬》,载《考古》1972 年第 6 期;北京市文物局考古队:《建国以来北京市考古和文物保护工作》,载《文物考古工作三十年》,文物出版社 1979 年版。
② 韩康信、潘其风:《浙江余姚河姆渡新石器时代人类头骨》,载《人类学学报》1983 年 5 月第 2 卷第 2 期。
③ [英]约翰·爱德温·伍德:《巨石文明》第 2 章《西北欧早期农耕者》,牛津大学出版社 1980 年版。

的奴役同时发生的"①。近年来,韩康信、潘其风对安阳殷商王陵祭祀坑和中小墓出土
的人骨进行了比较鉴定研究,认为殷氏族在体质上是单元的蒙古人种,但其中祭祀
坑所出人牲存在蒙古人种主干下类似现代北亚、东亚和南亚等复杂种系,并将其解
释为虏自不同方向的异族战俘;而以中小墓为代表的殷代自由民则种系成分要纯
一些②,从而为进一步深化对我国青铜时代考古和殷商奴隶社会的研究,提供了新的
资料和实物证据。

第五,体质人类学有助于考古学复原古代发生在一刹那的历史事件。

1979 年,希腊考古学家伊尼斯和艾菲带领的一支考古队,在希腊神话传说中宙
斯神之墓——克里特岛的朱克塔山,发掘一个 3,700 多年前的史前地震遗址,发现
了三具人类遗骸,其中两具是明显死于地震的遇难者,而另一具发现在祭台上的特
殊位置及其奇异姿势,引起了伊尼斯和艾菲的注意,他俩认为这可能就是古代克里
特人用活人祭神的实物例证。于是就请来了组织学与胚胎学专家和法医学专家等
体质人类学学者帮助鉴定了这具遗骸。结果既确切无疑地肯定了他们原先的推断,
又弄清了这场可怕的灾难性大地震,就是在这个祭神的活人牺牲仪式正在举行时爆
发的。从而把没有任何文字记载的、发生在 3,700 多年前一刹那的历史事件揭示得
一清二楚。伊尼斯和艾菲的考古发掘报告发表后,轰动了全世界,有人还称之为"动
态考古"③。这项重大的考古发现,无疑是考古学与体质人类学密切协作所结出的丰
硕成果。

总之,考古学运用体质人类学的研究成果,是十分必要并卓有成效的。考古学
和体质人类学谁也离不开谁,只有双方紧密结合衔接,彼此不断取长补短,才能从不
同侧面对人类本身和人类社会进行综合考察,才有可能求得对人类整体的全面正确
的认识。

四、从人类遗骸上看社会物质文化和精神文化的发展状况及其对人类体质的影响

人是自然界的产物,但人的社会性又规定了他必须受社会物质和精神因素的制
约。因此,考古学和体质人类学都很重视从历史人类遗骸上,看当时社会物质文化
和精神文化发展水平及对人类体质的影响。

在漫长的旧石器时代早期,以天然洞穴为住地的猿人们,面对着险恶的自然界,
仅仅使用粗糙简陋的打制石器和木棒,进行艰苦的采集和狩猎活动。毒蛇猛兽,闪
电雷击,常常威胁着他们的生命。潮湿的环境,寒冷的冬天和炎热的夏天,使疾病
不断发生和蔓延,这对猿人来说,更是难以对付。据统计,经体质人类学家鉴定研

---

① 恩格斯:《家庭、私有制和国家的起源》,人民出版社 1972 年版,第 61 页。

② 韩康信、潘其风:《殷代人种问题考察》,载《历史研究》1980 年第 2 期。

③ 陈连强:《三千七百年前的一刹那》,载《科学画报》1982 年第 11 期。

究过的 38 个北京猿人个体中,除 16 个年龄不能确定外,有 15 人属 14 岁以下的孩童,竟占总数的 39.5%,36 岁以下的青年和 40 至 50 岁间的中年各占 3 人,而 50 至 60 岁间的老人仅 1 位。北京猿人中儿童死亡率如此之高,平均寿命这样短促,生动地说明了当时物质文化的低下并严重损害人类健康的程度。

　　体质人类学家还发现旧石器时代的许家窑人 5 号顶骨靠近前囟区布满了密集的小孔,7 号枕骨的枕平面上也留有许多纤孔和细微的皱纹。而且许家窑人的头骨显得比较厚重,除了它的原始性质和可能属于标准的"粗壮类型"以外,头骨内外两层密质板和其间的板障界限不明显,松质结构比正常的现代人紧密得多,以致几乎分辨不出纤曲的板障管。对这些特殊现象进行研究的结果,表明许家窑人生前可能患有"骨小孔病"或"筛状外头骨病"和"佩吉特氏病"。这些疾病的病原,可能是由于缺少维生素 D 和饮用了含氟量过高的水。对于后面的原因,还可以从其牙齿的牙面横线(即周波条)生长不规则,并在门齿的齿冠唇面和基部留有明显的黄色小凹坑——氟性斑釉齿病症的遗迹得到证明。[①] 这种情况反映了当时许家窑人的食物非常单调贫乏,以致患有营养不良症;以及他们无力抵御自然环境中恶劣因素——含氟量过高对自己肌体侵害的苦衷。

　　新石器时代的原始人类,生产力虽有提高,但物质生活仍然非常艰苦。各地新石器时代墓葬中,都仍有大量儿童遗骸,不足天年的死者比例仍甚高。仰韶文化"半坡类型"的成年人,死后一般都被葬在公共墓地。因此,墓地'老''中''青'的死者的数字,是比较接近当时社会的实际情况的。史家村墓地能确指为'老年''中年''青年'的成年人,共 650 人。其中青年占 4.9%,中年占 92%,老年仅占 3.1%。可见在成年人中,绝大多数死于中年,当时能活到老年者极少"。元君庙墓地"在已确定性别、年龄的 14 岁以上的成年人中,14 至 30 岁者占 45.55%,31 至 45 岁者占 38.06%,46 至 50 岁以上者占 16.4%。可见,在 14 岁以上的成年人中,将近一半的人死在 30 岁以前,绝大多数人活不到 45 岁,而能活到 46 至 50 岁以上者很少。更要说明的是,在 46 至 50 岁以上的 22 人中,大多数人的死亡年龄均在 50 岁以下,所谓 50 岁以上者只有少数几个。而且,从鉴定所见到的情况看,是没有一个人活到 60 岁的"[②]。不少骨架上还有压缩性骨折、骨刺,这是因经常过多负重所致;绝大多数人的下颚骨都比现代人粗壮,牙齿磨损严重,这是食物粗糙不良之故。在史家村也有股骨变形弯曲、腰椎椎体间形成骨桥、骨刺等的病例。

　　总之,史前人类遗骸上所反映的原始社会物质生活的艰难困苦及其对体质的损害情况,生动地说明了史前时期并不是什么"黄金时代",原始人类是完全被生存的困难与自然斗争的困难所压迫着。这个论断对考古学者和体质人类学学者都是重

---

① 贾兰坡、卫奇、李超荣:《许家窑旧石器时代文化遗址 1976 年发掘报告》,载《古脊椎动物与古人类》1979 年 10 月第 17 卷第 4 期。

② 张忠培:《史家村墓地的研究》,载《考古学报》1981 年第 2 期,第 161～162 页。

要的。

　　然而，即使在这低下的物质生活条件下，史前人类也有着他们的精神生活，并从遗骸上反映出来。山顶洞人的尸骨上撒有红色赤铁矿粉，以象征鲜血，希望死者复生，说明早在旧石器时代就已产生了灵魂、阴间等宗教观念。新石器时代的江苏邳县大墩予遗址 M304 遗骸的头盖骨上，也涂有红朱颜料。更晚一些的齐家文化和辛店文化的先民遗骸上，涂有红色赭石颜料的现象更为常见。至于进入文明时期的殷周墓葬中，便普遍地使用了赭红。对此，有人认为这是古人崇拜火的象征；有人则说这意味着古人崇拜太阳；还有人指出，在古人看来，红色就是温暖，涂红便可以御寒，就能保护死者不被冻坏。不管怎样，这种在不同考古学文化的人类遗骸上发现的持续不断的涂红遗迹，对于探讨古代宗教信念的产生渊源和发展演变，肯定具有非常重要的意义。

　　而鲁南苏北地区大汶口文化的先民遗骸，大部分头骨枕部扁平，并有拔牙风俗，还发现有因口颊内含石球或陶球而使上、下颌骨异常变形的标本。有意识地割裂尸体的某一部分，并将其分别埋葬的"割体葬仪"，在我国各地的新石器时代墓葬中，早、晚均有发现。所有类似这样的有趣而又奇特的人类遗骸资料，对于探索当时社会的精神生活、风俗习惯、宗教信仰和对体质的影响等，无疑是十分珍贵和重要的。我国的一些考古学家和体质人类学家，都曾结合古文献记载和民族学材料，研究过我国拔牙风俗的渊源、分布、意义和流传方向等问题，为探讨我国古代氏族的族属、交往、迁徙、融合等课题，提供了重要线索。

　　国家产生的前夜是军事民主制时代。在这个时代的人们精神生活中，战争和掠夺是被看作荣誉的事情。在龙山文化和齐家文化的遗址里，考古工作者都发现有利用废井、废坑、废窖穴胡乱埋人的情况。这种乱葬坑中的人类遗骸，排列杂乱无章，男女老少都有，有的做挣扎状，有的身首分离，有些头骨留有被砍砸或被烧焦的遗痕。特别是在河北邯郸涧沟龙山文化遗存中，发现放置在房屋中央的人头盖骨前后缘，都有石刀砍割的痕迹，个别的甚至还有被剥头皮的遗痕，而且这些头盖骨厚度超过常人，体征异常，可能来自外族。因此，这些死者生前不是战俘，就是奴隶。与此相反，在大汶口文化晚期和龙山时期，考古工作者却常能发现一些仍有隆重葬仪、但尸骨残破不全、甚或完全没有尸骨然又未见被后人扰乱的特殊墓葬，这些墓葬的主人可能就是掠夺战争中的阵亡者。故这类墓葬便反映了当时人类这种战死光荣、掠夺荣耀的精神意志。在云南元谋大墩子墓葬中，还发现有的遗骸的腰椎或面部曾被箭射中过，所中之石镞残段仍插在骨架上，形象地显示了古代部落间的斗争实况，具有重要的学术价值。

　　进入阶级社会后，人类的精神生活更趋复杂，这在历史人类遗骸上也能得到体现。1980 年暑假，四川大学历史系考古专业在巫溪县荆竹坝清理了一具约为西汉时代的男女双人合葬崖棺。棺内两具尸骨，女性为十来岁，男性为十四至十五岁。两具尸骨颅骨顶部都呈冠状凹陷，说明当时那里的人类从小就有以头顶负重的习俗。

而女性头骨上留下的孔洞和多处破裂缝,表明了死者生前很可能是被人强行按倒在地,再用硬器打击头部而致死的。[①] 与男孩合葬一棺的情况又暗示了,置这女孩子死地的直接原因,很可能是为了替已死亡的男孩配冥婚。因此,这就为我们研究当时婚姻制度中的迷信残忍习俗提供了生动的实物资料。

总之,利用历史人类遗骸来研究历史上人们的社会结构和物质、精神生活以及对人体的影响,以探索人体自身发展的复杂性和族属的历史联系性及其发展规律,是考古学和体质人类学共同的任务。我们希望,今后这两门兄弟学科能携手并进,为共同发展祖国的人类学事业做出更大贡献。

（本文原载中国人类学学会编《人类学研究》续集,中国社会科学出版社 1987 年版）

---

① 　秦学圣:《荆竹坝 M18 号崖棺两具尸骨的鉴定》,载《民族学研究》第 4 辑,中国民族学研究会编,民族出版社 1982 年版。

试论考古文物与旅游文化

    中国旅游业的标志是甘肃武威县雷台汉墓中出土的铜奔马,这一富有魅力的标志,是中国文物考古学与中国旅游业相结合的突出表现,从某个角度讲,也是具有中国特色的、引人入胜的中国旅游业从此进入一个崭新的发展时期的标志。本文拟就考古文物与旅游文化的关系做一论述,目的是为了在理论上和实践中促进两者更好地结合,以便适应我国整个旅游事业更快发展的需要。

一、考古文物与旅游文化资源的开发利用

    旅游资源历来被分为自然旅游资源和人文旅游资源两大部分,后者即为文化资源,主要是指能反映人类历史、社会、文化、经济等发展状况的遗址、遗迹、遗物等文物考古遗存。其次就是现存的民俗、民族文化和社会民情风貌,但要弄清它们的渊源来历及其在历史上的变迁情况,最好也要尽可能地结合有关的文物考古成果加以说明,将现实与历史联系起来,才能更有吸引力。更何况现存的民俗、民族文化和社会民情风貌,也必然会反映到有关的物质文化上,这就涉及民俗文物与民族文物的问题,再说各地都或多或少地有关于近现代的名人、名著以及与重要历史人物或事件有关的物质史迹和建筑,也属文物范畴,即近现代文物,从而可见考古文物与旅游文化资源开发利用关系之一斑。

    从旅游文化学的角度分析,趣味性、知识性、多样性和可变性是旅游文化资源的基本特征。而所有这一切,我国的考古文物成果都一一具备。我国40多年来所取得的考古成就,"曾使得国内外许多考古学家认为,20世纪后半叶将被作为中国考古学的黄金时代而写入史册"。[①] 传世和流散文物的征集、拣选、抢救工作,以及地面文物的保护维修工作也取得了巨大成就。它们是取之不尽的旅游文化资源。

    文物考古成果作为旅游资源,首先具有趣味性和知识性。我们知道,自古至今,人们一直都在对"人是从哪里来的"这一问题有着无限兴趣,有着各种各样的解释,并因此流传着关于人类起源的种种神话和传说。但是,真正能够科学地解决人类起源问题的,是旧石器时代考古学成果,而在我国原始社会历史开始之前,祖国大地上已经生存着作为人类远祖的几种古猿,云南禄丰石灰坝煤场出土的禄丰腊玛古猿化

---

① 《新中国的考古发现和研究》,文物出版社1984年版,第1页(前言)。

石尤为重要,这里既是世界上出土腊玛古猿化石材料最丰富的地点,出土的腊玛古猿头骨化石又是世界上首次发现,地质年代为早上新世晚期或中上新世早期,距今约800万年。1989年在湖北发现的南方古猿头骨化石,也轰动了学术界。最近,云南省元谋县小河村还出土了我国最早的猿人化石——中国蝴蝶古猿头骨化石[①],比上那蚌村出土的元谋猿人化石还要早。所有这些旧石器时代考古硕果,不仅对于从科学上探讨人类起源具有重要意义,而且对国内外旅游者来说,也肯定具有巨大的吸引力,因为在这些古猿和古人类化石中蕴藏着极大的神秘性、趣味性和知识性,旅游部门如能与有关的考古文物部门合作,开辟"人类起源探秘"专题旅游线路,相信一定会受到国内外旅游者的衷心欢迎。同理,诸如中国国内段的"丝绸之路"专题旅游,以古陶瓷和古瓷窑为内容的"中国古陶瓷"专题旅游,"中国古代帝王陵墓"专题旅游,以及如日本旅游开发公司现正拟开设的把中国历史上魏、蜀、吴三国故地作为旅游目标的专题旅游[②]等,都是充满趣味性、知识性而又与文物考古密不可分的高尚的文化旅游活动。

再说多样性。我们知道,文物是过去人类活动的物质遗存。从几百万年前直到当代,不同时期、不同地区的人类,在不同的社会生产和社会生活的各个方面,都有可能将他们的物质文化遗留至今,从而构成了文物多样性、复杂性的特点。就文物来源分类,既可分为以科学考古方法调查或发掘出来的古遗址、古墓葬、古城址、古窑址、古建筑、摩崖石刻以及数量惊人的出土文物,又有从各个方面征集来的流散文物,还有从民族地区或民俗地区征集来的民族文物和民俗文物等。再者,我国考古文物界的新发现总是层出不穷,令人惊异,因此又具有极大的新闻性。文物考古成果的复杂性、多样性和新闻性,为我国旅游文化资源的开发利用提供了广阔的天地。就近年而言,长江下游太湖流域属良渚文化的反山、瑶山、福泉山、张陵山等被誉为东方土筑"金字塔"的人工堆筑高台墓地以及随葬有大量琮、璧、钺等精美玉礼器的大型"玉殓葬"的相继发掘,引起了国内外的广泛注意和高度重视,因为这些出土文物不但精美绝伦、珍贵无比,而且这些发现对探索中国文明的起源有重大价值,对于一般旅游者来说,自然更有着巨大的吸引力。1990年7月,上海博物馆为展现上海地区近年考古发掘新收获而举办的《上海地区良渚文化展览》,展览内容丰富多彩,引人入胜,虽然连日高温,热浪滚滚,但参观者仍络绎不绝,并对展出的文物精品赞不绝口,其中有来自台湾故宫博物院的专业人员和台湾艺术大学的学生,后者"进入展厅以后,非常激动,又是听,又是记,对大陆考古成就表现出巨大的兴趣"。一位来自广东的观众甚至说:"五角钱一张票,太便宜了,陈列品那么贵重,票价卖低了,实际上降低了陈列品的身份。"[③]其实,像这样的展览,对于旅游部门来说,不仅应立即

---

① 晓云:《从历史走向未来——观〈中国文物精华展〉》,载《新民晚报》,1990年7月15日第8版。

② 《日本旅行社希望增加赴华旅游人数》,载日本《日本经济新闻》1990年8月21日。

③ 李坚:《良渚文化展观众踊跃》,载《新民晚报》,1990年7月23日第2版。

列入必游景点,以及时吸引包括港澳台在内的国内外旅游者的浓厚兴趣,而且还应该主动与考古文物部门联系、合作,将类似的考古文物展览尽量开发出来。再以世界闻名的历史古城西安为例,那里有 20 世纪 50 年代考古学的重要成果——西安半坡博物馆,这是我国建立的第一座新石器时代遗址博物馆,它生动而形象地保存着五六千年前仰韶文化先民在原始氏族公社时代活动的真实情景,开馆 30 多年来,一直是西安旅游业的"热点"之一。而体现 70 年代考古学巨大成果的西安秦始皇兵马俑博物馆,更是名震中外的旅游胜地,被誉为"世界第八大奇迹"。众所周知,作为唐代政治、经济、文化和中外文化交流中心的首都长安便是现在的西安,因此遗留在西安的唐代文物非常丰富。包括皇宫、百官衙署、民宅区、商铺等在内的唐长安城遗址的考古调查、勘测、发掘以及与文献相印证的研究成果,会向旅游者揭示:唐长安城不仅不愧为中国古代城市建设的一个里程碑,而且对我国乃至邻邦日本古代城市建设都有深远影响①。唐玄宗与贵妃杨玉环的爱情悲喜剧更是历来为人们熟知,"春寒赐浴华清池",人们对他们俩的专用浴池又是那样的大感兴趣。前几年考古工作者终于在西安华清池地下发掘出真正的唐代皇帝、贵妃、太子、大臣专用的五处温泉汤池,1990 年又进行整修,在遗址上建起保护性建筑——唐华清宫御汤博物馆。对此,考古文物专家与旅游专家都给予了较高评价。前者认为,这样既可以妥善地把千年前的遗址传之后世,供学者随时考察研究,又可让广大游人一睹唐玄宗与杨贵妃爱情故事发生地风貌,可谓雅俗共赏;后者则高兴地指出,离此处 7.5 公里外的"世界第八奇迹"秦始皇兵马俑博物馆正不断扩建增加新内容,因而会成为历时不衰的旅游热点②。同时,唐长安城作为丝绸之路的起点和中外文化交流的中心,还遗留有很多有关中国与日本、波斯(伊朗)、拜占庭(东罗马)、阿拉伯等友好往来的珍贵文物③。这一切对中外旅游者,特别是对历史、文化感兴趣的旅游者来说,无疑具有巨大的吸引力。新加坡《联合时报》在 1990 年 6 月 19 日发表的题为《古都西安令人百去不厌》的文章说:"对喜欢历史的人来说,西安是百去不厌的,因为每去一次,都能看到完全不同的历史文物。""至于不懂中国历史的外国游客,多数喜欢华清池。外国游客最喜欢的还有唐乐宫。"当然,西安碑林、大雁塔、小雁塔、西周丰镐遗址、唐大明宫遗址、明钟楼和鼓楼,以及西安八路军纪念馆等文物史迹,也都是有着很高旅游文化价值的旅游资源。西安如此,我国所有历史文化名城其实也无不如此。

作为旅游文化资源的考古文物硕果,还具有转化成服务功能的经营资源这样的可变性。考古文物硕果可以摄制成具有服务功能的经营资源的电影或电视录像带。

---

① 陕西省文物管理委员会:《建国以来陕西省文物考古的收获》,载《文物考古工作三十年》,文物出版社 1979 年版,第 133、136 页。

② 陕西省文物管理委员会:《建国以来陕西省文物考古的收获》,载《文物考古工作三十年》,文物出版社 1979 年版,第 133、136 页。

③ 王兆麟:《骊山贵妃池修复先睹记》,载《新民晚报》,1990 年 9 月 9 日第 8 版。

据了解,国外来华的许多旅游团就是先看了电影《秦俑》后,才生发出到我国西安旅游以观看实地、实景、实物的雅兴来的。此外,跟考古文物硕果有关的编铙乐、编磬乐、编钟乐、钟磬配合的"金声玉振"音乐(祭孔古乐)、楚乐、唐乐等,都可以把旅游者"带"到几千年前的历史中去,这样,现代中国与"泱泱古国"间就架起了一座无形的桥梁,把今天活生生的旅游者"赚"入到"悠悠古境"中去。这是考古文物硕果可变性的奇妙之处。而跟全国重点文物保护单位关系密切的清宫点心和菜系、孔府菜系等,使旅游者在呼吸中国古代文明空气的同时,既可一睹中国悠久饮食文化的精髓,又可充当美食家以一饱口福,故经济效益一定很好。至于积极稳妥地发展包括字画、陶瓷、青铜器等在内的古文物复制品、碑刻拓片、文物史迹纪念章,以及少数民族服饰、民间刺绣品、挂饰、挂瓶、壁挂、剪纸等民族文物或民俗文物,是文物考古成果可变性的又一重要体现。因为考古文物成果极其丰富多产,故也决定了由此产生的这种特殊的旅游工艺品、纪念品或民族文物和民俗文物,也必然因风格各异而显得绚丽多彩,更具有地方特色和民族特色,也就更能满足不同层次旅游者的不同需要,从而成为旅游商品创汇收入的"主体"之一。特别应该强调的是,要想使我国旅游业从目前的速度型转向效益型、文化型,那么在开发和利用作为旅游文化资源的考古文物硕果时,除注意观赏效能外,还要在其可以转化为经营资源的可变性上多下功夫。

二、考古文物的特殊教育功能与旅游文化的感染熏陶作用

当前,"随着出国旅游日趋群众化以及教育、科学、文化的发展,使得国际间的各种交流活动成为科学文化事业发展不可缺少的一环。因而旅游动机中的猎奇性、知识性、专业性、冒险性就更为强烈。"[①] 日本还盛行修学旅游和"寻根"旅游,前者指大学生、中学生甚至小学生分散或有组织地到国外旅行,并被列为教学内容之一,后者则以追寻日本民族——大和族的渊源为目的而到相关国家(主要是中国)的旅游。中国有着极为丰富的自然旅游资源和文化旅游资源,对于外国人来说,自然有着一股不可抗拒的吸引力。有的仅仅为了学汉语、学烧中国菜,甚至为了放风筝,便到中国做学汉语、学烹饪、放风筝等专项旅游。"这也是近几年来所谓国际旅游目的地东移的原因"。"据国家旅游局对来华外国游客兴趣的抽样调查,要求了解中国人民生活的达100%,要求了解历史文化的达80%,要求游览风景名胜和品尝佳肴的各占40%。"[②] 而要满足形形色色的国外旅游者的旅游动机,以开拓我国国际旅游市场,最好的办法还是充分利用我国考古文物的丰硕灿烂的成果及其所具有的世界性的影响和意义。

考古文物具有很重要的教育功能,无论是古代文物,还是近现代文物,其本身就

---

① 陶永宽等:《大力发展旅游事业》,上海社会科学院出版社1988年版,第54页。
② 陶永宽等:《大力发展旅游事业》,上海社会科学院出版社1988年版,第54页。

是一种直观的、形象生动的教材,具有其他教材和教育手段所无法取代的独到的作用。正因如此,在旅游文化资源中,考古文物应该占有非常重要的地位。外国人也许都听说过,中国是世界上几大文明古国之一,有着悠久的连续不断的发展历史和无比灿烂辉煌的文化;中华民族是一个以勤劳勇敢、既具有绝顶聪明才智和不朽创造能力又富有革命传统而著称于世的伟大民族。但要外国游客真正理解和接受这些道理,靠口头的空洞说教是不行的。而我国异常丰富的考古文物瑰宝则能发挥它独特的教育功能,使外国旅游者在充满浓厚文化气息的旅游中,看到遍布中国的古建筑、石窟寺、古摩崖石刻碑碣、古遗址、古墓葬以及不可数计的各种各样精美无比的古文物,富有历史意义的近现代文物、史迹或纪念地,还有充满了民族情趣或民俗情趣的民族文物和民俗文物。就在这津津有味的欣赏之中,既增长知识,陶冶情操,又在这种种直观形象并富有魅力的感染熏陶之下,感受到中国文明的真正古老、悠久,领悟到中华民族的伟大,一种对中国、对中国人民真正理解和亲热的感情就会在不知不觉中油然而生。1972 年,长沙马王堆西汉古尸以及相关的丰富文物的出土,曾震惊了全世界,从此以后的十年间,来自 140 多个国家(地区)的外宾将近 7 万人接踵而至,参观后一致称赞中国古代对世界文明的巨大贡献,有的还说,马王堆汉墓是世界文化中的"黄金宝库",是"无价之宝"[1]。南京城及其瓮城周长达 67 里,全部用巨砖砌成,至今 600 多年,其遗留部分仍巍然屹立,固若金汤。仅聚宝门的高大雄姿,就使不少中外人士为之赞叹不已。日本名古屋的一位朋友参观后说:这是奇迹,如在日本,早已定为"国宝"保护起来了(在我国属江苏省省级重点文物保护单位——笔者注)[2]。总之,考古文物的这种无声然而又卓有成效的教育功能,和旅游文化的感染熏陶作用相结合,确实能使外国来华旅游者达到了解中国、了解中国人民和了解中国悠久灿烂的历史文化的目的。就我们自己来说,不仅增加了创汇收入,而且还弘扬了中华文明,增加了新的海外朋友,扩大了我国国际影响,促进和加强了中外文化交流,这些政治、文化上的收益更是无法用金钱来计算的。

就国内而言,目前旅游人数也在不断增加,如何在旅游中大力加强文化意识,也是事关社会主义精神文明建设的大事,在这方面充分利用我国考古文物成果是可以大有作为的。文物作为历史的有力见证,具有毋庸置疑的真实性和无可辩驳的说服力,是进行辩证唯物主义、历史唯物主义和爱国主义教育的最好教材。这方面成功的实例甚多,无须列举。

在这里,还应该特别指出的是,对于早年离开祖国、现已加入外国籍的华人及我国港、澳、台同胞和他们的子孙,祖国的考古文物瑰宝就更能激起他们的思乡、爱乡和归乡之情。有个美籍华人,1982 年登上南京灵谷寺塔,向下一看,不禁感慨万千,

---

① 　周世荣、欧光安:《神奇的古墓》,湖南科学技术出版社 1981 年版,卷首《出版说明》。

② 　南京市文物管理委员会编:《南京市历史文化名城保护工作会议资料汇编》,1982 年,第 6、9、21、27、36、58 页。

说他到过许多国家,未曾见到过这种景观,后竟脱口而出:"我是中华儿女,看到这里,真想回国工作。"[1] 这个事例很能说明文物古迹对海外游子所起的巨大作用。

三、考古文物与旅游文化的民族化

每个国家、每个民族都在竭力提倡弘扬民族优秀文化,而旅游业更受到格外重视。例如,意大利有一个欧洲文艺复兴的著名策源地——佛罗伦萨市,"佛罗伦萨"意大利语意为"鲜花盛开的地方",而这里也确是一个非常美丽的城市,它之所以美丽,主要原因之一是它注重保护其古代文明的辉煌遗产,直到现在,它依然保持着中世纪欧洲的古老风貌:在一片红色屋面的古老建筑中,古罗马式或哥特式圆顶教堂、高耸直立的尖塔、雄伟多姿的古堡点缀其间。使人一路过这里,就仿佛来到了一个几百年前的欧洲社会。意大利的威尼斯也是有名的世界旅游城市,在它那属于古城的主要地面,全部保持其原有的古老风貌,到处是河流和高桥,人们或步行或坐船,连一辆汽车都看不到,特别是一种叫"贡度拉"的用木桨划的小船,很有民族特色。佛罗伦萨与威尼斯本身仅有四五十万人口,但每年接待的旅游人数却达百万以上,旅游业成为他们财政收入的重要来源,而这一切靠的又是具有民族风格的文物古迹。意大利首都罗马也很重视文物古迹,他们把处于市中心的、只剩下残垣断柱的古罗马废墟、古斗兽场和一些古堡、古丘都当作国宝,保护得很好,并引以为自己民族的骄傲,用以招徕旅游者。日本、法国以及美国也都是如此。

为此,当我们在提倡大力发展我国旅游业时,考古文物成果的介入是关键所在,在这里,民族文物和民俗文物,更是了解民族和民俗政治、经济、文化、习俗的实物资料,具有更加浓郁的乡土气息和地方特点。中南民族学院民族学博物馆自1986年9月正式开馆后,至今已接待了欧、亚、美、非、大洋洲等20多个国家和地区的代表团及专家、学者,并获得了他们的一致好评[2]。

须知,外国游客,特别是发达国家的游客,来华旅游的目的主要不是为了享受豪华型的现代化物质生活,而是为了了解我国人民的生活和我国灿烂的历史文化。仅从这一点上说,也要求我们必须将我国的考古文物硕果作为我国旅游民族化建设的主要内容。香港利用作为旅游资源的考古文物成果有其可变性的特点,在前几年新建了宋城,集中了我国宋朝的建筑、文化和艺术的传统特点,所以非常吸引海外游客,是旅游者的必到之处。深圳则办了一个占地445亩的"微缩景区""小人国",大体上集神州自然风光与包括孔庙等在内的人文精粹于一区,被旅游者称为"世界奇观"之一。然而,这些都不过是模仿、复制而已,充其量不过起了个"旅游窗口"的作用罢了,只因其具有鲜明的民族特色,已吸引得旅游者流连忘返,并在脑海中留下了

---

① 南京市文物管理委员会编:《南京市历史文化名城保护工作会议资料汇编》,1982年,第6、9、21、27、36、58页。

② 丁家荣、石佳能:《中外观众盛赞中南民院民族学博物馆》,载《民族学通讯》,1990年3月31日第59期。

难以忘怀的深刻印记,这已可见中华民族优秀文化魅力之一斑了。那么神州大地各处货真价实、美不胜收、内容类别更加令人目不暇接的考古文物瑰宝,岂不更能使海外旅游者惊奇和陶醉吗?！况且我国的文物古迹又往往与名山园林等自然景观紧紧联系在一起,从而也就更能显示出中华民族优秀文化之精巧伟大。总之,外国旅游者可以从中国源远流长、博大精深、影响深远而又异常丰富多彩、灿烂辉煌的考古文物瑰宝中,细细领略、慢慢咀嚼出中华民族优秀文化所特有的永远不衰的魅力和独特的脍炙人口的东方风味。

结　语

综上所述,我们可以得出下列结论:考古文物与旅游文化确实有着密不可分的关系。无论是在旅游文化资源的开发利用方面,还是旅游文化的功能作用上,或是旅游文化的民族化问题,都离不开我国考古文物的参与和介入。因此,我国的旅游文化建设,必须要以我国的考古文物成果作为其主要支柱之一。我国的旅游业和旅游理论科研部门都应该也必须要加强与考古文物界的联系和合作,才能适应我国整个旅游业发展的需要。我们如果在理论上和实践中,把这方面的工作做好了,那么对于进一步探讨并最后解决"如何发展具有中国特色的旅游业"这一大课题,也应该是很有裨益的。

(本文原载《东南文化》1991 年第 6 期)

高校博物馆建设琐议

高等学校博物馆，是衡量学校教学质量和科学研究水平高低的一个"窗户"，如果对外开放，又是社会教育、科学研究和国际交往的一根纽带，它也是社会主义精神文明建设的重要阵地。

高等学校博物馆，收藏着丰富的物质文化和精神文化的实物、自然标本、照片、图片、影片、录音、录像等，是研究各有关科学的珍贵的原始资料，是对学生进行直观教学的生动教材。因此应充分地、有效地利用这些资料开展教学活动和进行科研。从有利于教师备课科研的角度看，高校博物馆作用也是巨大的。

欧美各国大学普遍把高校博物馆与图书馆放在同样重要的地位。美国依利诺伊斯大学博物馆研究员弗朗库·贝卡氏曾说：博物馆的科学系统的陈列品，有助于大学生的"学习和理解"。"学生们在教室、实验室所获得的单一知识，可通过博物馆有条理的陈列品，进一步得到综合、概括和系统化"。"博物馆的陈列品必须紧密地为教学服务"①。

我认为，充分利用博物馆进行教学，一是能够引导学生重视对实际问题的研究，培养其动手能力。博物馆是活的、逼真的课堂，学生在那里可以尽可能多地接触到有关的实物标本，激发浓厚的学习兴趣，有效地巩固专业思想。二是博物馆藏品丰富、广博，是一部直观的百科全书，会给有关学科的互相渗透、交叉提供条件，有利于学生知识的横向发展，有利于边缘学科和新兴学科的兴起。三是可以有效地启发学生学习的主动性、创造性和独立思考能力。

上海中医学院的医史博物馆，每年组织新生参观，形象地向他们展示新的学习生活和有趣而又神奇的前景。我国著名学者斐文中认为，到博物馆可以"既念书，又念实物，有可能掌握更多的有用的知识"②。厦门大学人类博物馆对于该校开设的考古学和民族学课程的教学也发挥了巨大效能。日本东海大学的海洋科学博物馆内的机械水族馆，陈列机械模拟的各种可动的水生动物，启发人们利用动物的生命系统来求得工程技术问题的解决。对学生的智力发展有巨大的影响。这家博物馆的

---

① ［日］棚桥源太郎：《博物馆学纲要》，李莲译，上海复旦大学分校历史系考古学与博物馆学教研室打字油印本。

② 转引自宋伯胤：《历史博物馆和科技史》，载《大自然》1981年第1期总第3期。

最后一个展室陈列了人类和海洋的未来的幻想，引导学生不断开拓科学的新领域，具有重要的指导意义。许多高校博物馆都经常举办科学讲座，放映科技电影和录像，设立科技咨询和文化娱乐部门，为学生利用课余时间开展科研活动、活跃文化生活提供条件；根据学生的不同专业和兴趣爱好，利用课余时间和节日假期，吸收和组织学生参加博物馆的搜集、整理、保管和研究、陈列等工作，促进其德、智、体、美诸方面的全面发展。

科学研究是博物馆全部工作的基础。各种实物资料是博物馆全部活动的物质基础，是进行科学研究的第一手材料。而这些资料的搜集、发掘，本身就是一项艰苦复杂的科研工作。博物馆要努力做到使任何一件藏品都能成为可靠的科学研究的依据和良好的教学用具。莫斯科大学人类学博物馆的科研活动，不仅对该校的体质人类学教学工作起到了巨大的作用，还以自己的科研力量帮助了该校人类学研究所的建立，并且与苏联整个人类学学科的发展紧密相关。这所大学的民族学考古学博物馆，则将自己的研究成果写成著作出版。上海中医学院医史博物馆也大力开展科学研究工作，例如编辑出版了《中文医史论文索引》十二集和《外文中国医史文献索引（1656—1956年）》。

高等学校博物馆又是高等学校与社会联系的重要门户。它应对外开放，为校外的专家、学者、师生提供学习、研究的阵地，也为自学者提供方便，为广大群众进行各种类型的科普教育和文化娱乐提供良好的场所，从而担负起社会教育的职能。这种社会教育职能可以远及国外，从而对于发展中外校际、馆际之间的文化、教育、科技和学术等方面的交流活动起积极的推动作用。如上海中医学院医史博物馆已引起了世界各国朋友的极大兴趣。

高校博物馆的建设，不仅是高校自己的事，而且应与全社会以及国际联系起来，不断扩大范围，增多品种，增加新馆。从增新馆来说，我国现有高校1,000多所，如果有1/3的学校在近几年内节俭办事、因陋就简，在财力允许的条件下各建1座博物馆，那么我国博物馆总数可以增加300多座。高校的学科、专业齐全，门类纷繁。理、工、农、林、医、人文、财经、师范、军事、政治、政法、外贸、外交、海运、地质、艺术、体育等院校如果都能够根据自己的实际情况和客观条件的许可，创办具有自己特色的博物馆，那么效益一定更为卓著。这就有利于逐步摆脱目前我国高校博物馆建设落后于我国整个高等教育事业发展的需要，落后于国际水平的状况。

（本文原载《上海高教研究》1987年第4期）

二、民族学研究论稿

浩瀚多彩的我国古代民族学资料

　　我国的近代民族学虽然是在20世纪初从国外传入的,至今只有70来年的历史。但是,我们决不能认为,民族学对于我国来说,仅仅是一门外来的科学。相反,由于我国自古以来就是一个多民族的国家,所以,在我国源远流长、浩如烟海的典籍文物中,蕴藏着既丰富多彩又珍贵非凡的民族学资料。这个事实,雄辩地证明了我国是一个对民族研究有着悠久传统的国家。

　　我国最早的民族学文献资料,见于殷契卜辞的甲骨文和商周的钟鼎铭文,其中即有关于夏、商、殷、夷、羌、卜（濮）、戉（越）、鬼方、俭优等族的零星记载。比较系统地记述古代民族共同体情况的早期民族学资料,当属约在战国时成书的《山海经》[①]。这是一部图文并茂、反映大致处于原始社会晚期的100多个民族共同体的社会组织、经济生活、体质特征、婚姻制度、部落战争、宗教信仰、医药卫生、矿产地质、风土民情和所在自然环境等记事内容十分丰富的古代文献。涉及的地理范围也大大超过了现今的中国疆域。有人考证后指出,它包括了"现在的越南、老挝、柬埔寨、泰国、马来亚（今马来西亚）、缅甸、那迦、不丹、尼泊尔、克什米尔;苏联境内中亚的乌兹别克、哈萨克的一部分,西伯利亚的唐努乌梁海、贝加尔、赤塔,以及堪察加、千岛、库页、到海参崴的绝大部分;蒙古、朝鲜和日本、琉球"。[②]甚至"书中的第四经《东山经》有四卷描述东海以外的山形地势,竟与太平洋彼岸——北美洲西部和中部的地形暗然契合!《东山经》不仅描述了那里的地理,而且每一卷还描述了当地的风物"。因此,"根据《山海经》详细的地理学记载及考察者的个人观察,人们开始认为中国人可能在4,500年以前就对北美洲大陆进行过广泛的科学考察,并做了详尽的描述"。[③]再从人种看,《山海经》虽然记述的主要是黄种人,但少数地方也提到了白种人和黑种人。近年来,已有人从考古学上也发现了古代中国船只到达过美洲的文物证据。[④]这一切都充分说明了,《山海经》确实是一部在全

---

①　关于《山海经》的作者和成书年代,各家说法不一。本文取战国说。参见何观洲:《〈山海经〉之批判及作者》,转引自李宗业著《中国历史要籍介绍》第77页;袁珂:《略论〈山海经〉的神话》和《〈山海经〉写作的时地和篇目考》,载袁珂著《神话论文集》,上海古籍出版社1982年7月版。

②　孙文清:《〈山海经〉时代的社会性质初探》,载《光明日报》,1957年8月15日第8版。

③　周秋麟、傅天宝编译:《是4000年前的灿烂文明?》,载《科学画报》1980年8月号,第27页。

④　石钟健:《古代中国船只到达美洲的文物证据》,载云南《思想战线》1983年第1期。

世界也非常难得的古代民族学资料的宝贵文献。可以说,在我国的民族研究方面,它起到了开拓和先驱的作用。

另一部保存有古代南方地区民族共同体情况的早期民族学资料,是战国时代以屈原为代表的楚国人创作的诗歌《楚辞》。其中尤其是《天问》"又是这宝库里最珍奇罕异的百宝箱"。[①]篇中所提出的170多个关于天地万物、古往今来的问题中,保存了丰富的古代民族学资料,故有人称它"是形象的《梼杌》,是屈子究天人之际,通古今之变的楚人《太史公书》,是现存战国后期南方哲学、自然科学、历史学的精华以及神话传说、文学艺术的结晶"。"如果经过仔细的整理、考察、排比、诠释,仅仅一部《天问》就可以构建起一整套中国原始社会发展的形态和模式。"[②]请看,"厥萌在初,何所亿焉? 璜台十成,谁所极焉? 登立为帝,孰道尚之? 女娲有体,孰制匠之?"追问了人类的"创世"和状态的原始。只提女娲而不及伏羲,说明以女娲为代表的时代只能属母系氏族社会的前期。《天问》中"女岐无合,夫焉取九子?"与《楚辞》其他篇章中写到的简狄吞卵、姜嫄履迹等"图腾授孕"传说互相呼应,"九子母"女岐很可能是九尾狐图腾,所以女岐跟女娲、简狄、姜嫄一样也是"假定的女性祖先",而"无合"当应理解为"无夫",说明那时尚处于群婚阶段,因为"在一切形式的群婚家庭中,谁是某一孩子的父亲是不能确定的,但谁是孩子的母亲却是知道的"。[③]《天问》的"微昏遵迹,有狄不宁;何繁鸟萃棘,负子肆情",则涉及到古狄人母子交配的血族群婚的古老影像。《天问》中还有关于母权制转变到父权制的描述:"舜闵在家,父何以鳏(鰥)? 尧不姚告,二女何亲?"前两句说明舜父和舜的时代应该还处在母系氏族末期,故女性的权威和声势依然十分显赫,但男性的"自觉"和"尊严"也已有所抬头;后两句则指出,到了舜的时代已进入父系氏族社会,所以尧一不请示,二不报告舜母姚氏,就把两个女儿"嫁"给了舜。关于尧舜禹的"禅让",大禹通过治水扩大了部落联盟,并最终建立了可以任意屠杀防风氏的绝对权威等史迹,在《天问》中也有记述。"启代益作后,卒然离蠥;何启惟忧,而能够是达? 皆归射鞠,而无害厥躬;何后益作革,而禹播降?"说明了禹"传子不传贤",揭开了统治中国数千年文明史的"家天下"世袭制的序幕,而奴隶制在当时作为历史进步的代表,虽然遭到了伯益、有扈氏等保守势力的反抗,仍然生机勃勃地曲折向前。此外,"顺欲成功,帝何刑焉? 永遏在羽山,夫何三年不施? 伯禹愎(腹)鲧,夫何以变化"句有研究者认为暗示了当时存在着"产翁制度";而"启棘宾商,《九辩》《九歌》;何勤子屠母,而死分竟地?"反映的是一种古代怀有善意的祈求甘雨和丰收的"比拟巫术";"皆归射鞠,而无害厥躬;何后益作革,而禹播降"则表示了伯益施行的恶意的"比拟巫术"。《天问》指出,原始的《九辩》《九歌》本是用于求雨的巫术性

---

①　肖兵:《〈楚辞〉与原始社会史研究》,《民族学研究》第2辑,中国民族学研究会编,民族出版社1981年版。

②　肖兵:《〈楚辞〉与原始社会史研究》,《民族学研究》第2辑,中国民族学研究会编,民族出版社1981年版。

③　恩格斯:《家庭、私有制和国家的起源》,《马克思恩格斯选集》第4卷,人民出版社1972年版,第36页。

乐舞，但到后来发展到如《楚辞·离骚》中所说的"启《九辩》与《九歌》兮，夏康娱以自纵；不顾难以图后兮，五子用失乎家巷"那样，成了奴隶主独占的寻欢作乐的工具。总之，《楚辞》不仅在文学史上是一部光辉灿烂、千古不朽的诗篇，而且在民族学上也有着很高的珍贵奇异的资料价值，其中的奇文《天问》更是"特具诡异的色彩，蛮荒之情调"①，它与上述的《山海经》交相辉映，成为在世界学术宝库中光彩夺目的明珠。

此外，《左传》《淮南子》《国语》《尚书》《诗经》《世本》《庄子》《管子》《韩非子》《吕氏春秋》等我国的其他先秦典籍之中，也保存着丰富的古代民族学资料。其中有些是概括性的记述，如"古者……兽处群居"，"民知其母，不知其父"等，不乏其例。有的则比较具体，如《左传·哀公七年》记载"禹会诸侯于涂山，执玉帛者万国"。这里的"诸侯"和"万国"，其实是指当时众多的部落、部落联盟和它们的酋长。《淮南子·原道训》记述东瓯（越）人"陆事寡而水事众，于是民人被发文身，以像鳞虫。短绻不绔，以便涉游；短袂攘卷，以便刺舟，因之也"。《国语·郑语》则记载了史官伯叙述西周初年雒阳成周四方各族的分布情况："当成周者，南有荆、蛮、申、吕、应、邓、陈、蔡、随、唐；北有卫、燕、狄、鲜虞、潞、洛、泉、徐、蒲；西有虞、虢、晋、隗、霍、杨、魏、芮；东有齐、鲁、曹、宋、滕、薛、邹、莒。是非王之支子母弟甥舅也，则皆蛮、荆、戎、狄之人也。非亲则顽，不可入也。"从而指出了"华夏族和"蛮、荆、戎、狄"的区别。

秦汉之际，我国主体民族汉族，在先秦华夏族的基础上，大体形成。从此以后，专门以少数民族为对象，更全面、更系统地记述他们的历史渊源、经济生活、社会组织、婚姻家庭、宗教信仰、语言文字、服饰发式、生活习俗等的著述，便在我国历代封建王朝编修的"正史"中出现了，这就是二十四史中的《四裔传》，而首创者则是我国西汉时的伟大史学家司马迁。

司马迁在撰写《史记》时，不仅利用了过去长期积累的大量资料和前人的研究成果，掌握了"天下遗闻古"，而且还亲自游历过全国的名山大川和名胜古迹。他的足迹遍布南北东西，每到一处，就考察风俗，采集传说。值得我们注意的是，他还曾"奉使西征巴、蜀以南，南略邛、筰、昆明"。②到过一些少数民族地区进行实地踏勘。这些丰富的实践活动，使他见多、识广、闻博。正是在这样的坚实基础上，他才能够勇敢地突破所谓"内诸夏而外夷狄"的旧传统观念，冲破了"蛮夷戎狄不与中国"的正统主义羁绊，破天荒地在专门为帝王将相、才子佳人树碑立传的官修正史中，为少数民族作传撰记，这便是《史记》中的《西南夷列传》《匈奴列传》《南越列传》《东越列传》《朝鲜列传》《大宛列传》等。其中有些列传的地理范围已超出了中国的国境，甚至还有远及欧洲的。在这些关于少数民族的列传中，司马迁系统、翔实而又生动

---

① 肖兵：《〈楚辞〉与原始社会史研究》，《民族学研究》第 2 辑，中国民族学研究会编，民族出版社 1981 年版。
② 《史记·太史公自序》。

地记载了 2,000 多年前生活在我国边缘和近邻地区各族的社会和历史情况。如在《匈奴列传》中，既追溯了匈奴的族源，又形象地描绘了他们的畜牧经济、社会组织、婚姻姓氏以及风土民情等状况。在《西南夷列传》中，司马迁还从经济角度，对西南少数民族进行了科学分类：一是"魋结、耕田，有邑聚"，属"农耕定居"类；二是"编发，随畜迁徙"，应属游牧部类；三是"或土著，或迁徙"的半耕半牧类。这是司马迁研究的成果，在当时应该是难能可贵的。可见《史记》中的有关篇章，已不仅仅是单纯的做民族记录工作了，而是开始对各民族的历史、社会、文化、习俗进一步做出解释和研究的专著。

　　更重要的是，司马迁开创的为少数民族撰写传记的体例，为以后的历代修史者所效法。所以，在二十四史和清史稿中，只有《陈书》和《北齐书》例外，其他的 23 部史书中都有关于少数民族的传记，特别是《北史》《辽史》《金史》《元史》等，记录的各民族的资料就更丰富了。室韦是我国古代北方的一个古老民族，《北史·室韦传》就记载了在南北朝时期，室韦曾分为南室韦、北室韦、钵室韦、深末怛室韦、大室韦 5 部，而且"不相总一""并无君长"，说明了那时的室韦尚处于氏族部落状态的原始社会阶段。到隋唐时，他们以畜牧和渔猎为主要生产方式，但已发生了原始的农业，还能造车舟和铜铁器具。后来，被辽太祖即契丹族的阿保机所征服。而契丹族早期也"随畜牧，素无邑屋"（《旧五代史·契丹传》），同样是以畜牧为主的游牧民族，以出产名马、文皮著称，相传到了阿保机祖父匀德实的时代"始教民稼穑"，但仍然"善畜牧"，直到"太祖平诸弟之乱，弭兵轻赋，专意于农"（《辽史·太祖纪》），才使农业获得迅速发展，并"得燕人所教，乃为城郭宫室之制于汉水"（《旧五代史·契丹传》），过起定居生活来了。再如正史中记述的少数民族宗教习俗，也颇有趣味。《辽史·礼志·燔节仪》记载辽"及帝崩……穹庐中置小毡殿，帝及后妃皆铸金象纳焉。节辰、忌日、朔、望，皆致祭于穹庐之前。又筑土为台，高丈余，置大盘于上，祭酒食撒于其中，焚之，国俗谓之燔节"。燔即烧之意，"燔节"译为汉语白话，就是"烧饭节"。在《金史·后妃传》中，也有"烧饭"的记载："世宗元妃李氏，大定二十一年二月戊子薨。甲申，葬于海王庄，丙申，上如海王庄烧饭。"《金史·夔王允升传》也记有这样的习俗："贞元元年薨，既殡。烧饭，上亲临奠。"直至元代，蒙古皇家仍盛行烧饭祭祀。《元史·祭祀志·国俗旧礼》载："每岁，九月内及十二月十六日以后，于烧饭院中，用马一，羊三，马湩，酒醴，红织金币及裹绢各三匹，命蒙古达官一员，偕蒙古巫觋，掘地为坎以燎肉，仍以酒醴、马湩杂烧之。巫觋以国语呼累朝御名而祭焉。"可见，在辽、金、元三代的契丹、女真、蒙古族中，都沿用焚烧祭祀所用酒食的"烧饭"习俗。显然，这样的珍贵资料，对于研究草原民族宗教的源流及其消长、结合，具有很重要的意义。

　　除了各朝正史中都有各族的传记外，历代官家编纂或私人著述的、包括少数民族文字在内的各种类书、方志、丛书、笔记、野史等更为浩繁的古籍中，也有大量的民族学资料。如东晋郭璞注的《山海经》、法显的《佛国记》、常璩的《华阳国志》；唐代义净的《大唐西域求法高僧传》、慧立的《大慈恩寺三藏法师傅》、玄奘的《大唐西域记》、樊绰的《蛮书》；南宋赵汝适的《诸蕃志》、周去非的《岭外代答》、范成大的《桂海虞衡志》、朱辅的《溪蛮丛笑》；蒙古国李志常的《长春真人西游记》、刘郁的《西使记》、耶律楚材的《西游录》；元代周达观的《真腊风土记》、李京的《云南志略》、汪大渊的《岛夷志略》；明朝巩珍的《西洋番国志》、马欢的《瀛涯胜览》（一说与郭崇礼合撰）、费信的《星槎胜览》、陈诚与李暹合著的《西域行程记》和《西域番国志》、郑晓的《皇明四夷考》、茅瑞的《皇明象胥录》、艾儒略的《职方外记》、钱古训与李思聪合著的《百夷传》，清代王大海的《海岛逸志》、陈伦炯的《海国闻见录》、杨宾的《柳边纪略》、毛奇龄的《蛮司合志》、方式济的《龙沙纪略》等。11世纪我国维吾尔族语文学家马赫穆德。喀什噶尔用阿拉伯文注释的《突厥语大词典》，对于我们了解那个时代的民族历史、社会状况、语言情况等，提供了重要资料。至于用蒙古语写成的《蒙古秘史》（即《元朝秘史》）、《蒙古黄金史》和《蒙古源流》，则被并称为有关蒙古族的三大古代历史名著。还有丰富的古藏文文书经籍、回鹘文和察合台文文献、老彝文文献、傣族的《泐史》《满文老档》和大量的故宫满文档案等少数民族文字的文献。总之，诸如此类的古典古籍，在我国历史上是举不胜举的。

由于其中不少论著还大量涉及到国外的广大地区，所以也引起了世界各国学者的极大重视，许多古籍还被翻译为各种外文。如《诸蕃志》，所记东自日本，西至北非的摩洛哥，早在1912年就有英译本出版，并加有注释。《佛国记》是作者渡流沙，越葱岭，往天竺求佛经，前后凡14年，游历达30余国，归国后记录旅行途中所见所闻之山川风物的作品，是研究古代东南次大陆的重要资料，19世纪时，法、英等国就先后出版了译本，日本的足立喜六还对此书专门进行了考证，写有《考证法显传》的专著。《大唐西域记》记述作者西行并周游天竺所亲历者110国，其中有28国的山川、城邑、物产、习俗等为《唐书》所未载，是研究古代印度、尼泊尔、巴基斯坦、孟加拉国及中亚等地的重要资料，一向为全世界的学者所瞩目，19世纪就先后出版了法、英译本，20世纪初又出版了英文重译本，日本的堀谦德和足立喜六对此书也做过注释。《长春真人西游记》是作者随侍其师丘处机赴西域谒见成吉思汗，回来后将途中经历见闻撰写成书的，为研究中亚史地、民族和中西交通史的重要资料，国外有俄、英、法等译本。《西使记》系记蒙古国宪宗朝时，常德自和林西行，觐旭烈兀于西亚的沿途见闻，国外也有英、法文译本。至于《岛夷志略》，在1914—1915年出版的《通报》中，发表有柔克义的《岛夷志略英文选译与附注》及藤田丰八的《岛夷志略校注》等文。

与这些浩瀚多彩的古代民族学资料交相辉映的，是在我国的悠久历史上，还出现过许许多多的著名旅行家、航海家、宗教家、军事家、外交活动家和长期在边远或港口地区执政的政治家。他们中间，有的亲自动笔，将自己的所见所闻，撰写成书。有的则由别人代为立传作记。他们虽然并非现代意义上的民族学家，但是都从不同的角度，为我们留下了绚丽缤纷而又重要珍贵的民族学资料，至今仍值得我们学习和追念。西汉张骞通西域,前后凡两次,计十多年,曾越过葱岭,亲历大宛、康居、大月氏、大夏、乌孙等地。这一举世闻名的壮举,终于开拓了这条著名的"丝绸之路",大大加强了中原和西域的联系,促进了汉朝和中亚各族人民的相互了解和友谊,发展了彼此间的经济文化的交流。据说葡萄、苜蓿、菠菜就是张骞从西域引入中国的,而中国的丝绸和养蚕、缫丝、造纸等技术也从此能源源西传了。东汉班超奉命率吏士出使西域,达 31 年之久,有力地保护了西域各族人民的安全以及"丝绸之路"的畅通。其子班勇继承父业,任西域长史,也久居西域,足迹遍及西域各地。到汉安帝末年,他将亲身见闻写成了《西域风土记》。此书虽后佚,但范晔撰《后汉书·西域传》时,即是以此书作为依据的。至于唐高僧玄奘游学天竺,明三保太监郑和下西洋的故事,更是一直为古今中外、朝野上下所称颂。而像赵汝适、周去非、范成大等人,虽然没有机会出使外国,但是,他们仍尽其所能,为我国古代民族学资料的积累做出了自己的贡献。赵汝适是个有心人,他曾提举福建路泉州市舶司,利用泉州是当时中外交通重要港口的地位,用心采访了各国的风土物产等资料,终于在宝庆元年(1225)写成了《诸蕃志》一书。曾任广西路桂林通判的周去非和曾在广南(今广西一带)两年的知静江府(府治在今广西桂林市)的范成大,在做官任上也留心当地的山川古迹、物产资源、民风习俗、少数民族的社会经济等情况,分别著有《岭外代答》和《桂海虞衡志》,其中前书还涉及到现在的南洋群岛各国,记载了当时岭南和海外诸国的交通史料。其实,诸如上述事例,在我国历史上比比皆是,限于篇幅,这里不能一一列举。

除了浩如烟海的我国古代典籍中记载着丰富灿烂的民族学文献资料外,在我国的地上和地下还保存着绚丽繁多的历史民族文物材料。

近年来,根据考古发掘和调查,在东起台湾,中经福建、浙江、江西、湖南、湖北、广东、广西、贵州、云南,西达四川和陕西南部的我国南方广大区域内,发现了大量的葬俗奇特的古代悬棺葬。所谓"悬棺"者,即不用埋葬,而是在高高的悬崖绝壁上,或利用天然洞穴,或用人工凿石成穴,或是凿孔插入木桩,或是在两个邻近的断崖之间架设横木,来搁置棺材。这种葬俗在三国东吴沈莹写的《临海水土志》中就有记载。在福建崇安武夷山白岩发现的悬棺葬,其葬具形似独木舟,与 1954 年在四川广安和巴县等地发现的土坑竖穴墓中出土的船棺葬葬具相似。而以巨石建筑物石棚或石圈为特征的石棺墓,在国外主要分布于欧洲大西洋沿岸,西方称之为巨石文化①,在我国的山东半岛和辽东半岛等地也有发现。这些独具特色、葬俗奇异的古代丧葬资料,对于研究古代民族的宗教信仰、历史演变、相互交往和彼此影响,无疑具有重大的学术价值。

新疆的高昌故城、雅尔湖故城(即交河古城);云南大理的太和城遗址、剑川的

---

① John Edwin Wood:《Sun,Moon and Standlng Stoncs》OXFORD UNIVERSITY PRESS.[英]约翰·爱德温·伍德:《巨石文明》,牛津大学出版社 1980 年版。

石钟山石窟；辽宁的渤海国上京龙泉府遗址、辽上京遗址、辽中京遗址和辽阳壁画墓群；西藏的古格王国遗址和藏王墓；吉林的洞沟古墓群和六顶山古墓群等全国重点文物保护单位，以及云南晋宁石寨山古墓群，辽宁的辽代帝王陵墓，北京房山的金代帝王陵墓等，对于研究我国历史上边远地区少数民族地方政权及其与中央政权的关系，中原和边疆的政治、经济、文化的交流等，提供了珍贵的实物史料，也大大有助于对我国这个统一的、多民族的伟大国家是如何形成和发展的，做出历史的阐释。

我国历代遗留下来的摩崖碑刻和题跋，也为我们保存了很多十分可靠而又非常重要的民族学资料。在新疆克孜尔千佛洞中，就发现有不少古代龟兹文的题记，其壁画艺术也具有明显的少数民族风格。而新疆的柏孜克里克石窟中，则保存了许多汉文和回鹘文的题记。发现于鄂尔浑河上游的唐代阙特勤碑和九姓回鹘可汗碑，前者用汉文及突厥文铭刻，汉文为唐玄宗亲书，对研究唐朝与突厥的关系以及古突厥文字，都有很大的科学价值；后者用粟特文、突厥文、汉文三种文字铭刻，对于研究唐朝与回鹘的关系，以及回鹘本身的历史、回鹘西徙新疆的史实，提供了重要资料，在民族语言文字的比较学研究上，也有积极的意义。云南大理的南诏德化碑和曲靖的段氏与 37 部会盟碑，则分别是研究古代云南境内的南诏国和大理国历史的重要实物资料。在今西藏拉萨市大昭寺前的唐蕃会盟碑，又称"长庆会盟碑"或"甥舅和盟碑"，碑立于唐穆宗长庆三年，四面均铭刻有字，高 14.5 尺，宽 2.87 尺，厚 1.52 尺。碑的正面朝西（碑阳），文字为左半藏文，右半汉文，两体对照，应是同一盟约的两种文本。汉字 1 寸见方，直下左行，每行 84 个字，共 6 行。藏文自左而右横写，依次而下共 77 行，每行字数不等。碑的北面刻有吐蕃一方参与这次会盟的官员名单位次，共 17 人，上面为藏文，下面是该官员职衔姓氏的汉字译音。这对于研究吐蕃官制、姓氏、当时藏汉语言对音等提供了可靠的证据，特别是吐蕃的大沙门（钵阐布）充任首席大臣的事实，对了解吐蕃的宗教和政治关系以及变化和发展状况，很有价值。碑的南面刻有唐朝一方参与这次会盟的官员名单位次，共 18 人，同样上面为藏文，下面是汉文。东面是碑的背面（碑阴），仅刻有藏文盟词，而无汉文。盟词中除主要讲述唐、吐蕃关系外，还涉及到"门巴""大食""突厥""拔悉蜜""蛮貊"等其他民族。所以，此碑学术意义极大，被外国誉为"目前人们所知道的亚洲最重要的铭文纪念碑"。[1]

此外，在我国有 15 个省（自治区）的 50 个县（旗）发现有古代岩画，其分布范围东起台湾和黄海、东海之滨，西达昆仑山口，北抵牡丹江畔，南至广西左江沿岸。具体地点是：黑龙江省的牡丹江；内蒙古的白岔河、乌兰察布、阴山山脉；宁夏的贺兰山；甘肃的黑山和祁连山；青海的青海湖畔；新疆的天山南北和昆仑山口；西藏的阿里地区；四川的昭觉和珙县；云南的沧源、耿马大芒光、麻栗坡大王岩和怒

---

① 戴蜜微：《巴黎的会议》，巴黎，1952 年。

江流域；贵州开阳画马崖和盘江沿岸；广西左江流域；福建华安仙字潭；江苏连云港将军崖；山西吉县和台湾万山等。可见，我国岩画绝大部分都发现在边疆少数民族地区或古代民族聚居地区，大都是古代民族共同体所作。据研究，与这些岩画有关的民族共同体，北方地区有匈奴、羌、大月氏、鲜卑、突厥、回鹘、党项、蒙古等，南方则有骆和属于古代百越和濮僚系统的民族。所以这些岩画也是具有重要学术价值的民族文化遗产。

根据作画方法的不同，岩画可分为岩绘和岩刻两种，前者是用颜料绘制的，后者是用工具凿刻上去的。广西左江崖壁画属岩绘性质，分布于左江及其支流明江、平而江和黑水河两岸，现已发现的即有 84 个地点，计 183 处，延绵达 200 多公里。其中尤以宁明花山崖壁画为最大，其画面宽为 221.05 米，高约 40 米，图像密布，有大有小，最大人像高达 2.40 米，一般高度在 1.40～1.80 米之间，可辨识的画像达 1,819 个，可见其画面规模之宏伟，图像之高大、密集，既为国内岩画中所仅见，也是世界岩画中所罕见的。江苏连云港将军崖岩画是采用敲凿和磨刻两种方法形成的，属岩刻性质，画面长 22 米，宽 15 米，内容有人面、农作物、鸟兽、星云等图案及图形符号等，是我国目前发现的唯一反映远古农业部落社会生活的岩画。对中国境内岩画进行比较研究的结果，表明中国岩画，可分为南北两个系统：北方地区的岩画多表现各种动物、人物、狩猎及各种符号，内蒙古阴山山脉狼山地区的岩画还有放牧、车骑、征战等内容。南方地区的岩画除表现各种动物、狩猎等内容外，还有南方特有的各种铜鼓鼓面图形，骑马漫步、持弓执箭、佩刀舞蹈、划船竞渡等人物动态图形，以及颇具规模的村落图形和兴奋热烈的宗教祭典画面。我国各地的岩画既有不同风格特点，也有时代的早晚之分，其作者代表了不同的族属。当然，总的说来，中国岩画的研究还处在起步阶段，它们所包含的深刻的民族学、考古学、历史学和艺术史等丰富内容，还有待于今后进一步发掘。但可以肯定的是，随着研究的深入展开，中国的岩画不仅会在国内有很高的学术价值和艺术价值，而且在世界文化宝库中也会占有一定的地位，因为岩画以它全球性的宽度和历史性的深度，已成当今世界性的研究课题。

至于我国西南古代少数民族所使用的重器铜鼓，湖南湘西的溪州铜柱，辽代的鸡冠壶，鄂尔多斯式铜器，巴蜀式铜器等众多的历史民族文物，也为研究我国古代少数民族的历史，提供了珍贵的实物资料。

总之，在我国历史上蕴藏的民族学材料确实十分丰富。从空间上看，既有国内的，也有国外的；从时间上说，向上追溯可达原始社会，向下流传讫止清代；从内容上讲，从原始图腾崇拜、母系氏族和父系氏族问题，到军事民主制政体的出现，直至奴隶制国家的形成和封建制社会的发展，都无所不有；从形式上分，既有浩繁的典籍文献，又有大量的文物遗存。这样，上下纵横，古今中外，四五千年几乎都持续不断的如此完整、系统的民族学资料，在全世界范围内都是罕见的，科学价值实在重大。这是我们中华民族的骄傲，是我国贡献给全人类的一份珍贵的历史文化遗产，也是我国民族学独具的一大特色,我们应当十分珍视。应该看到,现在国内外虽然已有不少学者对它们进行了一些整理研究,但是其中的"处女地"仍是大量的。这些"处女地",正期待着更多的人去发掘、开垦。

（本文原载《民族研究》1992 年第 2 期。当时是笔者撰写的《民族学基础》书稿中编《中国民族学概述》第一章《中国民族学发展简史》的第一节。《民族研究》杂志得知后,征得笔者同意,便在该杂志上先发表了。后笔者书稿获上海市马克思主义学术著作出版基金资助,改名《民族学概论》,由上海社会科学院出版社于 1998 年出版,并在 1999 年国庆前夕被上海出版界列入建国五十周年上海出版的 500 种精品书之中。）

都市民族学与我国的现代化建设

都市民族关系是民族学的重要课题,都市民族关系研究对于促进民族团结、改革开放和现代化建设都有着很重要的现实意义。

据 1987 年抽样调查统计,我国居住在城市中的散杂居少数民族有 600 万人[①]。虽然在绝大多数城市的总人口中,城市少数民族所占比例很低,但民族成分却很复杂,如北京就有我国所有的 55 个少数民族居民。上海据 1991 年底统计,有 44 个少数民族,人口 61,588 人。[②] 另一方面,在民族地区的城市中,如南宁、呼和浩特、乌鲁木齐、银川、延吉等城市,其居民的民族成分也呈现出多元化的状态。这样,都市中的民族关系问题,就很现实地摆在了民族实际工作者和民族学学者的面前。以汉族为主的城市里,不仅少数民族民族成分复杂,而且分布面也非常广泛,几乎遍及各条战线,同时整体素质较高,干部和知识分子所占比例较大。以上海为例,截至 1990 年底,少数民族成分的干部有 7,600 多人,占全市少数民族人口总数的 12.4%,其中县团级以上的干部有 200 多人,全国人大代表或政协委员 5 人,市人大代表或政协委员 36 人,区县人大代表或政协委员 201 人,担任大中型企业厂长、经理的有 100 多人,拥有高级职称的有 500 多人。[③] 正因为如此,城市的少数民族不仅与各地聚居区的少数民族关系密切,而且不少人与国外也有联系。值得注意的是,信仰伊斯兰教的少数民族在都市少数民族中所占比例相当高。上海信仰伊斯兰教的回族、维吾尔、哈萨克、柯尔克孜、撒拉等五个民族的人口,占了全市少数民族人口的 90%。天津、郑州、开封等城市的情况也是如此。[④] 而伊斯兰教是世界三大宗教之一,是一种国际性的宗教,分布在 90 多个国家和地区,一些阿拉伯国家还把伊斯兰教定为国教。所以,在改革开放的今天,把城市的民族关系搞好了,无论是对内,还是对外,都可以起到窗口作用、辐射作用和桥梁作用,有的还可以起到"龙头"作用。

在都市的民族关系中,主要有两个方面,一是汉族与少数民族的关系;二是少

---

① 国家民委政法司:《中国民族指南》,海洋出版社 1990 年版,第 398 页。

② 哈宝信:《上海少数民族人名录·序》,上海市民族事务委员会民族志办公室编,1992 年。

③ 哈宝信:《上海少数民族人名录·序》,上海市民族事务委员会民族志办公室编,1992 年。

④ 刘光照、张崇报:《中国城市的民族政策引导少数民族走向发展繁荣》,载《都市人类学》(阮西湖主编),华夏出版社 1991 年版,第 207 页。

数民族之间的关系。为了防止在城市中出现民族问题,有关部门应采取多层次、多渠道、多样化的方式,经常性地进行民族团结的教育,包括马克思主义的民族观和民族政策的宣传教育。但如何做到多层次、多渠道、多样化,如何使宣传教育的效果持久地深入人心,都市民族学就大有研究的必要了。同时,随着时代与形势的发展,城市中的民族关系还会出现新的情况和新的问题。近年来,随着社会主义市场经济和民族地区经济文化的不断发展,民族人口流动的趋势明显加剧,而且越来越频繁。特别是少数民族劳动人口流向城市,尤其是汉族地区的城市、沿海城市和开放地区的城市的流动转移是方兴未艾,越来越多。这是少数民族民族经济发展到一定程度时必然出现的一种现象。他们来城市后,打工、经商、搞民族饮食业,也有少数沿街卖艺或办企业的。其中大多是常住人员,但往往无户口。他们大多是年轻人,文化层次普遍较低,也有少数大专以上高知识层次的人员。这种情况对加强各民族之间的经济文化的交往,活跃都市经济、文化生活和促进少数民族地区的经济文化建设,都会产生积极的影响,但也为城市的民族关系增添了新的复杂因素,为城市管理、城市民族工作带来了新的问题。都市民族学理应对这种新出现的都市与民族地区关系的现象加以严重关注,并从实践到理论进行认真的研究。

都市民族学还应该研究城市与民族地区的关系。就现实情况而言,不容怀疑我国城市的政治、经济、文化和科技等诸多方面,现代化程度都比较高。相对而言,民族地区在各方面要落后一些。为此,城市在做好自身民族工作的同时,还应该发挥城市的优势,在人才、教育、技术、商品甚至资金等方面义不容辞地大力支持民族地区,以促进民族地区的不断发展。随着社会主义市场经济的建立和发展,城市为发展经济而急需的原材料也越来越紧张,而民族地区的自然资源却很丰富。所以,在市场经济的条件下,过去城市对民族地区定点包干、无偿支援的做法和观念,正在逐渐转变。建立在自愿结合、互惠互利基础上的多方面、多层次、多形式的横向经济联合,正在不断地拓展。这种意在促进各民族间平等互补的经济交往形式,基本上已成为城市与民族地区的共识。因为这样可以把城市的经济、技术、管理、人才、资金等优势,与民族地区丰富的自然资源优势,很好地结合在一起,既使城市对少数民族的支持成为一种经济手段,用以激发民族地区内在的经济活力,使民族地区的经济走上良性循环的不断发展的道路,同时也能使支援它的城市相应得到包括原材料在内的经济上的补偿。于是,在联合互补中加快了城市和民族地区共同发展的步伐。中华人民共和国成立以来,我国汉族地区的不少城市,每年都要接待少数民族参观团。这一活动密切了城市与民族地区的联系。过去,参观团主要以游览为主。但随着改革开放形势的不断发展,社会主义市场经济不断完善,20世纪80年代以来,无论是参观团,还是接待的城市,都积极主动地紧紧把握这个时机,用以拓展横向的经济联系。有些少数民族还特地组织了经济考察团来到城市,寻求合作伙伴。可见商品经济关系能使民族之间在经济交往关系上真正全面地实现平等,这对汉族和少数民族、城市和民族地区的发展都是十分有利的。都市民族学对新形势下出现的这种新情况当然应该充分注意,并加以认真研究,以便在理论与实践相结合上促使城市与民族地区建立起更好、更亲密的关系。

随着改革开放与人民生活质量的提高,都市人民对文化生活也有了进一步的新的需求。就民族文化而言,包括"请进来"和"走出去"两个方面。这为城市与民族地区的关系注入了新的内容。所谓"请进来",即在都市中兴办有关少数民族风土人情的文化活动,包括举办少数民族文化展览,兴建民族文化城(村),建造具有民族风情并供应民族风味食品的餐厅酒楼,在公园中设立民族景区等。1987年在北京民族文化宫举办的"西藏文化展览",受到北京人民热烈欢迎,收到了很好的效果。而"大草原上的蒙古包、西南边陲的傣家竹楼悄悄走进了高楼林立、霓虹闪烁的南京市。这些别具一格的餐厅酒楼让都市里的人耳目一新,在城市的喧嚣之中品出些许边塞风情、少数民族淳朴的民风。傣家园的厨师、服务员和歌舞小姐都是从云南特聘来的"。[1]1992年国务院批准在北京兴建"中国民族文化城",更是旨在"弘扬民族优秀文化,加强民族团结,促进各民族的共同发展、繁荣。它聚56个民族于一城,象征各民族平等、团结、互助、共荣。因此,它是一项具有重要意义的政治建设、文化建设和经济建设。它将成为各民族地区对外开放的窗口和进行社会、经济、科技、文化交流的中心,并能促进民族地区各项事业的开发与繁荣","将成为旅游的胜地、研究的圣地和了解及学习民族优秀文化的大课堂"。所以赛福鼎同志说:"今后到北京,一看长城,一看民族城。"[2] 所谓"走出去",是都市人民随着物质、文化生活的改善和文化素养的提高,参加旅游活动的人越来越多,其中希望到民族地区旅游,以亲身领略少数民族人情风俗的为数不少,因为傣族的泼水节、彝族的火把节、白族的三月节、蒙古族的那达慕大会、维吾尔族的肉孜节、哈萨克族的古尔邦节等少数民族节日,对都市人民都存有极大的吸引力。无论是"请进来"还是"走出去",对密切城市与民族地区、汉族与各少数民族的关系,对加强各民族之间的相互了解、促进全国各民族的大团结,都会带来很大好处。当然,也会因此带来一些新的问题。都市民族学对这种因新时期而产生的关于民族的新内容,自然不能视而不见、听而不闻,而应该纳入自己的研究范畴,以便促使它更健康合理地发展。

都市民族学还应该采用比较研究的手法,对都市中的少数民族和他们的子孙与都市中的汉族以及聚居地区的少数民族,在文化与体质上加以比较研究,既找出他们之间的异同,又能阐明产生这些异同的原因和异同发生、发展的内在规律。那么,相信在科学上,这一定是一种很有价值、很有贡献的研究。

少数民族进城后,基本上会保留其原有的文化和风俗习惯。但是,在都市不断发展的现代化的冲击下,在其他民族包括国外传入的文化的影响下,会发生一定的

---

① 《大都市里的民族情调》,载《文汇报》,1993年4月22日第5版;原载《长江新潮》。

② 中国民族文化城筹建处:《国务院批准兴建"中国民族文化城"》,载《民族学通讯》1992年10月31日,第119期。

变化,甚至还会出现融合同化现象。特别是在不同民族间的通婚,会使不同民族的文化渐趋同一,如"今天呼和浩特地区围绕蒙汉通婚问题呈现出一种多层次、多平面、多角度的画面","越来越多的蒙汉通婚事例正在向人们表明,蒙汉通婚已经成为呼和浩特市蒙汉关系的一条重要纽带,是蒙汉文化趋同的实际体现"。[①] 这样,都市中的少数民族不仅会和汉族,而且还会与聚居地区的少数民族,在文化上产生异同问题。都市民族学应该用比较研究的方法,认真研究这种复杂的民族文化现象,并从理论上对这种现象做出科学的说明,相信肯定会有很高的学术价值。

[本文原载《上海大学学报〈社会科学版〉》1995 年第 6 期。该论文摘要收入由卢继传主编、中国经济出版社 1999 年出版的《中国新时期社会科学成果荟萃》第 1 卷第 6 编社会学 4. 城市社会学之中(第 923 页)。评价是"理论学术界称其为是一篇以经济建设为中心,为加快各民族发展和现代化进程服务的民族学研究的优秀论文。"]

---

① 　纳日碧力戈:《呼和浩特蒙汉通婚现状析要》,载《都市人类学》(阮西湖主编),华夏出版社 1991 年版,第 228 页。

要重视民族学人才的横向培养

民族学,作为以人们的共同体——族体为研究对象的独立学科,纵向的研究范围包括自古至今的所有族体,横向的研究范围则包含了现今生活在地球上的全部族体。因此,民族学有着自己非常广阔的领域。回顾留存在古史中的无数族体,放眼包括我国56个民族在内的当今世界上的2,000多个民族,应该说,摆在民族学工作者面前的任务是非常艰巨的,因而民族学人才的培养显得十分重要。在我国,"十年浩劫"使我们损失了整整一代人才的培养,其中当然也包括了民族学人才培养工作的被迫中断。正因为如此,在新的形势下,为了使我国民族学能够得到充分的发展,并不断开拓出民族学新的更宽广的研究道路,如何大力培养和造就更多的新的民族学研究人才,不断加强民族学队伍的建设,更是摆在我国民族学面前的最紧迫的首要任务。

"十年浩劫"后,中国社会科学院研究生院和少数有关的高等学校招收了民族学专业的研究生,中央民族学院还新创建了民族学系,招收四年制本科生。中国民族学会还分别与中南民族学院和云南民族学院联合举办了两期全国民族学讲习班。这对于培养民族学人才,充实民族学队伍,无疑具有重要的意义。但是自20世纪开始,尤其是近三四十年间,现代科学在高度分化的同时,还出现了高度综合化占主导的趋势,即各学科横向联系、交叉汇流、综合研究的日益繁荣,已形成了一股不可阻挡的现代科学发展的新潮流。在这种形势下,单凭各学科依靠自己的力量,用传统的纵向传授方式来培养接班人,已经不能完全适应本学科充分发展的需要了。我国民族学人才的培养也同样面临着这个问题。所以,今后在高等院校与民族学有关的专业中,增设民族学课程,以加强民族学人才的横向培养工作,造就复合型人才,就显得十分必要和迫切。

高等院校中,与民族学有关的专业,主要有历史学、考古学、社会学、博物馆学、地理学、人类学、语言学、经济学、人口学、文化学、宗教学等。同时,随着现代科学技术的发展,民族学也离不开计算机、航天技术等技术学科的帮助。民族学与历史学、考古学的关系最为密切,三者同属于历史科学范畴。这里说的历史学,主要指文献历史学,也就是说主要是通过历史文献来研究历史;考古学又称为历史考古学,主要是依靠"死的"物质遗存来重塑、证明历史。而民族学则主要从研究现存的"活的"族体出发,来探索历史。可见三者既是同源异流,又是殊途同归。至于原始社会史这样重大的具体研究课题,更是非要三者协同合作、互相渗透、彼此补充、相互印证不可。

民族学与社会学具有共同的历史渊源和亲缘关系。这两门学科都是在19世纪中叶形成的,几乎有半个世纪的时间,两者的基本理论都受到达尔文进化学说的极大影响,并共同使用民族学资料和比较方法,因此在这一时期,社会学与民族学几乎没有什么差别。只是在进入20世纪以后,随着资本主义社会矛盾的日益暴露和严重,社会学转向了对社会实际问题的研究,才使两者的研究对象和内容范围有了明显的区别。尽管如此,两者仍有交叉现象。特别是进入60年代后,两者重新出现了越来越接近的趋势,以致在国外的民族学领域中出现了一个社会学运动。

民族学与博物馆学的关系也是非常密切的。民族、民俗文物既是各族体人民智慧的最具体体现,又是各族体历史发展最形象、最生动的记录,而且还是各国的、有的甚至是全世界文化宝库中的珍品,所以搜集、保管、研究和陈列展览各种民族、民俗文物是世界各国民族学无论哪个流派都普遍重视的科学工作。为此设立了各种各样的民族博物馆、民族学博物馆、民俗博物馆或专门性的地志博物馆。有些国家还专门建立了民族博物馆学或博物民族学这样的边缘分支学科。因此民族学与博物馆学之间确实有着一条无法割断的"铁的链条"。

一个民族无论在形成前还是在形成后,总是以共同的地域为必要的最低条件,求得生存和发展的。在这样的地理环境中,经过长期的历史发展,族体成员的体质才慢慢地形成了适应于这一特定地域的遗传特点和体质特征;同时还逐渐地形成了具有本族体特点、又只流行于这一特定地域内的语言——方言。所以,民族学与地理学、体质人类学及语言学的关系也是密不可分的。近年来,我国复旦大学和上海自然博物馆的体质人类学工作者已组成了中国民族体质调查组,为建立《中国民族体质资料库》,赴少数民族地区,进行了大量的少数民族体质调查、测量和计算、分析工作,取得了丰硕的成果[①]。我国的汉族占全国总人口的93.3%(1982年),也是世界上人口最多的民族,而华北、华中、华南等各地汉族的体质特征和语言都有差异,很值得我们从这方面进行调查研究。现在世界上有些国家,上述几门学科的互相交会、渗透的结果,已产生了民族地理学、民族生态学、民族语言学、民族遗传学和族体人类学等综合性的边缘分支学科。所以,我国民族学人才的横向培养,也绝不应忽视从地理学、体质人类学和语言学三门学科中造就和发现新人,更应十分重视培养综合研究汉族的人才,使汉族研究能后来居上。

族体的发展与族体的经济发展及人口发展是紧密联系在一起的。近年来,西方国家的民族学领域中出现了经济民族学或经济人类学。在苏联则出现了民族人口学。我国少数民族众多,幅员辽阔,物产资源异常丰富,故少数民族经济的发展和人口状况在祖国的现代化建设中举足轻重。加强民族学和经济学、人口学在人才培养

---

① 中国人类学会编:《中国八个民族体质调查报告》,云南人民出版社1982年版。

方面的横向联系,在经济学和人口学专业中有目的地迅速培养一大批既具有民族学基础知识,又专门从事民族地区经济和人口研究的经济民族学和民族人口学人才,乃是当务之急。可以说,这是我国民族学、经济学和人口学当前联系现实、为四化服务所面临的共同的重要战略任务。

在民族学中,"民族与文化"这个课题也是占有非常重要的地位。苏联学者从民族学的角度,将文化划为民族文化、异族文化和族际或国际文化几个层次。[①] 最近几年来,在我国学术界也掀起了一股文化学或文化史学热,这无疑是一件大好事。但在这股热潮中,将人类的文化与人类的族体联系起来研究的却鲜见其人。为了将我国文化学或文化史学的研究推向持续、深入、多层次、多角度发展的健康轨道,民族学者也应该踊跃地投身到这股热潮中去,并从中发现和培养专门从事民族文化学或民族文化史学的新的人才。

对于族体宗教的研究,既是民族学的重要课题,也是宗教学中最基本的研究项目之一。自然崇拜、鬼魂崇拜和占卜、巫术之类的宗教活动,一般在各族体,特别是原始族体中都占有相当重要的地位,宗教信仰和礼仪在各族体生活中具有巨大的作用和意义。民族学者如不理解宗教,常易陷于幼稚的宗教观;宗教学者如不利用民族学资料进行研究,则易陷于概念的游戏。民族学与宗教学之间的这种互为依存的关系,在一些国家中已构成了宗教民族学这一新的分支学科,而在我国学术发展的链条中,这还是很薄弱的一环。民族学在培养人才时,如能与宗教学密切合作,有意识地向宗教民族学这一方向多做一些工作,是会结出丰硕成果的。

近30年来,在世界范围内,现代科学技术的日新月异,为社会科学提供了新的研究方法和技术手段。在国外,已出现了电子计算机民族学这样崭新的充满现代色彩的新学科,还有利用人造卫星这样的航天技术来为民族学调查服务的。为了急起直追世界的先进水平,我国民族学必须尽快注意这方面的人才培养工作,否则就永远不能取得革命性的突破,也就根本谈不上建设现代化的中国民族学了。

民族学是一门综合性很强的学科,这一特点决定了民族学必须与它相关的兄弟学科紧密结合。从现代科学由分散日益走向综合的发展总趋势看,我国民族学走积极培养横向人才,努力开拓新的研究领域和边缘分支学科的道路,乃势在必行,也是使中国民族学能得到充分发展的前提条件。这样就要得到教育部门的密切配合,改革传统的教学观念、方法和课程设置,在有关的专业学科的教学中,在加强基础课的同时,增设有关民族学内容的必修或选修课程,使那些对民族学有潜在能力和浓厚兴趣的非民族学专业的学生,能有机会得以发挥自己的特长和爱好,培养出一批具有综合能力的新的开拓型的民族学人才。同时达到普及民族学知识的目的。生物学上的杂交优势规律,在人才的培养上也应该是适用的。广阔的民族学园地,需要不断地开放出各种各样新的绚丽芬芳的鲜花。而横向人才培养的成功,将可以使成

---

① B·Ц·科兹洛夫:《民族与文化》,《苏联民族学》杂志1979年第3期,译文载《民族译丛》1980年第2期。

百上千的各具特色的民族学家们根据自己的爱好和特长，对众多的人类共同体——族体，进行跨学科、多方位、多层次的全面而综合化的立体研究和比较，这样，不同风格、各有特点的民族学著作也会纷纷脱颖而出，整个民族学界就会呈现出一片生趣盎然、生动活泼的兴旺景象。到那个时候，一个在马克思主义指导下的、现代化的、具有中国特色的中国民族学科学体系，必将屹立在地球的东方。

（本文原载中国民族学会编《民族学研究》第九辑，民族出版社 1990 年版）

民族学、人类学学科的历史转折点

——重评马林诺夫斯基和他的功能主义学派

一、简单的历史回顾

布罗尼斯拉夫·马林诺夫斯基（Bronislaw Kaspar Malinowski，1884—1942），原籍为奥属波兰人，是英国民族学、社会人类学功能主义学派的主要创始人。在第二次世界大战前，功能主义学派不仅对英国的民族学、社会人类学学科的发展产生过巨大的作用，还对欧美整个学术界都发生过重大影响。中华人民共和国成立以前，这个学派对我国民族学、人类学和社会学的影响也是很直接和深远的。当时我国以吴文藻先生为代表的社会人类学社区研究派，便是主要采用这一学派的理论和方法，并结合我国具体情况进行调查研究的。吴先生的学生费孝通先生，又是马林诺夫斯基的嫡传弟子，曾在1936—1938年亲身师事受教于马林诺夫斯基。费先生回国后，还在中国率先翻译发表了马林诺夫斯基当时在英美尚未发表的《文化论》书稿[①]。但是，中华人民共和国成立初期，欧美的社会学人类学和民族学都纷纷被作为资产阶级的"伪科学"而屡遭批判。同时又不顾国情，全部照抄照搬了当时苏联民族学的那一套，而没有着手建立我国自己的民族学、人类学学科理论体系。《苏联大百科全书》当时被奉为经典，苏联出版的《为帝国主义服务的英美民族学》被译成中文出版发行，前者称："在理论方面，功能学派是帝国主义时代最反动的哲学、社会学流派（实用主义、行为主义、弗洛伊德主义等）的大杂烩。"（第45卷第651页）"马林诺夫斯基是'功能学派'的创始人。这个学派的观点，按其理论基础是帝国主义时代最反动的资产阶级社会学理论（弗洛伊德主义及其他）的折中主义混合物。马林诺夫斯基所写著作，充分表明他是殖民地各族人民的敌人……是典型的殖民主义者"。（第2649页）后者则说："马林诺夫斯基……大部分时间为英帝国主义服务……而最后死于美国。""功能学派是和科学完全无缘的；他是反科学的反动学派。"

值得注意的是，上述这些上个世纪40和50年代苏联民族学的观点，直到80年代在我国仍有不小的影响。还有人说，以马林诺夫斯基"为首的功能学派是为了把

---

① 英文版书名为《科学的文化理论》（A Scientific Theory of Culture）。初稿于20世纪30年代后期，后经修改后于1944年由美国北卡罗米纳大学出版。但在中国，最早由费孝通翻译，刊于《社会学界》第10卷，1938年6月。后于1944年，由商务印书馆出版。

帝国主义的殖民统治从危机中挽救出来","他们的研究不是建立在同情和支持这些土著民族的立场上"。①也有人认为,"对于功能人类学派的哲学思想,我们有必要作为反面教材深入研究,批判其谬误"。②

　　然而,早在1978年,苏联莫斯科高等学校出版社出版了由80高龄的C·A·托卡列夫(C·A·Tokapeb)著的《外国民族学史》,在这部著作中,作者否定了50年代对马林诺夫斯基及其功能主义学派的不公正的批判,并做出了新的比较客观的评价。

　　其实,世界上从来就没有一种被全人类都公认为完全正确的理论和方法。因为每一种理论、每种学派都是在各自的时代背景和思想意识形态的影响下形成或产生的,并为实现自己既定的目标,站在自己的立场上,从自己的角度出发,进行观察、思考和研究,来体现自身存在的价值。所以,凡是人类社会所创造的一切,凡是人类历史上所建树的一切,我们都应该认真地、科学地加以审视和重新探讨。在极"左"思潮影响下,被斥为最反动的马林诺夫斯基及其功能主义学派的学说中,虽有糟粕,但也有值得我们现在仍可细嚼慢咽、很可回味的东西。特别是在深入改革开放的今天,我们应该在坚持马克思主义的前提下,既要扬弃,更应该大胆吸收包括功能主义学派在内的国外民族学、人类学中所有正确的或值得借鉴的理论和方法,这是加强我们自身建设、建立中国特色社会主义民族学、人类学学科体系的迫切需要。为此,在我国重新评价马林诺夫斯基和他的功能主义学派自然是很有必要的。

二、马林诺夫斯基的生平证明他是一位地地道道的民族学人类学学者

　　应该肯定,马林诺夫斯基是一位地地道道的学者。他一生从事社会人类学和民族学的调查和教学、研究工作,绝不是殖民活动家,更不是具有决策大权的殖民行政高官大臣。

　　马林诺夫斯基原籍波兰,即是说他应为波兰裔英国人。1884年4月7日出生在奥匈帝国所属的波兰加里西亚的克拉科夫,其父是一位斯拉夫文学教授,这对他后来从事民族学、社会人类学研究有很大影响,他自己在语言学上的功底也很深厚,懂得七国语言。1908年,他毕业于克拉科夫大学物理—数学部,获物理学博士学位。后来,他在病中阅读了詹姆斯·乔治·弗雷泽(James George Frazer)的著作《金枝》后,深感兴趣,导致了他改而专门从事民族学和社会人类学的调查、研究。为了获得这方面的更多的知识和专业训练,他于1908—1910年,到德国莱比锡大学师从心理学家威廉·冯德(Wilhelm Wundt)学习实验心理学。他对民族心理学尤感兴趣,他后来创立功能主义学派时,提出的一体化观念,就与民族心理学的理论有

---

① 杨堃:《民族学概论》,中国社会科学出版社1984年版,第94、95页。

② 梁钊韬:《我国应有自己的民族学》,载《民族学研究》(第一辑),民族出版社1981年版,第15页。

关。1910—1914 年，他来到英国伦敦大学经济学院和伦敦博物馆边工作边学习，师从爱德华·亚历山大·韦斯特马克（Edward Alexander Westermarck）、C·G·塞利格曼（Charles seligman）、弗雷泽等人学习民族学和社会人类学。1914 年，时年 30 岁的他，跟随到新几内亚和美拉尼西亚去的英国蒙德人类学考察队外出做实地科学调查。从 1924 年起，他在伦敦大学经济政治学院先后担任过讲师、教授和社会人类学系系主任等职，并兼任波兰科学院院士、研究人口问题的意大利委员会通讯委员、荷兰科学研究皇家学院院士、美国康奈尔大学"使者教授"等职务，还接受过新西兰皇家学会荣誉委员和美国哈佛大学荣誉科学博士的称号。这一切使他的声誉飞快增长。特别是他的两部关于特里布里安（Trobrind IsIands）人的著作《摩里的土著》和《西太平洋的探险队》出版以后，在英国通行的以学究性而出色的民族记载中甚为著名①。他的学生更是认为这些书籍是"打动实际活动家和科学活动家的心的著作。原始社会被证明不是风俗习惯、婚姻仪式、巫术仪式和物质文化的偶然凑合，而是有机的统一体，其中每一部分都有自己的功能"②。于是一个新的功能主义民族学、人类学学派便这样诞生了。

马林诺夫斯基曾到过新几内亚、美拉尼西亚、澳大利亚和非洲的坦噶尼喀、肯尼亚、北罗得西亚、斯威士兰等地调查考察，访问过本巴、斯威士、马塞、扎嘉、吉库犹、马拉哥里等部族[5]。还去过古巴、美国和墨西哥的一些地方，对印第安人进行调查研究。1938 年，他第三次赴美国访问。次年，因二战爆发，虽已买好回程船票，可因轮船停航无法返英，只得留居美国，在耶鲁大学任访问教授，同时继续对美国的印第安人进行调查和研究。直至 1942 年 5 月 16 日客死在美国加州。

马林诺夫斯基的著作丰硕，除了上述的《摩里的土著》和《西太平洋的探险队》外，著名的还有《西北美拉尼西亚的野蛮人的性生活》《母系家族的错综情结》《在原始心理中的神话》《在原始心理中的父亲》《野蛮社会中的犯罪和习俗》《野蛮社会中的两性和抑制》等，以及他的最后两部著作《文化科学理论和其他论文》《文化变迁的动力》。

他在上个世纪 20 年代和 30 年代培养出来的学生，后来大多数成了西方有名望的社会人类学或民族学家。他的最后两部著作，就是在他逝世后，由他的学生替他于 1944 年及 1945 年整理出版的。为了永久纪念他，美国人类学、民族学界专门设立了以他名字命名的"马林诺夫斯基奖"，以表彰他对科学的贡献。1980 年 3 月，我国著名的学者费孝通先生曾荣获该年度的"马林诺夫斯基名誉奖"。

总之，从马林诺夫斯基一生的经历和他在世界学术界的影响，可以明白无误地证明，他从来也没有担任过任何政治的和行政的职务，也没有写过什么政治理论书

---

① ［苏］C·II·托尔斯托夫等：《为帝国主义服务的英美民族学》，民族出版社 1958 年版，第 82～84 页。

② A·里察尔特斯：《马林诺夫斯基逝世纪念》，载《大洋州》杂志第 13 期，第 104 页。转引自［苏］托尔斯托夫等：《为帝国主义服务的英美民族学》，民族出版社 1958 年版，第 82 页。

籍,有的只是专业职称、荣誉称号和学术著作,所以他也只能是位学者。而硬加在他头上的什么"实际的殖民活动家""典型的殖民主义者"等大帽子,其实是无中生有的捏造。值得我们注意的,倒是他早年对科学的真诚和勇敢的追求。1914年,他去新几内亚和美拉尼西亚考察途中,第一次世界大战爆发,他因原属奥匈国籍,故被作为敌侨和文职战俘而拘留在特里布里安群岛。然而,即使在这样险恶的景况下,他仍没有放弃自己对科学的热爱和追求。他设法取得了英国朋友的帮助,并得到了澳大利亚政府的财政支持,利用这一时机,学习当地语言,从事对当地的社会人类学、民族学的调查考察和研究工作,从而奠定了他以后发表科学论著和创立功能学派社会人类学的坚实基础。对这种处在逆境中而仍能自强不息的精神,今天难道不应该给予充分肯定吗?

三、政治上马林诺夫斯基及其功能学派确实打有深刻的时代烙印,但对民族学人类学学科而言更有着历史转折的重大意义

对于马林诺夫斯基和他的功能学派在政治上的作用,我们应该采取科学的态度,即实事求是、全面对待,不能只及一点,不顾其余。

首先,应该也必须承认,马林诺夫斯基和他的功能学派确实存有深刻的时代局限性。这是因为他和他的学说的确是从维护和保证殖民地秩序的目的出发,提出了以间接统治的温和方法,服务于殖民的需要,而并没有对殖民制度的根本合法性提出异议。他的著作也确曾为殖民当局所利用。马林诺夫斯基还直言不讳地宣称:"民族学的任务不在于阐明某些制度的起源和历史,而在于指出它们在社会中的功能与作用;不是为了更确切地描述,而是为了教会殖民当局和企业主如何对待这些民族,以便更好地达到自己的目的。"[①] 然而,我们应该历史地看待这个问题,把这看成是历史的局限性和时代的烙印,更为妥当、科学。

特别是我们还应当注意到,马林诺夫斯基和他的功能学派在政治上是竭力主张自治和捍卫自治的,反对殖民主义用屠杀、欺侮等极端手段来对待殖民地人民,认为"即使是局部的干涉也可能导致一种文化的整体遭到破坏"。所以,他们反对"失败了的殖民政策",而要求保护"他们的"部落[②]。马林诺夫斯基曾竭力说服殖民官员停止对殖民地土著居民生活进行粗暴的干涉,1957年在伦敦出版的《人类和文化》论著中有一段他很愤慨的话可做证明:"到处是一片为狂热的灌输、根绝、烧毁且有伤我们的道德、卫生、教区敏感性的东西在努力,到处是一种对每个文化特征、每种习惯和信仰是某种价值,执行一定的社会功能,具有肯定的生物学意义的不学无术和愚蠢无知。""传统从生物学观点看来,是公社对环境的集体适应形式。他们消灭传统,你们就去掉了社会机体的保护性外壳,使它注定陷于慢性的、必然的灭

---

① 转引自[苏]托尔斯托夫等:《为帝国主义服务的英美民族学》,民族出版社1958年版,第7、82页。

② [西德]玛丽-路易斯·拉契、托马斯·海贝勒:《西方民族学概论》,载《民族译丛》1980年第4期。

亡过程。"①更重要的是,我们应该意识到,"间接统治"也好,自觉和捍卫自治也好,对于殖民地国家和人民来说,客观上也是在向完全独立的目标迈开了第一步。费孝通先生深刻地指出过,由于马林诺夫斯基"不断的努力",社会人类学(民族学)"这门曾经为那些屠杀、欺侮、剥削、压迫各殖民地人民的暴主们提供理论根据"的学科,"开始转变成为一门为建立一个民族平等的世界,为各族人民发展进步而服务的学科"。费孝通先生还特别强调,这是"这个学科的历史转折点"。因此,就是从这个意义上看,功能主义学派及其创始人马林诺夫斯基在政治上也有着很值得肯定的功绩。正如费孝通先生语重心长地说的那样:"回溯一下这个学科的历史转折点,也许并不是多余的,尽管新的一代人类学者或者会认为人类社会文化的基本一致性已是自明之理,世界上各民族的共同繁荣是必然要实现的前景。如果真是这样,那么我在这里只需要向他们提醒一下,这种基本认识的确立是得来匪易的。我们不仅要珍惜这些信念,而且要对前人留给我们的遗业做出充分的估价。这正是为了我们自己应当承担起当前历史给我们的任务。也许我们还需要有比前人更大的勇气和才能,才能真正地实现一个能使科学知识完全为人民服务的世界。"②就是在上个世纪 50年代对功能主义学派和它的创始人持全般否定态度的苏联民族学,到 70 年代也认为"把功能主义看作是殖民主义的思想工具的片面的否定评价"并不可取,指出"功能主义奠基人的著作为殖民主义当局所利用,这一点不应当归罪于他们(如同人们往往所做的那样)。他们本人根本不是为这种目的所鼓舞的"。③因此,我们不能再犯上世纪 60 年代中期,我国史学界中的某些人,在"左"倾思潮影响下产生的"清官比贪官更坏,因为清官比贪官更能维护封建统治秩序"那样荒谬绝伦的错误,而只能从马林诺夫斯基和功能学派所处的具体历史环境中,去理解和估价他(它)在推进时代前进中所起的作用,而不能用现代的眼光、标准和观点去肆意苛求前人,这才是历史唯物主义的态度。

四、在学术上马林诺夫斯基及其功能学派也存有糟粕和精华的两重性

在学术上,马林诺夫斯基及其功能主义学派也具有糟粕和精华的两重性质。

其糟粕之一,是马林诺夫斯基及其功能学派反对进化学派探讨社会组织和文化现象的起源及其发展规律,认为人类社会在出现文字之前不可能进行历史性的工作;他们还认为社会非常复杂,不必也不可能建立历史的普遍规律,从而否认了社会人类学(民族学)具有的历史研究的性质和任务。马林诺夫斯基甚至说,不要去研究殖民地各族人民的历史,因为他们根本没有历史,即使有的话,反正也是不可理解的④。这

---

① 转引自[苏]C·A·托卡列夫:《外国民族学史》,汤正方译,中国社会科学出版社 1983 年版。
② 费孝通:《迈向人民的人类学》,载《民族与社会》,人民出版社 1981 年版,第 75～78 页和第 80 页。
③ [苏]C·A·托卡列夫:《外国民族学史》,汤正方译,中国社会科学出版社 1983 年版,第 256 页。
④ [苏]C·Π·托尔斯托夫等:《为帝国主义服务的英美民族学》,民族出版社 1958 年版,第 7、82 页。

种反历史主义的观点,从根本上分析,不仅仅是完全错误的,而且是极其可怕的,带有鲜明而又深刻的种族主义的烙印,理应坚决予以否定和批判。

其糟粕之二,是马林诺夫斯基及其功能学派用静止的、僵死不变的形而上学的唯心观点,强调了文化"功能"的不可改变的性质。马林诺夫斯基甚至将砍下人头和食人肉癖说成是从功能上来讲也是不可缺少的。他们不懂得文化功能的平衡总是暂时的、相对的,不平衡则是经常的、绝对的;只有解决了不平衡问题,文化功能才能不断发展,文化的性质才能得到持续进步,社会也才能在健康的轨道上向前运行的真理。而坚持所谓"文化功能"的绝对平衡性质,不允许有一丝一毫的改变、破坏,连当时欧美先进的教育方式也不准传入后进民族共同体生活的地区,从而使功能学派的理论产生了维护落后的弊端,这在学术上和实践中都是十分有害和不可取的。

然而,剔除了这些糟粕,功能主义学派的理论确实有不少精华的成分和值得我们借鉴的地方。

第一,马林诺夫斯基的文化学说中,有一"文化整体论",指出每一种文化中的各个文化因素不是孤立的和处于游离状态的,而是彼此有着复杂的交互关系;如果把某一个文化因素单独提取出来,使其脱离整个文化环境,断绝与整体文化的联系,则就不可能了解和认识这一文化因素的作用和意义。应该说,这一理论是正确、合理的。

第二,功能学派研究的主题是事物的"功能"与"意义",认为一切文化和社会现象都有其存在和不可缺少的作用,并强调文化功能的差异性质。显然,这也是合理可取的。尤其是强调文化功能差异的思想,很能发人深思,因为人类之间的差异,从大的方面着眼,不外乎体质和文化两大范畴,而文化的差异总要比体质的差异大得多。社会人类学(民族学)自然应该重点研究各种社会和各种民族共同体的文化现象及其在社会中发生的作用。所以,"以马林诺夫斯基为首的英国功能人类学派对于现代各民族社会文化的研究,深入地观察到,人类各种社会制度,在文化的总布局中的'功能关系',用我们的术语来说,就是各种社会制度之间存在着相互制约的辩证关系。就这一点解释,功能人类学派在现代民族学史上是有所贡献的"。[①]另一功能学派社会人类学的代表人物艾尔弗雷德·雷金纳德·拉德克利夫—布朗(Alfred Reginald Radcliffe - Brown)的结构功能理论,更加系统,其中有关"维持社会整体延续"的观点,有独到见解,自然更应该予以肯定和研究。

第三,功能学派不同于过去各个学派的最突出的特点,是其突破了旧的传统,主张走出书斋,把主要精力集注于某个具体社会,与作为被调查对象的当地土著居民共同生活,并学习他们的土语,在这种实地生活里,进行直接观察和亲身体验,对其内部各种力量做详细调查研究,来了解它的文化性质。在调查时,功能学派还明确

---

① 梁钊韬:《我国应有自己的民族学》,载《民族学研究》第一辑,民族出版社 1981 年版,第 15 页。

指出要用理论来指导调查研究,重视理论的实践价值。这种社区调查法,功能学派称之为"局内观察法"或"住居体验法",然后,再将调查得到的不同地区、不同社会的材料进行比较研究。马林诺夫斯基非常强调地指出,一切科学结论必须建立在调查研究的基础之上。这种严谨的科学态度确实是很难能可贵的,直到今天,仍值得我们学习。

第四,功能学派还宣称,人类学从实地调查开始,以实用告终。主张用社会人类学(民族学)知识来为人类社会服务,力图把研究成果和方法用来帮助解决各种社会和文化的问题。"就这一点而论也是无可厚非的。用我们的术语来解释,就是从实际中来到实际中去。"① 对此,即便那些对马林诺夫斯基和他的功能学派社会人类学持否定态度的学者,也不得不承认马林诺夫斯基和布朗所写的民族专题报告,"还是可以参考的。他们所用的方法和技术比起摩尔根来,确实进步多了"。②

第五,经济生活、经济制度是民族学和人类学研究中不可忽视的重要内容。但在西方,这可是马林诺夫斯基的首创。马林诺夫斯基曾对靠近新几内亚的西太平洋中的特里布里安群岛的库拉圈(Kularing)进行过考察和描述,"这是对作为一种社会现象去考察经济活动的首次系统的尝试,这的确是第一次探索性的尝试"。③ 因此,直到现在,马林诺夫斯基的有关著作对现代经济人类学仍具有深远的影响,甚至马林诺夫斯基本人也被称为民族学、人类学中第一位真正的经济人类学家。特别是马林诺夫斯基"超出传统经济学的正规范围去说明经济活动是如何紧密地同文化的其他方面交织在一起"。作为民族学、人类学在经济领域进行开创性研究的先驱,他显然"已考虑到经济活动的社会内容",并指出"这种活动多少是由活动能复杂化到什么样的程度,怎样才能得到精心构成的贸易、权利和财富的握有是如何复杂化的"。④ 尽管他的理论中缺乏"价值""价格"等经济学概念及其内在联系等重要内容,而是用他的"功能"观点对经济进行解释,但是他在民族学、人类学学科中播下的经济研究应该受到尊重的种子,在他的学生中得到发芽成长,甚而现代西方学术界中仍有"马林诺夫斯基幽灵的再现"之说法⑤,可见其在西方民族学、人类学关于经济研究史中的重要作用和突出地位。

最后,更应该看到的是,在马林诺夫斯基生活的时代,正是由于"殖民地制度中统治者和被统治者的关系,白种人和当地居民的关系,给了当时人类学实地调查难

---

① 梁钊韬:《我国应有自己的民族学》,载《民族学研究》第一辑,民族出版社 1981 年版,第 15 页。

② 杨堃:《民族学概论》,中国社会科学出版社 1984 年版,第 97 页。

③ [美]E·勒克莱尔、H·施奈内德:《经济人类学发展概况》,载《经济人类学——理论与分析阅读物》,石奕龙译,见《中国人类学学会通讯》第 167 期,1992 年。

④ [美]E·勒克莱尔、H·施奈内德:《经济人类学发展概况》,载《经济人类学——理论与分析阅读物》,石奕龙译,见《中国人类学学会通讯》第 167 期,1992 年。

⑤ [美]E·勒克莱尔、H·施奈内德:《经济人类学发展概况》,载《经济人类学——理论与分析阅读物》,石奕龙译,见《中国人类学学会通讯》第 167 期,1992 年。

于克服的科学观察上的局限性。调查者和被调查者,或是观察者与被观察者之间既不大可能有推心置腹的相互信任,那就限制了调查到的或观察到的社会事实的真实性和深入性"。这使马林诺夫斯基内心产生了苦恼,因此他一再对费孝通先生说,"要珍惜以中国人来研究中国社会这种优越的条件,他甚至采用了'令人嫉妒'这个字眼来表达他的心情"[①]。这种心情说明了在他的内心,除了苦恼外,还蕴藏着一些渴望世界民族之间应该有机会得到相互理解、真诚交往的进步思想。

在西方社会人类学和民族学中,功能学派的"寿命"最长,这当然与其含有较多的合理的科学内核及进步的方法论有密切关系。虽然第二次世界大战以后,由于殖民体系的不断崩毁,功能学派的影响在日益缩小,但至今仍有生命力。虽然马林诺夫斯基和布朗分别于 1942 年和 1955 年去世,从此英国的民族学与人类学界再没有涌现出具有世界影响的人物,但国内具有较大影响的学者却并不少,形成"诸侯并立"的局面,其中李奇(E·R·Leach)还创立了英国的"新结构学派",具有广泛影响,成为英国当今社会人类学继第一时期的代表马林诺夫斯基和布朗之后的第二时期的代表。尽管如此,李奇仍旧认为自己是功能学家,依然打着功能学派的旗号。可见马林诺夫斯基和他的功能学派社会人类学影响的久远深刻程度之一斑了。

马克思在 1860 年 12 月 9 日致恩格斯的信,恩格斯的《家庭、私有制和国家的起源》等论著,为我们如何对待非马克思主义学者及其学说,做出了光辉的榜样。他们对巴斯典、摩尔根等人的正确评价,永远值得我们好好学习和深深品味。对待非马克思主义的学者及其学说,除了批判、扬弃外,还应该有一个批判性的继承、吸收和消化的任务。因此,在建立马克思主义的、具有中国特色的我国民族学、人类学和社会学创新的理论体系的时候,对诸如马林诺夫斯基和他的功能学派民族学、社会学、人类学那样的西方资产阶级的学者和学说,进行马克思主义的重新研究和重新评价,既是非常必要的,也是相当紧迫的。

（原文载《贵州民族研究》2003 年第 2 期）

[①]　费孝通:《迈向人民的人类学》,载《民族与社会》,人民出版社 1981 年版,第 75 ～ 78 页和第 80 页。

迈向 21 世纪的世界民族学和人类学

最近二三十年来,国际上民族学和人类学研究无论在学术观点、理论方法、研究重点上,还是在技术设备、研究机构和科研队伍方面,都发生了很大的变化。当前,应加深对国际上民族学和人类学发展趋势的了解,学习和借鉴其科学的理论和方法,以推进我国民族学与人类学的发展,缩短与世界发达国家的差距,使中国民族学和人类学能面向现代化,面向世界。

在 21 世纪即将来临之际,中国民族学和人类学如何面对新的世纪,怎样培育 21 世纪的"超前意识",这是当前很值得大家探讨的重要课题。在积极推进我国民族学和人类学发展的同时,重视和研究世界民族学和人类学的现状和发展趋势,应该是很重要的不可缺少的战略措施之一。最近二三十年,国际上的民族学和人类学研究无论在学术观点、理论方法和研究重点等方面,还是在技术设备、研究机构和科研队伍上,都发生了很大的变化。在"信息时代"的今天,为了更快地缩短我国与世界发达国家的科学差距,使中国民族学和人类学能面向现代化,面向未来,面向世界,我们必须对这些变化予以足够的关注和重视,并在深入研究的基础上,制定适合我国国情的对策,以便拓展学术交流,使中国民族学和人类学的发展不但能跟上时代的步伐,而且更具国际水平。

纵观当今世界,似乎国力越强,从事民族学和人类学教学和研究的队伍也越庞大。凡是发达的国家,如美、英、法、德和日本等,民族学和人类学研究的力量都很强大。例如美国,有几百所大学设有民族学课程,有很大数量的学生在学习民族学和人类学专业;同时在中学高年级的课程中也讲授民族学知识,包括规定一定的时间向学生介绍美国的民族成分,以及民族学、考古学的一般常识。在美国,数十个博物馆都设有民族学部或人类学部,如世界闻名的纽约美国自然历史博物馆、芝加哥自然历史博物馆、皮博迪自然历史博物馆、哈佛大学皮博迪考古学与民族学博物馆、匹兹堡卡内基博物馆等。此外,在美国还有许多民族学和人类学科学协会,如美国人类学学会、美国民俗学学会、美国民族史学会、美国民族学学会、应用人类学学会、美洲印第安学会、天主教人类学学会,以及各地区性学会。据不完全统计,美国全国约有四五千名从事民族学或人类学研究的专家。而雄厚的物质基础又保证了美国民族学和人类学科学活动得以顺利开展,这些物质基础的来源由财政团体和私人捐献的"基金"组成。所以美国是西方世界民族学人类学研究力量最强的国家。在日本,除了争取社会上的各种基金会和财团的赞助外,相当于我国教育部和文化部的文部省为发展日本的民族学和人类学研究,投入了巨额的经费,仅拨给在大阪的国立民族学博物馆的经费,每年都在 30 亿日元(约合人民币 3,300 万元)以上。近几年来,几乎每个日本民族学或文化人类学研究生必定出国一次,而教学人员则几乎每年出国一次。日本民族学和人类学学者还积极参加各种国际性会议,与世界各国学者广交朋友,这不仅在学术和文化交流上取得了很大的收获,而且对提高日本的国际地位、获得国际学术讲台上的发言权也起到了很大的作用。在社会主义国家中,则以苏联的民族学研究最发达。因为世界各强国都重视发展本国的民族学和人类学研究,使当今国际舞台上的民族学和人类学研究呈现出与过去不同的诸多特点。

当前国际民族学和人类学研究的突出特点是学派林立,学说繁多,气氛活跃。由于许多民族学家和人类学家都喜欢标新立异、独树一帜,所以形成了犹如我国春秋战国之际的诸子百家争鸣的局面。当然,形成这样局面的原因是多方面的。

首先,随着西方资本主义的高度发展和现代文明程度的不断提高,各种社会弊病和由现代文明产生的严重副作用,使不少民族学家和人类学家感到怅惘和失望,从而在民族学和人类学的研究中提出了视原始社会为完美社会的"以向后看"为宗旨的理论。20 世纪 70 年代末,在西德出现的"海外猎奇派""日常生活派"和"行动人类学"三个流派就是其中的代表。其中"海外猎奇派"和"日常生活派"又被称为代表单身汉的民族学或人类学流派。

海外猎奇派的代表人物是汉斯·彼得·杜尔(Hans Peter Duerr),他把现代文明时代称为"梦幻时代",认为在这种"文明"的"梦幻时代"中漫游是不值得的。他批评西方文化没有了解文明和野蛮之间的辩证关系,因而只是做了有利于二元论的牺牲品。他指出西方世界正在无限制地合理化和文明化,因而正在造成一个容易被摧毁的人类的内心世界和外部世界,认为发达民族的过去和现在都在谋求找到通向更多财富、消费、盲目的合理性和征服自然的道路,这是一条错误的道路。相反,原始民族过的原始社会生活比工业社会里发达民族的生活更幸福。于是他在民族学家所研究的各族的生活形态中得到一种启示:"我们不能再走这条路,我们必须刹车或者如有可能,我们必须下车走出本国社会。"而民族学则应主要从事海外猎奇。

日常生活派是一个"逃进形而上学的圈子里孤芳自赏"的学派。代表人物是维尔勒·施雷菲(Werner Schlapfer)。这个学派在谈到他们在进行民族学研究时,经常发现后进的民族共同体,特别是处在原始社会阶段的民族共同体"有时曾抵制,现在仍在抵制"发达民族的先进技术,并认为使用这种技术只会弊多利少。但是对发达民族来说,"要完全认识这种弊端是困难的",因为技术的强光照射得发达民族睁不开眼睛。而先进技术对发达民族也带来"副作用"。所以这个学派认为,"要用新的观点来判断我们自己的民族及其日常生活",并"使人认识到我们社会中自然的东西就是我们社会的矛盾"。因此他们反对传统与进步之间的辩证关系,想通过对日常生活的民族学研究,以求获得一种既超越过去的社会学又超越马克思主义的一种全面的观察方法,来解释和改变所有社会现象及其发展。

前西德行动人类学学派的代表人物是卡尔·H·施勒西(Karl·H·Schlesier)。他指出:"民族学应该包括:美国的人类学研究的科目,应该包括其他学科的至关重要的知识,因为人类学本来就是一门研究各时期人类的学科。所谓各个时期也包括未来,也就是说,不仅研究一定时期的一定人群或者当今一定区域的一定人群,而且研究包括当代在内的所有时期的人类生活情况的民族学或者人类学。"所以他主张民族学不应当只研究受压迫的后进民族共同体这样的"小社会圈子","也要研究统治社会,首先要研究那些大权在手的人"。他还认为"较小民族的哲学要远为合理和具有人道主义,对我们大家的生存具有重大意义"。所以民族学家应该站在"小团体"的利益上分析统治社会,使前者不仅能了解后者,而且能使前者懂得应如何对待后者。也就是说,民族学家应作为弱小民族的"伟大教师",作为在国际范围内为这些民族说话的代言人。他还批评现代发达民族的工业社会是一种恶性肿瘤,要求民族学家必须学习弱小民族的社会,学习弱小民族尊敬地球和所有生命的态度,以便用于改变现代发达民族的社会,使之接近弱小民族社会的思想和哲学。在这个学派看来,"资本主义没有前途",但马克思主义也没有前途,他们所看到的只是"作为生命方舟的地球只有在马克思主义和资本主义被一种新的思想所代替后,才有前途,即人类不是作为世界的剥削者,而是作为世界的保护者"。

显然,"海外猎奇派"所幻想的"走回头路"的方法既不足取,也根本行不通。而"日常生活派"和"行动人类学"所要寻求的新观点、新思想又充满着折中主义和调和主义的消极色彩。但是,他们为了寻求民族学和人类学的新出路,并从社会责任心出发,"怀着解放的要求,研究社会科学的传统",研究过去的科学家的观点,也似乎并非一无可取。

马克思主义不仅继续而且越来越大地对西方民族学和人类学发生影响,也是使西方民族学和人类学学者思想日趋活跃,并出现了不少比上述三个消极的前西德学派积极得多的民族学和人类学流派的主要原因。西方民族学和人类学界对马克思主义的态度发生根本变化是起自第二次世界大战以后,从此马克思主义对西方民族学和人类学的影响越来越强烈,从而使得有些头脑比较清醒的民族学家和人类学家逐渐认识到,再想把马克思主义与民族学和人类学研究割裂开来已经是不可能的。美国文化唯物论者哈里斯(Marvin Harris)指出,西方民族学和人类学是在同马克思主义抗衡中发展起来的,马克思主义对民族学和人类学的影响应放在主流的位置上。他在批评迈耶(A·Meyer)时说,马克思主义经典作家对社会文化进化的探讨,例如《摩尔根〈古代社会〉一书摘要》和《家庭、私有制和国家的起源》等著作,彻底摧毁了鼓吹马克思主义与民族学人类学发展"完全无关"的谬论。到了 70 年代,在西方民族学和人类学界中竟出现了一股"马克思主义热",于是大量的西方民族学家和人类学家纷纷转向了马克思主义,甚至不少民族学家或人类学家都以马克思主义者自居,并且在周围形成了学派。于是,一时间内出现了许多形形色色的以马克思主义为旗号的民族学或人类学流派。下面择其主要者简介之。

前西德的法兰克福学派　这是西方"马克思主义"民族学派别中影响最大的一个派别。代表人物是马库斯(Herbert Marcuse,1898—1979)以及霍尔克海默(M・Horkheimer,1895—1973)、阿多诺(T・W・Adomor,1903—1969)和哈贝马斯(J・Habermas,1929—)等。这个学派注重心理分析,把弗洛伊德的精神分析法与马克思主义结合起来作为民族学研究的原理,所以又称为"弗洛伊德式的马克思主义"或"心理分析马克思主义"。

法国的结构马克思主义学派　代表人物是戈德利尔(M・Godelier,1934—)和阿尔杜塞(L・Althusser,1918—)。这个学派的主要成员是法国共产党党员,其特点是把第二次世界大战后西方最时兴的结构主义人类学与马克思主义的辩证唯物主义和历史唯物主义思想捏合起来作为自己的学术旗帜和民族学人类学研究的理论基础。戈德利尔现在法国高等学术实习学院任人类学与经济学教授,主讲经济人类学(经济民族学),即主要利用民族学调查方法和所得的资料,研究后进民族共同体的经济生活和经济结构。1973 年,他出版了《马克思主义人类学的路程和远景》(Horizon,Trajets Marxistes en Antropologie,Paris)一书,除法文本外,1977 年还出版了英译本(Perspectivoc in Marxist Anthropology)。

美国的文化唯物论　主要代表人物是哈里斯(M・Harris),著有《文化唯物论》一书。在这部书中,自称他的理论是以马克思关于社会存在决定人们的社会意识这一论断为核心的。但他又认为,"马克思主义不够全面",所以要加以"补充"和"发展"。在他的另一部专著《人类学理论的发展——文化理论史》中,哈里斯专列第八章,题为《辩证唯物主义》,从而使马克思主义在这部书中占有重要地位。不过,我们发现,哈里斯的文化唯物论是吸取了怀特的新进化论中关于技术才是文化发展动力的思想并进一步发展而成为独树一帜的理论的。国外的评论也认为,文化唯物论是试图包罗新进化论、结构主义和历史唯物主义的一种折中主义。

美国的社会生活辩证法　代表人物是莫菲(R・Murphy),著有《社会生活的辩证法》等书,较多地强调上层建筑和意识形态的作用。当然,尽管莫菲自称是以马克思主义的辩证法来研究人类、文化和社会的,但他的辩证法的实质,却是脱离历史唯物主义的。

美国的经济人类学　这是一门研究原始社会经济,尤其是运用"现代的"资本主义的经济概念去研究原始社会的特殊科学。其中又形成了两种对立的流派:一称"形式主义者",以古德费洛(Goodfellow)、施奈德(Sehneider)、利克利尔(Jlek nep)等为代表,主张资本主义的经济学科范畴:资本、利润、利息、工资等,可以同样适用于任何社会。另一派名为"实际主义者",以卡尔·波拉尼(K·Polanyi)和多尔顿(G·Dalton)等为代表,认为在出现阶级以前的社会里,资本主义的经济关系本来是不存在的,而由血缘关系、社会结构、宗教魔术观念取代。有的苏联民族学家指出,"'实际主义者'的观点,同关于原始'经济'的正确的历史主义观点比较接近,因为,如同马克思指出的,只有资本主义用一种赤裸裸的经济、'现金'的权力、'赚钱''利润'概念,代替了过去人与人之间的一切关系。马克思不止一次地坚持认为,资产阶级社会的范畴是不适用于资本主义以前的制度的"。当然,"在评价'实际主义'或'形式主义'的观点时,苏联民族学家的意见是分歧的。然而,不论对阶级以前的社会经济的兴趣是如何浓厚,一门特殊的科学,即'经济人类学'的出现,是一种积极的现象"。

美国的行动人类学　近二三十年,美国进步学者力图在进步的、反种族主义和反殖民主义的基础上把科学集聚起来。虽然存在各种大大小小的意见分歧,但多数美国民族学家和人类学家都倾向于在一个总的纲领上团结起来,这个纲领就是:支援不久前从殖民压迫下解放出来的各民族,在经济、社会和文化发展中帮助他们。以索尔·塔克斯(S·Tax)为首的一些学者于1960年创刊的《现代人类学》杂志,是集聚的中心,至今所发行的各卷的内容本身说明,杂志的人道主义、反殖民主义和反种族主义的方向占优势。苏联学者认为,这是马克思主义对美国民族学发展影响的结果,"在某种程度上可以认为,这是美国民族学家在科学社会观上取得积极进展的表现"。所以把"这种实际的派别名之为行动人类学"。

70年代,随着"马克思主义热"的掀起,在西方民族学中还出现了一批与马克思主义经典作家名字和学说有关的论著。如《读〈资本论〉》(1970)、《卡尔·马克思的民族学笔记》(1972)、《马克思主义与原始社会》(1972)、《马克思主义在人类学中的前程》(1973)、《人类学中的马克思主义探讨》(1975)、《马克思主义与社会人类学》(1975)、《资本主义以前的生产方式》(1975)、《生产与再生产》(1976)、《国家的起源》(1978)等。

总之,现在马克思主义对人类学和民族学的影响已为国际学术界所肯定。1983年8月在加拿大召开的第十一届国际人类学和民族学会议上,专门举行了"民族学中的马克思主义分析法"的专题讨论会,受到了与会者的重视和欢迎。当然,在这股"马克思主义热"中,难免鱼龙混杂,泥沙俱下。对此,我们必须要保持清醒的头脑。

近二三十年来,世界上的自然科学的迅速发展也对国际民族学和人类学研究产生了重大影响。引进自然科学的知识和理论进行民族学研究,也是使国际民族学和人类学学派纷繁的另一个重要原因。除了上面提到的新进化论学派的怀特和斯图尔德就分别用热力学和生态学的原理来说明各族社会文化发展的原因外,这方面的代表还有美国的社会生物学派和新心理学派。

社会生物学派　这是20世纪70年代新出现的一个流派。所谓"社会生物学",

就是用进化论的生物学原理去解释人类社会生活的一种"学说",所以又称"生物人类社会学"。换言之,这个学派主要用社会性生物的特性和遗传基因来解释人类的社会文化现象。其主要代表是威尔逊(O·Edward Wilson),他是美国哈佛大学的一位昆虫学家,1795 年发表了《社会生物学:新的综合》一书,长达近 700 页。此书的内容也就成了这一学派的主要思想来源。在书中他特别强调遗传基因对生物(包括动物和人)形态的性质的决定性作用;指出各种生物能否在漫长的进化过程中经受自然选择而继续存在下去,要看它能否及时地和稳定地把进化中有利于生存斗争的基因,最大限度地传给下一代而定;认为人类的行为在一定程度上决定于遗传因子。这一学说发表后,立刻引起了各国学术界的广泛注意,也引起了我国学术界对它的争论,从而产生了两种截然不同的评价。

新心理学派　以怀丁(J·Whiting)、莱文(R·Levine)等人为代表。这一学派既是对"民族心理学派"的复兴,又是在弗洛伊德关于人类发展和"心理动态学"的影响下,有了"新的发展",即主要提出了以动态心理研究为着眼点的"认识人类学"。所谓"认识人类学",就是西方某些民族学家和人类学家开始用马克思主义的个别理论来研究认识问题。"认识人类学"又被称为"民族科学"(Ethonscience)或"民族学方法论"(Ethonmethodology),在具体的民族学研究中,是指某一民族共同体所独有的一套完整的知识体系,如民族医学就是自成一套的医学体系。这方面的代表人物还有古迪纳夫(W·Goodenough)、劳斯伯里(F·Lounsbury)等。他们的这套理论近年来在美国有一定的影响。当然,这种"认识论"不可能是真正的唯物主义的认识论,而仍是资产阶级唯心主义的认识论。

还应该指出的是,自然科学进入民族学、人类学研究领域的结果,还产生了一些新的边缘学科,如民族动物学、民族植物学、民族地理学、农业民族学、医学人类学、数学人类学、食物人类学等,成为当今国际民族学和人类学发展的又一值得重视的新趋势。

上述这些众多纷杂、层出不穷的新学派,相互之间的争论也十分激烈,充分显示了当今国际民族学和人类学讲台上的学术思想活跃、兴旺的景象。虽然他们的学术观点大多属于资产阶级世界观的范畴,也尽管没有一派的学术观点是十全十美的,但在某些方面或对某些具体问题的探讨上,各派也或多或少地有一些或有一定学术参考价值的地方,这对我们进一步解放思想,推进中国民族学和人类学的发展,跟上时代步伐,具有一定的启发和借鉴作用。

当前国际民族学和人类学研究的第二个特点是:实地考察困难重重,理论分析研究却日趋繁荣。实地调查是民族学和人类学研究的起点和主要方法。过去西方民族学或人类学实地调查的主要对象是亚、非、拉和大洋洲等所谓落后地区的土著民族共同体。但自第二次世界大战以后,由于原为西方殖民地的第三世界国家纷纷独立,他们为了维护自己民族的尊严和国家的主权,有的也为了发展本国的民族学事业,所以对西方民族学家和人类学家称他们为"原始民族"非常反感,也反对发达国家的民族学家或人类学家再来调查,从而使发达国家的民族学或人类学以实地调查为主要手段的传统研究方法产生了危机,并迫使他们向注重理论的分析研究的方向转变。这也可以说是造成上述派别林立的方法论上的主要原因。

在注重理论分析研究时,不少学者重视民族学、人类学与其他相关学科的横向联系,努力把其他学科的知识和理论引进到民族学和人类学研究中来,从而出现了对民族学和人类学进行综合研究的新趋向,并产生了不少跨学科的新学科,如民族社会学、民族经济学、民族政治学、民族历史学、民族语言学、民族人口学、民族生态学、民族宗教学等,无论是在西方发达国家,还是在苏联及前东欧的社会主义国家,莫不如此。应该指出,这种状况与当今世界科学发展的总趋势是吻合的。

在谈到注重理论分析研究的时候,我们还应该谈一下美国民族学中历史主义的复兴问题。摩尔根是美国民族学中历史主义的倡导者和实践者,但是在他以后,历史主义思想在美国越来越衰弱,到民族心理学派时,更被一笔勾销了,直至新进化论学派的崛起,才使历史主义在美国得以复兴。从此,"越来越多的美国学者开始认真考虑把历史主义贯彻到民族学研究中来"。所以,连苏联学者也认为,"对历史主义日益增加的向往,马克思主义影响的增长,以及站在一般进步的立场上自觉地使科学一体化的意愿,这些应当认为是美国现代民族学中最积极的趋势"。

诚然,到第三世界国家去进行实地考察,对当今发达国家的民族学家和人类学家来说虽困难重重,但也没有完全停止,而是仍然在不时地进行着。不过规模已不像过去那样大了,也不像过去那样以综合性的调查为主,而转为以专题调查为主了;调查的对象也不像过去那样只限于所谓的"原始民族",而是扩大到世界上的一切民族共同体。在西欧,近年来不少国家甚至发展起了把本国较发达的民族作为民族学或人类学主要研究对象的民族学或人类学,从而使民俗学与民族学的界线逐渐消失,并使原来的民俗学从简单的收集和经验主义的记述转向对事实进行理论上的思维和综合性的研究。杰出的瑞典学者西格德·埃里克森(S·Erixon)曾反复指出,研究本民族,即"地区民族学",只是统一的"民族学"的一部分。在其出版物和口头演讲中,在民族学的主要问题和原则问题上,他从没有把本国民族学的研究任务同一般民族学问题分割开来,并力求将斯堪的纳维亚民族学的现象和概念列入一般民族学术语范围之内。而在以欧洲地方民族学材料为基础建立起来的最新的一般理论中,奥地利民族学家阿图尔·哈贝尔兰特(A·Haberlande)建立欧洲各国民间文化发展总图景的尝试,被认为是"值得特别注意"的。因为这个图景是根据大量的具体的民族学材料并以进化论方式进行综合研究的结果,因此"具有很大的价值"。法国学者安得列·瓦拉纳克(A.Varagnac)的"传统文明"("史前文明")理论也是很有意思的。他认为,在工业国家里,民族学研究的范围是由传统文明的领域决定的。这种文明溯源于遥远的新石器时代,其基础对全欧洲都是统一的,只要那里的最新工业和科学文明没有将它排挤掉,它就会在那里保存下来。而且,这种"传统文明"的代表者,不一定只是农民。在一些国家里,如不久以前的印度、中国,传统生活方式是居民的一切阶级所固有的;但历史上也有过这种情况:当劳动阶级向往科学和新文化时,上层阶级却坚持传统的生活方式。1917 年革命以后,苏俄的情况就是这样。也许是受这一理论的影响,现在西欧的不少民族学者提出了"研究向上"的口号,即把西方社会的上层机构、宣传机器以及垄断资产阶级的保险公司、能源工业、跨国公司、食品工业等作为民族学或人类学调查研究的对象。至于以本国的居民点和建筑物(包括乡村住宅)类型、山地畜牧经济制度、家庭用具、家庭习俗、城市和城市文化、农村和农村文化、民间节日和娱乐、信仰和习俗、传说和神话等作为自己研究课题的民族学家和人类学家,更是大有人在。在苏联,民族学家也提倡要研究那些工业发达的大民族,要对都市工人的生活习俗进行研究。

近年来,国际上本国民族学或人类学兴旺发达的状况,对我国民族学和人类学中汉族民族学人类学的研究应该是一个很大的冲击。由于历史的原因和工作的需要,过去中国民族学的研究主要集中于少数民族,而汉族民族学的研究显得相当薄弱,这是不大正常的。因为汉族作为世界上人口最多的民族向来为世界学术界所瞩目,研究汉族的历史、文化、生活习俗在国际上有很高的地位。就国内而言,汉族是我国的主体民族,在今后现代化建设中的民族关系问题上,汉族必将居于主导地位,汉族民族学、人类学研究也应当发挥其重要作用。因此,无论是面向全球还是针对国内,大力开展对汉族的民族学、人类学研究已刻不容缓。汉族民族学、人类学既然是我国民族学、人类学亟待开垦的处女地,那么上述这些国外的经验是值得我们研究和参考的。

当前国际民族学人类学研究的第三个显著特点是将最新的科学技术手段运用于民族学、人类学领域。欧美许多国家的民族学家和人类学家已广泛使用电子计算机对科学情报进行加工和储存民族学和人类学资料。美国人类学家还采用了计算机模拟和其他较尖端的数控技术来进行民族学和人类学的研究和实验。苏联民族学的研究也在逐渐采用现代化的科技手段,他们除了在田野调查中采用录音、录像等现代设备外,还在统计和分析文献资料及调查资料时,运用电子计算机,特别是在民族社会学中这种方法首先得到应用和发展。

最新科技手段与民族学、人类学的结合,甚至在一些发达国家中产生了电子计算机民族学或电子计算机人类学这样的新兴的边缘分支学科。"影像人类学(民族学)"也是当今国际人类学(民族学)界的一门新兴学科,对于民族学、人类学的科学普及工作和深化民族学人类学的调查研究工作都有重大意义。同时,还有一些国家使用卫星为民族学和人类学考察服务。

然而,对于我国来说,这方面还刚刚起步,其中不少方面还是空白点。但是,这方面的问题如果不解决,那么实现我国民族学和人类学研究的现代化也只能是一句空话。

上述三个特点既是当前国际民族学和人类学研究的新动态,也是今后的发展趋

势。至于目前和今后相当长的一个时期内国际民族学界和人类学界感兴趣的具体研究课题,有以下几类:

一、城市化和工业化等现代化对人类特别是对民族生活方式的影响

从第二次世界大战结束到现在,世界各国的政治、经济和文化生活都发生了很大变化。尤其是亚、非、拉、美和大洋洲地区新独立的第三世界国家变化更大。这些国家原来大多是农业国,但随着经济的发展,城市也在不断扩大和增多;同时,现代工业在国民经济收入中也逐渐占据了主导地位。这一发展趋势给这些国家的政治权力、经济构成、社会结构、社会文化和社会生活带来了巨大的变化,因而传统的民族文化和生活方式也相应地发生了许多变化。对这种变化,各国和各族内部的成员都产生了各种不同的看法。这一问题引起了人类学家和民族学家们的严重关注。他们纷纷就民族文化特点和生活方式在城市化和工业化等现代化的影响下,那些适应的因而应该保持甚至发扬光大,那些不适应的因而要被淘汰或改革等问题进行了探讨。随着这种研究的深入发展,今后对这一课题感兴趣的人将会越来越多,都市人类学和都市民族学等新的分支学科正在形成和发展。

二、对民族过程的研究

世界上的所有民族共同体都处在不断的发展变化中,并在这种发展变化中发生分化和同化的现象。民族过程主要是指民族共同体在发展变化过程中的分化和同化的过程。因此,对民族过程的研究实际上也就是对民族关系和民族问题的研究。也就是说,各民族的发展变化影响着各民族之间的关系,也不断产生新的民族问题。特别在多民族国家中这方面表现得尤其突出。苏联和西方各国以及第三世界的国家大多数存在着民族问题,有些国家的民族关系问题还表现得很严重,使统治当局备感头疼。如加拿大,讲英语的民族与讲法语的民族矛盾重重。因此,民族发展过程中的民族关系问题引起了世界各国人类学家和民族学家的严重关注,并对这一问题进行了大量的研究,有些学者还为该国政府提供解决办法。如加拿大政府现在实行的文化多元化和双语政策,就是根据民族学家的建议制定的。在苏联,特别是在苏共二十大以后,为了执行"民族一体化"政策,更是把研究国内民族关系及民族发展过程作为民族学研究的重点。

另外,随着现代化的发展,各民族的经济生活方式渐趋一致,那么各民族的文化是否也渐趋一致? 当前各民族在发展过程中的趋势是以分化为主还是以同化为主? 这些也将是各国人类学家民族学家非常关心的问题。

三、交际人类学、民族学研究

这是国外 60 年代开始兴起的一个研究课题,主要研究人类语言的社会功能问题,特别是研究在本族内进行交际以及在与其他民族进行交际时,语言对于传递民

族文化信息所起的作用。目前大多数学者研究的中心是当代的民族语言过程、语言与文化、语言与民族、语言与社会的关系等。但随着研究的深入,学者们一致公认,不应把交际人类学民族学只理解为语言的交往,而应理解得更广泛一些。

四、民族学、人类学与人权,民族学、人类学与防止战争关系的研究

民族学、人类学与人权的研究,主要是各国比较进步的民族学家和人类学家为了帮助土著民族争取权利而引起的。近几十年来,西方各国的大资本企业、跨国公司等为了追求矿藏、石油、天然气等资源,企图把纯资本主义的商业性办法如金钱补偿、共同获利等强加给土著民族。如果土著民族接受了这种办法,那么他们尽管得到了金钱补偿,但却失去了自治的权利,也就等于失去了平等的权利,使自己完全陷入资本家的控制中。因此,这种办法对土著民族来说是毁灭性的,使他们的人权遭到了严重的破坏。

绝大多数民族学家和人类学家对土著民族的这种遭遇表示同情,他们支持土著民族为争取民族平等生存权利和自治权的斗争,谴责政府和垄断组织对土著民族人权的破坏。他们还成立了一些组织,如国际土著民族事务工作小组等,到亚、非、拉等地区进行科学考察,有时还采取一些有利于土著民族的措施。目前,民族学家和人类学家们这种支持土著民族权利的行动已形成了社会运动并得到了迅速发展。

民族学、人类学与防止战争的研究,也是新出现的课题。因为在本世纪内,人类经历了两次世界大战。第二次世界大战结束以后,又出现了一个漫长的冷战时期,爆发新的世界大战的阴影一直笼罩着全球,尤其是毁灭性的核战争威胁,使全人类诚惶诚恐。直到 1991 年,随着苏联和东欧各国相继发生剧变和解体,冷战时代宣告结束,发生新的世界大战的可能性大为减小。然而,随之而来的把本民族利益看得高于一切的民族主义却纷纷抬头,民族间的矛盾和争斗不断加剧,全球局部战争愈演愈烈。因前南斯拉夫解体而引发的波黑战争,一打就是几年,把一个好端端的国家打得四分五裂,满目疮痍,甚至发生了将以维持和平为己任的联合国“蓝盔部队”扣为人质的事件,令全世界为之震惊。美、英、法、德等西方盟国和俄罗斯,事实上都已卷入了波黑内战中。而俄罗斯与车臣之间弥漫着的硝烟和炮火,也曾旷日持久地不肯消散和熄灭。在非洲,卢旺达的内战夺去了数十万人的生命;布隆迪的图西族与胡图族之间也一再发生激烈的种族屠杀。在亚洲,中东和平进程虽已开始,但道路艰难曲折,一波三折,进度缓慢,枪炮声和爆炸声时有发生;也门南北之间也爆发了相互残杀的悲剧;而菲律宾棉兰老岛于 1995 年 4 月 4 日发生了导致数十人死亡的惨剧。上世纪 90 年代,印度和巴基斯坦又相继进行了核试验,既给南亚地区的和平和安全带来了严重威胁,也给国际安全和核不扩散带来进一步威胁,甚至可能导致后果难以预料的核军备竞赛。接着印巴双方在查漠—克什米尔实际控制线上又数次爆发大规模的武装冲突,造成人员和财产的重大损失。可见民族问题、民族矛盾、民族冲突

确实是引起战争的重要原因之一,所以民族学和人类学学者很注意对这一现实课题的研究,以求得防止战争这一实际问题的解决,造福于各民族乃至全人类。民族学、人类学与防止战争的研究,主要讨论的是民族学和人类学这门学科对于防止世界大战特别是防止世界性的核灾难能起什么作用的问题。许多学者从民族学和人类学的角度,对战争的本质和原因,军备竞赛和世界核威胁的根源,克服冲突和战争的办法等问题进行了广泛的探讨。有的人还对世界各族的各种军事仪式、对周围世界的认识、民族的成规旧习、民族中心论、民族救世论等引起战争的诸多民族因素进行了研究,从而得出了形形色色的结论。如有把战争和全球性冲突的根源归结为各族文化制度两极分化结果的结构主义观点;有把战争看作各族体质遗传基因中"利己基因"与"利他基因"对抗活动结果的社会生物学观点等。有些学者还对保障各族和平接触和合作的形式途径进行了研究。尽管学术观点五花八门,但大多数学者都认为,战争是人类生活中的反常现象,而各族之间的和平关系才是生存的准则。学者们毫无例外地一致反对核战争,并认为它是可以避免的,并且为了防止人类的灭绝,它又是必须避免的。

此外,还有民族社会学、妇女人类学、文化民族与政治民族等课题,也是当前国际上的研究热点之一,这些课题都极具实际意义。的确,从 1983 年 8 月在加拿大召开的第十一届国际人类学和民族学大会所反映的总情况来看,全世界民族学家和人类学家都明显地转向了对当代具有实际意义的课题的研究,从而使学术研究与社会实际之间的联系越来越密切,也因此使民族学和人类学的社会意义日益迫切并日益提高,它的跨学科研究特点和研究成果的实际应用价值也正在不断地发展和提高。这对于发展我国民族学和人类学来说,也具有方向性的指导意义。

同时,我们还应该更加关注邻国的民族学人类学研究现状,特别是东南亚和南亚的泰国、印度尼西亚、菲律宾、印度等国,近年来民族学(人类文化学)也有了一定的发展,如菲律宾在 1982 年成立了一个"卡潘潘甘人(Kapampangan)人类学会",专门研究卡潘潘甘人的文化、世系、起源、语言和人文科学等。印度把民族学归入人类学范围,并在社会文化人类学和体质人类学两个领域内开展研究。在社会文化人类学的发展中,印度学者一直在寻求自己的道路,所以在研究对象、内容和方法方面都有自己的特点。1978 年 12 月 9 日—16 日,第十届国际人类学与民族学大会在印度新德里举行,意味着国际民族学界对印度民族学、人类学研究的充分肯定。

必须看到,我国南方的一些少数民族与东南亚及南亚诸国的民族有着密切的关系,发展我国与这些国家的民族学、人类学交流,不仅有着促进我国民族学和人类学的发展和文化交流的意义,而且对增进我国与邻国人民的友好交往,提高我国的国际地位,也有重要的现实意义。

近年来,国际上民族学界和人类学界之间的学术交流和合作十分频繁。国际性的地区民族学会,如国际大洋洲学会、国际汉学研究会、国际非洲研究会、国际美洲学会、国际蒙古学研究会等,也如雨后春笋般建立起来了,并经常召开国际学术会议。特别是"近年来,在欧洲民族学中,一种使研究和方法统一和协调起来的愿望,一种不仅企图统一研究课题,而且力求进行直接的国际合作的愿望,表现得越来越明显。在民族学研究领域,出现了各种广泛的和比较狭窄的国际联合形式"。例如,现在欧洲各国民族学家在民族学地图基础上编制全欧民族学地图的国际合作早已安排就绪。同时在形式上把一切欧洲国家的民族学家和民俗学家联合起来的组织——国际民族学和民俗学协会也已成立,并由这个协会组织在 1971 年 8 月于巴黎召开了第一届国际欧洲民族学代表大会。"然而,欧洲范围内的科学一体化,近年来已日益为人类学和民族学的世界一体化所取代",这种一体化的外部表现就是举行定期的国际人类学与民族学大会,每五年召开一次。在大会闭会期间,驻布拉格的国际人类学和民族学协会常设委员会负责包括下届大会的准备工作在内的组织工作。这个"国际协会下辖国际人类学和民族学迫切问题研究委员会,从 1958 年起(在联合国科教文组织的帮助下)每年出版自己的《通报》,刊载有关具体研究的头等任务的文章"。

为配合我国的对外开放政策,深入开展世界民族学和人类学研究,加强国际的交流和合作,并努力确立中国民族学人类学在世界学术之林的地位而贡献力量,中国民族学界和人类学界必须充分重视当今国际民族界和人类学界的这种科学联合。就中国民族学的现状来说,我们对于我国少数民族的研究成果已为世界学术界所瞩目。1983 年,我国首次派出民族学代表团参加在加拿大召开的国际人类学和民族学大会,受到国际学术界和各国代表的热烈欢迎和尊重。印度的一位代表甚至认为,没有中国参加,这个大会是不完全的。各国代表对中国代表在自己论文里提供的资料表示出极大的兴趣。近几年,我国民族学家和人类学家们还参加了不少国际文化交流活动,认真地介绍了我国民族学人类学研究的成果,从而一新国际民族学、人类学的耳目,受到国外学者的欢迎和重视。这是一个方面。另一方面却是我们对于世界上大小 2,000 多个民族的历史、现况和动态还知之甚少,有的甚至处于无知的状况。但是,随着我国对外开放政策的持续贯彻,我们与世界各族的接触也必将日益频繁,所以对于他们的情况的了解和研究,已成为刻不容缓之事。然而,对于研究者来说,只靠一些外文资料,而缺少实地调查的第一手资料,其研究是很难深入而准确的。所以作为社会主义大国的中国,应该采取多种途径努力培养更多的民族学家和人类学家,逐步深入到世界各地各族中,调查研究他们的实际情况、特点和动态,确立我们自己的世界民族研究的体系观点,并积累自己的第一手资料,既可作为进一步学术研究的根据,又可作为我国对外开放政策的重要参考依据。此外,关于种族问题、关于南北对话、东西对话和南南对话问题;关于民族主义思潮和民族解放运动的问题;关于多民族和多元文化的问题,等等,都是当前国际政治形势中具有特殊重要性、与民族学、人类学又有密切关系的问题,中国民族学、人类学也都应有自己的研究和见解。当然,不可忽视的是,中国民族学家对于世界民族的研究已经有了良好的开端和基础,这是令人欣慰的可喜现象。

　　总之,在迈向 21 世纪之际,作为世界学术界重要组成部分的中国民族学和人类学,虽然年轻,却已展示了自己的特色和风采;虽然历经坎坷,却仍脚踏实地。通过对自己的回顾和总结,又放眼瞭望了国际民族学和人类学研究的动态和趋势,处在世纪之交的中国民族学和人类学如今正走在通向未来、通向世界的征途上,一定会对全人类做出更大的贡献。

(本文原载《广西民族研究》1998 年第 4 期)

三、考古随笔、考察散记和历史人物散论

森林与原始人类

.

　　浩瀚无际的森林,对当今世界的人们来说是至关重要的,对原始人类来说,它更是赖以生存的基础。从某种意义上说,人类诞生和发展的全部历史,雄辩地证明了"没有森林,也就没有人类"这样一个深远的真理。

一、森林是原始人类的发祥宝地

　　森林是人类产生的摇篮,是原始人类的发祥宝地,也是我们所有现代人类共同的最早故乡。

　　人类是从古猿演变来的。1876年,恩格斯发表了《劳动从猿到人转变过程中的作用》一文,提出了有关人类发生、发展的三个科学概念:攀树的猿群——正在形成中的人——完全形成的人。攀树的猿群是人类的远祖,恩格斯说它们"成群地生活在树上"。从上新世地层中发现的有关化石看,当属森林古猿。这是一种林栖动物,以"臂行"(即用臂悬挂在树上移动身体)的方式生活在茂密的原始森林之中。

　　从第三纪中期开始,由于地质上和气候上的激烈变化,某些古猿被迫从树上来到林间草地,屈肢行走,向着真人的方向发展。于是开始了从猿到人的过渡,按恩格斯的另一说法,这一过程又可称为"人类的童年"阶段。这种"正在形成中的人",即是著名的腊玛古猿,其最早发现于巴基斯坦与印度接壤处的西瓦立克山。从与腊玛古猿同时发现的动植物化石和出土化石的沉积物分析,那时的西瓦立克山地区,既有郁郁葱葱的森林,也有少数空旷的林间空地。我国云南开远小龙潭和禄丰石灰坝发现的腊玛古猿化石,都产自第三纪褐煤层中。当时,其环境为沼泽森林。

　　手、脚分工的完成,工具制造,也即劳动的产生,使古猿最终脱离了动物界,而变成"完全形成中的人"——真人。从考古工作中发现,这些最早的人类——猿人,仍然没有脱离森林。闻名世界的北京猿人产地周口店的北面和西面,是高高的群山及蜿蜒起伏的丘陵,当时上面都生长着铺天盖地的森林,其中有松、桦、栎、紫荆和朴树等。再根据对与元谋猿人伴出的动物化石种类分析和从孢粉谱所反映的气候与植被生态环境看,元谋猿人当时生活的环境乃是一个比较凉爽的草原——森林型环境。而蓝田猿人生活的地区,当时正处在亚热带的森林和草原的交接地带。

　　总之,无论是人类的远祖——古猿,还是刚刚诞生的人类——猿人,都与森林结有不解之缘。万物之灵的人类正是从森林中产生的,这是经过现代科学实践一再证明了的毋庸置疑的铁的事实。从这个意义上说,把森林比作人类的母亲,也并不过分。

二、森林为原始人类提供了住所

人类一经诞生,就需要有一个较为固定的住处。而森林又直接为古代人类营建住所提供了可靠的保证。

试看,在那遮天蔽日的古代原始森林中,咄咄逼人的毒蛇猛兽出没无常,时刻威胁着猿人的生命。那狂风暴雨,烈日严寒,也不时地折磨着幼稚弱小的人类。为了在这样的艰险环境中求得生存,这些刚刚形成的人,要在树上筑巢居住。在我国的古史传说中,就有"有巢氏""构木为巢"的神话故事。《韩非子·五蠹篇》中说:"上古之世,人民少而禽兽众。人民不胜禽兽虫蛇。有圣人作,构木为巢,以避群害。而民悦之,使王天下,号曰'有巢'。"这充分反映了我们的祖先曾在那茫茫的林海里,艰苦经营住所的情景。在云南沧源发现的古代崖画中,也有原始人类在树上巢居的画面。现代的考古发现也证明,除了北京猿人和匈牙利猿人等为数不多的早期人类是在洞穴中居住外,世界各地大部分的猿人化石都不是从洞穴里出土的。因此,猿人大都仍习惯于树上生活,是非常可信的。利用密林包围的山崖洞穴做住处,也许是较晚些的事。

图1　半坡房屋遗迹复原图

房屋建筑的出现,是新石器时代的事情。当然,造房的主要材料——木料,仍取自森林。仰韶文化半坡类型的住房,就是采取"构木筑土"法建造的,多数为半地穴式,少数为平地起建的圆形、方形或长方形的房屋。每座房屋内部都有数根大木柱支撑屋顶;墙壁则被称作"木骨泥墙",因为它是用草泥土夹小木柱做成的;屋顶由架设的木横梁和木椽,再稍盖上茅草或涂一层草泥土做成(图1)。至于在浙江余姚发现的河姆渡文化的住宅,更是几乎完全用木材建造的木构干栏式长屋。据研究,建一幢这样的长屋,需木材数百立方米。可见,为了原始人类能够避兽害,遮风雨,御寒热,繁子孙,森林曾经做出过多么大的贡献啊!

三、森林是原始人类的"食物宝库"

在原始社会中,采集和狩猎是原始人类的主要生产活动,而森林则是原始人类最充裕的"食物宝库"。

对于早期原始人类来说,采集比狩猎更为重要。因为在远古时代,野果、树子、根块等,都是早期人类的主要食物,而森林中野生可食植物的资源十分丰富,一年四季都可采摘、挖掘,来源比较可靠、稳定。当时,周口店附近山上的森林中,有一种朴树,长有一种小球似的果实,用火烧熟后,吃起来颇有香味,这就是北京猿人经常采摘的食物之一。

在出土北京猿人化石的同时,还发现有虎、豹、狼、牛、马、野猪、鹿类、羚羊等兽类化石,而且不少已被烧过,一般是被砸破的,这说明北京猿人也到森林和草原中,依靠集体围猎的方法,捕获各种野兽作为食物。

到了新石器时代,原始人类虽然已经从事农业和饲养家畜等经济活动,但在当时人类生活中狩猎和采集仍占有很大的比重。在陕西西安仰韶文化半坡遗址中,曾发现过榛子、松子、栗子和朴树子等森林植物的硬壳果实,同时也有鹿类、兔类、羚羊、竹鼠、狸、雕等禽兽的遗骨。在浙江余姚河姆渡文化的遗址中,植物的果实、果核、树子等采集物的外壳很多,最多的一堆可达百斤以上;而出土的各种兽骨数量,大得竟能以吨计算。可见,狩猎和采集在当时仍有着重要的经济意义,森林仍是新石器时代人类经常光顾的地方。

在生产力水平十分低下的原始社会,森林为人类提供了如此丰美的天然食物,对人类体质的发展起了巨大的作用。“民以食为天”。仰韶文化半坡类型的先民们,可能是为了森林给予他们的好处,在当时的彩陶器上,就有画上树纹的(图2)。

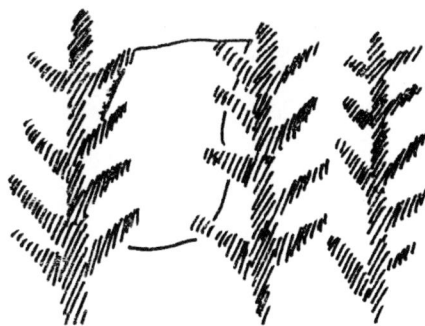

图 2　半坡彩陶上的树纹

四、森林为原始人类提供了衣、火、生产和交通工具

原始人类生活的不断改善,生产力水平的不断提高,与森林提供的种种资源有密切关系。

原始人类的衣服,最早就可能是用树叶直接或加工后制成的。这可以从民族志材料中得到佐证。被称为“当代穴居人”或“活着的石器时代人”的菲律宾塔萨代人,男子以藤皮带和树叶遮住阴部,妇女有时外面再围上用树叶做的短裙。而非洲的俾格米人则用榕树叶加工制成一种独特的衣料“姆皮古”,欧洲人把这叫作“热带森林的麂皮”。俾格米人先把在水中浸泡几天的树皮弄碎,从中分离出柔软的纤维,再把它们铺在巨大的树叶上,经过几天风干之后,这些树叶便成了结实的布料。然后用木槌敲软,浸泡后再敲几次。最后用土上色,就可以用来做衣服了。所以,据此推断森林是原始人类最早的衣着之源,不是很可信吗?

火的使用在人类历史上非常重要,而这与森林也有着密切的关系。在出土北京猿人化石的相应地层中,都发现有灰烬或炭屑,说明北京猿人已经懂得用火了。原始人类最早的用火方法只能是利用和保存天然火种,为此,原始人从森林中砍来大量树枝,作为持续不断地添加到火堆上的燃料,以保证火种不致熄灭。经过了很长的时间,原始人终于知道了人工取火的方法,而这据说又是从森林中得到启发的。我国古代有燧人氏钻木取火的传说,说是在远古有一个大圣人燧人氏,看到一棵树上有一只鸟,用喙啄树,火就从树里喷射出来了。燧人氏受到此事的启发,取来一根树枝,钻之而得火。事实上,直到解放前,我国的黎族等少数民族还用这种钻木法来取火。这说明,森林在人类用火这个历史性的事件中,确实发挥过巨大作用。

劳动是人与动物的本质区别之一,而劳动是从制造工具开始的。早期原始人类——猿人的主要工具可能是木棒,因为木棒在打猎中的作用比石器大,在采集中又可以作为挖取植物根块,打落野果、树子的工具。同时,木棒也极易取得,因为森林"母亲"早就为他们准备好了。而石质的砍伐器和刮削器以及火,对于制作顺手适用的木棒来说,是很好的工具。在英国属旧石器时代的克拉克当文化中,就曾发现过一种残断的用火烧法和凹刀刮削器加工的紫杉木矛(图3)。到了新石器时代,石质的铲、耙、锄、斧、锛、凿、刀等,都是被安装上木柄使用的(图4)。在属仰韶文化庙底沟类型的陕西华县泉护村遗址的一些灰坑周壁上,曾发现过长条的掘土棒遗痕,在陕西临潼姜寨、河南陕县庙底沟等新石器遗址中,还发现过木质的双齿耒痕迹。特别是在浙江的河姆渡遗址中,竟出土了数以百计的木质的耙、铲、矛、刀、匕、筒、棍、纺轮等工具。可见,森林是原始人类制造工具原料的重要来源。

森林还为原始人类提供了水上交通的方便。最早,原始人可能直接利用大原木作为渡河工具;稍后,可能用木筏代替大原木;再后,是将大原木剖成两半,再掏空成独木舟;最后是发明了船和桨。在距今约7,000年的河姆渡文化中,曾出土了6支木质的船桨,其外形与我们今天小游船上使用的小划桨大体一样。有桨必有船。说明至少在7,000年前,原始人类已经在水上取得了很大的自由,而这与森林是有着多么密切的关系啊!

图3　英国克拉克当文化的木矛

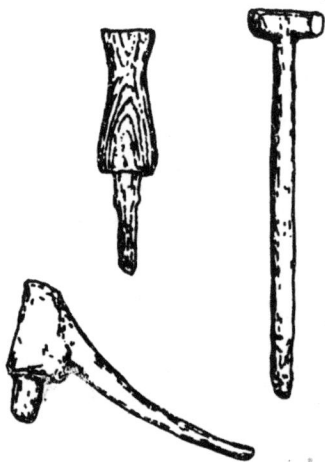

图4　浙江河姆渡出土的木耙柄木斧柄和木器柄

　　森林对于原始人类真可谓是"劳苦功高"了,难怪原始人类对待森林从心底里产生了一种由衷的宗教崇拜感情。直到现在,居住在非洲伊图里原始森林中,尚处在石器时代的班布蒂人,仍把森林视为最高的神灵,因为他们认为,是森林给予了他们生活中的一切。

　　确实,在漫长的历史长河中,森林像母亲般哺育了人类。然而,遗憾的是,长期以来,人类对于森林却不加爱惜,以致使人类的这个最早故乡遭到严重破坏,使自然界的生态平衡受到干扰,人类也因此受到惩罚。现在,是人类应该猛醒的时候了。

（本文原载中国林学会主办《森林与人类》,中国林业出版社版,1983 年第 4 期）

岩石和地层里的特殊文字——"化石"

沈括是北宋时期著名的科学家、政治家,他一生用心竭力精研科学,平时观察细致,用功极勤,故成就丰硕。他曾在陕北延州(治所在今延安)任知州,一天他外出发现地下埋有类似竹笋似的石头。而竹子和竹笋这类植物在当时的延州是从来没有生长过的。所以,沈括对这奇怪的石头进行了深入研究,认为在很久很久以前,延州曾经生长过竹子一类的植物,这种类似竹笋似的怪石就是这类植物留下来的遗骸。沈括还曾奉皇帝之命,出使河北,在太行山的岩石中,发现夹有螺、蚌等贝壳。而这种螺、蚌应是生长在海里的生物。因而,他推断在远古时期,太行山以北可能是一片汪洋大海。后来沈括把上述两件他亲历的故事都收入了他的名著《梦溪笔谈》之中。他所记述的类似竹笋的怪石和夹在岩石里的螺、蚌,就是我们现在称为"化石"的古代生物遗骸。而沈括对化石研究所得出的科学创见,要比欧洲文艺复兴时期意大利的达·芬奇早400多年。

无独有偶,南宋的大学问家朱熹,一天上山游览,也见到了一些夹在石头中但应生长在海里的螺、蚌等软体动物介壳。他也因此推想到,埋藏这些贝壳的岩石从前应该是海底的泥沙。也就是说,从前的大海现在已经变成了山岭,海底的泥沙已经变成了山上的石头。所以作为哲学家的朱熹不由得发出了长长的一声感叹:"沧海可以变成桑田。"看来朱熹与沈括一样,不仅认识了化石的性质,而且还知道了地质学上海陆变迁的基本原理。

化石,在我国民间俗称"龙骨",远从五六世纪起,我国就有将龙骨作为中药材的记载。其实,称化石也好,叫龙骨也罢,都是古代生物主要是哺乳动物的骨骼遗骸。也就是说,古代生物,包括植物和动物,死亡以后,被埋在泥沙之中,体内的有机质被细菌等微生物所破坏而腐烂了,骨骼等带有空隙的无机质暂且保留了下来,在一定的条件下,含有主要是钙等成分的矿物质的地下水流经这些骨骼,就会发生填充交替作用,即水既把骨骼中原有的物质溶解带走,又把钙等矿物质填充在骨骼的空隙里。在这样持续不断的填充交替作用下,经过很长很长的时间,骨骼的重量会变得越来越重,慢慢地最终变成了石头——化石。

这种由死亡的古生物变成石头的作用,在科学上称为"石化作用"。所以我们现在见到的化石,主要是由钙盐等无机质组成的石质骨骼架子,已不是原来的生物。即是说,实际上化石所保存的只是古代生物的形态或构造,已经不是原来构成生物体的物质了。在所有古代生物体中,牙齿是最容易形成化石的。就时间而言,距今1万年以前,包括考古学上的旧石器时代在内,地球上的生物都有可能成为化石;但1万年以后,包括考古学上的新石器时代在内,地球上的生物相对而言,一般因时间太短而不能形成化石。

化石是非常珍贵的科学资料,是古代生命的最确切的记录,是把古代生物和它们的活动及其兴亡历史记录在岩石和地层里的一种特殊"文字"。通过这种特殊"文字",我们知道距今约10亿年前,地球的海洋里才开始有单细胞类型的低等生物,进而发展成多细胞的无脊椎动物。在距今约5亿5,000万年,海洋里出现了甲虫样动物,它们的身体都可以分为头、胸和腹尾部三节,每节又可横分为中轴和左右侧三条,即它们的身体纵横均可分为"三叶",故科学家叫它们为"三叶虫"。世界各地发现的三叶虫化石多达几千种。我国山东大汶口附近的小山脚下就盛产三叶虫化石。因化石上布满了凸起和凹下去的"花纹",而且这些"花纹"有的像展开翅膀的蝙蝠,有的像翩翩起舞的蝴蝶,也有的像一颗颗的黄豆,所以当地老乡总称它们为"花石头",又分别称为蝙蝠石、蝴蝶石、豆石。因为三叶虫是5亿年前海洋里最重要的动物,所以科学家把这个时代戏称为"三叶虫时代"。随着三叶虫的减少,海洋里新出现了一种羽毛样的动物,很像18世纪欧洲人写字用的鹅毛管笔,科学家因此叫它为"笔石",因其形态不同,又可分为锯笔石、剑笔石、叶笔石和树笔石等。笔石化石在我国分布极广,几乎各省区都有。

大约在距今3亿年的时候,海洋里的动物进入了"鱼类时代"。最古老的鱼体外披有硬甲,是穿着"盔甲"的鱼,学名叫"甲胄鱼"。其中有一种叫"头甲鱼"的甲胄鱼化石,在我国云南、陕西、湖北等地都有发现。不过甲胄鱼还不是真正的鱼。最早的真正的鱼是装甲的鱼,在我国南方各省的红色砂岩层里多有这种鱼的化石,科学家统称为"沟鳞鱼"。在"鱼类时代",海洋里还生活着一种腕足类生物。在我国的中药材里,有一种叫"石燕"的普通药品,其实这也是一种海洋动物化石,属腕足类,因形如石头燕子而得名。但有一些却更像石头麻雀。在湖南湘潭、湘乡和宁乡等地埋藏的石燕化石十分丰富,在四川、云南也有分布。石燕是很有科学价值的化石,它不但能告诉我们远古时代哪里曾经是海洋,而且还是研究动物进化的很好材料。

从鱼类到两栖类是生物进化史上最重大的事件之一。联系鱼类和两栖类的是一种叫总鳍鱼的鱼类,我国广西等南方各省、区的古老地层中都发现有总鳍鱼化石,时间约距今2亿5,000万年。总鳍鱼的身体构造只要稍作改进,就成了真正的同时能在水中和陆地上生活的两栖类动物。最早的两栖类统称为迷齿类,我国的山西武乡、云南禄丰都发现过这类古老两栖类化石。而在我国山东临朐山旺村附近,有一种质地非常细致的白色岩层,里面留存的动物化石连皮肤、毛发等都能清晰地显示出来,其中就有属于两栖类的青蛙和蝌蚪化石。

大约在距今2亿年左右,爬行类动物逐渐地代替两栖类动物成了当时地球的主人。地球历史进入了"龙"的时代,这是因为当时爬行类中最著名的要数恐龙。最早的恐龙出现在距今 1 亿 5,000 万年。恐龙及其近亲、远亲的种类非常多,有几百种。我国埋藏的恐龙化石非常丰富,且种类繁多,各时期典型标本齐全。著名的有云南的禄丰龙、云南龙、中国龙、兀龙和芦沟龙;四川的马门溪龙、峨眉龙、蜀龙、剑阁龙;山东的盘足龙、鸭嘴龙、鹦鹉嘴龙和青岛栉龙;新疆的天山龙和准噶尔翼龙;广西的广西龙和南漳龙;内蒙古的驼龙和蒙古满洲龙;黑龙江的栉龙和黑龙江满洲龙;贵州的贵州龙等。因为恐龙是卵生的,故在岩层里还留有恐龙蛋化石。我国河南、山东、广东、四川、内蒙古等地都出土了丰富的大小不一的恐龙蛋化石。如把恐龙蛋化石打开成两半,还可以发现里面保存着代表原来"蛋黄"和"蛋白"部分的构造。在我国内蒙古还曾发现在一个恐龙蛋化石里,保存着一副已长成但还没有孵出来的小角龙骨架。

恐龙的灭绝使生物的进化又翻开了新的一页,鸟类和哺乳类动物代替爬行类动物成了地球的主人。在德国一个距今约 1 亿 5,000 万年的地层里,曾发现过身上长有鸟类羽毛,但有一副完全像爬行类动物骨骼的化石,经科学家研究后,认为这是从爬行类进化过来的最早鸟类,故命名为始祖鸟。但始祖鸟是如何进化而发展为现代鸟的,100 多年来由于缺乏足够的化石证据而成了悬而未决的自然之谜。直到 1988年 8 月,在我国辽宁省朝阳市梅勒营子乡南炉村发现了距今约 1 亿 4,000 万年左右的三塔中国鸟化石后,这个"进化缺失环节"才得以弥补。因此这块化石成了稀世珍宝。除鸟类化石外,在我国华北黄河流域还常有鸵鸟蛋化石出土。完整的鸵鸟蛋长径达 20 多厘米,比恐龙蛋要大得多。在北京周口店北京猿人遗址中,也有鸵鸟蛋化石出土。

哺乳类动物化石种类非常复杂,其中介于爬行类和哺乳类之间的中间类型的动物化石,对于研究生物的进化具有非常重要的意义,这就是在我国云南禄丰发现的卞氏兽化石。这是世界上最珍贵的化石之一。真正的最早的有胎盘的哺乳类是一些很小的动物,科学家称它们为食虫类。在我国东北阜新的古老地层中曾发现过世界上最早的食虫类化石。从食虫类中逐渐产生灵长类及其他高等的现代类型哺乳类。

灵长类化石是研究人类起源非常重要的科学资料。特别是属于人科的腊玛古猿化石和南方古猿化石,已被科学家认为是古猿从猿到人过渡时期的人类直系祖先,也就是正在形成中的人。腊玛古猿化石在我国云南开远县和禄丰县都有发现,特别是禄丰石灰坝不仅化石出土量非常丰富,而且还发现了举世罕见的腊玛古猿完整的头骨化石,为研究人类起源问题提供了极为珍贵的科学证据。在湖北郧县也出土了两个完整的南方古猿头骨化石,具有很多人的性状。

我国不仅发现了关于人科古猿的丰富化石材料,而且唯独在我国出土了关于人类源起从能人(早期直立人)、猿人(晚期直立人)到古人(早期智人)、新人(晚期智人)各个阶段、从不间断、没有缺环的各种化石。最早的人属成员是能人,又称早期直立人。1985 年和 1986 年,我国科学家在四川巫山县大庙龙骨洞发掘出土了人类下颌骨及附在上面的两颗臼齿化石,及一颗单个人类门齿化石,经用现代高科技方法测定,距今为204万年,属能人范畴,被定名为巫山能人,简称巫山人。这是处在从猿到人中间环节上的重要化石,透露出灿烂的人类黎明的曙光,也证明了我国特别是长江中上游与西南高地,很可能是人类,尤其是蒙古人种(黄种人)的起源地之一。至于遍布大江南北的元谋人、蓝田人、北京人、南京人、郧县人、郧西人、和县人等猿人化石,早已被人们所熟知。而陕西的大荔人、山西的许家窑人和丁村人、北京周口店的新洞人、湖北的长阳人,则是属于古人(早期智人)阶段的人类化石。至于我国的新人(晚期智人)化石材料则更加丰富,分布也更广,著名的有北京周口店山顶洞人、广西柳江人和麒麟山人、四川资阳人、内蒙古萨拉乌苏人(即河套人)、台湾左镇人等。这些丰富的人类化石材料,为研究人类的起源和人类体质及文化的发展提供了十分珍贵的第一手科学资料。

　　总之,化石是一种特殊的"文字",它记载了古生物发生、发展和衰亡的真实历程,也阐明了生物从简单到复杂、从低级到高级的不断进化的历史。同时,反过来根据地球上古生物发展的历史,还可以了解地球的发展历史,因为地球的历史是由地层来表示的;而确定地层时代的主要依据之一就是化石。尤其是生存时期很短、分布又很广的古生物化石,被称为"标准化石",如三叶虫、笔石、石燕等都是很好的标准化石。而人科古猿化石和人类自身化石的发现,更是研究人类源起和发展的最重要最直接的科学资料。所以,化石能揭露大自然和人类自身发生、发展的秘密、过程和规律,是非常重要、十分珍贵的第一手科学资料,很值得我们珍惜、爱护并保存。

（本文原载《中华博物故事》,少年儿童出版社 1996 年版）

究竟谁最早吃螺蛳

谁是最早吃螺蛳的人？有的作者依据桂林甑皮岩新石器时代洞穴遗址出土的成层田螺壳体的事实，认为"到目前为止，所掌握的有关人类最早吃螺蛳的记录，可能就是全新世早期距今约一万年左右的广西桂林甑皮岩人了"。[①] 笔者却认为不然。因为根据我国现有的考古资料，最早吃螺蛳的并不是甑皮岩人，而是比甑皮岩人至少早一两千年的旧石器时代晚期人类，地质年代应属上更新世晚期。

属于这一时期，并在文化层中包含有丰富螺蛳壳堆积的遗址，主要分布在广西中部地区，个别的在广西南部地区。据笔者所知，就有来宾县麒麟山盖头洞、柳江县陈家岩、柳州市思多岩和白面山白莲洞、崇左县绿背山矮洞等。这些遗址都位于石灰岩山洞中，除含有大量的螺蛳壳外，堆积中都发现有人工打制的砾石石器、石片和石核，并有炭屑、灰烬、烧骨、烧石和红色烧土块等用火遗迹。动物化石以现生种为主，但数量却不怎么丰富，多为猪、羊、牛、鹿等偶蹄类。在盖头洞的堆积中，曾发现过一个残破的、属老年男性个体的人类头骨，被命名为"麒麟山人"。由于在这些遗址中都没有发现过磨制石器和陶片，所以时代上限不会晚到新石器时代。

1979 年六七月间，笔者在发掘白莲洞遗址时，曾采集了堆积层里的螺蛳壳，请北京大学碳十四实验室测定，结果为距今 12,980 ± 150 年。扣除石灰岩地区该标本 C14 年代的偏高因素，应为距今 11,480 ± 150 年。证实了白莲洞堆积的地层，还没有超出上更新统的范畴。确切地讲，其时代应是旧石器时代晚期的末期。

在上述这些旧石器时代晚期遗址中发现的螺蛳壳，数量远比甑皮岩新石器时代遗址丰富，而且螺蛳壳的尾部往往都被打穿成洞，这说明当时的人类已会用吸吮的方法取食螺蛳壳内的软体了。

白莲洞出土的螺蛳壳，经鉴定计有双稜田螺、乌螺、李氏环稜螺等。以大量螺蛳壳为主要文化内涵的堆积，说明了当时遗址附近有着大面积的水域，而捕捞螺蛳作为食物，便成了他们主要的经济活动。之所以在这些人工形成的文化堆积中，螺蛳壳是大量的、主要的，而动物化石种类既不多，数量也很少，与螺蛳相比，大概兽肉是当时人类很难得的佳肴美味了。

广西桂林甑皮岩遗址下层就已出土了夹砂粗绳纹陶片，C14 测定年代为距今

---

① 逄华钢:《谁最早吃螺蛳？》,载《博物》1983 年第 2 期。

9,000多年,但尚不到万年,故属新石器时代无疑。比甑皮岩遗址稍早,在堆积中也含有螺蛳壳体,但仍归属在新石器时代的遗址,还有广东封开黄岩洞、阳春独石仔洞、翁源青塘等。它们的实际年代可能都不会超过1万年。因此,即使在新石器时代的范畴内,甑皮岩人也不是最早吃螺蛳的人类。与甑皮岩下层时代相当的,还有广西南宁豹子头贝丘遗址,文化层中也含有螺蛳壳堆积。可见在同一时代,甑皮岩人还不是唯一吃螺蛳的人。

　　考古学上往往把分布在我国东部沿海地区的、文化层中含有丰富贝壳的新石器时代遗址,称作贝丘遗址。而上述白莲洞、盖头洞、矮洞等遗址的发现,却证明了目前国内最早的贝丘遗址应早于新石器时代。

　　（本文原载中国科学院古脊椎动物与古人类研究所主办《化石》,1984年第2期）

长岛考察散记

　　"蓬莱仙岛""八仙过海"的故事,虽然家喻户晓,老幼皆知,但毕竟是神话。然而,被称为"仙岛"的那个地方,就在现今渤海之中。这里,既没"神"又无"仙",却在1981年夏天,又一次出现了海市蜃楼的景象,目睹者无不称奇惊叹。为了探索"仙岛"的奥秘,笔者曾两次登上"仙岛",考察领略了"仙岛"上特有的风光。

古人类的踪迹

　　这个"仙岛",在地理上称长山列岛或庙岛群岛,它包括南长山、北长山、大黑山、小黑山等40多个大小岛屿。从南到北纵列在辽东半岛南端和山东半岛登州角(蓬莱角)之间宽约100公里的渤海海峡中,如同一串硕大的钻石项链,挂在渤海和黄海的分界"脖子"上,把辽东与山东两个半岛紧紧联结起来。在长岛博物馆里,陈列着该岛出土的旧石器时代人类遗留下来的打制石器、石片和石核,说明长岛有着古人类的踪迹。

　　走吧,去寻找远古人类的踪迹! 在向导陪同下,我们来到了北长山岛北城遗址。在断崖的黄土层中,我们又发现了一些经过人工打制的石核和夹杂在黄土层里的红烧土粒,但始终没有找到陶片和磨制石器。这进一步证明,长岛确实是旧石器时代远古人类居住过的地方。值得注意的是,这里的黄土层,分布相当广泛,与华北大平原以及胶东半岛上属于上更新统的马兰黄土相同。而且在黄土层中,也同样保存着完整的鸵鸟蛋,以及四不像、象、披毛犀、斑鹿等陆生的脊椎动物化石。真奇怪! 在四面都是滔滔海水的长岛上,怎么会出现大陆上的动物呢? 原来,早在更新世晚期,现在的整个渤海都是陆地,也就是说,现今的山东半岛、辽东半岛和朝鲜半岛,加上现在的渤海,当时都是连在一起的大陆。在这块辽阔的大地上,人类可以毫无阻挡地往来,动物也无拘无束地奔去跑来。人类和其他各种生物,正是经历着沧海桑田的变化而发展至今的。

氏族社会的遗存

　　约在距今1万年左右,地球上经历过的几次冰河期过去了。大地苏醒,气候温暖,冰川消融,海水上升。现在的渤海和长山列岛就是在那时形成的。人类社会也由旧石器时代走进了新石器时代——氏族社会阶段。我们在长岛列岛考察时,在十来处这个时期的人类遗址中,找到了母系氏族社会人们磨制的石矛、石斧等生产工具和石磨棒等粮食加工工具,说明当时的长岛人除了狩猎外,已经产生原始农业。发现的陶器以夹砂红陶为主,都是用原始的手工方法制作的。陶器的形状也很奇特,如在较鼓起的腹部加饰一圈泥条,又在圜形的底部安上三条圆锥状足的鼎,口很小。在大黑山岛北庄,我们又发现了一座用蚕豆大小的白色海卵石,整整齐齐铺排而成的房屋,这在考古中,还是第一次发现。

属于父系氏族社会的遗存,在长岛的分布更为广泛。据后沟、店子、大口、北村等地考察,则分布有龙山文化的遗存和墓地。出土的陶器以黑陶为主,与上述母系氏族社会的陶器迥然不同,制作十分考究,质地非常精致,胎薄如蛋壳,浑身漆黑发亮,并雕有镂空花纹,真是技术高超,令人惊叹!

在长岛后口,也发现了约相当于先商时期的岳石文化遗存,最使人兴奋的是,在珍珠门、大口、北城和北村等处,发现了一种从未见过的新的遗存,出土的陶器多为手制粗红陶,器型很大,有大口鬲、矮圈足碗、平底或矮圈足罐等。据估计,它的时代相当于商代早期。

长岛原始社会各个相继发展阶段遗存的发现,对我国原始社会产生、发展和瓦解的研究,提供了新的资料,有着重要的意义。

鱼鸟回迁的乐园

长岛曾经是人类繁衍之地,由于气候温暖,山丘上林木繁茂,又是候鸟每年往返迁徙的歇脚之所。每逢春暖花开之时,两百余种候鸟,在南方过冬后,成群结队,经长岛飞到东北繁殖区"生儿育女""避暑度夏"。到深秋季节,它们又"牵儿携女",倾巢结伴南飞,再经长岛到南方越冬。长岛,成了候鸟长途跋涉中的最好招待所。经过劳累飞行的候鸟,风尘仆仆来到这里,饿了,山上、海中有着丰富的"美餐";累了,可以到静谧隐蔽的树林灌木中去"憩息甜眠"。

如果说,长岛的天空是鸟类的天堂,那么,长岛周围的海域又是鱼虾洄游和各种贝类生长的乐园。这里盛产着对虾、海参、鱼翅、鲍鱼、扇贝、牡蛎、海蜇、海胆、黄鱼、梭子蟹等海产,品种繁多,不胜枚举。1981年8月,隍城岛的渔民还在成山头渔场捕获过一条身长13米、体重达9吨的大鲨鱼,解剖后,得到鱼翅300斤,鱼皮500斤,鱼肝1,200斤。

鱼鸟资源丰富的长岛,为人类提供丰富的食物来源,难怪长岛的原始文化遗址分布如此密集。

（本文原载《博物》1982年第6期）

太昊陵前松柏奇

太昊陵位于河南淮阳城北三里,在蔡河之滨,是后人为追念伏羲氏而建立的陵墓、陵庙。

伏羲氏又称"庖牺氏"。相传他"养牺牲以供庖厨""作结绳而为罔罟"。意即教人驯养牲畜,结网捕鱼,以供食用。"庖牺氏"因此得名。从史学的角度来看,这反映了原始畜牧业的发生和发展。传说中又称伏羲氏能"仰观象于天,俯察法于地",是个熟知天文地理、重视农业生产的领袖。他还发明了比结绳进步的记事方法——画八卦。"上古男女无别",而伏羲氏则"始制嫁娶",实行"男娶女嫁",从而使原始社会由母权制发展为父权制。正因为伏羲氏有着这么大的功绩,中华民族历来都将这位传说中的部落首领尊为"人祖"。

据说,太昊陵最早是孔子做陈大夫时建造的,以后,历代都有修建,现存建筑是明英宗时重建。这是一座几乎完全仿照北京城的宫殿式的古建筑群。分内城和外城,陵周围则叫紫禁城。主体建筑由南而北,有午朝门、玉带河(河上有石桥三座,相当于北京的金水桥)、仪门、先天门、太极门、统天殿、显仁殿、太始门,最后是太昊陵。陵墓前有相传为宋苏东坡之妹苏小妹手书的墓碑。陵墓封土上呈圆形,下置方座,象征着天圆地方。陵后面是蓍草园。以左右而论,午朝门内,左右有东、西天门,太极门内,左右有东、西华门,门里设钟、鼓两楼。整个建筑规模虽不及北京,但气势宏大雄伟,殿宇巍峨庄严;庭院内古柏参天峥嵘,风景优雅宜人。解放后,太昊陵列为河南省第一批重点文物保护单位,并设有文物保管所。太极门前的大院,则辟为公园。园内的"奇松怪柏",往往使游览者惊奇赞叹,流连忘返。

一走进公园,映入眼帘的是苍松翠柏,它们的形态独具奇观,见所未见。两千多年前,孔子评价松柏为"岁寒然后知松柏之后凋也"。人们也一直用松柏来比喻坚贞不屈和万古长青。正因为如此,松柏也成了寄托哀思、追念深情的象征。可是,太昊陵公园的松柏并不使人感到严肃静穆,相反,它是那样生动活泼,情趣盎然,千姿百态,引人入胜。

由于巧夺天工和独具匠心,当跨进松柏公园,给人们的第一个信息不是苍松翠柏,而是青翠色的亭、台、殿、阁、门坊、宝塔、琼楼玉宇等建筑造型,如龙腾虎跃、猛狮怒吼、骆驼跚步、走蛇飞鸟、公鸡报晓、孔雀开屏、凤凰展翅以及高昂着头的长颈鹿、戏耍的大熊猫、笨重长鼻的大象等大小动物造型。还有那凌空翱翔的飞机、奔驰在

地上的火车和汽车、正在航行的轮船等现代交通工具的造型。其中还间有高高耸起的旌旗和火把等造型,真是丰富多彩,情态各异。每一件都栩栩如生,惟妙惟肖。令人眼花缭乱,美不胜收。正在惊喜之余,大脑的第二个信息才告诉人们,这些造型都是用松柏修剪加工成的艺术杰作。大自然之美,经过人们精雕细刻辛勤修剪,更是"锦上添花"了。

这些逼真别致的松柏造型,共有两百多件,高的数丈,低的尺余,都是修剪能手王月会老人的杰作。每件作品都需要老人几年到几十年时间的加工、修剪才能成功。从松柏育苗起,要经过嫁接改造,揉编捆绑,先制成雏形,然后让它边成长、边修剪,才能成型。成型后,每年仍要修剪一次。王月会老人从青年时代起,就致力于松柏造型艺术,几十年的辛勤劳动,为祖国悠久的园林艺术,为古老的太昊陵增添了新的光彩。

松柏造型除了供观赏外,还有实用价值。如松柏凉亭,夏日炎炎,人们坐在飞檐翘角的绿色凉亭里,迎着透过松涛吹来的徐徐轻风,饱尝清幽雅致、多姿绮丽的松柏造型群景,顿觉满目清新,心旷神怡。冬日雪后,人们坐在奇特的亭子里,观赏银色的松柏造型雪景,诗情画意,又是一番情趣。

绮丽的松柏造型艺术应该得到更多的关心和爱护。当前,需要园艺科学工作者帮助王月会老人总结、研究和提高,需要后继有人。让绿化和艺术紧密结合,愿太昊陵前的松柏奇景象在辽阔的中华大地层出不穷。

（本文原载《博物》1982年第3期）

浮来山的古银杏树

1981年12月初,我们冒着寒流的侵袭,风尘仆仆地来到了曾在周初被封为莒国的故城旧地——山东莒县县城。第二天一早,又驱车前往城西九公里处的浮来山,参观陈列在定林寺里的莒县出土文物。然而,使我们首先感到突兀的是,在定林寺大佛殿前的庭院里,耸立着一棵硕大无比、参天繁茂的古银杏树。我们一见到它,都不禁为之发出了"啧啧"的惊叹声。

"大树龙盘会诸侯,烟云如盖笼浮丘。形分瓣瓣莲花座,质比层层螺髻头。史载皇王已廿代,人经仙释几多流。看来古今皆成幻,独子长生伴客游。"这是清代顺治甲午年(1654),莒守陈全国为浮来山的这株古银杏树刻石立碑,题的一首古诗。在这株古银杏树的东侧,还立有一块同治十三年(1874)的《重修浮来山定林寺碑记》的石碑,在碑记的上方刻有"万古流芳"四个大字,也是赞美这棵树的。在树的周围,还有不少碑刻,都是题咏此树的。可见这株古银杏树,早就赢得历代这么多的文人骚客叹为观止,因而使他们诗兴大发,文念顿兴,竞相为它折腰呢!

银杏树,俗称白果树,亦名公孙树。属裸子植物中的银杏科。落叶乔木。黄绿色的具二叉状叶脉,叶扇形,上部有或深或浅的波状缺口。每株银杏均有性别。在1亿多年前的中生代,它们曾广布于地球大陆的各处。但到新生代晚期,地球气候逐渐变冷,很多植物因为冰川而灭绝,银杏同样受到自然界的戕害,濒临灭绝的边缘。在现今的欧洲和阿拉斯加,只在上新世的地层里,才能见到银杏化石。幸亏第四纪时,在我国东部没有相连成一片的大陆冰盖,从而使一些古老的植物种属能在冰川的间隙中得以保留下来,并能世代相传到今天。在这些幸存者中,以银杏和水杉最有名,而且是中国特产,被称为科学上的"活化石",植物中的"大熊猫",为植物学、地质古生物学、古地理学和古气候学等多种学科提供了宝贵的科学资料。

银杏树木质坚实致密,是家具制造业和建筑工业上的优良材料。它的黄白色果实,呈倒卵形或椭圆形。果仁含有氢氰酸、组胺酸、蛋白质等成分,味道甘中带有些苦涩,略有小毒,故不宜多食。然而,在中医上,它却是一味良药,具有敛肺气、定咳喘、涩精止带的功能,故能主治肺结核、痰哮喘咳、遗精带浊、小便频数等病症。此外,银杏的叶子、果实外皮等也均可入药。所以,银杏树具有很高的经济价值。银杏干直立,冠稠密,叶形奇特,故也是一种很有名气的观赏植物。

　　然而,浮来山的这株古银杏树,更有它的奇特之处,真正为世界所罕见。这就是它一古,二大,三茂。

　　古,能古到什么时候呢?据考证,它能古到"大树龙盘会诸侯"以前,即可能在我国商代时就有此树了。成书于战国早期的《左传》,记载有一条涉及到浮来山的史料:"(鲁)隐公八年(公元前715年)九月辛卯,公及莒人盟于浮来。"这次鲁、莒两国诸侯会盟的具体地点,据考证就是在这株银杏树下。而当时这株银杏树就已长成为盘龙般顶盖的大树了。众所周知,银杏树是一种生长极慢的树木,它又名公孙树,无非是说,公公种下了树,要到孙子时才能吃到果子,可见它生长速度之慢了。那么,从一棵小树长到盘龙般顶盖的大树,该要花多少年啊!因此,如上述考证确实,那么这株古银杏树的年龄,当在3,000年以上了,您说古不古呢?

　　说到大,这株银杏树也真是大得惊人。据介绍这株树的说明牌所示,此树高达24.7米,可与一栋8层楼房比高下;它的最大周粗竟有15.7米,七八个人手拉着手也抱不住它;树冠平铺,面积就有1亩余,而繁荫可达数亩。夏天,当您顺着山间幽径来到这里,在对此树发出惊叹之余,坐在树荫之下,感受着阵阵凉风,观赏着周围秀丽无比的天然山色,才真是心旷神怡呢!

　　再说茂,此树繁茂得出奇。这树虽然老得使人吃惊,但从灰色深裂的树干,到浅绿鲜滑的嫩枝,却没有一点儿枯朽。据说约在110年前,这棵银杏老"寿星"也遭到过一次大难,不知哪来的大火,在它的树干洞内,竟燃烧了长达四个月的时间。然而,火熄灭后,它却依然顽强地活了下来,并用充沛旺盛的精力,终于修复了树体的创伤,继续昂首挺胸地傲然屹立在山坡之上。直到现在,它仍然是年年龙蟠虬结,枝茂叶盛,真正是参天蔽日,郁郁葱葱,好一派精神抖擞、生机盎然的景色!更使人惊讶的是,它还依旧岁岁仲夏吐花芬芳,年年金秋献果累累呢。真可谓是老当益壮、蔚为奇观了。

　　这株古银杏树生长的浮来山定林寺,其实也是一处名胜古迹。我国文学史上著名的文学批评家和文艺理论家、《文心雕龙》的作者刘勰,晚年就是在这里度过的。他死后,即埋葬在浮来山。

　　相传刘勰当年在定林寺西南的一座六角飞檐碑亭中,仰望着这株雍容大雅、硕大峻拔的古银杏树,忽然觉得它有如山势般的摩天劲厉、雄伟磅礴,而且又历尽沧桑、饱经风雪,禁不住异常感叹,思绪万千,于是就提笔在亭中竖立的一块大石上题了"象山树"三个大字,既赞美了这棵器宇轩昂的古银杏树,又借以叙发了自己的激烈壮怀。1962年,为纪念《文心雕龙》成书460周年,郭沫若同志特地为这座碑亭亲笔题书,命名为"文心亭",并署额勒石,立在亭前以志。在古银杏树北边大佛殿后面,还有一座两层楼房,原名毗卢阁,因传说是刘勰生前校经的地方,故后来改名为"校经楼"。1962年,郭沫若也亲笔为之题书横匾。现在,在校经楼和大佛殿里,就陈列着莒县出土的珍贵历史文物。这些文物,仿佛在向游人们诉说着3,000多年来,这株古银杏树所经历过的世事变迁和坎坷岁月。

这株古银杏树既是人类社会历史发展的见证者,又是我们中华民族古老、文明、伟大的一个生动象征;既是我们伟大祖国美好河山的锦上之花,也是大自然和我们勤劳、智慧的祖先为我们留下的宝贵财富。因此,这个罕见的、独特的自然和人文景观,很值得我们十分珍视和精心保护。

（本文原载中国林学会主办《森林与人类》,1982年第4期）

满城汉墓"金缕玉衣"

　　离河北保定市附近的满城县城西南三华里处，有一座陵山，1968 年夏初，中国人民解放军某部就在这里进行一项军事工程的施工。5 月 22 日，因施工需要在靠近山顶处放炮。随着炸药"轰隆"一声巨响，硝烟弥漫，而奇怪的是不见有被炸掉的石块落下。战士们走近爆破点一看，发现炸开了一个大洞。一个战士从洞口下去，看到里面竟是一个巨大的洞穴，有很多东西，他顺手拿了几件就上来了。于是部队决定停下工程，向河北省有关部门报告。省里接报后立即派出两名考古工作者赴现场勘察。两人发现战士取出的文物中，有一件铜器上有"中山内府"字样，还有两件是鎏金铜座。初步勘察的结果，认为这是一座规模很大而且从未被盗掘过的汉墓。此事很快报到中央。周恩来总理知道了这件事后，委派郭沫若负责办理，还给当时的北京军区负责人亲笔写了一封信，明确指示满城汉墓的发掘清理工作全部由北京军区根据郭老的意见办理。于是，郭沫若同志受周总理的委托，在北京军区和河北省军区的全力支持下，会同中国科学院及其考古研究所的有关人员开会研究，迅即组成了以中国科学院考古研究所为主、由河北省考古人员参加的考古发掘队，于 6 月 25 日赶赴河北满城，27 日即正式开始了考古发掘工作。

　　7 月 3 日，考古队从铜器铭文中有"中山内府……卅二年""卅四年"等字样，已断定这是西汉中山国国王靖王刘胜的墓。7 月 22 日，在后室棺床上发现一个由玉片缀成的人体形物体，而且墓室里的器物不仅量多，质也比其他墓室更好更精。这一由玉片缀成的人体形物体，就是后来闻名于世的"金缕玉衣"。7 月底 8 月初，满城 1 号汉墓的发掘工作结束。8 月中旬，满城 2 号汉墓即刘胜妻窦绾墓也正式开始了考古发掘清理工作，至 9 月初，在主室的棺床上也发现了一具金缕玉衣。9 月 20 日，2 号墓的发掘工作也宣告结束。也就是说，在周总理的直接关怀下，在郭沫若的亲自组织和领导下，在中国人民解放军的全力支持和协助下，满城汉墓的考古发掘工作终于圆满地全部完成了。

　　满城汉墓的发掘，除了出土两具金缕玉衣外，还出土了长信宫灯、错金博山炉、鸟篆嵌金银铜壶等一批过去从未发现过的精美、珍贵文物。而这又是在"十年浩劫"的"文化大革命"前期那种动荡混乱的历史背景下完成的，这不能不说是一大奇迹。当时满城县两派斗争十分激烈，武斗不断，枪炮声长鸣。有天晚上，考古队队员在驻地院子里乘凉，一颗子弹突然飞来，险些击中人。满城汉墓发掘的实际行动，也是与当时正在进行着的"文化大革命"针锋相对的,因为这次发掘实际上向全国人民宣布:祖国灿烂的历史文物绝不是"四旧",不应是"革命"的对象,不应该被打倒砸烂;相反,它们是中华民族脊梁的载体和体现,是中华民族文明的精华所在,应该大力弘扬,全力保护,应引以为中华民族子孙的骄傲和自豪。

满城汉墓出土的文物中,特别引人注目的就是两具完整的金缕玉衣。在过去的考古发掘中,虽曾多次发现过玉衣遗存,但都不完整,只是一些散乱玉片,故无法了解其全貌。所以"金缕玉衣"是满城汉墓的重大发现,因为作为完整的汉代"玉衣",这是第一次出土。它解决了一大学术的和历史的悬案,印证了文献记载,证实了玉衣的存在、形制和结构。

"玉衣",在古文献中称"玉匣""玉柙(xiá)"或"玉椑",偶尔也有称"玉衣"的。它是汉代皇帝和高级贵族的"葬服",全部用玉片制成。根据不同的封建等级,玉片之间分别以金丝、银丝或铜丝进行编缀。即皇帝皇后的葬服用金丝编缀,即金缕玉衣;诸侯王、始封的列侯、贵人、公主的葬服用银丝编缀,即银缕玉衣;更低一级的贵族葬服用铜丝编缀,即铜缕玉衣。考古发现还有鎏金铜缕玉衣,可能与银缕玉衣相当。按规定,西汉中山靖王刘胜夫妇应用"银缕",但实为"金缕"。这或许为当时皇帝所特许,或许文献记载的只是东汉时期的制度,西汉时对此尚无严格规定。

满城汉墓的金缕玉衣发现以后,根据对过去考古资料的重新研究以及考古新发现,还发现了下列墓葬中葬有玉衣:河北定县中山孝王刘兴墓、山东临沂刘疵墓、河北邢台南曲炀侯刘迁墓也都曾出土过西汉时期的金缕玉衣、玉面罩等;1994年末1995年初,江苏徐州狮子山西汉楚王陵的考古发掘,出土了中国目前发现的最好的一具金缕玉衣,用4,000多片上好的和田玉制成,有的玉片只有0.5厘米见方,晶莹剔透,堪称绝品。1969—1970年,江苏徐州发掘了东汉彭城王刘恭墓,出土了一具完整的银缕玉衣。而1946年河北邯郸五里郎村西汉嗣侯刘安意墓中出土了很多玉片,玉片四周孔中残留有铜线;1955年河北望都2号刘姓汉墓出土散乱玉石片452片,孔中残留有用以编缀的铜丝;1954年江苏睢宁九女墩东汉墓出土玉片229片,孔中有铜丝编缀的痕迹;1958年冬,山东东平王陵山汉墓出土散乱玉片1,647片,孔内残存铜丝或铜锈;1959年河北定县北庄东汉中山简王刘焉墓出土玉石片5,169片,孔内残存鎏金铜丝,这些当为铜缕玉衣。

玉衣的外观和人的形象相似,可以分为头部、上衣、裤筒、手套和鞋五大部分,有男式、女式之别。头部由脸盖、头罩组成。上衣由前片、后片和左、右袖筒构成。裤筒、手套和鞋都是左右有别。各部分均由玉片组成,玉片周缘皆有小孔,以便用金丝、或银丝、或鎏金铜丝、或铜丝编缀。以满城1号汉墓出土的刘胜男式玉衣为例,其体形肥大,腹部突鼓;头部的脸盖上刻制出眼、鼻和嘴的形象;上衣的前片制成鼓起的腹部,后片下端做出人体的臀部,形象颇为逼真;腹部下置一由玉琮磨制成的小玉盒,当为罩男性生殖器用;左右袖筒和左右裤筒都是上粗下细,裤筒还制成人腿的形状。玉衣全长1.88米,由2,498块玉片组成,所用金丝重约1,100克。刘胜妻窦绾的玉衣为女式,比较瘦小,头部除在脸盖上刻制眼、鼻和嘴外,在头罩两侧还造出两个圆形的耳罩;上衣的前、后片没有按人体形状制作,而是做成衣服的样子,所用玉片较大,玉片间不是以金丝编缀,而是以织物、丝带粘贴编结而成,至于其他部分则都用金丝编缀。玉衣全长1.72米,由2,160块玉片组成,所用金丝重约700克。从刘胜玉衣个别玉片背面残存的编号数字推测,玉衣的制作可能使用了人体模型,先在模型上画出纵横的行格,然后逐格编号,制作玉片,根据人体各部位的不同形态,设计出数以千计的不同形状和大小的玉片。每一片玉片都经过抛光,使玉衣外表平整而像玻璃一样光滑并闪闪照人。可见玉衣具有高度的工艺技术水平,是十分珍贵的历史文物。

其实,玉衣这种葬服,早在战国末期已有雏形。《吕氏春秋》就有"含珠鳞施"的记载。1959年,考古发掘的洛阳中州路西段战国末期墓葬中,发现有些死者脸上覆以缀玉的面罩,身上穿有缀玉的衣服。1994—1995年,苏州真山墓地发掘的战国时吴国大墓棺内中部也散落有玉片,应为缀玉,连缀成片,犹如珠襦(rú);而头部位置发现由玉虎形佩、瑗、拱形饰和长方束腰形饰组成的玉面饰。这两个考古实例确证《吕氏春秋》所谓的"含珠鳞施"的记载是真实的。汉代"珠襦玉柙"或"珠玑玉衣"的发源确始于战国时期。也就是说,封建贵族以玉衣作为葬服的习俗,始于战国末年,而盛行于两汉时期。

那么封建贵族为什么要使用玉衣作为葬服呢?除了显示其高贵的等级身份外,主要原因是迷信玉衣能保持尸骨不朽。当然,这只能是一种腐朽和愚蠢的幻想而已,因为满城等地汉墓所出玉衣中的尸骨都已完全腐朽,能剩几枚残齿和一些粉末状骨渣已是很不错了。正因为如此,魏文帝曹丕曾下令禁止使用"珠襦玉匣"。而现代考古中也未发现过魏晋以后的玉衣。葬以玉衣的制度从汉以后被废除了。

(本文原载《中华博物故事》,少年儿童出版社1996年版)

姑苏寒山寺

月落乌啼霜满天，江枫渔火对愁眠。
姑苏城外寒山寺，夜半钟声到客船。

这是唐代诗人张继为苏州寒山寺题写的一首脍炙人口的古诗。它已传诵了一千多年，至今不仅仍然不衰，而且还扬名全球，引来了源源不断的海外宾客、朋友，以一睹寒山古刹风貌，一听飞传十里的钟声，为人生赏心悦目之快事。但有谁能想到，与这寒山寺相关的还有一段极其动人、美丽的传说呢。

寒山寺位于苏州城西阊门外的枫桥镇，始建于梁天监年间（公元502年—519年），初名"妙利普明塔院"。相传唐太宗贞观年间（公元627年—649年），有两个年轻人，一名寒山，一名拾得，他们从小就是一对非常要好的朋友。寒山长大以后父母为他与家住青山湾的一位姑娘定了亲。然而，这姑娘却早已与拾得互生爱意。

一个偶然的机会，寒山终于知道了事情的真相，心里顿时像打翻了五味瓶，酸、苦、辣、咸、涩，唯独没有一丝甜味。他左右为难，怎么办呢？经过几天几夜痛苦思考，寒山终于想通了，他决定成全拾得的婚事，自己则毅然离开家乡，独自去苏州出家修行了。

十天半月过去了，拾得没有看见过寒山，感到十分奇怪，因为这是从来没发生过的。一天，他忍不住心头的思念，便信步来到寒山的家中，只见门上插有一封留给他的书信，拆开一看，原来是寒山劝他及早与姑娘结婚成家，并衷心祝福他俩美满幸福。拾得这才恍然大悟，知道了寒山出走的原委，心中很难受。他懂得"朋友之妻不可欺"的道理，所以深感对不起寒山，他思前想后，也决定离开姑娘，动身前往苏州寻觅寒山，皈依佛门。时值夏天，在前往苏州的途中，拾得看到路旁池塘里盛开着一片红艳艳的美丽绝顶的荷花，便一扫多日来心中的烦闷，顿觉心旷神怡，就顺手采摘了一支带在身边，以图吉利。

经过千山万水，长途跋涉，拾得终于在苏州城外找到了他日思夜想的好朋友寒山，而手中的那支荷花依然那样鲜艳芬芳，光彩夺目。寒山见拾得到来，心里高兴极了，急忙用双手捧着盛有素斋的篦盒，迎接拾得，两人会心地相视而笑。现在寒山寺存有一方碑石，上刻"和合二仙"图案，据说就是这两位好朋友久别重逢时的情景。过去苏州民俗中婚嫁用的人物图画挂轴，以及江南许多地方春节时贴在大门上的门神，内容都是两个人，一个手捧竹篦盒，一个手持荷花，相互笑容可掬，一副逗人喜爱的模样，也称"和合二仙"。据说也源于这个美好的传说。

　　民间还传说,"和合二仙"为了点化迷惘的世人,才化身寒山、拾得来到人间的,甚至寺名也由于"和合"在此喜相逢并成为住持,而由"妙利普明塔院"更改成"寒山寺"。由于"和合"思想深得人心,加上张继诗句"姑苏城外寒山寺"的广为流传,所以尽管后来在宋朝时,曾将寺名重新改为"普明禅院",但人们仍习惯地称它为"寒山寺"。从元末至清末,寒山寺曾五次惨遭火劫,但事后总能复建,足见寒山寺在历代人们心中的地位。而且直到现在,寒山寺供奉的佛像仍是寒山、拾得,可见由他俩首倡的"和合"思想已成为中华民族优秀传统文化中的重要组成部分。

　　传说拾得后来还远渡重洋,来到"一衣带水"的东邻日本传道,在日本建立了"拾得寺"。看来"和合二仙"早就告诫过:中日两国人民应该既"和"又"合",而不应兵刃相见。正因为如此,所以日本友人也特别喜爱中国的寒山寺。是呀,和平、合作、友谊、发展,是当今世界的主旋律、最强音!

　　寒山寺在中华人民共和国成立后被公布为文物保护单位,成了闻名世界的旅游胜地。因现存建筑为清末重建,故解放后曾多次全面整修。现有大殿、藏经楼、钟楼、枫江楼、碑廊等建筑。寺外黄墙上横书有"古寒山寺"四个苍劲大字。寺内黄墙绿瓦,绿树森森,殿宇轩昂,庄严幽深。山门之内,弥勒、韦驮两佛,满脸堆笑,欢迎游人。大殿上,有号称扬州八怪之一、清人罗聘的寒山、拾得和丰干画像石刻;而郑文焯的指画寒山像石刻,其传神和精细,更令人叹为观止。两侧偏殿中有五百罗汉,它们神态各异、造型生动而又显得古朴,是宋代樟木雕像的传世之作,属珍贵文物佳品。寺内还有历代名人题咏寒山寺的诗文石刻数十方,书法和诗意,常常引人流连忘返。遗憾的是,张继诗中所咏的唐代古钟早已失传,明代所铸铜钟也因倭寇入侵而被销熔做炮了。所幸现在寺内还悬有三钟:一为清光绪三十年(1904)寒山寺重建时由清人陈夔龙所铸的铁钟;二是由日本人士募捐仿铸的唐式青铜乳头钟;三是1987年苏州建城2,500周年大庆时新铸的青铜大钟,这是由爱国华侨捐资铸造的,外形仿明代钟,刻铸的纹饰仿唐代,高2.5米,直径1.64米,重达5吨,上铸有叶圣陶先生题写的"寒山寺"三个大字,撞击一次,余音可绕梁达120秒之久,令人心驰神往,从而为古刹新增了重要的景观,也为游人弥补了古钟失传的遗憾。

　　最后,还得说上一句话:传说归传说,历史归历史,寒山、拾得实有其人,他俩确是唐代的高僧,他们的诗集还传世到现在呢。

　　　　　　　　　(本文原载《中华名胜故事》,少年儿童出版社1996年版)

好作思人树　惭无惠化传

——柳宗元与植树造园

柳州柳刺史,种柳柳江边。

谈笑为故事,推移成昔年。

垂荫当覆地,耸干会参天。

好作思人树,惭无惠化传。

这是我国中唐时期杰出的文学家、思想家和政治家柳宗元,在柳州任刺史期间,于柳江畔栽植柳树后写的《种柳戏题》。

柳宗元,字子厚,生于唐代宗大历八年(公元773年)。蒲州(今山西省永济、运城、河津一带)人。

公元805年,"永贞革新"时期,柳宗元写下了寓言《种树郭橐驼传》,叙述一个以种树为职业的驼背老人郭橐驼,所栽种或移植的树木,棵棵成活,枝繁叶茂,结果早,产量多,因此长安豪富人家修建花园或是种植果树,都争着雇用他。那么,郭橐驼种树有什么特殊的本领吗? 按照郭橐驼的话说,就是"顺木之天,以致其性"。柳宗元借驼背老人之口,阐明种树要顺应其生长发育的自然规律,让它的固有习性得到充分的发展才行。他还具体概括出种好树的几条经验:树根要舒展;培土要用原来的熟土,而且要均匀平整,但捣土则应结实。又类比总结出两条教训:栽树时马马虎虎,既使树根不得舒展,又随便更换了新土,而且培土不是过多,就是不足;或者爱树爱得太过分了,栽好后,早去看,晚去摸,甚至用手指甲抠破树皮,检验它是活了还是死了。柳宗元一针见血地指出,这样做表面看来是爱树,而实际上却是在害它。所以,这些人种的树就必然不如郭橐驼好。

《种树郭橐驼传》充满了朴素的唯物主义思想。此文的目的虽然在于把种树的道理"移之官理",但如果柳宗元既没有丰富的植树活动经历,也没有做过一番认真的调查研究,是不可能总结出这样一整套生动活泼、言简意明的种树经验和教训的。因此,在注意这篇文章的政治思想的同时,也不应忽视其中所包含着的自然科学遗产。因为这些朴素的然而又是宝贵的科学总结,直到今天仍有着重要的应用价值。

"永贞革新"失败后,柳宗元被贬到永州,他在永州住所的阶前,种有芍药,不仅供他白日孤赏,而且"夜窗蔼芳气,幽卧知相亲"。可见他对芍药是非常喜爱的。

"投迹山水地,放情咏离骚",在永州期间,柳宗元曾写《永州八记》等游记散文,除了吟咏山水外,也抒发了他爱护嘉树美竹的真切感情,同时记述了他热爱自然、改造自然的实践活动。

《钴鉧潭西小丘记》记叙了柳宗元买下小丘后,就与他的朋友一起"铲刈秽草,伐去恶木"。经过整修改造,"嘉木立,美竹露,奇石显",小丘的景观面貌焕然一新。

《袁家渴记》描绘了袁家渴"有小山出水中,山皆美石,上生青丛,冬夏常蔚然。……其树多枫、楠、石楠、梗、槠、樟、柚。草则兰芷,又有异卉,类合欢而蔓生"。由此可见柳宗元渊博的学识和对树木花草的热爱之心。

在《小石城山记》里,柳宗元则对那些"无土壤"而从石缝中生长出来的、奇特而坚贞的"嘉树美箭"赞美不已。

柳宗元在永州还亲自栽种过竹子和灵寿木。他"荷锸西岩垂"是为了"树竹邀凉飔",尽管"楚址多怪石,垦凿力已疲",但他坚持挖回竹子,种在自己的院子里,使它们"旖旎附幽墀,贞根期永固"。

此外,柳宗元还研究过不少健身益寿、有治疗功能的药用植物,如当归、黄芩、附子、八角等,他不仅能识别它们,而且熟悉它们的药理性能,他亲自动手种过木芙蓉、海石榴等植物。

柳宗元还曾在永州的潇水东岸居住过,他住所周围风景秀美,门前有一小溪,原名冉溪,柳宗元因自己"以愚触罪,谪潇水上",便将其更名为"愚溪"。他还先后买下了愚溪附近的小丘和六眼泉水。泉水是山下平地上喷涌出来的,并沿一条水沟曲曲弯弯地向南流去。柳宗元也都分别取名为"愚丘""愚泉"和"愚沟";同时他又"负土累石",将愚沟狭窄的地方堵塞住,使泉水

柳宗元画像

汇成一个水池,命名为"愚池";而在池东建造了一座房子,在池南建造了一个亭子,在池中还筑起了一个小岛,亦都一一命名为"愚堂""愚亭""愚岛"。其间"嘉木异石错置,皆山水之奇者"。这就是有名的"永州八愚"。综观"永州八愚",其实就是一座山水亭堂兼有,嘉木异石错置,布局既十分雅致,风光又奇丽无比的园林。柳宗元曾写过《八愚诗》《愚溪诗序》《冉溪》等许多诗文。柳宗元病逝后,他的挚友刘禹锡还特地写了《伤愚溪》诗三首来纪念他。

元和十年(公元815年),柳宗元被改派到更加遥远的柳州当刺史。他在柳州积极施行了各种兴利除弊的改革措施,其中有一项就是植树栽竹,修造园林,以美化柳州州治容貌。

当时,在柳州城南门外的柳江边,有一驿馆,其东有东馆旧址。柳宗元来柳后,将东馆"易为堂亭",并重新改建为以东亭为中心的一组房屋。这是一组具有独特

风格的园林建筑,它根据朝向日晒的不同和四季气候的差别,建造了适应一天之中朝、午、夕不同时间和阴、晴、寒、暑不同气候条件居住的五间房屋,并在建筑周围种植了松、柽、桂、柏、竹等树木。这样,当人们来东亭游览观赏横环柳州城的群山和柳江时,就会感到"若无寒暑"的快乐,而"忘乎人间"。这是柳宗元建造的又一园林胜景。

柳宗元还在柳江南岸修复大云寺,并在大云寺周围新辟了若干亩土地,种植了竹子和树木,规模也是不小的。

柳宗元还亲自种植了不少柳树和柑树,并常借题发挥,写诗言志。《种柳戏题》是其中的一首,还有一首题为《柳州城西北隅种柑树》也很著名:

> 手种黄柑二百株,春来新叶遍城隅。
> 方同楚客怜皇树,不学荆州利木奴。
> 几岁开花闻喷雪,何人摘实见垂珠?
> 若教坐待成林日,滋味还堪养老夫。

柳宗元用了战国时屈原在《橘颂》一诗中称颂橘树为"后皇嘉树"和三国时吴国丹阳太守李衡把柑树看作发家致富的"木奴"两个典故,表达了自己对屈原的敬佩和对李衡的鞭挞,从而寄托了他的远大政治抱负,并展示了他寄希望于后代的宽广胸怀。

柳宗元于元和十四年(公元 819 年)病逝在柳州。为了纪念这位杰出的历史人物,后人在永州为他兴建了柳子庙,在柳州兴建了衣冠墓和罗池庙。人们尤其怀念他亲自种植黄柑的事迹,因此,特别在罗池庙旁又兴建了一座柑香亭,以为永志。直至现在,在广西柳州市内,还有为纪念柳宗元而命名的柳侯公园。

(本文原载中国园林学会、建设部城市建设管理局主办《中国园林》1986 年第 2 期)

柳宗元与橘逸势

中日两国文化交流源远流长,而且自古至今经久不衰,留下了很多可歌可泣的辉煌诗篇。我国中唐时代的著名文学家柳宗元,传书法给当时出使来中国的日本留学生橘逸势,便是其中一段饶有趣味的佳话。

一、柳宗元书法"为时所宝"

柳宗元既是我国著名的文学家,又是政治家和思想家。但是,却很少有人知道他还是一位很有成就的书法家。唐代的书法,上承魏晋,下启宋元。由于从唐太宗始,唐代的很多皇帝就嗜爱书法,因此,三百余年间,书家辈出,书体多彩,是我国书法史上绚丽灿烂的时期。特别是柳宗元生活的中唐时代,楷书、行书、草……百花齐放,争艳斗妍,更出现了欣欣向荣的新景象。柳宗元的书法,"篋盈草隶,架满文篇;钟索继美,班杨差肩"①,是当时书法"百花园"中的名花,不但被广为传颂,而且"后生多师效之",从游学其书者甚众。甚至在他因参加"永贞革新"活动而在政治上惨遭打击,被贬官到永州、柳州后,湖湘以南,从读书人到小孩童仍争学其书。他所特别擅长的章草,有"草圣"之美称,更是"为时所宝"②。

晚唐时的柳公权,是我国众所周知的著名书法家。然而,同样很少有人知道他的书法也是直接受到过柳宗元熏陶的。柳宗元与柳公权本同属一族。柳公权是柳公绰的弟弟,柳宗元曾代柳公绰写过《上任表》,他们之间原本关系十分密切。柳公权年幼,受同族中的柳宗元影响,我看应该是自然而然的事。所以,柳宗元的朋友赵宗儒的重孙赵璘,把"元和中,柳柳州书"与"长庆以来,柳尚书公权,又以博闻强识工书"并称赞扬,还说:"柳家言书者,近世有此二人。"③可见两柳的书法在唐代都是被十分推崇的。"柳家新样元和脚",④而柳公权的书法又确是师承柳宗元的。

直到宋代,柳宗元的书法仍然声誉响亮。元祐时,对书法很有研究的朱长文,曾

---

① [唐]刘禹锡:《为鄂州李大夫祭柳员外》,载《刘宾客集》或《刘梦得文集》。
② [唐]赵璘:《因话录》:"元和中,柳柳州书,后生多师做之,就中尤长章草,为时所宝。湖湘以南,童稚悉学其书,颇有能者。"[清]阮葵生:《茶馀客话》卷17,也有类似赵璘《因话录》那样的记载;[唐]刘禹锡:《伤愚溪》:"草圣数行留坏壁。"载《刘宾客集》或《刘梦得文集》。
③ [唐]赵璘:《因话录》。
④ [唐]刘禹锡:《酬柳柳州家鸡之赠》,载《刘宾客集》或《刘梦得文集》。

选纂了历代书法精品,汇编成《墨池编》一书,其中入选的就有柳宗元的《报崔黯秀才书》[1]。宋时,柳宗元所书的碑刻尚留世不少。于是,竟有人借其名重而伪造之,以牟私利[2]。从这种事例的反面,我们也足可说明柳宗元的书法在历史上的地位了。

然而,更值得我们注意的是,柳宗元的书法就在当时,名声就远流海外,为中日文化交流做出过贡献。只不过柳宗元的文名湮灭了他的书名而已。

二、橘逸势渡海拜柳习书

在日本的奈良和天平时代,由于帝王崇尚佛教,和随之而盛的缮写佛经的需要,书法开始兴盛起来。再加上当时日本的一些天皇、皇后也酷爱书法艺术,所以,书法在日本一直很受重视。也在这个时期,中日两国的经济、文化交流十分繁盛,日本天皇不断派遣遣唐使和留学生来到中国,既从事政治、经济和外交活动,也研习佛典和专心书法。特别是到了约与我国中唐时代相当的日本平安时代,在日本书法史上出现了号称"三笔"的嵯峨天皇、空海(即弘法大师)和橘逸势三位著名大匠,而其中的两位——空海和橘逸势都曾到过中国,空海从韩方明学习书法,橘逸势的书法老师就是柳宗元。

那是日本延历二十三年(唐德宗贞元二十年,公元 804 年)的事情。就在这一年,藤原葛野麻吕被桓武天皇派遣出使中国,随行者中就有留学僧空海和留学生橘逸势、最澄等。橘逸势是平安朝初期的右中辨从四下入居之子,入唐时,二十七八岁,正是少年气盛、意气风发的年华。就在他入唐的前一年(唐德宗贞元十九年,公元 803 年),三十一岁的柳宗元由兰田县尉调到京城长安,在唐王朝中任监察御史里行(相当于见习监察御史)。由于他文才出众,书法极佳,所以登门求教者也就络绎不绝。因此,橘逸势入唐后,慕名投师,当在意中之事。

当时,在唐王朝内,以王叔文为首的革新派正在酝酿"永贞革新",柳宗元是革新派中的骨干之一,所以,"永贞革新"一开始,他就被提拔为礼部员外郎,这是他一生中最得意的时候。政治上踌躇满志的柳宗元,与性格放荡不羁的橘逸势,自然更是情投意合了。那时,"后学之士"到柳宗元那里"日或数十人",柳宗元都"不敢虚其来意,有长必出之,有不至,必悲之"[3]。可见他对青年们的指导是不厌其烦、不遗余力的。在书法上,学而不厌的橘逸势虚心求教,诲人不倦的柳宗元悉心指导,当然也是不难想象的了。据记载,橘逸势书法学成之后,曾为唐朝的官门题写过榜额,得到唐朝文人学士的赞赏,并尊称他为"橘秀才"。此事在日本的《文德实录》上也有记述,可见在当时影响之大,流传之远了。

---

① 章士钊:《柳文指要》:"宋吴郡朱长文伯原著墨池编,王虚舟(澍)为之序曰:'枢密乐圃朱公,宋之名儒而善书者也(按:长文元祐中官秘书省,筑室乐圃坊,著书不出),蒐罗历代著作,考核折衷,纂次一书,上穷造字之义,下阐书法之奥,计二十卷,实书家之鸿宝'。其中柳子厚报崔黯秀才书赫然在列。"

② [宋]蔡启:《蔡宽夫诗话》:"柳子厚书迹,湖湘间多有其碑刻,而体不一,或疑有假托其名者。"[宋]欧阳修:《欧阳文忠公文集》:"子厚所书碑,世颇多有,书既非工,而字画多不同,疑喜子厚者窃借其名为重。"

③ 《柳河东集·报袁君陈秀才避师名书》。

据有关史籍记载,橘逸势"尤长于隶书",而柳宗元的"草隶"也很有名气。但日本近人山田菱花在《最澄、橘逸势》一书中,又考证橘逸势的书法为楷书。从流传下来的橘逸势墨迹《伊势内亲王愿文》看,又是行草,这可能近于柳宗元所擅长的章草。而橘逸势流传下来的另一铭刻《兴福寺南圆堂铜灯台铭》,字体结构又似北朝碑版。因此,也许橘逸势在掌握书法艺术方面比较全面,隶、楷、行、草均能写之。柳宗元的文学源流,就是"纵横于百家",在多方面吸取前人写作经验的基础上,加以独创[①]。这种思想,在柳宗元书法艺术方面,也不可能不体现出来,当然也不会不传授给橘逸势的。今天,我们用这种思想来统一对橘逸势书法艺术研究的不同意见,也应该是可取的。

橘逸势归日本后,他的结局是很悲惨的。公元842年,他因参加伴健仑叛乱,被判流放到伊豆国,但在中途便死在远江国。然而,他在中日书法和文化交流史上所做出的贡献,乃是不可磨灭的。

三、寄望蓬山存有柳州墨迹

柳宗元与橘逸势在中日书法艺术和文化交流方面共同建树的业绩,永照史册,并一直为中日两国人民所深切缅怀。在日本,有专门研究橘逸势的专家和专著。在中国,近人沈曾植(乙庵)的《海日楼扎丛》中,曾又一次地追记过这件史事。已故著名柳学专家章士钊先生,看到现在仍在不时举行的中日书法艺术交流活动,更是触景生情,便想起了柳宗元和橘逸势两位前驱,情不自禁地曾专门为此题诗一首:

> 海国堂堂橘秀才,
> 乙庵好古见丰裁。
> 柳州墨法萧寥甚,
> 且觑蓬山一线纔[②]。

章老先生这首诗的主要意思,就是说,作为一代书家的柳宗元的遗墨,目前在国内还毫无线索可寻,所以,考虑到橘逸势当年返回日本时,可能带有他老师柳宗元的墨迹,因此,现在殷殷寄一线希望于日本。

是啊,如果今天真能在日本发现柳宗元的遗墨,那将是一件多么有意义的事呀!敬请日本的有关方面和有关专家们,能把这件事情放在心上,随时留意寻找,庶几在你们的重视和努力下,由柳宗元和橘逸势在一千一百多年前共同写下的中日书法艺术与文化交流上光辉的一页,也许可以在今天再增添新的更加灿烂的续篇!

（本文原载《书法研究》1984年第1期,上海书画出版社）

---

① 《柳河东集·与刘禹锡论周易九六书》。
② 章士钊:《柳文指要》下卷卷13《柳书》,中华书局1971年版。

后　记

　　本书选取了笔者已发表的文稿计36篇,取书名为《触摸历史的感悟——四知堂愚陋斋考古学、民族学文稿选》。可能有人见到这书名会感到奇怪:所谓历史,不是都已过去了的事吗? 现代人怎么可以触摸到? 这是因为笔者是主要以考古学教学、发掘和科研为业的一介书生。在笔者看来,所有看得见或看不见的考古遗存,都是历史或曰历史的载体。各种质料的出土文物就不必说了,就是那些肉眼看不见的散布在遗址地层中的古代植物孢粉、植物蛋白石、特殊古墓葬中的空气等,都可能留存有供历史研究的可贵信息,需要用现代科技方法提取。所以,考古学者确实可以实实在在地直接触摸到上超万年、下以千年百年计的各种不同时期的历史的。笔者在教学和科研工作中,也涉及民族学。民族学是一门研究处在古今一切社会发展阶段上的所有人们族的共同体的历史科学。通过调查"社会活化石",即"触摸"现存某一具体民族共同体的民族文化,来发现这一民族共同体的发生、发展的演变过程和其中的规律来研究历史。总之,历史至少对于我来说,真的是可以触摸到的。当然,触摸是第一步,将触摸到的感觉汇入脑海,进行思考、比较,于是就有了感悟,有了这些文章。这是要说明的第一点。

　　第二,应该解释下这里为什么要用"四知堂"这一名词。其实"四知堂"是我家祖传下来的一个堂名。我从小就看到家中买菜用的竹篮、罩熟菜用的竹罩子、小木板凳等易与别人家混错的小家具上,都写有"四知堂杨"四个大字,曾多次询问父母兄姐这是什么意思。他们只回答这是祖上传下来的堂名,其他就讲不出所以然来了。可见这堂名应该是很古老了。直到我上大学后,随着知识的积累,终于知道这应该与东汉太尉杨震有关。《后汉书·杨震传》:"王密为昌邑令,夜怀金十斤遗,曰:'暮夜无知者。'震曰:'天知,神知,吾知,子知。何谓无知?'此所谓畏四知也。"勾画出了一个活生生的清官形象,时称"关西孔子"。他后代遂以"四知"为堂名,效法传承祖先的清廉家风,更有后代以"四知堂"为号,开了一家很有名望的中医药堂。这就是"四知堂"的来历。我家也很有可能是杨震的后辈了。我不想在我手中把这祖传的堂名弄丢了,故就将它用在了这本书名中。

　　第三,要讲一讲"愚陋斋"之名的意思了。这是我自创的虚拟书房名。"斋"很明显是指书房。那"愚陋"二字又有什么含义呢? 上世纪70年代,我在广西柳州市博物馆工作了近七年,因众所周知的原因,其中有很多时间在研究唐代柳宗元这一历史名人。柳宗元的全部作品中，我觉得内涵最丰富、含蓄而又风趣幽默，还不无愤世嫉俗之情的，当属柳宗元在永州经常自称的"愚"字。他故意将他在永州河西新居前的小河冉溪改名为"愚溪"，溪边小丘命名为"愚丘"，附近的清泉称之为"愚泉"，将引泉水而来的沟渠叫做"愚渠"，砌石截泉水而成的水池，叫做"愚池"，在池东建"愚堂"，池南筑"愚亭"，还把池中的小岛称为"愚岛"。这就是有名的"永州八愚"。柳宗元还为此写了《八愚诗》和散文《八愚对》，前者还被铭刻在岩石上。可见这一"愚"字在柳宗元心中有何等的地位和分量了！刘禹锡是柳宗元最要好的朋友兼战友，他俩经历和遭遇也几乎完全相同，所以他对柳宗元内心的理解程度也是最深刻的，所以在柳宗元死后三年，刘禹锡仍"悲不能自胜"，写了《伤愚溪》诗三首"以寄恨"。柳、刘虽然情谊深厚，但两人性格却是大不相同。柳宗元孤高清傲，峻洁刚毅，气势凛然，宁折不弯，故在政治上长期遭遇挫折不公时，情怀陷入了惆怅悲沉，忧伤幽愤，抑郁少欢的境地，进而严重影响身心健康，47岁便病逝了。刘禹锡胸怀则博大洒落，始终旷达开朗，乐观向上，他的诗文酣畅淋漓，往往幽默而辛辣，深沉而清新，这种高洁傲岸、豁达豪爽的心理状态应该是他长寿的主要原因。我敬佩柳宗元的人品才华，也同情他的不幸遭遇；我也欣赏刘禹锡的高尚情操和安贫乐道健康向上的生活态度，更不忘他那脍炙人口的千古名篇《陋室铭》，于是，"愚陋斋"便成了我虚拟书房的名号，我也不自量力地自称"愚陋斋翁"了。

本书取名的原委应该是讲清楚了。最后，在新冠病毒疫情还没有解除前，我想本书能得以出版，还要感谢很多人的热情帮助。首先要感谢的是我们家的朋友周家康先生，是他热情帮助我与上海出版界资深人士取得联系，为本书的出版打开了希望之门。继而上海书店出版社文献编辑室主任毛志明先生不仅帮助我具体落实了出版单位，还热情地为本书设计了漂亮的封面，出版期间的种种杂事也都是在他帮助下，才得以顺利完成的。总之，毛先生为本书的出版付出了大量的精力，花费了非常重要的劳动，我要深表感谢。本书的出版还得到了文汇出版社的大力支持，尤其是编辑乐渭琦先生，为本书编校殚精尽力，在此谨表衷心感谢。我还要感谢上海大学文学院办公室的秦菲菲和杨丹阳两位女士，其中秦菲菲是我的学生，杨丹阳是一位毕业后留校不久的女青年，现担任上大文学院科研秘书。因为正值疫情期间，进出学校不太方便，所以在向学校申请有关出版方面的手续等事宜，很多都靠她俩的帮助，特别是杨丹阳，很多必办的事她都直接帮我办好了，作为科研秘书，她不仅尽责，工作效率还很高，对我这样的老人非常关心、照顾。所以在此也要一并表示谢意。

愚陋斋翁 杨 群

二〇二一年五月